政治学与行政学系列教材

□ 总主编　俞可平

中国近现代政治思想史

Zhongguo Jinxiandai Zhengzhi Sixiangshi

POLITICAL SCIENCE

□ 主　编　孙　津

□ 编委会（按姓氏笔画为序）：

马振清　王　光　王　敏　王冠中　王盛开

佟德志　张师伟　张国栋　颜德如

U0912537

高等教育出版社·北京

HIGHER EDUCATION PRESS　BEIJING

内容提要

本书是政治学与行政学系列教材之一，编者本着科学性、学术性和前沿性的原则，在介绍中国近现代政治思想史的同时，力图将历史背景及其演进和政治思想及其成因结合起来，将历史形成的政治思想和当今政治的现实结合起来；在介绍阐述相关知识的同时，为学生提供理解历史及观察和分析政治现象的方法论，启发学生的思路。相对本专业领域的其他著述来说，本书最突出的特征，也是基于作者研究结果的创新观点，就是指出了把“近代”和“现代”合为一个历史段落的根据和参照，即中国从图存求强到新民主主义革命的历史背景和奋斗目标，都是如何在半殖民地半封建的社会实现现代化转型。

本书专业性和理论性较强，但表述深入浅出、通畅易懂，可以作为大学政治学、行政学、思想政治教育和思想史专业的基础教材，也可供对这些专业及相关领域感兴趣的读者阅读。

图书在版编目(CIP)数据

中国近现代政治思想史/孙津主编. —北京：高等教育出版社，2012.4（2023.8重印）

政治学与行政学系列教材/俞可平主编

ISBN 978-7-04-033846-1

Ⅰ.①中… Ⅱ.①孙… Ⅲ.①政治思想史-中国-近现代-高等学校-教材 Ⅳ.①D092

中国版本图书馆CIP数据核字(2012)第023608号

策划编辑 罗雪群　　责任编辑 张 林　　封面设计 张雨微　　版式设计 王艳红
责任校对 金 辉　　责任印制 赵 振

出版发行	高等教育出版社	咨询电话	400-810-0598
社 址	北京市西城区德外大街4号	网 址	http://www.hep.edu.cn
邮政编码	100120		http://www.hep.com.cn
印 刷	北京鑫海金澳胶印有限公司	网上订购	http://www.landraco.com
开 本	787mm×960mm 1/16		http://www.landraco.com.cn
印 张	23.25	版 次	2012年4月第1版
字 数	430千字	印 次	2023年8月第5次印刷
购书热线	010-58581118	定 价	43.50元

本书如有缺页、倒页、脱页等质量问题，请到所购图书销售部门联系调换。

物 料 号 33846-00

目　录

导论 中国近现代政治思想史研究的基本问题

所谓导论，主要就是关于为什么、怎样或从什么角度写这部教科书的简要说明或必要交代，并以此作为方便读者阅读、或者不致引起误解的一种提示。关于中国政治思想史的著述不在少数，比较起来，本书有几个明显的特点。首先，在历史分期方面，“近现代”所标示的是一种思想史的整体断代，而不是把惯常分开的“近代”和“现代”做时间跨度的合并。其次，根据政治思想的特性，侧重其主要载体或体现方面（比如哲学、伦理、文化、价值等）的阐述，并注意政治思想与政治制度、策略和事件的区别与联系，以及代表人物与政治环境的关系。最后，把教科书的知识介绍与学术研究的成果分析结合起来。

因此，本书导论的主要内容，就是结合上述特点，对中国近现代政治思想史研究的基本问题所做的简要说明。从学科的规定性来讲，这些基本问题大致包括分类标准、分析角度、内容方面、历史沿革、发展主线、主要特征、研究意义、方法等。

第一节 中国近现代政治思想史的内涵界说及断代根据

本节内容主要包括两个问题：一是如何理解政治思想史，另一是为中国政治思想史做“近现代”分期的断代根据。显然，这两个问题是相互关联的。一方面，如何理解“政治思想”的概念含义，以及在学科分类意义上对它作历史研究，这是一个具有普遍性的问题；另一方面，如何理解“中国政治思想”是一个特殊性的问题，而不同分期的断代根据与中国政治思想在不同历史时期的真实含义是互为表里的。

一、政治思想史的内涵界说

事实上，对于什么是政治这个问题的理解并不是没有争议的，不过，从学科分类的角度来讲，这个问题应该由政治学概论来回答。因此，尽管对于政治思想的理解涉及对于政治的理解，但是，如果能够在比较宽泛的意义上维持某个政治定义的适用域，对于理解相对独立的"政治思想"这个概念就不会有太大的影响，或者说不至于损害这个理解的科学性。

一般说来，无论中国还是西方，从古到今有关政治的定义都涉及两个基本的或核心的内容：一个是对于公共事务的管理，另一个是相对固定的共同体。这两个内容是互为表里的，但相对来说也形成了两个传统。就前者来说，众人不可能都来管理公共的事情，因此真正实施管理的少数人就必须或者被赋予，或者自己争得某种权力。以此为政治定义的核心问题，就形成了所谓"权力说"的传统。就后者来说，不管什么样的权力，也无论怎样管理，这类活动都必须有相对固定的载体及功能界限。这个载体和界限就是国家，并由此形成了政治定义核心问题的"国家说"传统。从学术上讲，上述两个传统的区别在今天已经不明显了，或者说，这两方面的内容被看做一个由若干基本要素构成的整体。这些要素主要包括权力、利益、价值，以及它们的运作机制。

但是，对于政治的理解并不都是价值中立的。从中国传统来讲，无论是"政者正也"、还是"名不正则言不顺"，除了权力的根据和运作，都隐含着对于权力来源、承载和执掌的道义规定。比如，《晏子春秋》的"君顺怀之，政治归之"，《尚书·毕命》的"道治政治，泽润民生"，都表示了道德要求对于政治活动的前提性意义和作用。在西方的传统中，一直突出的核心问题是民主的前提性意义和作用。比如，亚里士多德针对城邦政治的"国家说"就是以对于民主的理解为基础的，甚至"城邦"本身就是由于它的民主机制而具有其特定政治含义的。直到今天，无论是侧重权力分配，还是侧重管理的机制，西方主流政治学关于政治的各种定义都有一个潜在的特点，即民主仿佛已经是不言而喻的，或者说是理解政治定义的前提了。

在价值判断方面，最具特征的是马克思主义的政治观。作为定义，所谓"政治是经济的集中表现"的说法似乎过于抽象和宽泛，但是，从马克思主义的历史唯物主义来讲，正是阶级斗争使得支持人们吃穿生存的经济活动具有了政治特性，也正因为如此，列宁才会说"政治就是各阶级之间的斗争"①。马克思主义主

---

① 《列宁选集》第4卷，人民出版社1995年版，第170页。

张阶级斗争观点，目的是最终消灭阶级，因此，如果阶级是一个历史范畴，政治的含义也将随着阶级斗争的状况发生变化。

其实，给任何概念下定义都是很困难的，而且导论的主旨并不在于给政治下定义。但是，对于如何理解政治含义的简括说明仍是必要的，因为它是接下来讨论政治思想及政治思想史的逻辑前提。俞可平主编的《政治学教程》认为，“马克思主义关于政治的定义，揭示了政治的本质。”在此前提下，这本《教程》在更为一般的意义上为政治作了定义：“简括地说，政治就是关于重要公共利益的决策和分配活动。与其他人类行为和社会活动相比，政治行为和政治活动具有公共性、全局性和权威性三个显著特征。”①

如果上述定义可以作为理解“政治”这个概念含义的基础，那么显然，事关“公共利益”的行为和活动必然涉及权力，而全局性和权威性又必然涉及制度及其合法性的根据。根据这个逻辑，从学科的意义上讲，“政治思想”并不是一个复合概念，或者说，并不是所有不加区别的关于政治的思想的总和，而是一个相对独立的政治领域。简括地说，政治思想所标示的是政治本身的某种结构和功能形态。在结构方面，它是具有政治特性的某种观念形态；从功能上讲，它不仅谋求，而且往往具有价值取向、制度设计、以及行为规范等方面的政治导向作用。因此，理解政治思想史内涵的一个前提，在于说明哪些观念领域可以列入“政治思想”。

所谓“观念领域”，在此是指某种观念的类型，而不是哪种具体的观念。换句话说，如果某些观念具有相同的意义和功能，就可以在归类的意义上把它们看作某个领域。根据政治思想的结构和功能，可以从两个主要方面来确定构成政治思想的基本要素：一是能够在理论上相对独立的政治观念，另一是对政治行为和政治活动具有导向作用的政治设计。因此，列入政治思想的观念领域，除了专门的政治思想理论，还包括具有政治特性或功能的哲学、伦理、文化、谋略等。

从逻辑上讲，“政治思想史”当然就是关于构成“政治思想”的观念领域的历史。这样，在学科分类方面就可以看出如下一些包含关系。第一，思想史是属于史学范畴的某个相对独立的领域；第二，政治思想史是思想史的某个研究分支；第三，中国政治思想史是上述领域和分支中的一个特定研究方面。从这些关系可以看出，对于政治思想史的内涵界说，是以史学的学科分类为前提的。

作为学术研究，史学并不是历史的记录。简括地说，史学的学科定位，是在考证历史事实的基础上，探求历史演变发展的规律。一方面，考证是为了存真；另一方面，存真的意义又在于对规律的认识。因此，史学的研究方向不是从所谓“过去”往“现在”做记录，而是从现在的认识来看过去，并为“将来”提供借鉴和

① 俞可平主编：《政治学教程》，高等教育出版社2010年版，第2页。

指导。这样,如果真的有所谓真实的历史,那么这种“真实”的含义只在于它是一本敞开的书,永远向着“当下”阐发出历史与现实关系的意义。

根据上述道理,政治思想史的内涵,就是在观念形态的层面上将某一时段的历史作为一个整体的因果关系,从中探求人类政治活动的发展规律。在这种探求中,政治思想史所关注的主要内容,除了支撑政治思想的基础理论和导向宣称,还包括以观念形态所体现的权力分配、利益决策、制度设计、价值取向、伦理规范、社会倾向、意识形态、文化习惯等重大政治问题。

由于中国近现代政治思想史的内涵涉及特定的历史时段,所以还需要在说明近现代中国政治思想史的断代根据之后,才能做出确切的表述。

二、中国“近现代”政治思想史的断代根据

在已有的著述中,近代和现代大多是分开的,本书将这两个时期合在一起的理由主要有三。其一,这两个时期在社会文明进程方面有一个共同的主题,即由传统社会向现代社会的转变(也就是现代化的初始过程),各种政治思想(以及相应的政治主张、制度和手段)都是基于这个主题而生成并具有现实意义的。可以说,这是一个基本事实。其二,五四运动作为标志性事件在这一主题中具有转折的意义,但仅以此划分出两个文明进程容易出现割裂政治思想延续的偏颇,以及减损政治思想内涵的局限。其三,由于不同的政治语境,国外学术界对于中国的近、现代区分时有歧义和误解。比如,近代和现代在中国的划分是以五四运动为界的,这种以政治事件划分的根据,主要在于后来社会主义(经由新民主主义)思想对其历史的追溯,因此容易造成一个偏向,即割裂救亡图强这个社会共同主题的延续性。

同样,基于上述三个考虑,作为国家本质性变化的重大事件,近现代在时间上可以新中国成立为其终端。但是,就思想的延续性、经由新民主主义而社会主义这一思想的整体性及其导引的政治任务的实现来讲,本书所述政治思想的内容在时间上还包括新中国成立后的社会主义过渡时期。①

就超前意识和导引作用来讲,政治思想是一种相对独立的观念性存在,但是,归根结底它还是政治现实的反映。因此,中国近现代的政治转型是针对历来传统政治的特点的,即由农耕、大国、人多、教化、选贤、人情,转向工业、强国、分层、科学、管理、规范。这个转型其实就是中国政治思想的现代特征,也就是把近代和现代作为政治思想的一段历史整体的主要根据。这种划分在学科上是和史

① 中国史学界一般认为,中国的近现代史,是指1840年以来中国的历史。其中,1949年新中国成立前夕的历史,是中国的近代史;1949年新中国成立以来的历史,是中国的现代史。

学的独立性一致的，就是在研究历史规律的意义上逐渐接受了西方的学科分类方式。

中国由传统社会向现代社会的转型是漫长而艰难的，而且直到新中国成立，许多方面的转型仍是很不彻底的。比如，工业化只是有了初步的基础，而且有限的工业主要集中在为数不多的大城市或沿海城市，农耕文化的整体特征并没有改变。又比如，强国仍然只是一个愿望，不仅现代化能够真实实施的前提必须由长期的武装斗争来提供，而且这个斗争也是由发动民众参与的形式取得胜利的，所以人口众多不仅仍是中国政治必须面对的基本情况，而且社会分层的意义仍然从属于政治目标的左、中、右或我、友、敌的区分。至于支撑政治思想传统的教化、选贤、人情等特征因素，仍然明显影响着现代化建设所要求的科学、管理、规范等观念和运作。

因此，尽管现代化要求是中国近现代政治思想的共同主题，但转型自觉性却是逐渐增进的，对于现代化的认识和理解也是逐步明确的，并且在不同阶段体现出不同的手段侧重和理性特征。大致说来，开始是在坚持传统本位的前提下谋求先进技术，进而注意到需要设置与现代相适应的体制和机制，接着认识到必须树立科学和民主的普遍意识，最后才明白所有这些都必须经由新民主主义革命才可能实现。之所以会有这些阶段和特征，不仅因为思想认识需要一定的过程，更在于中国政治在这个转型过程中的特殊背景和任务，就是半殖民地半封建条件下的人民革命、国家独立和民族解放。当时并不清楚现代化的含义，先是技术，而后体制，再后观念，也就是科学民主。在这个过程中，尽管现代化的参照始终是西方，但是中国终于走出了自己独具特色的革命道路。

简括地说，中国的历史现实提供了近现代一贯的政治主题，即中国必须尽快增强自己参与现代化竞争的能力，同时又必须保持中国现代化的自身特点。但是，就思想史的学科独立性来讲，还需要从今天研究成果的角度指出现代化的真实含义，才可能对中国近现代政治思想史的断代根据做出科学的说明。

如果一定要给现代化下一个定义，那就是世界范围穷国追赶富国的过程及状态。这个定义包括四个主要内容。其一，穷国追赶富国是现代化特有的性质和内容。如果说所有国家都谋求自己的发展，那么，发展的不平衡决定了穷国只能以富国的文明水平作为自己追赶的标准。其二，对于各国的发展来讲，追赶和参照的动力都是现代化。富国为了维持自己的竞争优势，总是在发展的同时制定对自己有利的游戏规则，而随着穷国谋求改变这些规则的努力，建立国际新秩序的要求不仅具有了道义性质，而且这方面的运作就成了世界现代化本身的动力机制。其三，追赶使得现代化成为真实的文明形态。长期以来，穷国的发展一般都需要以国家独立和民族解放为前提，直到在20世纪50年代末，追赶才成为各国不得不卷入其中的共同任务。换句话说，竞争被当成现代化的公平手段，富国也不得不以穷国的追赶状况作为调整市场经济和民主政治的根据。其四，现代化使“世界”作为一种文化范畴而成立。世界本身成了一种总体性参照，它不仅使人类的文明进程具有了世界性，而且表明现代化只有在全球范围的追赶竞争中才是真实的。①

由上可以看出，所谓“历史”提供了“近现代”的断代根据，其现实逻辑包括三层主要含义。其一，现代化是西方国家先搞起来的，所以，中国的现代化不仅具有“追赶”的含义和任务，而且直到今天仍是中国发展的第一要义。其二，中国的这种发展如果是科学的或真实有效的，那它不仅必须有比发达国家更快的发展速度，而且必须有不同于西方的政治理念和价值导向。其三，近现代时期中国的落后不仅是针对西方的发达而言的，中国由传统向现代的转型尤其是在半殖民地半封建的境况中进行的，因此，经由新民主主义革命而社会主义的正确道路不仅是在这个转型过程中逐渐明确的，而且作为近现代政治思想史的整体时段，其终端实际上应该延伸到新中国的社会主义过渡时期。

三、小结

本节主要说明了两个问题。第一，政治思想史的构成包括两个主要方面，即政治特性的思想意义和史学的学科定位，这两个方面互为表里，共同构成政治思想史的学科分类标准。第二，中国近现代政治思想史的历史时段有一个贯穿始终的主题，就是传统社会向现代社会的转型，这是把“近现代”作为一个整体时段的根本依据，而不是在时段上对一般所说的“近代”和“现代”的合并，因为中国在这个转型过程中的特殊背景和任务，就是半殖民地半封建条件下的人民革命、国家独立和民族解放。

从标志性事件来讲，中国近现代政治思想史的跨度大致从 1840 年的鸦片战争到 1949 年的新中国成立。中国近现代政治思想史具有自己相对独立的结构和功能。从结构来讲，就是在中国由传统社会向现代社会转变的过程中，具有政治特性、或者指涉重要政治问题的观念；从功能来讲，主要指对于价值取向、制度设计，以及行为规范等方面的政治导向作用。

因此，中国近现代政治思想史的内涵包括两个主要方面，即载体领域和研究对象。就第一个方面来讲，中国近现代政治思想史的体现载体主要包括哲学、伦理、文化、谋略等若干观念领域，其主要的思想意义和共同关注的核心问题，是支撑传统向现代转型的政治理论，以及与此相应的各种政治导向的宣传。就第二个方面来讲，中国近现代政治思想史的研究对象大致可分为四种类型，一是这一

---

① 孙津：《打开视域——比较现代化研究》，社会科学文献出版社 2004 年版。

时期整体的政治思想框架及其历史变迁，二是各种体系形态的政治思想理论建构及其论争，三是由传统社会向现代社会转变中关于政治制度设计和重大政治问题的冲突与争论，四是从政治思想角度进行的包括本国（中国历史）、国际（中国和其他国家、主要是西方和日本）、领域（包括理论、谋略和制度设计）、观念（主要是不同的政治观点）等方面的历史比较。

第二节 中国近现代政治思想的历史沿革

无论作为一个学科，还是对某种规律的探讨，政治思想史都既不是有关政治思想的编年史，更不是各种政治思想的流水账。所谓历史沿革，指的是涉及政治活动规律和政治思想发展变化的重要节点，重点是说明这些节点的关系，包括形成原因、相互影响、实际作用、历史和现实意义等。因此，作为政治思想史，其历史沿革的节点划分并没有时间上明确的一一对应，或者说，思想的延续、事件的发生、进程的反复等因素，使得这些节点的意义可以以不同的形式、在不同的时段反复出现、交融变化。但是，因果关系或逻辑线索总是由一定的时间先后为载体的，所以可以根据这些节点形成的时间顺序，把近现代政治思想史分为晚清至戊戌变法、辛亥革命至抗日战争初期、直至新中国成立这样三个时段。同时，根据这些节点意义的重要程度和作用特征，大致从四个方面区分出中国近现代政治思想历史沿革的主要内容侧重和特征，即封建社会内部的改革、西方现代思想的影响、救亡图强的主义论争、新民主主义及其社会主义方向。

一、封建社会内部的改革

作为标志性事件，近现代的开端应该是1840年的鸦片战争。这样讲的理由，其实在于一个历史事实和基本特征，即中国由传统向现代转型是以签订不平等条约为开启形式的。一个社会的发展总是在既有基础上进行的，即使是转型这样的深刻变化也是如此，所以说是封建社会内部的改革。但是，一方面，这种内部改革在一开始就面临着西方列强的政治压迫；另一方面，条约的形式恰恰是现代社会运作国际关系的基本法制。因此，封建社会内部的改革在引进西方的现代观念和技术的同时，也面临着西方政治压迫的危机；在以现代的外交方式处理国际关系的同时，又面临着条约不平等带来的被殖民危机。对于这种境况，已有的教科书说得很清楚："从这时起，中国由一个独立自主的封建主权国家逐步沦落为半殖民地国家，同时，随着资本主义生产方式与西方近代文明的到来与传播，中国社会也逐渐从传统的农业社会的生产方式和封建主义传统中走出来，成为一个半封建社会。中国近代社会的历史实际上也就是传统的封建社会向半殖民地半封建社会演变的历史。"①

无论从统治阶级还是知识精英来讲，在这个沦为半殖民地和走向半封建社会的过程中，最先提出具有传统向现代转型特征的政治思想的都是地主阶级的知识分子。这些知识分子大致包括三种类型的人，一是在朝廷做官的，比如林则徐；一是做学问的，比如龚自珍；一是造反派，比如洪秀全。当然，这只是相对而言，不仅大多数知识分子既做官又做学问，比如张之洞、李鸿章，即使龚自珍、魏源这样的学者也在做官，不过不得志罢了。至于造反派如洪秀全，其政治理念也没有突破地主阶级和封建意识的范畴，因为他最终的目标仍然是皇位的取而代之。因此，不仅应该将近现代中国政治思想历史沿革的开端看作封建社会内部的改革，而且，这种改革的内部性还一再由它的种种局限、甚至是反动性体现出来。比如，自觉或不得已地向帝国主义妥协、甚至投降；坚持中国本位与借鉴西方的矛盾、以至于对理想社会的空想主义；小农平均主义、盲目排外以及帝王思想的混合体；直到辛亥革命以后的多次帝制复辟等。换句话说，封建社会内部改革这一节点不仅是真实的，其意义也是相对独立并不断产生影响的。从时间上讲，这一节点的内容大致由本书的第一、二两章来体现。

二、西方现代思想的影响

应该说，中国近现代政治思想史的一个突出特征，就是贯穿转型始终的西方现代思想的影响。不过，从逻辑关系上讲，西方思想的传入、尤其是主动的介绍和引进，总是要有其时间开端的。如果说，封建社会内部的改革就已经体现了这个开端，那么，大致到了辛亥革命以后，中国政治思想经对西方因素的学习、介绍和接受，在二者融为近现代中国政治思想的整体内容的意义上，已经形成了它的大致轮廓和理论基础。因此，这一节点的意义虽然一直在起作用，但其主要的内容方面可以说在本书第三、四、五三章所述的时段中基本成型。

对于这一节点的意义，可以从三个主要方面来分析。其一，在西方列强的压迫下，封建社会内部的改革已注定不可能成功。这一点不仅由戊戌变法的失败得到证实，更由于反帝国主义的任务日显突出；封建主义自身在反帝主题上具有明显的妥协性，而且中国封建主义在阶级阵线上最终是和帝国主义结盟的。其二，政治思想上西方影响的最直接、也是最重要的结果，就是共和主义的确立。这样，政治思想不仅超出了封建社会内部的改革而转向革命，而且国家统一、主权独立作为实施现代化的必须前提或条件已经成为中国政治思想的主题，并逐

① 曹德本主编：《中国政治思想史》，高等教育出版社2004年版，第297页。

步作为主导思想得到越来越广泛的认同。其三，西方影响的所有这些积极因素，在实践中却表现为一次又一次的失败。于是，在辛亥革命推翻了最后一个封建王朝的意义上，相应的政治思想体现了西方影响下中国现代政治思想的基本形成，但也预示了这一节点的内在局限，即如果没有科学的、更适合中国现实的先进思想出现，中国的现代转型是不可能实现的。

三、救亡图强的主义论争

在时间上，这一个沿革的节点主要包括本书的第六至第九章。这样讲主要有两个理由。其一，"五四"运动不仅体现出不妥协的反帝、反封建姿态，而且中国开始了对马克思主义的移译和传播。从空间上讲，马克思主义也是来自西方的思想，但是和以往任何时候不同，马克思主义对于中国政治思想已不仅仅是西方的影响，甚至已不属于所谓"西方"的范畴，而是作为社会主义和共产主义政治思想的指导真理和党性原则。其二，如果说在封建社会内部改革的时候，政治思想主要关注的是如何图强，那么，经由辛亥革命的实践，救亡和图强被看成一个完整的现代转型任务。因此，尽管这个任务直到新中国成立才最终实现，而且救亡的警醒依然存在（正如国歌所说的"中华民族到了最危险的时候"）、图强的任务才刚刚有了可以实施的主权国家实体和政治制度基础，但是到抗日战争初期（也就是本书的第九章），理论上关于救亡图强的基本思想轮廓已大体形成。

事实上，抗日战争以后的主义论争依然很多，但是，从抗日战争以及解放战争的胜利来讲，真正具有科学性并适合中国现实的就是新民主主义及其社会主义方向。因此，和西方的影响一样，从五四运动到抗日战争初期作为主义论争这个节点的时段，其意义在于突出救亡和图强主题的重要性。另一个客观的因素在于，尽管这一时期中国有连年不断的军阀混战，有大革命，更有共产党以自己的武装抵抗国民党军队的残酷绞杀和反复"围剿"（土地革命战争），但是不仅这种严酷的现实更激发了各种主义的主张、选择和论争，而且也缺乏一个使这些论争能够大体认同的紧迫任务。抗日战争爆发之后，各种主义的争论仍然存在，但是带有汉奸性质的主张总是被唾弃的，而在实践上各种主义能够认同的必然是为着、并有利于争取民族战争胜利的主导思想。

四、新民主主义及其社会主义方向

毛泽东的《新民主主义论》写成于 1940 年 1 月，但早在抗日战争初期，新民主主义思想已经在许多方面体现出来，比如毛泽东和党中央对于时局的判断、团结一致抗战的主张、统一战线的建立、争取政治民主和改善民生的要求等。作为整体的历史及其逻辑关系，经由新民主主义而社会主义是中国近现代政治最终形成的主导思想，不过，就其所引导的政治任务的实现，在时间上还包括解放后的社会主义过渡时期。因此，这一沿革节点的意义，在时间上包括本书第十至第十二章所说的内容。

作为政治思想，新民主主义及其社会主义方向是在长期的革命实践中形成的，就其节点的意义来讲，就是马克思主义基本原理与中国革命实践相结合的科学性和现实性。因此，这一沿革节点所标示的，不仅是中国近现代政治思想史所形成的主导思想，而且还是以毛泽东思想为集中代表的中国现代化的政治思想基础。事实上，中国思想界和知识界关于现代化的认识也是在这一时段自觉形成的，其思想领域的主要体现，就是20世纪30年代关于“中国文化本位”、是否“全盘西化”等问题的论战、以及在社会主义和资本主义、中国和西方之间选择所谓“第三条道路”主张的破产。① 但是，不仅这些论争中的各项主张在当时几乎都没有实施的可能，而且新民主主义及其社会主义方向的正确性和现实性也表明，在整个中国近现代政治思想史中，适合并促进中国由传统向现代转型的各种理论和主张将作为有益的思想遗产存留下来，而转型的必然方向及其具体任务，就体现为新中国成立以来的社会主义建设。

五、小结

某一事物的历史沿革总是以具体的事件为根据的，不过观念形态的政治思想又有其相对独立的存在意义和实际作用。一般说来，某一时期的政治思想反映或体现了这个时期政治活动的需要，但是，它并不一定就是这个时期产生的。比如，它可能是对于早期某种思想的再发现和利用，也可能是经过一段时间的宣传在这个时期得到了重视，还可能是针对这个时期政治斗争而提出的看法、批评、指导，同样，所有这些方式形成的政治思想都可能对后来的政治活动产生持续的影响。因此，对于历史沿革的认识不仅要以事实为依据，而且要从重大事件的演变发展中找出历史沿革的逻辑关联和作用影响。

从转型的过程来讲，根据重大事件可以把中国近现代政治思想历史沿革分为晚清至戊戌变法、辛亥革命至抗日战争初期、直至新中国成立这样三个时段。从逻辑关联来讲，这三个时段的历史沿革体现了两个逐渐被认识、并由实践所证明了的基本因果关系。其一，技术层面的图强以及各种工具理性都是浅显的和不现实的思想，而彻底的反帝反封建才是实现中国由传统向现代转型的必要条件和基本途径；其二，新民主主义革命的胜利提供了中国实施现代化的政治基础

① 罗荣渠主编：《从西化到现代化》，北京大学出版社1990年版。

和真实可能，而人民革命、国家独立和民族解放的实践预示并指出了中国现代化的社会主义性质和方向。

从近现代中国政治思想关注的主要内容来看，其历史沿革的节点大致包括四个方面的性质特征，即封建社会内部的改革、西方现代思想的影响、救亡图强的主义论争和新民主主义及其社会主义方向。从认识和把握历史规律的角度讲，这些节点所体现的政治思想或者作为历史遗产、或者作为发展导引，其意义和作用都超出了时段的局限。比如，虽然封建社会内部的改革在时间上有比较清楚的历史段落，但是，西方现代思想的影响在这个时段中其实已经存在并产生作用了。同样，西方的影响、各种主义的论争、以及新民主主义的社会主义方向不仅一直贯穿中国近现代政治思想史的始终，而且在不同的时段、根据不同的政治任务此消彼长又相互影响、或显或潜又论争不休。不过，在政治思想的探索、传播和发展中，有两个始终突出的方面，一是受西方现代思想影响的自由主义，二是马克思主义的逐步中国化。相对说来，自由主义政治思想在理论上较为零散，更多是由各种资产阶级政治思想及相关的实践活动来体现的（见第四章和第九章）；马克思主义则成为社会主义方向的新民主主义的指导思想，并在革命实践中进行了马克思主义中国化的理论建设（见第七章和第十二章）。

第三节　中国近现代政治思想的发展主线及特点

相对历史沿革来讲，发展主线及特点更加不局限于相应的时段载体。简括地说，主线指的是政治思想史整体的主要内容方面，而特点则是指这些内容共同的和突出的形式特征。

一、发展主线

在中国近现代的一百多年里，政治思想史的主线可以概括为一个任务、两个方面。一个任务就是转变为现代强国，两个方面一是用什么办法完成任务，二是选择什么制度。办法和制度的关系是复杂的，不过大致可以从三个方面来理解。其一是办法和制度在探求和尝试的过程中体现出的因果关系，也就是说，各种办法都是带有创新性的探求和尝试，但结果发现必须有先进的新民主主义，相应的办法才可能是真实有效的。其二是具有阶段性的手段和目的的关系，在晚清地主阶级的改革、洋务图强和戊戌变法、辛亥革命和北伐战争、土地革命、抗日战争、解放战争等各重大历史事件和时期，办法和制度依据任务的阶段性要求而互为手段和目的。其三是互为表里的关系，即是说，在办法选择和制度设计的论争中，任务的真实含义逐步得到明确和认同。

事实上，正是上述关系的处理转换，勾勒出了政治思想发展主线的基本轮廓。中国由传统向现代的转型不仅是一个自觉的过程，而且激烈的阶级斗争使得图强的努力有着明显的政治倾向，甚至不得不从属于革命任务，即以共产党领导的武装斗争的办法，建立新民主主义政权。在这个过程中，政治思想发展主线的主要内容包括四个贯穿始终、相互交融的方面，即学理与实践、西学与自尊、革命与改良、批判与建设。

1. 学理与实践

相对说来，学理就是在学科意义上研究政治思想，实践则是把政治理念付诸行动，而在整个近现代，实践的迫切要求使它在政治思想的主线中占据主导地位，或者说显在的问题都是和实践紧密相连的。就学理来讲，从晚清至迟到辛亥革命，政治思想从重要的基础理论方面直到整个制度设计都有所涉及，主要内容包括关于社会改革的思想（比如魏源）、平等与大同思想（比如洪秀全、康有为）、国际实力与国际关系（比如李鸿章）、民权与自由（比如梁启超、严复）、民主共和（比如章太炎）、资产阶级革命的三民主义（比如孙中山）等。但是，所有提出和主张这些思想的代表人物也都是身体力行者，都是变革社会的实践者。同时，这些学理的一个共同特点，就是以中国的传统政治思想为基础，程度不同地结合西方的思想寻求中国的发展道路。这方面最突出的是谭嗣同，他的《仁学》是从中国哲学传统提炼的世界观，并以此作为政治思想的理论基础，而他本人也为其政治思想的实践献出了生命。

五四运动以后，实践的主导地位更加突出。激进的民主主义、自由主义、马克思主义等各种思想和思潮此起彼伏，但都是直接针对当时的政治斗争和社会变革的。政治思想在这一时期有很多观点，但是解决现实问题的意义明显大于学科建设、政治目的也明显强于理论研究。从实践的情况来看，比较完整的政治思想当然还是三民主义（包括新三民主义）和新民主主义，而且孙中山、李大钊、陈独秀、瞿秋白、毛泽东等也都是革命实践的领袖人物。不过，这两个主义的主旨和内涵都远远超出了政治思想的范畴，而且理论联系实际也是一种总体的学风要求，并不专指政治思想的研究。事实上，从延续中国传统以及创新学术研究这两方面讲，学科建设意义上政治思想研究的学理自觉性应该是从政治思想史研究本身开始的。比如，在 1922 年到 1945 年期间，梁启超、萧公权、吕振羽等分别都撰写出版了中国政治思想史方面的论著。这些著述的出现，开创了这一领域学理研究的现代形态，同时，也从思想史的角度为政治思想的系统研究提供了理论基础和资料梳理。

2. 西学与自尊

对于中国近现代政治思想来说，西学东渐无疑产生了极大的作用和影响，而且如何对待西方的政治思想和制度一直是中国由传统向现代转变的主要参照。但是,伴随这种情况的另一个倾向,就是民族自尊。从晚清为了除弊布新而打开眼界、引进和学习西方文明(比如林则徐),到洋务运动明确提出“中学为体、西学为用”的原则立场(比如张之洞),西学与自尊的关系已经成了中国现代化无法回避的宿命。除了汉奸、投降、妥协之类的政治思想(比如汪精卫、陈公博、甚至周作人、张东荪等),中国政治思想中向西方学习的主导倾向都是为了民族兴盛的,其中不同的观点和争论(包括自由主义和无政府主义等)也都是严肃认真的。

所谓自尊不过是在救亡图强情势下的一种心态特征,而真实含义主要有两个内容:一是面对先进的西方文明中国应该走什么道路,二是中国自己的思想传统还能起什么作用。毫无疑问,从历史进程的结果来看,这两方面问题的答案是由马克思主义与中国革命实践的具体结合来提供或解决的。从世界范围来看,马克思主义也是一种西学,但是,作为世界观和立场、观点和方法,马克思主义有其明确的科学性和普遍性。因此,从政治思想的基础理论来讲,马克思主义经由学理引进到指导革命实践,实际上是在新民主主义意识形态的意义上起作用的。相对说来,20 世纪 30 年代关于中国本位与现代化关系的讨论,体现了自尊心态在政治思想理论层面的研究和论争,并且基本上形成了以后对待西方思想参照系(包括批判借鉴或洋为中用等思想)的学理基础。

西学与自尊的核心冲突是所谓“西化”与否的问题。政治思想固然是一个专门的领域,但其理论基础往往体现在文化和哲学方面,或者说,文化和哲学似乎具有思想的更深层含义和支撑。梁漱溟在 1921 年发表的《东西方文化及其哲学》主要是学术上的比较研究,但随即便引来了热烈的争论,而争论的核心还是中国应该走什么路的问题。各种批评的角度包括了左(比如瞿秋白)、中(比如冯友兰)、右(比如张东荪)等各个方面,但是,最具有学术特点、也最有激进影响的,应该是胡适的观点。胡适写了很多文章,从 1922 年的评论梁漱溟一直到 1933 年的《建国问题引论》。简括地说,他认为“现代化”在当时的中国还只是一个空洞的口号,或者说完全没有实现的条件,而真正的现代化国家又必须经由文化上的转变,也就是充分吸收和采用西方的文明,以使中国融入现代世界,所以应该少谈些主义、多研究些问题。胡适的这种观点被认为是主张在中国实行全盘西化,而直接并系统论述实行全盘西化理由的,要算是陈序经 1934 年发表的《全盘西化的理由》。针对这种思想,维护自尊、明确反对全盘西化的代表性文献,是王新命、何炳松、陶希圣等十位教授在 1935 年发表的《中国本位的文化建设宣言》。

在“文化本位”的大讨论中,胡适实际上处于下风,只是他后来辩解说,自己并没有主张全盘西化,而是要求充分的世界化。这场论争由于抗日战争而逐渐沉寂，但论争的问题却作为近现代中国政治思想史发展主线的重要内容一直延续下来，并持续产生影响。作为中国近现代政治思想的主线内容，西学与自尊关系的真实含义主要包括两个方面，一是关于如何解决具体问题的政治导向，二是关于如何适应中国需要向西方借鉴的方法论。

3. 革命与改良

就不同性质的革命来讲，中国近现代最重要的当然是推翻封建帝制的辛亥革命和建立新中国的新民主主义革命，不过就思想史本身来讲，革命与改良的区分，归根结底在于是否主张彻底推翻统治阶级的政权。因此，虽然有各种不同的观点，但是，只要在反对压迫政治民主、霸占国民经济、无视民生疾苦等方面坚决主张、勉力设计或表示同情的，都属于革命的思想。从理论上讲，各种改良的思想不一定都反对革命的政治理想，但它们或者由于认识上的偏差（比如历史唯心主义），或者出于阶级偏见（比如为了维护自身的利益），都流于不切实际的空想，并最终有碍于革命思想的传布和实施。

从近代开始，政治思想就是以改良的态度出现的，相对说来，直到辛亥革命时期，政治思想中的激进倾向或要求才具有了革命的形态。不过，革命的政治思想依据不同的任务具有不同的旨向，因此从重要的历史段落来看，革命的敌对双方大致包括共和主义与保皇主义、主权独立与卖国投降、民主政治与专制独裁、人民解放与阶级压迫、新民主主义与资本主义等。同样，在不反对革命这个底线上，改良的政治思想更是五花八门、包罗万象。事实上，改良主义本身就既是一种政治思想，又是在不同时期反复出现的政治思潮。作为政治思想，改良的传统不仅在晚清、洋务运动和戊戌变法中是一个明显的政治倾向，而且也体现在孙中山完整提出三民主义之前的革命探索中。尽管反帝反封建的任务逐渐成为政治主流，但是，不仅孙中山的新三民主义仍然有程度不同的改良因素（比如关于“民权”的实施阶段），而且一直到新中国成立，各种自由主义的民主要求都保留着改良的要求。

大体说来，政治思想中的革命主张大多付诸了实践，最终以新民主主义革命的胜利检验并确立了革命的合理性和正确性。改良的政治思想有的只限于主张，有的也付诸了实践，比如五四运动以后资产阶级改良主义主张的“好政府主义”、反对军阀混战的“联省自治”、抗日战争胜利后的“中间道路”思潮、向国民党政权要求民主自由的各种“合法”斗争等。作为政治思想史的主线内容，革命的政治思想经由实践的检验，最终成为具有导向性的和道义为善的理论。但是，革命在形式上毕竟是历史的产物，或者说革命本身就是一个历史范畴，同样，各种改良的政治思想也并非都由于其实践的失败而被彻底否定，或者完全失去意义。由革命与改良这个关系所体现的中国近现代政治思想史主线内容的意义在于，它们所主张的某些价值观以历史遗产的形式延续下来，其中诸如人权、民主、法制等思想更是被作为普遍认同的政治理想和价值内容，在后继的政治发展中持续生成不同的现实含义和创制要求。

4. 批判与建设

由传统社会向现代社会的转型是一个漫长的历史过程，所以批判和建设必然成为这个过程中必须处理的基本关系。但是，不破不立，而且从实施现代化的真实条件是由新民主主义革命提供的这一点来讲，政治批判就是这一时期的转型基调，或者说是转型的基本特征。批判的指向是观念的转变，在理论上主要体现为如何对待历史和现实。所谓历史，就是指传统的阻碍，而这方面最为典型的批判态度，就是新文化运动和五四运动中所谓“砸烂孔家店”的姿态；所谓现实，就是革命的对象，而这方面最彻底的政治批判思想，就是新民主主义及其社会主义方向。

至于建设，情况比较复杂，但大致可以分为两种情况。一方面，革命力量需要建设自身，其主要体现包括共产党在根据地和解放区的执政理念、统一战线思想、共产党自身和人民军队的建设思想、发动人民争取自身解放的群众路线等。另一方面，各种政治批判都会以不同方式、在不同程度上提出其建设性的政治方案，其中，有不切实际的或由于现实条件不具备而流于形式的，比如梁漱溟的“乡村建设”、晏阳初的“平民教育”、陶行知的“乡村教育”等；也有打着民主政治旗号实行专制独裁的，比如国民党统治的“训政”和“宪政”思想；还有基本上属于制度设计的政治思想，比如国家主义思想、江亢虎的无政府主义和“社会主义”、张东荪的基尔特社会主义、各民主党派的自由主义或“中间道路”等。

作为中国近现代政治思想史的发展主线，批判与建设的关系是不平衡的，或者说，批判并不总是和建设对应的。总体说来，在理论方面，批判是政治思想的主流，不仅历史上批判传统，而且现实中，几乎所有被作为批判对象的政治思想都有一个共同的罪名，即不适合中国情况和进步要求，即使是学理上提出的各种制度设计，也是以批判现实为前提和针对的。因此，主流的或成功的政治思想批判尽管有其实践的支撑，但在理论上却是自为的，也就是说，批判有其与建设相对分离或独立的学科存在意义。在实践方面，侧重建设内容的政治思想和政治思想自身的建设也是以批判为前提的，而且其实施的可能性往往也是根据被批判对象的情况而定的，否则就难免成为空想。

批判和建设关系的这种不平衡或不对应，恰恰反映了政治思想的特性，其本身的意义至少可以从两个方面来理解。一方面，由于中国近现代是一部革命斗争的历史，所以这种关系就成了分析这一时期政治思想发展主线的一个重要参照；另一方面，这种关系作为某种惯性，在后继的政治思想中持续产生影响，从积极的角度看，这个影响体现为不断创新的要求，而从消极方面看，也许就是缺乏包容性了。

二、主要特点

某个事物的特点可以从不同的角度来看，或者说，针对和标准不同，关注的特点方面也会有区别。就事实根据来讲，中国近现代政治思想史的特点应该是针对这个思想史的发展主线而言的，因此成为特点的标准应该包括普遍性和特殊性两个方面。所谓普遍性，就是传统社会向现代社会的转型，而特殊性，就是中国在这个转型中特有的问题。因此，虽然可以就发展主线的内容方面总结出若干特点，不过整体看来，中国近现代政治思想史的主要特点可以简括归纳为三个方面的问题，即由传统延续与现代创新的矛盾体现出的工具理性、由思想批判与创制设计的不对应体现出的道义关切和由中国现代化与西方参照的纠缠体现出的本位焦虑。

1．工具理性

工具理性在此并不是指哪种具体的观念，更不是实用主义或机会主义等权宜思想，而是在重要又紧急的任务迫使下，政治思想史所不得不对关注问题做出的轻重缓急选择，以及对所要解决的问题采取的务实态度。由传统向现代的转型本身具有普遍性，因为它是世界上几乎所有国家都要经历的过程，但是工具理性则是中国的特征，因为这是一个半殖民地半封建的大国，而这个大国又接受了马克思主义，并不得不最终采取了武装夺取政权和获得主权独立的方式。构成这一特点内容很多，不过从理论和实践的一致性来讲，政治思想的关注侧重和设计旨向大致包括以下几个方面，而它们共同的特点，或者说不得不做出的选择，都是工具理性。

其一是传统的作用。毫无疑问，不管革命多么激烈，也无论转型多么迅速，一个社会的传统是不可能隔断的。因此，传统的作用就成为必须面对和处理的问题。一方面，传统有其自身延续的规律和动力，而这对于变革来讲所起的作用往往是阻碍性的。另一方面，现代创新也不可能是凭空想象的产物，而且借助传统恰恰是一种便捷有效的做法。其二是现代转型的办法。一定历史任务的产生总是有其客观根据，因此完成任务的相应办法就不可能是随意的。但是，在认识客观根据的基础上，提出、把握、实施办法的方式和途径并不一定是唯一的，也就是说，主观能动性在此具有很大的选择空间，甚至可以起到关键性的作用。其三是创制选择的阶级斗争。从政治层面讲，向现代转型的结果主要就是一些基本制度的创新。由于革命任务的艰巨、敌对势力的强大、武装斗争的持久等客观情况，相应地，也由于进步的新思想必然有一个初始启蒙、探索论争、由弱到强的发展过程，政治思想关于制度的设计及运作策略的正确性一直是由反复的阶级斗争的胜利来验证的。

2. 道义关切

从前述发展主线的批判与建设关系可以看出，在中国近现代史中，政治方面的思想批判与创制设计始终是不对应的。相对说来，思想批判的学理特点明显，创制设计的实践特点明显；思想批判多针对具体问题，创制设计又有过于宏观的偏向。产生这种情况的原因很多，概括起来主要有三个方面的问题，即转型过程漫长曲折、其间的各种矛盾太过复杂交织；传统文化悠久连续、图强的民族自尊十分明显突出；革命任务艰难险阻，创新的解决办法格外迫切重要。对于这些问题，无论担忧还是求解，也不管守旧还是创新，各种政治思想的共同特征，就是道义关切。

从历史上讲，中国历来对于政治活动有一个基本的目的论，就是所谓“修身、治国、平天下”，而这个目的论的核心根据，就是道义关切。首先，政治的存在是合乎天道的，这个天道既是指客观规律，更是指人的伦理特性；其次，个体能够参与政治活动，一个基本前提是自我修养，而且其中道德的重要性大于能力；最后，好的政治（类似于今天讲的“善治”）才算做“平天下”，而做到这一点在形式上体现为“外王”，根据却在于“内圣”。这个目的论传统在近现代的转型中并没有被否弃，相反却以新的形式得到了巩固和发展，其主要特点就是创制设计必须合乎思想批判的正义性。但是，思想批判与制度设计的不对应也就由此成为不可避免的问题，或者说成为政治思想在方法论上的突出特征。

第一，思想批判的合理性需要系统的理论支撑，但是，迫切的创新任务使得思想批判只能就具体问题的轻重缓急作相应的研究和应对，这种情况体现为整个近现代政治思想史的一个基本事实，即新思想的启蒙宣传时期太短，而理论的被认同主要是由实践的成败决定的。第二，由于斗争的艰难和严酷，新制度的实施迟迟得不到、或不具备相应的条件，因此创制设计的合理性只能归结为一种预先的道义为善，缺乏效率意义上的合法性支撑，往往只能是一种宏观的构想或要求，其具体的可操作性是在反复的试错中逐步落实的。第三，思想批判的具体针对与制度设计的宏观要求看起来是一个不合逻辑的形式倒置，但却恰恰体现出了转型任务的道义关切，即认为创新探索和革命实践是合乎道义的和值得选择的。第四，道义关切的普遍性和政治思想创新的特殊性是互为因果、互为表里的，因此，这种道义关切反而针对思想批判与制度设计的不对应，创造性地探索出解决这种不对应的方法论，其典型体现就是新民主主义及其社会主义方向所要求、并实践了的学风，叫做理论联系实际。

3. 本位焦虑

事实上，转型自身在逻辑上就有着本位焦虑的特性，即原有的存在将如何安置。作为政治思想史的特点，本位焦虑的针对就是中国现代化与西方参照的纠缠体现出的两难选择，即希望出现一个新的现代社会但又不能失去中国的民族精神和文化品格。所谓参照,不仅是指转型起始的重要、甚至主要动力在于西方的影响,更在于西方事实上所处的强势地位。中国本位之所以焦虑,并不在于学习西方,而是出于两个基本事实。其一,西方先进的方面恰恰是列强得以殖民压迫中国的能力,因此,中国只有将这些先进方面提炼归纳为普遍可接受的价值观(比如科学和民主),转型本身才是合乎道义的。其二,转型的办法和它的方向是互为因果的,因此,随着新民主主义及其社会主义方向的逐步确立,反帝任务和创新图强的结合只能是中国自己的革命。这两个基本事实所带来的本位焦虑特点是如此突出,并明显体现在整个转型的各个方面。不过,本位焦虑最为政治思想所关注的,应该是思想观念和政治策略。

其实,思想观念的重要性在转型过程中是逐步被认识的。在近现代史开始的时候,首先想到和重视的是技术。接着认识到必须改变体制,为了图强的先进技术才能发挥作用。戊戌变法的失败以后,对体制改革的要求进而发展成彻底推翻封建帝制,于是就有了辛亥革命。但是,所有这些努力的结果都令改革者和革命者失望,而革命屡遭失败或者成果难以持续的一个重要原因,就在于没有广大民众的支持。因此,新文化运动、五四运动、马克思主义的引进,都花很大的气力去做启蒙工作,也就是从观念的层面唤起民众。这时候,本位焦虑真正进入政治思想的领域,不仅摆脱了狭隘的"西学为用"和反满排外的民族主义,而且开始探索马克思主义对中国革命的指导作用。这种焦虑有两个核心内容:其一,抽象地说,西方引进的人权、自由、科学、民主等概念被转换为普遍为善的价值观,但如何在制度设计的层面适应中国的情况和需要,仍需实践来回答,而这个答案直到抗日战争后期才逐步清晰,就是新民主主义及其社会主义方向。其二,新民主主义及其社会主义方向虽然被认为是符合马克思主义的,但思想观念上的解释仍需要系统的理论支持,而这个理论的品格只能是马克思主义的中国化,其中包括如何安置那些由西方引进并被抽象为普遍为善的价值观。

至于政治策略,本位的焦虑也有两个核心内容,而且都与西方参照直接相关。其一是革命与现代化的关系,也就是如何为现代化的真实实施准备条件。从洋务运动开始,所有的改革和革命都希望能够尽快具备西方现代化的能力,但不同的历史条件总是要求与此适应的政治策略。由于这种本位焦虑,中国不得不在政治策略上把革命和现代化分离开来。一方面,把马克思主义看成超出西方思想范畴的普遍真理,而苏联的榜样和鼓舞更加剧了本位焦虑的现实性;另一方面,革命不仅是现代化得以实施的前提条件,而且革命的成功直接规定了现代化的中国化方式。这种本位焦虑的积极结果,就是产生了一系列正确的政治策略,比如划分阶级成分、农村包围城市、抗日统一战线、群众路线等。其二,作为整体转型的直接参照,就是由西方引进的现代化。但是,不仅对现代化含义的认识是逐步清晰的,而且在政治策略上现代化的西方参照始终是依中国的需要而转变的。除了明确的革命需要，贯穿始终的本位焦虑仍然是如何坚持中国的民族精神和文化品格。比如，鲁迅可以说是这方面的杰出代表，所以他才揭露和批判所谓恶劣的“国民性”。又比如，对于中国来讲，西学东渐的直接中转站是日本，但是政治策略从来就没有要求学习日本。之所以如此，主要有三个原因。第一，中国作为陆地大国，与海岛小国的日本有着不同的思想传统；第二，由于日本也是学习西方才强盛的，所以通过日本学习西方在中国来讲只是一种地理上的便利，真正要学习的并不是日本；第三，日本侵略中国。

三、小结

中国近现代政治思想史的发展主线与这个时期的转型任务紧密相连，就是如何转变为现代强国。从学理上讲，政治思想的研究、批判、创新始终围绕着几个基本主题，即如何革命、如何改良、如何应对西方、如何在现代学科意义上建立政治思想的理论体系。严格说来，政治思想的理论体系并没有建立，只是从梳理研究中国政治思想史的角度，准备或提供了政治思想学科研究的基础。不过，整体说来，构成近现代中国政治思想史发展主线的内容还是清楚的，它们体现为实践上急需处理的一些基本关系，即学理与实践、西学与自尊、革命与改良、批判与建设。这些关系贯穿近现代始终，它们或者相互交叉、相互影响，或者互为因果、互为表里，但关注的核心问题基本上可以归结为两个：一是用什么办法完成转型图强的任务，二是在手段和目的相统一的意义上选择什么政治制度。

中国近现代政治思想史发展主线的特点主要是针对发展的形式而言的，但其依据并不仅仅是政治思想史的理论或研究内容，更重要的还是历史任务的现实条件和实际状况。由于转型过程的漫长、革命斗争的严酷、理论自为的不足及其对实践需要的依赖等原因，中国近现代政治思想史的发展体现为三个明显的特点，即整体上的工具理性、道义关切、本位焦虑。事实上，从内容与形式的一致性或内在联系来讲，这些特点本身就具有相对独立的理论和范畴含义，因此，它们和发展主线的基本内容一起，对近现代以后的中国政治思想产生着持续的影响。

第四节　中国近现代政治思想史研究的意义和方法

一般说来，历史研究的意义总是以当代的认识为转移的，但是从理论上讲，这种意义大致包括两方面的内容：一个是知识的延续，另一个是这种知识的作用。研究方法虽然有其独立的学科特性，但其适用域主要是由对象的存在特性决定的。因此，从分类的角度讲，各种方法的适用针对大致包括三个方面，即普遍规律、特定对象以及认识水平和实际需要。

一、研究意义

从学理上讲，研究意义是针对知识自身的真实性和逻辑性而言的，但是在这个基础上，根据不同的目的还有各种专属的研究意义。对此，可以从三个方面来说明。

1. 知识层面的理论意义

研究历史（即通史）或者历史的某各方面（即专门史）的意义首先是为了知识的积累和延续。人类活动认识、发现和创造了许多知识，这些知识在具体的时空中产生，其意义则独立出来成为人类的认识手段和运用工具，所以恩格斯才会说，一切知识都是历史知识。研究中国近现代政治思想史，就是将其作为专门的知识系统积累起来，延续下去。这个知识的内容主要包括中国近现代政治思想史的性质、内容、形态、沿革、发展主线及特点、意义、作用、影响。

2. 认识层面的实际意义

这层意义简括地说就是温故而知新，即研究中国近现代政治思想史可以为现实的政治活动服务。不过，这种服务并不是单向度的，能否有效地服务，取决于对历史的认识正确与否、需要解决的问题是否具备条件。一般说来，服务现实的作用包括两个基本功能，就是提供经验借鉴和导引启示；具体地说，这些功能的服务宗旨，就是中国特色社会主义、中华民族伟大复兴等基本政治导向。

3. 建设中国政治思想的学科体系

无论认识历史、把握规律，还是借鉴过去、启示现今，都需要以一定的知识为基础、以某些研究为手段。因此，研究中国近现代政治思想史的一个特定意义，就是建设中国政治思想的学科体系。就认识和把握历史规律是一个持续的研究过程来讲，政治思想史研究不仅是中国政治思想学科体系的重要构成部分，而且还是它得以成立和发展的理论基础。

二、基本方法

研究政治思想史采用什么方法并没有具体的规定，但是，各种方法的合理性都有两个共同的原则：一是研究对象和内容对方法的制约，二是方法的适用域和针对性。根据这两个原则，各基本方法不仅可以混合交叉使用，而且合理真实的研究结果应该更能够经得起各种方法的检验。

1. 历史唯物主义和辩证唯物主义

这是针对方法适用的普遍性来说的，也就是坚持历史唯物主义和辩证唯物主义的认识论和方法论；在具体方法上，一个基本的要求就是历史的真实性与含义的针对性相结合。对于某段历史或某个事件，其真实性的基础在于资料的数量和质量，但它们的含义分析和确定，不仅需要更大范围、更多领域的相关资料，而且特别需要从诸多的关系中找出含义的基本逻辑、能指与所指、目标指向与实际作用等判断依据。

2. 历史与当今的结合

这个原则虽然也具有真实判断的普遍性，但主要是指分析特定问题的具体方法。这个特定问题，整体上说就是中国近现代政治思想史，对它的研究不仅要结合当今的认识和需要，而且要随时注意这种认识和需要对研究历史的作用和局限。史学从来就是当今对历史的认识，绝对真实的所谓“史实”对于历史研究、至少是历史研究的意义来讲是不存在的。不过，相对说来，要特别注意当今认识和需要在研究具体历史问题时的作用，以避免减损、甚至歪曲了这些问题的历史真实性和含义针对性。

3. 认识水平和实际需要的结合

对某个事物的认识总有水平高低的区别，这不仅因为主观认识的局限，更在于知识本身的限度。同样，方法的有效性不仅在一定程度上受制于实际需要，而且实际需要本身也可能就作为某种方法来使用。因此，针对认识水平和实际需要，相应的政治思想史研究方法，就是规律认识与真实含义的关系把握和处理。这是一种建构性方法，就是把认识水平和实际需要的结合作为具体方法的指导原则，研究结果或内容含义的真实性始终是由方法的运用来体现的。一方面，对于某种规律的认识不仅需要相应的研究手段和知识积累，而且需要相应的历史或事实资料作为依据和支撑；另一方面，不仅历史或事实资料本身的真实性就需要研究甄别，而且同样真实的资料可以包含各种含义，甚至对于这些含义的理解和阐释可能出现相左的结论。

三、小结

上述研究意义和方法都是从学理研究与工具理性相结合的角度讲的，因此，为了正确理解这些意义以及合理运用这些方法，政治思想史研究需要关注一些基本关系，即历史背景与主要事件、政治思想与实际需要、政治思想属性与领域体现形式、代表人物与政治环境、问题论争与学理建设、特定内容与作用影响等。

思考题

1. 为什么说一切历史都是当下的历史？

2. 指出并说明“政治思想”和“思想政治”的区别与联系。

3. 把“近现代”作为中国政治思想史整体时段的主要根据是什么，如果这个根据是合理的，应该如何理解中国历史的“近代”与“现代”划分？

4. 什么是中国近现代政治思想的“历史沿革”，分析这些沿革有什么意义？

5. 为什么说中国近现代政治思想史的主要特点本身就具有相对独立的理论和范畴含义？

6. 在近现代中国政治思想史的发展主线中，由传统向现代的转型与新民主主义革命是什么关系？

1

第一章

鸦片战争时期的政治思想

鸦片战争把中国历史与世界格局的变化紧密地联系了起来，从而造成了三千年来未曾有过的大变局，也从根本上改变了中国历史的发展轨迹，引起了中国政治思想的巨大变化。从总的趋势看，鸦片战争时期的政治思想在社会批判及主张广泛的社会改革上具有明显的连续性。比如，龚自珍的政治批判及改革主张在很大程度上延续了洪亮吉的观点，而魏源等的改革主张也远比后来的洋务派内容宽泛，明显带有传统地主阶级改革派的痕迹。但是，从关于中国与世界关系的思考角度看，鸦片战争时期的政治思想又具有明显的转折性。比如，林则徐等从传统战争观的知己知彼要求，逐渐转向了具有战略意义的"开眼看世界"①，而开眼看世界的直接结果就是引起了一系列具有社会转折意义的连锁反应，促使中国从一个传统封闭的世界逐渐地变成了一个不得不开放的世界。在一个日益开放的世界中，不仅中国传统的王权主义政治体系逐渐被迫发生了趋向于解体的异化，而且人们的政治思维也随着新概念、新方法的传入而渐渐地在主题上发生了巨大变化。君权的权威日益受到挑战，而民权却日益受到欢迎；专制越来越不得人心，共和却越来越清楚地成为人们追求的理想目标。君权的陨落与民权的崛起，成为鸦片战争后相当长一段历史时期的一个总趋势，而这个总趋势的起点就是林则徐等在

① 陈旭麓：《近代中国社会的新陈代谢》，上海人民出版社1992年版，第56页。

鸦片战争中的“开眼看世界”。

鸦片战争时期的“开眼看世界”并不是传统士大夫的主动选择，也不是中国传统社会继续发展的自觉体现，而是世界历史的全球化大趋势造成的一种被动结果。“开眼看世界者”并没有足够或充分的背景知识，甚至连起码的心理准备也没有，只能用传统的经史背景，以非传统的心态来对待西方陌生的政治概念及思维。一方面，林则徐的“开眼看世界”在深度及准确性上并不那么可靠，他只是比较广泛地收集了海外各洲宽泛意义上的政教风情，其意义与价值至多只是广见博闻，并不足以撼动他已经固化了的传统儒家世界观及价值观，世界格局及西方的政教风情对他的触动并不如人们想象的那么大。另一方面，鸦片战争后的相当长一段时期，政治思想仍然停留在“开眼看世界”的水平，至少在洋务运动兴起以前，中国士大夫在整体上都处在这种观望外界的状况。随着与西方的较为密切的接触，士大夫群体中的部分个体已经达到了对西方的较为深入的了解，但即使了解最为透彻的徐继畲，也还仍然保留着完整的儒家世界观与价值观，其高度评价美国政治制度及华盛顿的知识背景仍然是传统经史。尽管如此，美国政治制度及华盛顿的典故还是极大地冲击了徐继畲儒家化的政治理想。他认为，儒家的三代及尧舜圣人原本只是政治传说，而美国政治制度及华盛顿却提供了一个可以与三代媲美的政治实例。由此，徐继畲对美国的政治制度及华盛顿作了高度评价，并由于类比了传统圣君尧舜甚至超越了美国人的自我评价。[①] 高度评价美国政治制度及华盛顿，实际上存在过誉之处，而从根本上说，这种过誉源自评价者自身儒学背景下的圣人情节。不过，徐继畲对美国政治制度及华盛顿的高度评价，暗藏着传统经史与现代政治观念的某种衔接。当徐继畲用传统儒家的概念和范畴评价美国政治制度及华盛顿的时候，他实际上已经有意无意地把中国传统的儒家概念及范畴与现代政治制度紧密联系起来，从而真正开启了中国传统的儒家概念及范畴的近代化转变历程。因此，虽然林则徐的《四洲志》最先“开眼看世界”，但是真正看出了有影响的实际结果的，应该是徐继畲的《瀛寰志略》、《瀛寰考略》。

① 熊月之：《西学东渐与晚清社会》，上海人民出版社 1994 年版，第 246 ~ 254 页。

第一节　清朝的衰落、中外时局的变迁与新政治思想的萌生

鸦片战争时期的政治思想不仅具有非常复杂的社会政治背景，而且也是在相当复杂的思想文化条件下发生的。从社会政治背景看，清王朝的统治已经达到了由盛转衰的拐点，社会也逐渐呈现出一副政治腐化和经济停滞的衰败图景；从国际条件看，西方资本主义势力已经出现了全球化的趋势，而清王朝及传统中国对此明显缺乏充分的心理和理论准备。因此，外来冲击对于中国历史轨迹的影响，注定是普遍、全面而划时代的。

从鸦片战争时期的政治思想和文化状况来看，"开眼看世界"一方面体现了传统士大夫经世济民的诉求，在某种程度上延续了传统的政治批判和政治改革思想，以及中国传统理性实用精神及民本理念的根本性引领，另一方面更有着外来观念及事物在观念层面产生的影响。① 因此，鸦片战争时期的政治思想是一个特殊社会政治背景及复杂思想文化影响下的产物，其中最关键的影响要素，就是中国传统与西方传统不得不发生的直接碰撞。本节主要讨论鸦片战争时期政治思想发生的特殊社会政治背景及复杂的思想文化条件，并简要说明新思想萌芽的产生过程。

一、清朝的衰落

19 世纪初以来，中国社会逐渐呈现出了衰败趋势，出现了罗荣渠教授所说的衰败化。各种内部体制性危机和社会骚乱一再出现，如果没有外来的新因素介入或异乎寻常的挑战，中央集权的清王朝的衰败终将导致新王朝的鼎革。②清王朝的衰败化，既有中国传统社会发展的周期律的影响，也有清王朝自身历史所决定的特殊因素的作用与影响。王守稼在其《封建末世的积淀与萌芽》一书中，阐述了中国历史的周期性特征，重点解释了王朝治乱循环中的周期性社会危机。中国封建社会中历史较久的王朝，其社会经济都经历过恢复、高涨和危机三个阶段，以王朝的兴衰为一个周期，依次交替，往复出现。中国封建社会的周期性危机，主要是由社会再生产的周期性中断和阶级矛盾的定期激化引起的，实际

① 张师伟：《中国传统民本与现代民主的沟通与衔接》，《甘肃社会科学》2009 年第 1 期。

② 罗荣渠：《现代化新论》，北京大学出版社 1993 年版，第 241 页。

上就是社会再生产危机。一方面是生产不足，由于地主阶级残酷剥削和压迫，农民被剥夺了本来可用以发展和扩大再生产规模的一切力量，造成社会再生产周期性中断；另一方面是消费过度，地主阶级无休止地攫取农民的剩余产品，穷奢极侈，挥霍无度。一般说来，周期性危机的总爆发体现为土地危机、人口相对过剩危机、商品经济危机、财政危机和政治危机等五大危机。五大危机同时降临必然使整个社会陷入混乱，王朝的崩溃便势不可免。① 清王朝是一个历史较久的王朝，其社会经济经历了王守稼所说的完整周期，而周期中由高涨到危机的转折点就是嘉庆皇帝。清王朝经历了康雍乾盛世后跌跌撞撞地进入了19世纪。嘉庆元年爆发的规模浩大的白莲教起义，以反清复明为号召，参加者多至数十万人，武装斗争延续了九年，清朝耗费军费二万万两，出动官兵十余万，各地乡勇先后不下数十万。付出沉重代价后，起义才告平息，②但是，白莲教大起义也由此成了由康乾盛世到王朝衰败的转折点。

王朝的内部衰败有着深刻的社会根源与复杂的运行机制，但衰败化的结果则是可预期的，即假如没有外来文明的根本性影响，中国将又一次改朝换代，而每一次改朝换代都不过是传统社会秩序的重建、调整与延续。中国传统王朝的周期规律以土地关系的周期调整为起点，在小农经济大量恢复的基础上，社会达到盛极而衰的顶峰，之后社会经济政治等就一路下滑，在一个复杂的运作机制下，无可选择地一路走到王朝崩溃的终点，然后开始一轮新的周期。乾隆后期直至道光时期，清朝就处在一个由盛转衰的关键时期，表面上的盛世景观下掩盖着千疮百孔的衰败实质。因此，当龚自珍等在这个背景下提出对衰败实质的政治批判时，虚幻的盛世外表还是大大削弱了这些批判的冲击力，甚至淹没了它们的实际含义。虽然白莲教大起义后，全国的局势基本稳定下来，但社会的危机并未缓解，而是又一次进入了矛盾的积累时期，其结果只能是矛盾在更高层次和更大范围内的激烈爆发，其后的太平天国运动就是明证。实际上，清朝在鸦片战争后相当长一段时间内发生于内陆地区的系列武装起义，都与外部影响关系不大，而不过是社会进一步衰败化的必然表现。

二、中外时局的变迁

就对中外时局变迁的深远影响来讲，一个具有典型意义的标志性事件，就是1840年的鸦片战争。鸦片战争及由之而来的《中英南京条约》不仅迫使清朝割土求和，损害了中国自古以来的领土完整，而且还迫使清朝接受了片面最惠国待

① 王守稼：《封建末世的积淀和萌芽》，上海人民出版社1990年版，第3～4页。

② 范文澜、蔡美彪：《中国通史》第10册，人民出版社1994年版，第155～199页。

遇、协定关税、治外法权等一系列有损中国主权的规定。这些规定不仅都是英国强加于清朝的体现西方殖民者利益与意志的条约义务,而且还在中外关系的调整中排斥了中国传统规则,从而开启了西方规则影响全球政治的新阶段。清朝先是被迫在对外关系中遵守这些条约义务,而后又被迫在国内推行西方化的政治经济模式。于是,中国的现代化一开始就陷入了深深的政治困境:清政府遵守条约规定的义务,必然加深自己的殖民地化程度;倘若不遵守必将引发中外之间的战争,其结果则是更加深彻的殖民地化。

鸦片战争以后,中国近代政治思想既以应对殖民主义来到中国后的时代课题为使命,也在回答时代提出诸问题的过程中向西方学习先进的观念和命题。在这过程中,中国的传统观念和命题逐步转变、融入了新的含义,形成了一种改造中国的近代中国学,其起点就是林则徐在广州的“开眼看世界”,而其学术形态则是建立在传统史志基础上的世界地理学。① 对于中国近代政治思想来说,时局变迁的决定性影响还在于来自西方的政治经验,它极大地改变了传统中国的政治思维方式。

中外政治时局的变迁首先是西方世界的崛起。新的生产关系逐步建立,在新的生产关系的孕育和形成的同时,新的政治关系也逐步趋于成熟。在新的生产关系最发达的英国,世界上最早的现代政治体系开始孕育,并于都铎王朝晚期趋于成型。17 世纪中叶,伴随着生产关系的大发展,英国政治体系内部的先进与落后进行了面对面的暴力冲突,其结果是政治体系现代化的步伐进一步加快,并初步确立了君主立宪制的现代政体,而一系列现代社会的政治事物如政党、责任内阁、代议政制等率先出现在英国,从巩固了英国在现代世界格局中的先驱者角色。② 在英国的影响和带动下,18 世纪的美国及法国也相继发生了经济及政治领域内的划时代巨变,从而开始了殖民者征服东方的新的阶段,即殖民者已经不是葡萄牙、西班牙和荷兰那样带有浓郁中世纪野蛮遗风的海盗式的征服者,而是以具有社会经济及政治优势漂洋过海寻求体制化联系的新一代殖民者。清朝自乾隆朝晚期接触到的西方殖民者,就是英国这个谋求体制化商业及政治利益的新一代殖民者,其主要标志就是向清朝索要平等,向清朝推销自由贸易政策。③ 自清朝立国以来的 200 年间,遥远的西方已经发生了翻天覆地的巨大变化,资产者已经确立了其在经济及政治领域的巨大优势,成为这个阶段体现历史发展趋势的主流阶级。“自然力的征服,机器的采用,化学在工业和农业中的应用,轮船的行驶,铁路的通行,电报的使用,整个大陆的开垦,河川的通航,仿佛用

---

① 《陈旭麓文集》第 2 卷,华东师范大学出版社 1997 年版,第 21 ~ 22 页。

② 参见程汉大:《英国政治制度史》,中国社会科学出版社 1995 年版,第 177 ~ 373 页。

③ 蒋廷黻:《中国近代史》,上海古籍出版社 1999 年版,第 8 页。

法术从地下呼唤出来的大量人口——过去哪一个世纪料想到社会劳动里蕴藏有这样的生产力呢?"①与西方的迅速崛起形成鲜明的反差,"同一时间里的中国却景物依旧","成千上万胼手砥足、辗转沟壑的小农,背负着一代一代讴歌唐虞盛世,高谈名物考据或性心义理的士人",传统中国的"旧世界因成熟过度而在慢慢腐烂之中"②。

西方世界的迅速崛起及中国传统的长久迟滞,既从根本上改变了中国与西方世界的力量对比,也在根本上决定了彼此在世界历史发展过程中的角色、地位与作用。与西方在经济方式和政治制度等方面的现代化竞争优势相比,清朝统治下的中国已经成了传统的典型形象,因此,中国近现代政治思想深受西方的影响也就成了不可避免的趋势。但是,这种影响并不是正常的思想交往。当中国传统社会的小农经济及纲常伦理还能够有效阻遏西方列强的商品渗透及政治影响的时候,西方列强对中国的影响却采取了与海盗行为不相上下的走私贸易的方式,其中最为恶劣的做法,就是大肆贩卖鸦片。自16世纪以来,葡萄牙、西班牙等西方殖民者也从海外贩卖少量鸦片到中国,但其输入量不大,1729年以前每年不超过200箱,到了鸦片战争前夕,1834年为21 885箱,1838年为40 200箱。③ 鸦片的危害日益引起清朝当局的关注,并屡下禁烟谕旨,但西方却以自由贸易为借口对中国实行政治压迫和武装入侵。④ 当战争接着禁烟及销烟而真的发生的时候,中国近代真正的思想转型也就由此而开始了。既然林则徐的"开眼看世界"是由鸦片输入及由此而来的禁烟、销烟引发的,那么他"开眼看世界"就与中国传统社会发展的既有逻辑及观念没有内在必然联系,从而对漂洋过海而来的西方事物具有一定依赖性。因此,林则徐"开眼看世界"的行为就构成了中国传统社会及观念的一个重要转折点,而此后的社会及观念的发展就都与西方的影响难以分割了。

三、经世济用的学风

中国传统学术及学风围绕着人生诸问题,在思维方式及思想体系上都体现了浓郁的实用理性特征,其所追求的必然的知,主要是个体的道德良知及社会的秩序安排。宋元明清时期,传统学术及学风日益求"实",涌现出了形形色色的

---

① 《马克思恩格斯选集》第1卷,人民出版社1995年版,第277页。

② 陈旭麓:《近代中国社会的新陈代谢》,上海人民出版社1992年版,第2~3页。

③ 陈旭麓:《中国近代史》,高等教育出版社2010年版,第13~14页。

④ [美]费正清等著:《外国学者论鸦片战争与林则徐》(下),福建人民出版社1991年版,第36~37页。

所谓“实学”①。“实学”的“实”主要就是强调“学”与个体的道德养成及社会的秩序安排有关，用唐宋古文运动领袖的话说就是提倡“载道”之学。虽然宋元明清不同时代的人对“实学”之“实”有不同的期待，而人们对“实学”之“实”的对立面“虚学”之“虚”的理解也随时代不同而有明显差异，但对于“虚学”之“虚”的指责，多是因为其与人生道德养成及社会秩序安排无关或无益。自明末清初以来，“实学”的影响日益扩大，以致连自认为是“实学”的宋明理学也遭受非议而被有些学者认为是“玄学”②。于是，“实学”之“实”被当成了方法论，在关于政治理想国的讨论退潮之后，方法论上的“求实”滋生出了“朴学”，并将此作为理学的重要辅助者。③ 顾炎武提倡“理学”与“经学”的合一，就是主张用考据、考证的方法进一步准确深刻地理解和贯彻普遍的“天理”。黄宗羲等开创的浙东学派以经史互证为主要特色，倡导“六经皆史”的治经方法，其与纯粹的文献、音韵的考证、考据一样，都不过是一种治经方法，其考证及考据之学下依然隐藏着经学家的理想及理论诉求。清中叶“朴学”的考证等并没有堵塞注重微言大义之学的崛起，随着社会的由盛转衰，汉代流行的公羊春秋学恢复其存在，并日益将清中叶的“朴学”学风引领到关注国事民瘼的经世济用方面，出现了擅长政治批评及主张改革的社会思潮，而且这两者往往是密切联系在一起的。既是时代由盛转衰的变化所致，更是儒者之学民本情怀的表达，乾嘉时期作为“经学”羽翼的“朴学”，转生出嘉道时期的“经世”之学。不过，在接触西方以前，“经世”之学其所关注的问题、讨论的内容及解决的方法等仍然都是传统的，所以“出现了关心社会实际问题的倾向决不意味着会同时出现惊人的新的解决方法。”④嘉道时期的“经世”之学既有以经学形式包装的强烈的民本情结，其相应的理论支持主要来自清代宋学所标榜的义理，也继承了“朴学”的实证学风，将考证、考据的精神用于社会诸问题的剖析，其最主要的代表就是贺长龄编撰的《皇朝经世文编》。

晚清早期的政治批评思潮是随着衰世的来临而出现的，其在嘉庆年间的主要代表是洪亮吉，而其在道光年间的主要代表则是龚自珍。适时兴起的政治批判思潮原本是王朝由盛转衰的固有现象，历朝历代均不贫乏，而且政治批判又大多以建设性的批评开始，而以武器的批判结束。政治批判虽然不乏以揭露和批判社会丑恶为主题，并因此而提倡某种形式的朴素无政府主义的思想，但中国传统政治批判的主流却是站在统治者的立场上，客观陈述并深刻剖析社会的重大

---

① 葛荣晋主编：《中国实学思想史》上卷，首都师范大学出版社 1994 年版，第 1～9 页。

② 顾炎武：《日知录》卷七，《夫子之言性与天道》。

③ 冯友兰：《中国哲学史》，中华书局 1961 年版，第 974～975 页。

④ [美]本杰明·史华兹：《寻求富强：严复与西学》，叶凤美译，江苏人民出版社 1996 年版，第 6 页。

矛盾或焦点问题等,从而寄希望于统治者的自我改良。但是,知识分子善意的批评和及时的提醒通常并不能挽回王朝的颓势,而统治者关注的改革也不过是提高了官僚机构的财富汲取率,并由此进一步加深了王朝的颓势,直至社会政治颓势的深化激发了武器的批判,最终导致王朝更替。嘉庆道光年间兴起的政治批判及改革思潮在中途改变了方向,将政治批判话题连带着政治改革议题一股脑地转化成了“师夷之长技以制夷”的新话题。不过,话题的自然转变恰恰说明了学风和士风的内在连续性,即强调关注现实政治及社会问题,认真总结历代治国理政的有益经验,收集整理能够提供治国理政有益经验的资政文献,积极谋求改善国计民生的现实手段。因此,当时的“经世”之学“本质上仍然是中国传统之学,它本身并不具备近代意义上的学术文化特质”,“不过是中国‘旧学’入世内容的强化”。林则徐、魏源以后,“‘经世’之学所面临的时代变了,所经之世变了,但它本身的学术文化结构却难以发生突变”,而且“经世学本身不可能构成旧学向新学延伸或转折的桥梁,直接由‘经世学’抽演不出已经在经济、政治、文化取向发生变化的近代社会的学术文化内容”。但是,“经世”之学“面向现实的精神”“使得一代中国知识者能够客观对待涌入中国的西学,从而成为中国学术文化走向近代文化的起点。”①换句话说,经世济用是中国近现代新政治思想萌生时的主要特征,是传统与现代的一个榫接点,即以准备并愿意接受新思想的姿态,历史地成为中国近现代政治思想史的起点。

经世之学与中国近代学的榫接,不仅是学风上的实事求是,即既强调面向社会现实,又强调确实注重社会诸问题的剖析与筹划解决,而且还延续了民本主义及天下为公等思想内容。中国传统的经世之学就其形式而言多强调为君父分忧,而就其政治理想而言,则大多谋求实现儒家历来的政治理想。传统儒家的政治理想以纲常伦理为基本内核,强调君君、臣臣、父父、子子,但其政治理想就目的而论却非常高尚,一则突出了以天下苍生为目的民本意识,二则一直将民本主义政治的真正希望寄托于尧舜那样的有道明君。林则徐、魏源等仍然寄希望于有道明君,希望通过有道明君,实现儒家的纲常伦理,以达到真正的民本目的。林则徐、魏源、徐继畬等的世界地理学,对现代政治的介绍本身就包含着中国传统士人特殊的解读方式。这种解读方式既浸润着儒家尧舜禹汤等政治理想与民本的政治价值,又包含了面对西方接纳新知的开明。虽然这种解读是以旧释新,但在其解释中则又孕育了以新补旧的萌芽,两者的结合逐渐铸造了一种在拥有一定数量旧酒的酒瓶中注入新酒的勾兑式思维延展。中国传统思维影响的体系性由显性而渐趋隐性,而现代新文化中形式性的西方因素则不可回避地受到了中国传统思维的濡染与浸润,从而在勾兑式思维延展中形成了古今中西结合的

① 王先明:《中国近代社会文化史续论》,南开大学出版社 2005 年版,第 182 ~ 185 页。

特有思维方式。从西方政治传统在中国被介绍的情况看，民主思想的传播是一个非常重要的线索。“民主”从一个传统儒家的政治名词转变为现代意义颇为明显的现代政治观念，而这个过程典型地体现了中国现代政治思维建构过程中汉语与英语的涵义互渗。一方面，西方现代民主观念借助于对儒家古典词汇的一再解释而获得了扎根中国的渠道；另一方面，儒家古典政治思想对现代民主观念的渗透，使得传统民本观念得以借机隐匿在现代“民主”的概念之中。①

第二节　龚自珍的政治批判及改革思想

龚自珍通常被看作一个具有近代意义的思想家，现代许多著名的学者甚至根据他思想中的近代倾向把他作为中国近代的第一个思想家。但是，龚自珍却说自己的改革思想不过是贩卖“古时丹”。不过，龚自珍又自认为是一个“但开风气不为师”的人，而对其所开之“风气”究竟是什么，却从来就有不同的理解与解释。一方面，鉴于龚自珍的生平、履历跨越了1840年这个传统与近代的分界点，而且其经世之学也与林则徐、魏源等接近，更主要的是他的政治批判思想确实在晚清政治领域产生了重要影响，因此，我们不能不把他作为一个近代思想家看待。另一方面，龚自珍确实没有“开眼看世界”的行为，其政治批判及改革思想不能不完全来自传统，缺乏“开眼看世界”后的一系列变化，因而在思想内容上，龚自珍并没有什么新意，也难以在其思想中寻找或演绎出所谓的近代思想。

一、龚自珍的生平、事迹及著述

龚自珍(1792—1841)，浙江仁和(今杭州)人，字尔玉，又字璱人，号定盦，后相继更名易简、巩祚，字也相应变为伯定。龚自珍的祖父龚敬身，官至内阁中书、军机处行走，著有《吟朦山房诗》；父亲龚丽正官至江南苏松太兵备道，署江苏按察使，著有《国语注补》、《礼图考》、《两汉书质疑》、《楚辞名物考》等书；外祖父段玉裁为著名文字学家和汉学家，著有《说文解字注》。生活在这样一个传统文化氛围极为浓厚的家庭，龚自珍自幼受到很好的儒学教育。他6岁时随父母移居北京，8岁便读《登科录》，12岁随外祖父段玉裁学习《说文》，接受了比较严谨的经学训诂等小学训练，16岁开始通读《四库全书提要》，为全面了解经史子集的传统文化奠定了扎实的基础。龚自珍于嘉庆二十四(1819)年会试落榜后，在北京拜清代今文学大师刘逢禄为师，学习和研读《公羊春秋》，与其一同拜师学

① 参见张师伟:《中国现代政治思维中的传统因素》,《甘肃行政学院学报》2010年第5期。

习的还有《海国图志》的作者魏源，两人的经世之学即于此奠定了学术方面的基础。龚自珍从道光元年即1821年起，以任国史馆校对等官职的职务之便，阅读了内阁丰富的档案和典籍，钩索旧闻，探讨历代得失，后又参加了《大清一统志》的修撰。1829年，龚自珍38岁时在第6次会试时中了进士，列三甲第十九名，不能进入翰林院，仍旧为内阁中书。由于龚自珍屡屡揭露时弊，触动时忌，反复遭到权贵的排挤和打击。1839年春天，他决计辞官南归。鸦片战争爆发后的1841年春天，龚自珍执教于江苏丹阳云阳书院，曾写信给江苏巡抚梁章钜表示愿赴上海参加反抗外国侵略的战斗，可惜同年秋天，他突然患急病，死于江苏丹阳，年仅50岁。①

龚自珍在其短暂的人生岁月中写下了大量的诗文著作。除了与科举考试有关的应试性作品外，龚自珍的著作以品评时政和经世之学的文字为主，其中品评时政的文字多表现为诗文，而经世之学的著作则多为策论和奏议等。龚自珍从十多岁开始就以考证方法研究古今官制，写出了关心时政的《汉官损益论》。此后一发不可收拾，写了许多经世之学的著作，其中最有名的是《御试安边抚远疏》、《西域置行省议》等，为清朝设立新疆行省提供了重要的参考意见。此外，《明良论》、《乙丙之际箸议》、《大誓答问》、《古史钩沉论》、《病梅馆记》等重要文章，在引领晚清批评时政的议论方面颇有影响力。龚自珍最有代表性的著作是杂诗300多首，编为《己亥杂诗》，表达了作者深切的忧国忧民之情，《己亥杂诗》是龚自珍著作中最为流行的一种，也是在晚清社会产生了重要影响力的一部诗集。其著作被辑为《定盦文集》，现在流行标点本则是上海人民出版社出版的《龚自珍全集》。

二、龚自珍的时政品评与政治批判

龚自珍生活在经学世家的氛围中，写出不少以史经世的史论文章，而盛世转衰的现实体验，使他自乾隆末年开始产生出批判思想，终其一生，不绝如缕。龚自珍以敏锐的眼光、卓越的胆识指出，嘉庆、道光以来，清王朝的国势凌夷，已经到了"日之将夕"的"衰世"。龚自珍从今文经学中引申出"衰世"，并对之进行了重新阐释。他指出："衰世者，文类治世，名类治世，声音笑貌类治世"，"黑白杂而五色可废也，似治世之大素；宫羽淆而五声可铄也，似治世之希声；道路荒而畔岸隳也，似治世之荡荡便便；人心混混而无口过也，似治世之不议"②。从表面上看，"衰世"也"文类治世，名类治世，声音笑貌类治世"，但类似现象的背后却

① 参见陈铭：《龚自珍评传》，南京大学出版社1998年版，第1～46页。

② 《龚自珍全集》，上海人民出版社1975年版，第6页。

隐藏着衰世特有的“伪”，即“言伪忠，禁伪教，德伪情，道伪圣，礼伪自然”，“无名伪有名，耻；无实伪有实，败”①。“衰世”在其类“治世”的外表下隐藏着骨子里的衰败，满目疮痍，百病丛生，特别是乾隆盛世时养成的奢侈之风，已经带来了社会的普遍衰败。清朝的嘉庆、道光两朝“承乾隆六十载太平之盛，人心惯于泰侈，风俗习于游荡，京师其尤甚者。自京师始，概乎四方，大抵富户变贫户，贫户变饿者，四民之首，奔走下贱，各省大局，岌岌乎皆不可以支月日，奚暇问年岁?”社会衰败化加速了传统意义上的社会分化，无业游民的比重已经大到了足以威胁清朝社会稳定的程度，“自乾隆末年以来，官吏士民，狼艰狈蹙。不士、不农、不工、不商之人，十将五六。”②龚自珍清醒地看到，“衰世”的境况正孕育着政治动乱的火种，“贫相轧，富相耀；贫者阽，富者安；贫者日益倾，富者日益壅，或以羡慕，或以愤怨，或以骄汰，或以吝啬，浇漓诡异之俗，百出不可止，至极不祥之气，郁于天地之间”，“郁之久乃必发为兵资，为疫疠，生民噍类、靡有孑遗，人畜悲痛，鬼神思变置。”③

龚自珍对“衰世”的官僚体制及其运作进行了客观分析，批评了循资用人的官僚体制，抨击了僵化虚伪的科举制度，揭示了腐朽黑暗的司法制度，并声讨了官场中卑污丑恶的士林风气，其中重点批评了封建官僚制度。④ 明清两代的官僚制特别重视科举中获得的资格，以资格之优劣决定官位之高低及可能的前途。龚自珍揭示了“用人论资格”的诸多弊端，其中最主要的就是论资格而不论才智。他在描述清朝“循资用人”的官僚体制时指出，它不仅设计了一个依次晋升的官僚序列，而且官僚序列的递进还对资格要求极严，各种资格限制已经固定为所谓的“例”。“今之士进身之日，或年二十至四十不等，依中计之，以二十为断”，“翰林至荣之选也，然自庶吉士至尚书，大抵须三十年或三十五年；至大学士又十年而弱。非翰林出身，例不得至大学士”，“凡满洲、汉人之仕宦者，大抵由其始宦之日，凡三十五年而至一品、极速亦二十年”，“贤智者终不得越，而愚不肖者亦得以驯而到”⑤。这是造成“士大夫所以尽奄然而无有生气者”的主要原因之一。“其资浅者曰：我积俸以俟时，安静以守格，虽有迟疾，苟过中寿，亦冀终得尚书、侍郎”，“其资深者曰：我既积俸以俟之，安静以守之，久久而危致乎是”，“建大猷，白大事，则宜乎更绝无人也”⑥。

龚自珍的政治批判，深刻地揭露了君主专制主义政治的“吃人”本质，可以

---

① 《龚自珍全集》，上海人民出版社 1975 年版，第 17 页。
② 《龚自珍全集》，上海人民出版社 1975 年版，第 106 页。
③ 《龚自珍全集》，上海人民出版社 1975 年版，第 78 页。
④ 陈铭：《龚自珍评传》，南京大学出版社 1998 年版，第 146 页。
⑤ 《龚自珍全集》，上海人民出版社 1975 年版，第 33 页。
⑥ 《龚自珍全集》，上海人民出版社 1975 年版，第 34 页。

看作是中国近代反君主专制主义的理论先驱。他批判传统王权，批评帝王的专横残暴："昔者霸天下之氏，称祖之庙，其力强，其志武，其聪明亡，其财多，未尝不仇天下之士，去人之廉，以快号令，去人之耻，以嵩高其身；一人为刚，万夫为柔，以大便其有力。"①针对清王朝压抑士人志气的弊政，龚自珍更是给予了激烈的批评，明确指出，对士人的人格和自我的扼杀直接造成了大量没有独立自我而又无所适存的奴仆官僚。"朝廷一二品之大臣，朝见而免冠，夕见而免冠，议处、察议之谕不绝于邸钞"，"部臣工于综核，吏部之议群臣，都察院之议吏部也，靡月不有"，而"府州县官，左顾则罚俸至，右顾则降级至，左右顾则革职至，大抵逆亿于所未然，而又绝不斟画其所已然"，至于"其不罚不议者，例之所得行者，虽亦自有体要，然行之无大损大益"，"盛世所以期诸臣之意，果尽于是乎？"②龚自珍对帝王设立乐籍以声色犬马来麻痹士人进行了批评。士人是传统社会各阶层中有独立思想及批判眼光的群体，属于士农工商中的"聪明而喜议论者"，如果他们"身心闲暇"，在"饱暖无为"的时候，就会"留心古今而好议论"，这对于"祖宗之立法"与"人主之举动措置"及"一代之所以号令者"，"俱大不便"。专制帝王知道，士人毕竟不是暴力抗御的群体，因而不能武力弹压，而只能以"声色犬马"耗其财力及心力，使其"无谋人国之心矣"，"无暇日以谈二帝三王之书，又不读史而不知古今矣"，"使之缠绵歌泣于床笫之间，耗其壮年之雄才伟略，则思乱之志息，而议论图度、上指天下画地之态益息矣"，"使之春晨秋夜为奁体词赋、游戏不急之言，以耗其才华，则论议军国臧否政事之文章可以毋作矣。"③龚自珍讽刺说，这正是"人主有苦心奇术"，其结果只能造成才智之士的匮乏。

龚自珍还对嘉庆及道光两朝的政治腐败及人才匮乏状况痛心疾首，指出了朝廷内外及社会各领域的"无才"境况："左无才相，右无才史，阃无才将，庠序无才士，陇无才民，廛无才工，衢无才商"④。君主专制统治在本能上敌视人的自我，它企图使人皆成为"无我"的奴仆，越是无我之自觉，越是愿意牺牲我之自觉，就越是能升官，直至位极人臣，而位极人臣之人也往往因循旧例、敷衍塞责，只为了讨皇帝的欢心。马克思指出："君主政体的原则总的说来就是轻视人，蔑视人，使人非人化。"⑤中国传统君主专制主义统治至清朝而至于极，清朝统治者采取浩大的专制文化工程和"文字狱"等形式，压抑、否定、摧毁人才形成的人格基础，"积百年之力，以震荡摧锄天下之廉耻"⑥。结果，士人在朝"官益久，则气

① 《龚自珍全集》，上海人民出版社 1975 年版，第 20 页。

② 《龚自珍全集》，上海人民出版社 1975 年版，第 35 页。

③ 《京师乐籍说》。

④ 《龚自珍全集》，上海人民出版社 1975 年版，第 6 页。

⑤ 《马克思恩格斯全集》第 47 卷，人民出版社 2004 年版，第 59 页。

⑥ 《龚自珍全集》，上海人民出版社 1975 年版，第 20 页。

愈偷；望愈崇，则谄愈固；地益近，则媚亦愈工”，甚或“身为三公，为六卿”，位“非不崇也，而其于古者大臣巍然岸然师傅自处之风，匪但目未睹，耳未闻，梦寐亦未之及”，“臣节之盛，扫地尽矣”，“非由他，由于无以作朝廷之气故也。”①

三、龚自珍的经世之学及政治改革

在嘉庆及道光两朝，学术思想及学风的转变已经逐步明确了经世之学的方向，不同学术取向的学者经由理学与今文经学而同趋于经世之学，形成了理学经世派及今文经学的经世派。理学经世派以湖南安化人陶澍、贺长龄等为代表，他们批评了理学末流“空谈性命，逃之于空虚，议论日多，而无当于实用”，强调了“古之所谓经者，致治之理”，“即末可以知本，有得于经，则根茂实遂，言中体要”。以理学命题为支撑及指导，陶澍在江苏巡抚及两江总督任内进行了大刀阔斧的漕政、盐政等改革，而贺长龄则延聘魏源等编辑了《皇朝经世文编》。今文经学的经世则以“托古改制”的方式，着力于在西汉的今文经学中寻求普遍的微言大义，其在晚清的政治变法中影响较大。② 龚自珍的经世之学在接触今文经学之前就已经存在，其经世思想来自于清代朴学的“以史经世”。自清初的黄宗羲以来，浙东学派即发挥以史经世的学术宗旨，章学诚的《文史通义》是这方面的重要代表，顾炎武开创的朴学强调从音义等考证入手也是为了更准确地理解儒家经典，而准确理解儒家经典则是为了恢复三代之治。清代朴学从经学考证发展到史学考证，实际上是其经世宗旨所推动的。自清初与沙俄接触以来，朴学关于西北边疆史地的考证就具有经世的宗旨。

龚自珍的经世之学从对于历史上官制的考证开始，实际上是朴学经世思想孕育滋润的产物。龚自珍关心时政的学术风格在北京受到今文经学的影响，就其大者而言至少表现在两个方面。其一是龚自珍的经世之学受今文经学思想影响，比较突出经世之学的哲学基础的分析，并因其哲学化的分析而使其经世之学带有一定的批评乃至批判的性质；其二是龚自珍的经世之学受到今文经学的影响，不满足于对现实政治体制的修修补补，力求实现儒家“治世”，从而使其经世之学带有较多的政治哲学的意味。但是，在如何改革现实弊端以改良政治方面，龚自珍并没有提出切实有效的措施，他的政治改革要求以“变”的思想为指导，强调了“变”的绝对性，明确突出了以“变”来谋求“久”的思想。龚自珍对《易传》所说的“穷则变，变则通，通则久”深信不疑，并结合历史“无八百年不夷之天下”的盛衰兴亡经验，陈述了“一祖之法无不敝，千夫之议无不靡”的观点，突出

① 《龚自珍全集》，上海人民出版社 1975 年版，第 31 页。

② 王兴国：《郭嵩焘评传》，南京大学出版社 1998 年版，第 7～9 页。

了“变法”的客观必然性。“自古及今,法无不改,势无不积,事例无不变迁,风气无不移易”①。因此,要督促统治者及时认真地进行变法,不要将改革的机会“赠来者”②。

龚自珍政治改革的核心是仿古,不仅屡屡提到古法的示范性,提出“仿古法行之”而矫正现实的弊端,而且还将自己所提的变法措施局限于“古时丹”。这一方面是由于除了所知的“古法”,龚自珍还没有新的见闻,没有新的制度资源可供参考,另一方面还因为龚自珍自己也有一个儒家盛世的理想,其在儒家经典的学习中获得的理想及信仰限制了他的选择范围。当然,最重要的还是龚自珍没有走到与西方势力接触的第一线,缺乏思想选择的可能性。龚自珍所仿的“古”究竟指什么,并没有一个明确的说法,而混沌的“古”则往往变成了司马光《资治通鉴》的“鉴于往事”与“有资于治道”,其内涵可能包含了龚自珍所认为的现实政治弊端的诸多反面。换句话说,龚自珍在考虑如何进行政治改革时,其参照的制度资源涉及古史的各主要阶段,从儒家理想中的三代之治到人人称道的汉唐之制,甚至乾隆时期的文治武功等,也都纳入了所谓“古”的范畴。从历史时段上看,如此不确定的“古”在内容上却似乎有比较确定的内容,其孜孜以求的不过是对现实政治弊端的矫正。因此,所谓“仿古之法”,实际上就是采择历代制度中可以矫正现实政治弊端的成分,组合使用,革除弊政。龚自珍的政治改革注重“仿古之法”的同时还力图避免“泥古”,强调学习古法要注重措施的现实适应性及针对性,强调学古、仿古也要有一定的自觉性和灵活性,而不能被“古法”牵着,走盲目照抄照搬的老路。③

龚自珍所提的政治改革措施,充分发挥了“以史经世”的思想,既注重对历代反复出现的老问题的分析,特别是治乱兴衰中的根本性或标志性问题的分析,也注重对历代所创造的优秀政治制度及措施的研究,希望以历史上成功的优秀的制度及措施为借鉴对象,寻找解决盛衰治乱转折之际敝政的根本性或标志性的制度及措施等。不过,龚自珍的政治改革设想并无新意,只是传统君主专制主义政治下的点滴改良,属于中国传统政治思想中的“补天派”,而不是一般学者所认为的“掘墓人”。龚自珍在政治上主张适当限制君权,提高臣僚的权力,提倡君臣以“礼”相处,实现孔子提倡的“君使臣以礼”、“臣事君以忠”的理想君臣关系。“厉之以礼出乎上,报之以节出乎下,非礼无以劝节,非礼非节无以全耻”④。“内外大臣之权,殆亦不可以不重……权不重则民不畏,不畏则狎,狎则

① 《龚自珍全集》,上海人民出版社1975年版,第319页。

② 《龚自珍全集》,上海人民出版社1975年版,第6页。

③ 陈铭:《龚自珍评传》,南京大学出版社1998年版,第164~166页。

④ 《龚自珍全集》,上海人民出版社1975年版,第32页。

变”，皇帝则只需“亲总其大纲大纪”，余则放手让臣下去干。①

从政治所要实现的理想社会来看，龚自珍仍然痴情于传统的农本社会，不仅对农业、农民及农村的关注较多，而且有明确的重农意识。所谓重农，并非指重视农业的盈利性，而是关注农业、农民、农村在社会盛衰治乱中的根本性影响，将社会的长治久安置于宗法性分配土地的基础上。一方面将经济上的富裕与政治上的尊贵联系起来，使宗法关系中的尊者占有较多的土地及役使佃户；另一方面又限制尊者无限制地扩充地产及役使佃户，避免贫富分化的扩大化危及社会稳定。龚自珍深知土地兼并对王朝安危的重大影响，他认为“千万载治乱兴衰之数”，在于社会财富分配是否“相齐”，“小不相齐，渐至大不相齐，大不相齐，即至丧天下”②。为了有效抑制土地兼并，他在《农宗》中主张按照宗法家族授田，将家族中人分为大宗、小宗、群宗、闲民四个等级，其中长子为大宗，授田百亩，次子为小宗，三子、四子为群宗，小宗和群宗皆授田二十五亩，闲民不分田。大宗可役使五户闲民耕种，而小宗、群宗可分别役使一户闲民作佃户，五品以上大官则由国家授予禄田若干，可世袭几代，不必交税。龚自珍土地改革思想的实质是企图通过土地的宗法制度化来达到抑制兼并的目的，使人们按照等级尊卑分享社会的土地资源及社会财富，人人各得其所。龚自珍的土地改革思想仍然强调，君主政治强权必须对经济事务进行直接干预，使人们按照封建名分进行资源和财富的分享，其目的是使资源和财富的分享务必合于伦理的要求，并通过资源和财富的纲常伦理化来确保封建社会的长期稳定。总之，龚自珍的变法主张虽然都有比较强的社会针对性，但其主张却并不能付诸实践，若真的付诸实践，那么，它所引起的新问题将比它能解决的老问题更多，更复杂，更不可驾驭。

第三节　林则徐、魏源的“开眼看世界”

林则徐（1785—1850）是近代中国第一个“开眼看世界”的人，魏源则是第一个提出要“师夷之长技”的人，两者在逻辑和事实上都存在着极为密切的关联，也可以说魏源的“师夷之长技”是林则徐“开眼看世界”的逻辑延伸和事实继续。林则徐和魏源都是清朝道光年间经世之学的主要代表人物，在政治上坚信儒家传统的政治理想，主张尊卑贵贱有等，夷夏有别，推崇君臣父子的三纲五常，坚持儒家的重民、重人的民本思想，相信民心具有决定性的力量。因此，他们的经世之学是儒家内圣修养的延伸和外化，其目的在于维护儒家传统的政治理想及秩

① 《龚自珍全集》，上海人民出版社1975年版，第36页。
② 《龚自珍全集》，上海人民出版社1975年版，第78页。

序。但是,就历史发展的内在逻辑来讲,恰恰是林则徐和魏源的观念、思想和主张,无意中充当了中国传统儒家经世之学转化为现代观念的榫接点或起点。这种情况的必然性并不在于中国传统思想中存在现代政治意识的萌芽或内在的源头活水,而在于经世之学所体现的儒家观念所具有的开放性以及可与西方新式观念沟通和衔接的内容。不过,虽然可以沟通和衔接,林则徐和魏源毕竟只是一个起点,西方现代政治及其观念还不能对他们产生实质性的影响。事实上,在他们那里传统的民本观念立场并未改变,林则徐只能说是力图知己知彼,寄希望于"以夷制夷",魏源的"师夷之长技"的"长技"也主要体现在坚船利炮上,而他们对于西方现代政治的介绍也还停留在模糊层面上,甚至还包含许多不确实的传闻。

本节主要介绍林则徐与魏源的政治观念,包括他们所体现的道光时期儒家经世之学和传统民本的观念,以及他们在沟通和衔接西方现代政治观念方面所作的努力及取得的成绩。

一、从"经世之学"到"开眼看世界"

随着鸦片输入问题的突出,道光年间经世之学的议题逐步集中为怎样解决日益严重的鸦片输入带来的社会、经济、政治问题。在这方面,朝廷大臣基本分为两派。一派是以穆彰阿、琦善、许乃济等为主要代表的弛禁论。他们鼓吹鸦片无害,中国人口也不会因之减少,基本上把鸦片问题归结为财政问题。他们认为,即使禁烟也只需在"文武员弁士子兵丁"的范围进行,民间吸食则可以"一概勿论",提倡鸦片贸易合法化,"准令夷商将鸦片照药材纳税,入关交行后,只准以货易货,不得用银购买",甚至还提出要"宽内地民人种植罂粟之禁",驰禁论的核心含义就在于"杜漏卮而裕国计"①。另一派是以朱嶟、许球、黄爵滋、林则徐等为主要代表的严禁论。他们提出,禁烟"必先严定治罪条例,将贩卖之奸民,说合之行商,包买之窑口,护送之蟹艇,贿纵之兵役,严密查拿,重法惩治,如是而内地庶可肃清"②,鸦片泛滥已造成了"民穷"、"兵弱"、"银涸"的严重后果,如不严禁,则"数十年后,中原几无可以御敌之兵,且无可以充饷之银"③。驰禁论将鸦片问题简单归结为财政问题,主张宽内地种植罂粟之禁令,以自产鸦片来抵制英美等国商人走私的外来鸦片。这是传统自给自足和闭关锁国心态在解决鸦片问题上的思路,不仅不利于中国由传统到近代的转换,而且还否认了与西方

---

① 转引自陈旭麓主编:《近代中国八十年》,上海人民出版社 1983 年版,第 27 页。

② 转引自陈旭麓主编:《近代中国八十年》,上海人民出版社 1983 年版,第 28 页。

③ 《林则徐集·奏稿》中册,中华书局 1963 年版,第 600 页。

直接打交道的必要，从根本上取消了开眼看世界的可能。严禁论典型地体现了道光朝经世之学的特点。一方面，严禁派实事求是地看到了鸦片输入带来的多方面危害，以严密查拿及重法惩治为手段，主张从根本上消弭鸦片之害，为此不应回避问题和困难，为解决这一问题准备与西方殖民者直接打交道。另一方面，严禁论看待鸦片问题的态度更为民本，体现了儒家重人、重民的理念，从关注人民的身体健康角度入手，提出严禁贩卖和吸食鸦片，反映了国家之公器是为民而设的民本价值。当经世之学日益集中在如何处理鸦片输入的问题时，它实际上已经受到了西方的影响，并着手处理与西方对中国的影响有关的问题。于是，在实事求是态度和民本价值的引导下，传统的经世之学日益被引导到“开眼看世界”的议题上来。

道光朝的经世之学还不具备世界意识，或者说“经世之学”并不会自然而然地“开眼看世界”，两者之间还存在着一个议题的转换。林则徐是近代中国“开眼看世界”的第一人，也是将“经世之学”引导到“开眼看世界”的第一人。在林则徐的引导发生之前，“经世之学”在世界意识方面既受到“闭关锁国”的根本限制，也受制约于由儒家文化培养和巩固的天朝观念。林则徐初至广州时也和当时一般士大夫一样，并不了解西方世界，照例以不平等的态度看待西方，坚持传统的朝贡贸易体制。他不仅把双方贸易看作是清朝皇帝对西方的恩赏，“我大皇帝一视同仁，准尔贸易，尔才沾得此利，倘一封港，尔各国何利可图”，而且把准许中国的茶叶、大黄等出口看做是对西方各国民众的关爱，因为“外夷若不得此，即无以为命”，因此“听尔年年贩运出洋，绝不靳惜，恩莫大焉”。由此，林则徐一方面要求西方商人“感恩畏法”，另一方面则谴责西方鸦片贩卖者“骗人财而害人命”的行为，告诫他们“利己不可害人”①。林则徐在《拟颁发檄谕英国国王稿》中重申了天朝体制，将中英贸易视为皇帝及“天朝”的一种恩德，并坚信中国货物对“众夷”而言是必不可少之物，而天朝禁绝鸦片和严惩鸦片贩子更是“为天下去害”，“天朝君临万国，尽有不测神威，然不忍不教而诛”，警告夷商切勿以身试法。② 这些观点和做法体现了林则徐政治思想的主流的意识，而且在其提出“开眼看世界”后也并没有发生明显或实质性的变化。

不过，林则徐毕竟身处中英交涉的第一线，在禁烟的过程中，他需要了解洋人对鸦片的态度，做到“知己知彼”，即“必须时常探访夷情，知其虚实，始可以定控制之方”③。林则徐招致了一批颇有才干且留心海防事务的人才，一方面是为

---

① 邱远猷：《林则徐邓廷桢黄爵滋诗文选译》，巴蜀书社 1997 年版，第 34 页。

② 邱远猷：《林则徐邓廷桢黄爵滋诗文选译》，巴蜀书社 1997 年版，第 51 ~ 54 页。

③ 中国史学会主编：《中国近代史资料丛刊 · 鸦片战争》第 2 册，上海人民出版社 1957 年版，第 195 页。

了“侦探夷情，查访汉奸”，另一方面则是集中探讨西方情况，知己知彼，以为“制夷”之用。他要求与西方商人接触的通事、买办和引水等，随时报告洋人动态。另外，林则徐还非常注意搜集、翻译外国的书籍、报纸，编译了《华事夷言》、《四洲志》和《各国律例》等，了解西方各国历史、地理等情况和西方人对中国的看法。林则徐所探求的西方知识，主要有两个方面。其一，西方国家的历史、地理、时事和西方社会对中国的看法，这是林则徐想要了解的主要内容。林则徐此举，并非出于好奇，更不是出于其认为西方先进的基本判断，而是出于禁烟过程中知己知彼的需要。他尽可能选择反映西方社会新情况的权威资料予以翻译。他主持编译的《四洲志》就是译自 1836 年伦敦出版的慕瑞著的《世界地理大全》，《澳门月报》则译自《澳门新闻稿》，《华事夷言》摘译自 1836 年伦敦出版的《中国人》。这些是近代中国系统介绍西方各国的地理、历史、时事知识和西方对中国看法的最初书籍。其二，西方的科学技术，特别是军事技术是林则徐想要了解的另一个重要内容。他不仅组织人编译了有关欧式大炮的瞄准与发射技术的书籍，积极收集西洋各式战船的图样，进行研究，积极引进西方先进的舶舰和大炮，加以仿造，还训练军队学习使用西洋大炮。

林则徐实事求是的经世济用学风在接触西方的殖民势力之后滋生出了新的学问，这种渐渐突出的新学问就是近代中国的所谓“新学”，也即中国近代所产生的所谓中国近代学。它的产生不是传统中国民本及经世之学的自然延伸，如果没有鸦片问题及其连带的影响，民本和经世之学都不过是照旧延续而已，没有也不可能出现新的拐点。其实，鸦片问题在中国发生从世界大势上看几乎是不可避免的，这是中国小农自然经济的顽固性与殖民贸易的血腥性共同决定的。传统的民本和经世之学在接触西方的过程中逐步形成了中国特有的近代学，其总的趋势就是以民主取代民本。

二、林则徐的“开眼看世界”及近代中国学的开始

林则徐的“开眼看世界”，在近代中国开始直面西方新世界方面，具有特别突出的价值与意义，由此而引发的了解和学习西方的思潮，开启并推动了中国由传统向近现代转变的过程。所谓“开眼看世界”，指的是有明确“制夷”目的的了解和研究西方新世界的活动，而不是泛指一切介绍西方知识的认识活动。在林则徐以前，中国传统的史地之学已经将研究的方向调整到边疆史地研究方面，突出了“以史经世”的宗旨。为了开发边疆、维护国家统一，一些研究者“关注多事的边陲”，研究所“涉及的地域既包括从东北至西北的边疆地带，如黑龙江、内外蒙古、新疆、宁夏、甘肃、青海、西藏等区域，又包括中国版图以外与中国西北边疆

相接壤的俄国、中亚、印度等国家与地区”①,形成一股研究边疆史地的学术潮流。晚清的边疆史地研究具有非常实用的政策咨询目的,龚自珍的《西域置行省议》就是其中很有代表性的一篇文章。中国传统社会与西方世界的交往在很长时间里都是通过陆路,自新航路开辟后,西方世界与中国的接触才转经海洋,而中国在郑和下西洋后的几百年里都没有主动进行远航探索,坐等西方人来访东方。在明末清初的时候,中西方的文化交流主要限于科技与宗教,而自康熙晚年以来,中国不仅对西方的宗教影响加以限制,中西间的贸易方式和贸易口岸等也受到了限制,只允许广州作为唯一开放的通商口岸。在这种体制下,与西方世界接触的人物主要限于少数基督教教徒以及行商、买办、通事等,即便有中国人进入西方人的世界里,其主要的目的也仍然是宗教性的,至多带有一定的文化交流内容,并不具有“师夷之长技”的自觉意识。鸦片战争前夕,以天朝大国自居的清政府为西方人划定了非常小的活动范围,且对其游历、传教等严加限制。但是,远道而来的传教士对了解中国并在中国传教却一直保持极大的兴趣,他们在马六甲、新加坡和中国澳门等地立足,学习汉语,出版中文刊物,介绍西方各国情况。② 林则徐“开眼”所看到的,主要就是传教士所办的中外文刊物呈现的西方世界。

林则徐“开眼看世界”是道光咸丰年间经世之学探究西方世界的开始,其契机就是在广州主持查办鸦片事宜期间的“知己知彼”,其中所谓“知彼”就是探究和了解西方。“知彼”的第一层含义当然就是探究西方鸦片贩子的情况,了解他们畏惧什么、不怕什么,从而做出有针对性的安排,进行打击,这种探究是直接服务于禁烟斗争中的“制夷之策”。林则徐“购其新闻纸,具知西人极藐水师,而畏沿海枭徒及渔船疍户,于是招募丁壮五千”③,协助水师作战,并且在了解“夷情”后改变了只在陆上防守的做法,决定壮大水师,改变被动挨打的局面。“知彼”的第二层含义就是要了解西方对中国禁烟的态度,从中寻找有利于中国禁烟斗争的外国律法及国际法方面的条件,以夷人之“道”制夷。林则徐学习英国法律,从英国的有关律法规定中找出《英吉利国王发给该国商船禁约八条》,其中规定英国商船“往别国遵该国禁例,不可违犯”,“往广东贸易,遵领事馆验牌,不得从(纵)水手酒醉行凶,恐伤华工”④。林则徐以此作为英国法律也禁止贩卖鸦片的证据,强调了禁烟行为的普遍合法性。他还注意搜集当时西洋各国对禁烟的共同看法,请人翻译并学习当时刚出版的滑达尔的《适用于各国和主权

① 冯天瑜、黄长义:《晚清经世实学》,上海人民出版社 2002 年版,第 250 页。

② 参见熊月之:《西学东渐与晚清社会》,上海人民出版社 1994 年版,第 93 ~ 141 页。

③ 魏源:《圣武记》卷十。

④ 陈德培、林永俣、孟彭兴:《林则徐:洋事杂录》,《中山大学学报》1986 年第 3 期。

者的行为和事务的自然法原则》，其中文本译名是《各国律例》，从中寻找查禁鸦片的国际法依据。① “知彼”的第三层含义就是了解和学习西方的长处，林则徐提出了“师敌之长技以制敌”的口号，从而将向西方学习的问题提上了议事日程。林则徐所认识到的西方的“长技”主要还限于军事方面，他“亟亟于向西方购入新式武器，并引入有关军工技术”，“搜集、绘制八种战船图式”，“捐资仿造两艘欧式双桅战船”②。“林则徐第一次睁开眼睛看世界的时候，一方面看到西方技术，枪炮、轮船等器物文化；另一方面，他又看到西方道德观念，风土人情、习惯、行为方式、审美观念等，与中国的传统文化迥然不同”，“林则徐取其前者，弃其后者”，他“维护中国的伦常道德，对西方的道德观念加以拒绝”，“从林则徐身上，可以看到经世思想逐步向洋务思想演变的轨迹”，林则徐“仍然是经世思想占主导，洋务思想只在他的思想上占很小的一角。”③

在林则徐的时代，中国社会还被夷夏大防的意识牢牢地捆绑着，当时的中国人几乎无不主张坚守夷夏大防，即使主张了解和学习西方的先进中国人也不能例外，这就使得任何承认中国社会落后或有不足的言论，都不得不面对强大的道德压力。“林则徐的可贵之处正在于他最先拿起西方这把尺量出了中国的短处”，“尽管林则徐的新知中仍然掺和着种种旧见，但他是从传统的华夷观念中探出头来认识西方的人”，“过去久被士人置于眼界之外的‘夷务’，在林则徐的手里开始成为一门学问”，经世致用之学在内容上发生了重大变化，夷务逐渐渗入了国计民生中，成为儒学经世之学的大题目。“这种变化的痕迹，清楚地保存在后来众多续作的《皇朝经世文补编》、《后编》、《续编》中”，“它们表现了传统经世之学在近代的延伸。而中国文化与西方文化的交汇最初就实现于这种延伸之中。”④林则徐从严密的夷夏大防中探出头来开眼看世界，是中国近代学或近代新学的逻辑和事实起点，中国传统的经世之学正是在林则徐身上发生了趋于近代化的本质变化，从而产生了中国的近代新学或中国近代学。

三、魏源的《海国图志》及“师夷之长技”

魏源（1794—1857）既是林则徐经世之学的“同道”和继承人，也是林则徐“师敌之长技以制敌”思路的继承人，并将之概括为更有针对性的“师夷之长技以制夷”。魏源还在林则徐主持编撰的《四洲志》基础上，编撰了《海国图志》，将

---

① 参见林庆元：《林则徐评传》，南京大学出版社 2000 年版，第 249 页。

② 冯天瑜、黄长义：《晚清经世实学》，上海人民出版社 2002 年版，第 269 页。

③ 参见林庆元：《林则徐评传》，南京大学出版社 2000 年版，第 264 ~ 265 页。

④ 参见陈旭麓：《近代中国社会的新陈代谢》，上海人民出版社 1992 年版，第 56 ~ 57 页。

林则徐“开眼看世界”的事业进一步推向历史深处，并产生了极为深远的影响。魏源对西方的介绍也是以中国传统海洋史地学，尤其是明代以“南洋”为重点的海疆概念作为摹本框架的，《海国图志》一书中引用的中国史地著述数倍于西人著述。西方主要被视为中国“海疆”世界的新近被知道的成员，被划分为“小西洋、大西洋、外大西洋”等部分，是比“南洋”更远的“海国”，并对“南洋”各国与中国沿海构成了威胁。其实，《海国图志》对形势的理解是有局限的，魏源所做的主要是恢复明代已有、而为清代淡化了的对海疆世界的注意，所以将西方界定为只是距中国海疆的遥远“海国”，而西方的入侵也主要被界定为海防问题。一般来说，思想的意义首先取决于其所依托的框架与思路，无论是对西方各国的情况介绍，还是“师夷长技”的提法，都不能超出当时的历史情境来评价。①《海国图志》的编纂方法是将外国地理书籍的记载同中国史书上的记载以及一些私人的专著编排对比，钩稽贯串，作必要的考证和订正，理出一个头绪来，使人看了一目了然，“博参众议以发挥之”，使人获得完整的知识，“扩万古之心胸”，知“旷代所未闻”②。

魏源的《海国图志》一书花费了很大的篇幅介绍西欧资本主义国家，尤其是英国。他客观研究世界政治形势后，果断指出英国是当时世界上最发达、最强盛的国家，而生产力水平较高是其强盛的主要因素。魏源介绍了西方的机器化大生产情况，“机房织造，不用手足，其机动以火烟，可代人力，以羊毛与棉花纺成洋布、大呢、羽毛，皆自然敏速”，“农器便利，不用耒耜，灌水皆以机器，有如骤雨”，“制造之匠，纯用火机关，所借以动机关者煤炭”③。他认为，中国之所以败于英国，其一是因为英国在军事上“力强技巧”，且远在中国之上；其二是因为英国军队的待遇优厚，选兵、练兵比较严格，而中国的营伍腐败不堪。因此他主张“师夷之长技”，不仅要学习武器船炮的制造和使用，还要学习西方国家选兵和养兵、练兵的方法，两者不可偏废，切“但知船炮为西夷之长技，而不知西夷之所长不徒船炮也”，“无其节制，即仅有其船械”，“犹无有也”，而“欲效其选练，亦不能也。”④

在《海国图志》中，魏源提出“师夷之长技”的具体措施大致有如下几方面。第一，在广东开办造船厂和火器局，并聘请外国技师和工匠，“司造船械，并延西洋舵师，司教行船、演炮之法……而选闽粤巧匠精兵以习之。”⑤第二，“沿海商民有自愿仿设厂局以造船械，或自用，或出售者，听之。”第三，要淘汰老弱闲散无

① 彭明、程歗：《近代中国的思想历程》，中国人民大学出版社 1999 年版，第 100 ~ 102 页。

② 《海国图志后叙》。

③ 《海国图志》卷五十一。

④ 《海国图志 · 筹海篇三》。

⑤ 《海国图志 · 筹海篇三》。

用之兵，尽裁冗滥兵饷，用以提高士兵待遇，而绿营则大量吸收内地技勇双全的“猛士”，水师也吸收“诸沿海渔户枭徒者十之八，取诸水师旧营者十之二”①，水师的将官则“必由船厂、火器局出身”者充当。第四，科举增设水师科，培养水师教官，凡能制造战舰、火轮船以及其他新式武器的人，都作科甲出身，经考试合格者，立即“分发沿海水师，教习技艺”②。第五，严立船炮修造和水师训练的章程。魏源还初步介绍了西方的政治制度，区分了君主制、民主制和君民共主制，提到了西方的议会及共和制度中的总统选举。但是，魏源还没有真正认识这些政治制度，也不太重视，更没有要中国去仿行的意思。在他的心目中，这些国家的政治制度还比较落后，而中国才是礼仪之邦，其政治制度也是先进和完备的，所以他有时甚至用“部落”和“部酋”来称呼美国的联邦和总统。

就政治思想来讲，《海国图志》只是其传统经世之学在近代的延伸，其目的仍然是维护传统政治体系，而知悉夷情和学习炮舰技术只是工具或手段。在世界史地观方面，魏源基本上也没有超过晚明以来的士大夫，仍然存有强烈的夷夏尊卑意识。事实上，魏源关注的焦点，是如何在清帝国现有的体制内对西方入侵进行军事抵抗的“海防”③。他引用了中国历史上许多军事经验，勾画出了一个系统的抵抗外侮的方案，主张“以守为战”，并且以守内陆为主，在河流两岸排列火炮，施以围堵攻击。他还提出了地方动员以形成地方性的防守防御体制，认为“调客兵不如练土兵”，“调水师不如练水勇”，以保甲组织百姓，以兵法部伍乡民，战时坚壁清野，以图长久抗战。④ 魏源还依据其对“南洋”的史地知识，设想联合东南亚各国共同对付敌人，实施战国式的纵横家策略。

从实践的角度讲，魏源的“师夷长技以制夷”主要是海防军事抵抗战略的组成部分，不过在思想上却明确提出了中、西方的内外区别，而不仅仅是一般意义上的敌对双方，也就是把满洲初兴时“师明长技以制明”的“明”和林则徐“师敌长技以制敌”的“敌”换成了“夷”。正是这种从中西方相区别的政治观点来考虑军事问题的思想，使得魏源成为中国近代学的奠基人物。同样，也正因为是奠基者，魏源的政治思想多半还属于传统时代，其所传播的知识也不甚准确，甚至还有以讹传讹的成分。但是，魏源的思想由于关注了西方而具有了新的社会性质则是毫无疑义的，所以他的传统经世之学姿态其实包容了比较多的改革要求。在此意义上讲，魏源的视野在某些方面比最初的洋务派要开阔一些，其观点也对后来的洋务派具有启迪作用，但他在思想上还不足以成为真正的洋务派。事实

---

① 《海国图志·筹海篇三》。

② 《海国图志·筹海篇三》。

③ 彭明、程歗:《近代中国的思想历程》，中国人民大学出版社 1999 年版，第 100～102 页。

④ 《海国图志》卷一。

上，魏源的思想带有强烈的战争色彩，在战争的刺激消失以后，他和林则徐一样都表现出了恪守传统的倾向，特别是在政治上仍然坚持一味排外，不仅自己不求深入认识西方的政治，而且还对企图深入了解西方政治和与西方人士打交道的行为予以谴责和抵制。这种情况也许和魏源自己没有学习西方长技的实践有关，而洋务运动的理念却是从学习西方的实践中归纳出来的。因此，即使在与太平军打交道的过程中，魏源的思想也没有产生洋务运动中普遍出现的学习西方的要求，也就不足为怪了。

第四节　徐继畬对西方政制的介绍及其思想价值

林则徐和魏源是鸦片战争时期的主战派，他们“开眼看世界”首先立足于“海防战争”的需要，其对西方的介绍与了解并没有影响他们对西方的基本评价，尽管他们认为西方确实有所谓的“长技”值得中国学习，但他们对西方政制的评价并不高。因此，“开眼看世界”只是标志着近代中国了解西方的起点，还没有真正了解西方，更没有进行中西政治制度的比较，而中国近代政治观念却恰恰是在中西政治观念的碰撞和比较中产生并逐步发展的。实际上，鸦片战争发生时，传统经世之学中的饱学之士在战争立场上并不完全一致，鸦片战争中的主和派中也涌现出了“开眼看世界”的先行者，其最主要的代表就是徐继畬。从政治思想的角度讲，“开眼看世界”的意义超越了战争中的“和”与“战”，因此真正企图比较全面真切深入了解西方的人，既不是林则徐，也不是魏源，而是徐继畬。[①] 徐继畬的著作不仅与洋务理念的归纳之间存在直接的思想联系，而且在中西政治观念的碰撞和比较方面也是一个“始作俑者”，在他那里，传统的民本观念开始了与现代民主观念的沟通与对接。

一、明末清初以来西方传教士介绍西方政制

16 世纪初，西班牙、葡萄牙完成了开辟新航路的地理大发现，伴随着殖民扩张，传教士也带着宗教使命络绎不绝地来到东方。最早来到中国的传教士多属天主教会，其中又以耶稣会的传教士为主，并且以澳门为依托，逐步寻求向内地渗透。以利玛窦等为代表的耶稣会传教士，为了达到使中国社会接受天主教的目的，就想方设法利用中国传统的文化资源，用索引中国上古典籍的方式，努力寻找天主教与中国儒家典籍在概念、名词、命题等方面的共同点，力图论证天主

① 彭明、程歗：《近代中国的思想历程》，中国人民大学出版社 1999 年版，第 103 页。

教与儒家思想的内在一致性，强调天主教与儒家思想的一致之处。① 事实上，这些做法也以西学东渐的方式，积累了中西方的思想碰撞和比较的基础。利玛窦于1595年在南昌刊刻自著的《天学实义》，“第一次用儒家思想论证基督教教义”，“以此笼络中国的士大夫阶层和统治者集团”②。传教士努力灌输一种思想，即天主教的“上帝”就是中国传统所谓“天”，孔子、孟子和许多“古昔君王”等都曾经得到过“上帝”的“启示”，传教士的传教并不是否定中国传统的经典，而只是“提出一些补充”，所以也承认中国信教者的“祭孔祀祖”，强调这和天主教对上帝的信仰并不矛盾。③

康熙年间发生的“礼仪之争”以及罗马教廷对中国信徒的态度，最终导致清廷的全面禁教政策，而禁教又加剧了中国比较封闭的政治局面，巩固了闭关锁国的心态。然而，就思想的源泉或根据来讲，传教士在科学和技术方面还是带来了新的知识内容。一方面，传教士带来了西方自古希腊以来的自然科学知识，示范性地传播了在近代西方的应用科技，大大提高了中国在天文、历法、水利、地理测量及绘图等方面的技术水平；另一方面，他们也带来了地理大发现后世界地理的新知识，使中国人在获得世界地理和各国新知识方面打开了视野。当时，中国对于世界地理的知识是多有局限和讹错的，比如，在清朝中期编撰的《明史 · 外国传》中，对葡萄牙和西班牙笼统呼之为“佛朗机”，并且错误地认为其地理方位“近满剌加(马六甲)”。不仅如此，官方还对利玛窦等传入的世界地理知识明确表示不信任，强调利玛窦“所言风俗物产多夸”，“其说荒渺莫考”。乾隆年间撰修成的《大清一统志》虽清楚地出现了法兰西、荷兰、英吉利、西把尼亚、意大里亚等国家名称，但仍然沿袭了《明史 · 外国传》的错误，认为葡萄牙地理方位“近满剌加”，尤其严重的错误是认为葡萄牙“信佛教”，不仅不能清楚地区别各国名号所对应的国家，往往还胡乱联系不同名号之间的关系，甚至误以为英吉利是从荷兰分化而来。④

利玛窦绘制的《万国舆图》使中国人开始接触西方地理知识，其比较完善的一版刻于1602年。“全图形状呈椭圆形，中国被置于中央”，“中国部分被画得颇为详细”，“世界地图的输入，空前地丰富了中国人的地理知识”，“引进了地圆学说”、“经纬度制图法”、地球的五带及五大洲等知识。在世界地图的基础上，传教士艾儒略编译了《职方外纪》，叙述了地球五大洲各国风土、人情、气候、名胜，其中对欧洲介绍十分详细，介绍了欧洲国家“物产、风俗、屋宇、工业、车马、

① 张国刚等：《明清传教士与欧洲汉学》，中国社会科学出版社2001年版，第267页。

② 顾长声：《传教士与近代中国》，上海人民出版社1981年版，第5～6页。

③ 转引自顾长声：《传教士与近代中国》，上海人民出版社1981年版，第6页。

④ 冯天瑜、黄长义：《晚清经世实学》，上海人民出版社2002年版，第264～265页。

图书馆、宗教、慈善事业、赋税、诉讼、兵制”，客观上颇有助于中国人开眼看世界。除了地理，传教士的著作也介绍了西方的制度和政事。比如，艾儒略1637年所著的《西方问答》，上卷介绍了西方各国的国土、路程及国王、官职、法度、兵备等，下卷详细介绍了物产、民情及风俗，在中国人了解西方世界方面有较大影响。① 但是，有两个因素制约了关于西方政治知识在中国的介绍。一个因素是地理大发现的先锋在经济和政治上并不是当时欧洲的先进国家，即使是近代政治最早确定下来的英国也还处在孕育新政治的时期，新政治在传教士的介绍中也不属于重点内容。另一个因素是中国士人对利玛窦等所传入的世界地理知识存在普遍的怀疑和抵制心理，将其视为荒诞不经的无稽之谈，士大夫阶层更不相信西方在政治、道德和文化方面会有什么值得一提的东西。

雍正年间的禁教政策实施之后，传教士逐渐由天主教为主体转变为以新教为主体，其中英国和美国的传教士逐渐成为介绍西方地理知识的主体，而英国和美国的政治也逐渐成为世界知识介绍中的主要内容。英国新教传教士“马礼逊是揭开新一轮西学东渐序幕的第一人”，“鉴于清廷不准传教的禁令”，“不能在广州、澳门等地公开传教”，于是将“传教重点暂时放在南洋一带华人身上，然后徐图向大陆发展”。马六甲、巴达维亚等地都设有传教站，聚集了一批来自英国和美国的传教士，“比较著名的有麦都思、杨威廉、粦为仁、雅裨理等”，他们依托出版、教育及医药来传教。② 出版物在传播西学中的社会科学方面发挥了重要的作用，到1842以前，马礼逊等新教“传教士出版中文书刊的地方凡六处，即广州、马六甲、新加坡、槟榔屿、曼谷和澳门”，“共出书刊138种”，“属于《圣经》、圣诗、辩道、宗教人物传记、宗教历史等内容的，有106种，占76%，属于世界历史、地理、政治、经济方面内容的，有32种，占24%”，其中有较大影响的中文报刊主要有“《察世俗每月统记传》、《特选撮要每月传记》、《天下新闻》和《东西洋考每月统记传》”。这些刊物虽然“语多简略，但新鲜知识却不少”，介绍美国的情况“文虽简短，但准确，且有预见性”。中文刊物《东西洋考每月统记传》不仅“对世界各国、各地区的历史、地理、民情、风俗有广泛的介绍”，还有一些专文详细介绍了英国的议会及司法等制度。③ 麦都思编撰的《地理便童略传》以一问一答的形式，比较详细地介绍了英国的政治制度及司法制度，其中以“世代公侯之会”称呼英国议会的上院，而以“乡绅世家大族者之会”称呼议会下院，不仅准确地介绍了英国议会两院的权力，而且还初步介绍了三权分立的体制。麦都思对美国的政治也有较为详细准确的介绍，提到了美国建国过程中的美英关系，不仅指

① 参见熊月之：《西学东渐与晚清社会》，上海人民出版社1994年版，第45～49页。
② 参见熊月之：《西学东渐与晚清社会》，上海人民出版社1994年版，第93～97页。
③ 参见熊月之：《西学东渐与晚清社会》，上海人民出版社1994年版，第102～112页。

出美国政治的两院在权力上与英国相类似，而且还初步介绍了美国无国王而周期性产生治国家之事的"总理"的特点。①

在鸦片战争前夕，一部分中国传统的士人在王朝周期性危机的刺激下，复兴了清初的经世之学，传统的史地学也日益集中在以史经世上。当传统的经世之学不得不在鸦片战争的压力下面对西方新世界之时，也就不得不为了"知己知彼"，跨出了"开眼看世界"的第一步。正因为如此，传教士的知识传播就成了中国近代政治思想的一个重要来源，而且在开始的时候，先进的中国人不得不依赖于主要来自英美两国的新教传教士以及他们所培养的华人学生和他们所著的中文报刊来"开眼看世界"。从徐继畲了解西方的经历及其著述过程看，美国传教士雅裨理的影响实际上举足轻重。徐继畲等在介绍和评价美国民主政治的过程中，已经开启了中国传统政治观念与西方民主政治观念的沟通与对接。尽管他的《瀛环志略》参考了不少明末清初以来的史地著作，但雅裨理所介绍的西方民主政治对他的影响才是决定性因素。

二、徐继畲《瀛环志略》对西方政制的介绍

徐继畲(1795—1873)，山西五台人，字健男，号牧田。徐继畲在道光六年(1826)进士及第之后，历任翰林院编修、陕西道监察御史、广东按察史、福建布政使、福建巡抚等，咸丰初年因故去职，同治初年复出后，担任总管同文馆事务大臣。徐继畲在政务之余，利用一切机会接近西方人士，耳闻笔录，批阅旧籍，推敲考订，于1844年编成介绍世界地理的《瀛环考略》，后又进一步补充材料，于1848年编成《瀛环志略》。《瀛环志略》问世之初，官方及知识界的反应甚为冷淡，直到19世纪60年代以前，它在国内的流传和影响都很有限，但在日本却很受重视，引起了重大反响。1861年，日本即出现了《瀛环志略》的日译本，而中国则迟至1866年才重新刊刻《瀛环志略》，并将它作为同文馆的教科书。徐继畲的《瀛环志略》仍然带有传统史地学的痕迹，但与《海国图志》相比，它的新学特征更趋明显和强烈。一方面，《瀛环志略》在体例上表现出对世界的更多了解，全书十卷，卷一为世界地理的简介，述地球概况，五大洲，五大洋，以后各卷则分别叙述各大洲的情况，其叙述体例也更接近了现代世界地理学，而远离了传统的史地学的叙述方式。另一方面，《瀛环志略》较多地采用了西方现代地图学的成果，其中许多地图都从西方人的著作中描摹出来，比较起来，魏源还完全使用传统的绘图方法绘制传统地图。

徐继畲所了解的西方知识要远比魏源丰富、准确，以至魏源在修订《海国图

① 参见熊月之：《西学东渐与晚清社会》，上海人民出版社1994年版，第115～116页。

志》的时候，将《瀛环志略》内容的1/4摘编到了自己书中。特别是在对西方政治的介绍上，《瀛环志略》更是胜出《海国图志》许多。徐继畬比较系统地记述了欧美民主议会政治制度的形式、职能及其议事程序，而且还热情地歌颂了欧美的民主制度，指出了其中值得中国学习和仿效之处。《瀛环志略》详细地介绍了英国两院制议会的构成及其活动分工，说“英国之制”主要在于“都城有公会所，内分两所，一曰爵房（贵族院），一曰乡绅房（平民院）。爵房者，有爵位贵人及耶苏教师处之；乡绅房者，由庶民推择有才识、学术者处之。国有大事，王谕相，相告爵房，聚众公议，参以条例，决其可否，复转告乡绅房，必乡绅大众允诺而后行，否则寝其事勿论。其民间有利病欲兴除者，先陈说于乡绅房，乡绅酌核，上之爵房，爵房酌议，可行则上之相而闻于王，否则拔罢。”“大约刑赏、征伐、条例诸事，有爵者主议，增减课税，筹办帑饷，则全由乡绅主议”①。这些虽然只是介绍，却为中国人呈现了一幅闻所未闻的政治图景，从而具有一定的启蒙意义。

《瀛环志略》也比较详细地介绍了美国的民主制度，包括民主制度的创立，州长、总统的选举投票的方法，任期的规定等。1844年，徐继畬在《瀛环考略》的手稿中还特别提到和颂扬了美国的首任总统华盛顿，将其政治选择比拟为中国传说中的“天下为公”。“兀兴腾（即华盛顿）既得米利坚之地，与众议曰：得国而传子孙，是私也，牧民之任，宜择有德者为之”，“分其地为二十六部，每部以正统领一、副统领一，以四年为任满，集部众议之，众皆曰贤，则再留四年（八年之后不准再留），否则推其副者为正，副或不协人望，则别行推择”，乡邑之长“各以所推书姓名投匦中，毕则启匦，视所推独多者立之，或官吏，或庶民，不拘资格”，“退位之统领，依然与齐民齿，无所异也”，“二十六部正统领之中，又推一总统领，居于京城，专主会盟、战伐之事，各部皆听命。其推之法，与推择各部统领同，亦以四年为任满，再任则八年。”②对于华盛顿的这种选择，徐继畬概然而叹曰：“兀兴腾，异人也，起事勇于胜、广，割据雄于曹、刘，既已提三尺剑，开疆万里，乃不僭帝号，不传子孙，而创为推举之法，几于天下为公，骎骎乎三代之遗意。”③

《瀛环志略》不仅在介绍世界史地知识方面开阔了人们的眼界，而且在介绍民主制度方面也对后世发生了一定的影响。徐继畬尽管还不了解西方的民主政治思想的性质，甚至对西方民主制度的了解也多半背离其原意，但他却认为西方的政治比较好地体现了古代圣人的政治主张，实现了所谓“公天下”，而正是在这个意义上，他觉得中国可以、而且应该向西方政治学习一些东西。他认为，西方政治经验的介绍可以产生有益于中国的效果，而不仅是徒增见闻，况且他所讲

---

① 《瀛环志略》卷七。

② 转引自熊月之：《中国近代民主思想史》，上海社会科学院出版社2002年版，第77～78页。

③ 转引自熊月之：《中国近代民主思想史》，上海社会科学院出版社2002年版，第83页。

述的西方政治故事及其杰出人物确实激发了革命志士的民主精神。事实上，《瀛环志略》在社会上产生的积极效果之一，就是阅读过华盛顿政治故事的人很自然地就会厌恶专制、心醉共和。①

徐继畬在政治上属于主和派，原本就与主战派水火不容，而他对西洋人的态度，尤其是他称颂华盛顿的话，更是激起了林则徐等主战派大臣及御史的不满和指责，随着道光朝主和大臣穆章阿的倒台，徐继畬也被罢官。不过，林则徐幕府中主战的梁廷枏却是徐继畬介绍西方政治的同道，虽然梁廷枏的影响比不上徐继畬，但是在深入介绍西方政治方面则并不逊色。梁廷枏，广东顺德人，字章冉，晚号藤花亭主人，生于清嘉庆元年，即公元1796年，卒于清咸丰十一年，即公元1861年。梁廷枏为举人，曾任澄海县训导，咸丰元年为内阁中书，加侍郎衔。他学问广博，注意研究西方国家政治、历史状况，其主要著作有《海国四说》、《夷氛闻记》、《粤海关志》、《藤花亭诗文集》等。1839年，他任广州越华书院监院时，林则徐慕名咨以战守事宜，而他更是悉心赞助林则徐禁烟，不仅亲身参与禁烟运动，还发动爱国士绅以为后援，积极支持广州人民反对侵略者入城的斗争。《海国四说》包括《耶稣教难入中国说》、《粤道贡国说》、《兰伦偶说》（兰伦，即伦敦，泛指英国）和《合省国说》四种，其中《合省国说》尤其重要，是梁廷枏参考美国人所著《合省志略》一书，结合自己在粤海关等处采集到的有关美国的资料编纂而成的。"合省国"就是美国，梁廷枏在《合省国说》中把美国称为"美利坚"，把"总统"称之为"统领"，并详细介绍了美国的情况，尤其是美国的政治民主，包括美国总统的选举及权限等。"（美利坚）自立国以来，凡一国之赏罚禁令，咸于民定其议，而后择人以守之"，"未有统领，先有国法，法也者，民心之公也，统领限年而易，殆如中国之命吏，虽有善者，终未尝以人变法"，"既不能据而不退，又不能举以自代，其举其退，一公之民，持乡举里选之意，择无可争夺、无可拥戴之人，置之不能作威、不能久据之地，而群听命焉"，"盖取所谓视听自民之茫无可据者，至是乃彰明较著而行之，实事求是而托之"，其"为统领者，既知党非我树，私非我济，则亦唯有力守其法"，而"于瞬息四年中殚精竭神，求足以生去后之思，而无使履当前之馀。斯已耳，又安有贪侈凶暴，以必不可固之位，必不可再之时，而徒贻其民以口实哉！"②

由于比较了中西政治，梁廷枏注意到民主制度与专制制度有三点根本区别，同时也是民主制度的优越之处。其一，民主是一切大政皆由"民定其议"，统领由民选举；其二，民主依法治理，强调法治，上自统领，下至百姓，都要遵守体现"民心之公"的法；其三，民主制下的统领有任期，"限年而易"，不可"久据"，更

① 熊月之：《中国近代民主思想史》，上海社会科学院出版社2002年版，第80页。

② 《海国四说·合省国说》。

不得世袭。梁廷枏还进一步研究了美国所以能实行民主制度的原因，开始把对西方政治的感性认识提升为理性认识。梁廷枏认为，美国能行民主制度，是由其所处的地域、时代及其民族特性所决定的。

鸦片战争前后，尽管先进的中国人还带有浓郁的传统特点，也还带着中国传统政治意识形态的有色眼镜被迫去看世界，但他们毕竟意识到了中国在某些方面的不足，并基于此认识而开始有意识地进行认识西方的活动。开眼看世界获得了传统中国闻所未闻的新知识，这种新知识不仅改变了中国历史的轨迹，而且也逐渐地改变了人们的思想观念和思维方式。开始，开眼看世界的目的或许仅仅是广见闻，或者是为了知己知彼，或者把西方民主政治误以为是传统三代政治的实践版本，还没有接触到民主政治的思想层面，但西方政治的新事实本身在中国就具有巨大的思想启蒙意义，因为新的政治知识和政治故事提供了人们在需要选择和可以选择时的新样本。在此意义上讲，中国民主思想的产生正是不断接近并了解西方新政制样本的结果，或者说，近代中国是先知道和了解了西方民主制度，进而在评价民主制度的过程中逐渐将西方民主政治思想作为中国政治由传统走向现代的基本参照。自此以后，中国人的政治理想逐渐发生了前所未有的巨大变化，并最终由此而改变了传统中国的政治轨迹。

三、传统民本与现代民主的沟通与对接

中国现代政治思维方式及体系既不是传统政治思维的自然延续，也不是传统政治思维的简单变异，而是古今中西交错整合的结果，其起点就是鸦片战争，“在中国，新东西的出现只能在鸦片战争之后”①。所谓新东西，在思想上概括地说就是新学，或中国近代学。“中国近代学，相对于中国古代学而言，概括言之，就是改造中国之学”，“这个改造，包括对自然的改造和对社会的改造两个方面，主要是对社会的改造，社会改造推动对自然的改造”，“这个改造中国之学是通过古今之争、新旧之争、中西之争产生和形成的”，“通过这些争论，提出改造中国的一些新思想、新理论，这些新思想、新理论在中国近代社会新陈代谢的过程中不断得到修正、充实，日趋完善，更加适合中国的国情和社会改造的需要。”②在政治环境突变及西方近代文化的影响下，“中学由旧学蜕变为新学，是适应中国社会由传统农耕文明向近代工业文明转型的一种文化变迁，也是中国近代化进程中文化转型的必然过程。”③

① 陈旭麓：《近代中国社会的新陈代谢》，上海人民出版社 1992 年版，第 20 页。

② 《陈旭麓文集》第 2 卷，华东师范大学出版社 1997 年版，第 22～23 页。

③ 王先明：《近代新学与社会文明转型的几点思考》，《天津社会科学》2001 年第 6 期。

中国近代学实际上就是晚清新学以来的改造中国之学,现代政治思维的建构也就萌芽于中国近代学之中。从政治思维的现代转换来说,其明确的起点就是林则徐、魏源、徐继畬等的世界地理学,其对现代政治的介绍本身就包含着中国传统士人特殊的解读方式。这种解读方式既浸润着儒家尧舜禹汤等政治理想与民本的政治价值,又包含了面对西方接纳新知的开明。虽然这种解读是以旧释新,但在其解释中又孕育了以新补旧的萌芽,所以具有新旧交替时期的思维延展特征。在现代政治学科进入与扎根中国的过程中,这种思维方式也产生了决定性的影响,从而在现代政治学科的中国化过程中形成了具有类似特征的思维方式,包括传统因素的延续和再解读。

从先秦而明清,直至鸦片战争前夕,中国传统政治思维的特征并未发生根本变化,虽然明清之际曾出现过激烈的政治批判与实现重构,但就其思想内容来说并无新意。大致说来,明清的政治批判或者是在儒学内部的义理争论,或者是时事突变的应对,并且有特定的针对性。直至鸦片战争以后,西方列强的侵入和现代化竞争的逼迫,中国的政治思想才开始发生根本的变化。从此,中国近现代政治思维方式的建构呈现一个突出的特征,就是传统与现代、中国与西方之间在观念上长期并存,激烈交锋,却又相互濡染,彼此渗透,随着现代政治思维在形式上的凸显和健全,传统的底蕴也悄然保留下来。一方面,传统与现代的矛盾十分激烈,传统政治思维坚决排斥现代民主价值,而且有一部分士人始终站在现代民主价值的极端反对面,坚决捍卫传统的完整性。"每一件带有创置意义的举措设施都曾招来非议,激成争论。它们常常在反对声中艰难地出世,其中一部分又在反对声中夭折。传统社会中守护夷夏大防的人们容不得这些东西。在他们那里,即使'西用'依附于'中体',其入门之途仍然处处障碍难逾……新政之举,几乎步步都会受到来自四面八方的阻力……在那个时候的中国,顽固是一种社会病症,仅仅把它们归于守旧官僚的可恶是不够的。"①另一方面,经世学风又从传统儒家的立场接受现代民主价值的某些内容,从而部分地肯定和接纳了现代政治思维的一些重要内容。传统旧学并未远去,而是在与新学并存的同时对新学产生影响,或者回流游离于新学之外,争夺公众的认同,或者掺杂、濡染与渗透在现代政治思维方式之中。传统的中国政治思维在现代的西方政治思维逼迫下步步为营地后退,现代政治思维则借机抢占不断腾出的理论空间。两者的较量造成了现代政治思维的建构缺少选择性与系统性,而两者犬牙交错地对峙又提供了传统与现代相互影响、濡染、渗透的便利条件,并使西方这个参照系得以真实有效的延续。

其实,无论由外输入还是介绍引进,西学东渐从一开始就带有明显的中国传

① 参见陈旭麓:《近代中国社会的新陈代谢》,上海人民出版社 1992 年版,第 120 ~ 124 页。

统儒家语境，这至少是因为，中西双方都需要语言和思想的载体，也就不得不借用儒家既有的概念和术语，而这些概念和术语原本就蕴含或体现了儒家固有的政治价值和理想。① 一个明显的结果，就是在用传统汉语政治词汇概念来介绍西方政治时，很自然地就使西方政治在介绍过程中被儒家化了。从西方政治传统在中国被介绍的情况看，民主思想的传播是一个非常重要的线索，"民主"从一个传统儒家的政治名词转变为现代意义的政治观念，这个过程比较典型地体现了中国现代政治思维建构过程中汉语与英语发生的涵义互渗，而传统民本观念也就得以借机隐匿在现代"民主"概念中。传统中国的"民主"与西方的"Democracy"的含义虽然日益接近，但是两者在具体的指称上却始终未能一一对应，相反还往往存在比较重要的对象差别。"'民主'一词在近代可谓一身兼三职：它既用来翻译我们今天所熟悉的'民主'（Democracy），也用来翻译我们今天所谓的'共和'（Republic）以及作为民主、共和体制之重要组成部分的'总统'（President）。而且，用'民主'来翻译 Republic 和 President 比用它来翻译 Democracy 要早，使用也更频繁。"②即使在"五四"以后，"民主"已经成了中国现代政治的一面耀眼旗帜，但它仍然可以满足政治需求不同的人的多种解释，其中许多种解释都包含着浓郁的民本成分，是一种传统民本与西方 Democracy 的混合物。现代民主（Democracy）在传播的过程中，与传统民本涵义相同的部分逐步被接受下来，并被冠以"民主"之名，而现代民主（Democracy）与传统民本涵义迥异的部分则并未充分反映在民主的观念中。萨孟武先生精研中西方政治思想，在比较研究中，他明确地区别了西方现代民主（Democracy）与中国传统民本的实质差异。"民主与民本不同，民主不但要 for the people，还要 by the people，而民本则只有 for the people，至于哪一种设施可以达到 for the people，则由政府决定。"③实际上，中国传统民本可以包含现代民主（Democracy）的民有（of the people）与民享（for the people）两个基本方面，而只是缺少现代民主（Democracy）必需的民治（by the people）。中国现代政治思维中的民主概念当然包含着现代民主（Democracy）的一些民治内容，但是却颇不充分，而其主要的部分仍然来自与现代民主涵义重叠的传统民本。传统民本的许多内容固然被吸纳进中国的现代民主概念中，并被冠以"民主"的名称，但如果民治内涵的比例远低于"民有"和"民享"，所谓"民主"便与传统民本无甚根本差别，即两者的关系仍是名异而实同。因此，认识上不能把传统的民本意识误以为现代民主，事实上现代民主也不

① 王人博：《庶民的胜利——中国民主话语考论》，《中国法学》2006 年第 3 期。
② 谈火生：《"民主"一词在近代中国的再生》，《清史研究》2004 年第 5 期。
③ 萨孟武：《中国政治思想史》，台北三民书局 2000 年版，第 12～13 页。

可能从民本中生发出来。①

思考题

1. 简述中国近代政治思想发生的内外历史条件。
2. 试述嘉庆道光年间经世之学在中国近代政治思想产生过程中的作用。
3. 试述林则徐、魏源、徐继畬等“开眼看世界”的历史条件。
4. 思考传统民本意识与现代民主思想的本质区别和价值取向。

① 参见李存山:《从民本走向民主的开端——兼评所谓“民本的极限”》,《华东师范大学学报》(哲学社会科学版)2006年第6期。

2

第二章

太平天国运动的政治思想

太平天国运动就其本质而言仍然是一场旧式农民起义，即农民战争即使胜利了，建立的仍然是与被它推翻的政权一样的封建制度。但是，太平天国运动也有两个新的特点。其一，在借助传统宗教思想的同时往往采取西方宗教的话语表述；其二，传统的等级观念和平均主义也杂糅了中国近现代政治思想的大同理想和民主革命等理念。其实，这些特点典型地体现了西方势力强劲侵入的情况下，中国农民起义的应对态度及其政治思想。

尽管太平天国运动是在第一次鸦片战争后近十年才发生的，客观上也受到西方经济、政治、文化的影响，但这并不意味着它天然就具有某种程度的近代性质。在中国，农民战争借助于宗教神学的历史由来已久，太平天国在利用宗教进行社会动员和政治军事组织方面并无多少新意，而它的"拜上帝"与西方的宗教信仰根本不同，甚至可以说是风马牛不相及。太平天国时期游历过天京的富礼赐就说过，"天王之基督教不是什么东西，只是一个狂人对神圣之最大亵渎而已"，"他的部下之宗教，简直是大笑话和滑稽剧"，"天主教教皇如有权治他，早就把他烧死了"①。太平天国所继承的神学政治传统及思想仍然主要来自于中国的旧传统，比如殷商时期的"率民以事神"、先秦墨家思想中所谓天志鬼神的"尚一"、东汉以来的借助道教神灵造反、传统儒家"顺天应人"、甚至

① 富礼赐：《天京游记》，中国近代史资料丛刊《太平天国》（六），上海人民出版社1957年版，第960页。

巫婆神汉的“装神弄鬼”等。太平天国的“宗教教义是同几千年来农民阶级的理想和幻想糅合在一起的”,“农民成为教徒的过程”,同时“也是农民以自己的理想和愿望来领会和理解上帝教的过程”①。

从思想政治来讲,太平天国运动并没有自觉将中国的神学政治传统、小生产者的均平思想和种族革命意识等作现代意义的转换,但客观上还是为这种转换提供了某些知识条件。换句话说,太平天国运动对近代的某些政治理念倒是产生了明显的影响,最明显的就是种族革命和大同理想。孙中山等人倡导民主革命就是从太平天国的故事开始的,而孙中山三民主义政治思想中的民族(种族)革命、大同思想及均平思想等,都有明显的太平天国运动的印记。另外,清末流行的满汉冲突话题也与太平天国的话语宣传有密切关系,而太平天国的均平思想和种族革命意识也经由晚清的会党广为流传。在此意义上讲,太平天国运动在延续旧传统的同时,确实也起到了与近现代衔接的作用,就是促使这些旧传统在接触、接纳、比较西学成分的过程中,逐步向近现代方向转变。比如,直接促进了满汉话题的勃兴,从而对清王朝统治产生了根本性的解体作用;为均平思想、种族革命等意识与西方现代民主观念的结合提供了经验教训。

第一节　太平天国运动政治思想的文化及社会条件

太平天国运动根源于清王朝中衰后的内部社会矛盾,虽然受到了西方宗教文化的影响,但就其所代表的社会生产力来说仍然属于农耕时代,因而它本质上仍然是一场旧式农民起义。清王朝由盛转衰后,大量小生产者已很难维持简单再生产,小生产者大多已经破产、甚至沦为流民。随着社会矛盾的加剧,饥寒交迫和流离失所的困境积聚起官逼民反的情绪,屡试不第的士人汇集成各种社会批判的群体,大量的会党组织更是为政治和军事动荡提供了条件。其实,太平天国运动发生的这些主要文化和社会背景及条件都相当传统,并不具备近代的属性,但作为一场介于传统与近代之间、并实际沟通着传统与近代的政治运动,太平天国又具有中西政治社会直接碰撞以后所具有的独特的过渡性质,而过渡本身的发展趋势则是指向近代的。不仅西学东渐和殖民压迫是促成或催化了太平

① 陈旭麓:《近代中国社会的新陈代谢》,上海人民出版社1992年版,第71页。

天国运动发生的重要因素，运动本身也推动了中西方政治思想的碰撞以更剧烈的方式、在更广阔的领域展开。

一、政治神学传统的借用

太平天国运动带有非常浓郁的神学特质，其日常的政治军事等活动均以宗教为媒介。

然而，太平天国并不是宗教运动，而是借用宗教来为政治和军事反抗服务。但是，这种做法不仅在中西方都有传统的依据，而且在借用宗教的同时也表达了太平天国的政治神学思想。在西方，基督教会中存在着关于“千年至福”运动的文献记录，历史上也屡屡发生过基督教不同教派、异端、甚至世俗社会谋求“千年至福”的政治军事反抗。虽然洪秀全还未能在知识层面完全了解这些反抗活动及其理论，但千年至福运动对社会下层所具有的感召力，应该很容易启发他对此加以利用的灵感。在中国，也有类似千年至福性质的乱治轮回观念和大同理想，而且至少从东汉后期信奉《太平经》的太平道算起，原始道教和异端佛教等就屡屡以此为号召，在王朝末年的政治动乱中扮演重要角色。① 另外，中国传统的主流政治理论也带有浓郁的神学因素，也渴望着尽善尽美的“治世”，而儒家典籍中关于“上帝”的记载更是直接成了洪秀全接受“洋上帝”的榫结点。“在太平天国官书中，上帝有时候是与中国上古经典里德观念相通的”，“记载在《诗经》及《尚书》里的‘上帝’是殷周先民心目中的至高神，它与基督教里的‘God’本来全无干系”，“可是经洪秀全的榫结，两者变成了一个东西。”②

太平天国运动的政治神学实质上是中国传统政治思维中神学因素的继续，其中既有儒家典籍对上帝等的推崇，也有原始道教兴起以来屡屡为农民造反提供理论武器的异端宗教。尽管中国传统政治具有强烈的实用理性特性，但这并不妨碍它塑造自己的政治神话，因为这有利于树立政治权威，并将其作为政治神学持久地承传和普及。比如，上古时期的“上帝”及中古以来的“天”，都是神学属性的政治权威。一方面，“天”是社会价值的根源，也是人性的根源，从而也是政治之源；另一方面，“天”还具有“赏善罚恶”的“仁义”，从而成为社会重要秩序或规范的维护者。因此，“天”对万物的关爱，就成了君、父对臣、子具有绝对权威的合法来源，君王不仅关爱子民，也是子民的理想和希望所在以及可以信托的对象。子民在控诉无门的情况下可以求助于信仰中的神，也可以吁请现实政

---

① 李泽厚：《中国近代思想史论》，人民出版社 1979 年版，第 8 ~ 9 页。

② 陈旭麓：《近代中国社会的新陈代谢》，上海人民出版社 1992 年版，第 73 页。

治中君王的正义恩典;反过来,官逼民反的合法性也就在于君王违背了天理。① 历代农民战争之所以更多借助于政治至上神,在于这种做法既能够满足社会底层民众造反时对公正的需求,也能满足“赏善罚恶”的政治心理诉求。同时,这种政治神学比较切合小生产者知识贫乏而又疾恶如仇的思维习惯,有利于确立小生产者“均平”政治理想与信念的合法地位,从而具有强大的社会吸引力和广泛的社会动员能力,并增强了造反者队伍的组织性。② 但是,过度强调和运用政治至上神也会对运动带来损害,而太平天国运动的失败正是与此密切相关。尽管政治至上神已经成为太平天国的意识形态,但“最高领导层对这种宗教教义的信仰忠诚性并不一致”。“尽管惩罚极严,有杀头危险,但从李秀成到洪天福等等早期就违反天条,偷看禁书”,“特别是经过天父代言人杨秀清竟然被杀的巨大事件之后,忠诚的信仰就逐渐变成怀疑和欺骗”,“洪秀全从前期经验出发,直到最后仍一再颁布各种诏令,极力强化道德说教和宗教宣传,结果在前期取得巨大成效的,现在却收效甚微。”③

太平天国运动的主体是底层失意知识分子和无产或破产的小生产者,所以在造反初期本能地就容易接受中国传统的政治神学。但是,天国的最高领导人、尤其是洪秀全没有看到,到了晚清,政治至上神在世俗政治中的影响已明显式微,并将随着“奉天承运”的“帝王”在中国的彻底终结而成为虚假。④ 太平天国的“拜上帝教”名义上拜的是西方的“洋上帝”,实际上拜的是中国传统的本土至上神——殷商以来中国传统文献中绵延不绝地出现的“上帝”,黄宗羲称之为“昊天上帝”⑤。中国上古的“上帝”具有选择其政治代理人并完全授权给代理人的政治功能,其隐含的政治起源逻辑是“天子受命于天”,其使命则是实现“纯粹至善”。不过,中国传统政治的工具理性体现为实践上更强调“人代天工”,而“率民以事神”则自西周以来已经渐趋衰落,所以太平天国运动的政治神学实际上是以异端宗教为背景来表达传统小生产经济社会的政治理念。

大体说来,太平天国运动对政治神学传统的借用及其含义有以下一些特征。第一,对于“洋上帝”的依托明显是受到了西方基督教的启发,并以中国的“昊天上帝”与西方的“洋上帝”相嫁。第二,与西方不同,太平天国运动的“洋上帝”依

① 参见张师伟:《民本的极限:黄宗羲政治思想新论》,中国人民大学出版社 2004 年版,第 173 ~ 174 页。

② 李泽厚:《中国近代思想史论》,人民出版社 1979 年版,第 13 ~ 14 页。

③ 李泽厚:《中国近代思想史论》,人民出版社 1979 年版,第 14 ~ 15 页。

④ 刘泽华:《中国的王权主义:传统社会与思想特点考察》,上海人民出版社 2000 年版,第 384 ~ 385 页。

⑤ 参见张师伟:《民本的极限:黄宗羲政治思想新论》,中国人民大学出版社 2004 年版,第 55 ~ 62 页。

据中国“天子受命于天”的思想对现实政治产生作用和影响，所以“洋上帝”可以在世界众生中选定洪秀全为其政治代理人，授权其建立“天国”。第三，洪秀全不仅是政教合一的领袖，而且既以神学为政治的最高手段，也使政治从属于神学，甚至以神学活动代替政治活动。第四，以宗教方式发挥政治作用和巩固等级制度，包括使用神灵附体等明显带有迷信色彩的手段，其中尤以杨秀清和萧朝贵分别以天父、天兄附体聚集人望及教训天王等活动最具典型性。

洪秀全的政治权力来源于宗教权威，而这就给太平天国的军事行动造成了致命的桎梏。“天京事变”后，“洪秀全找不到别的武器，来代替已威信大降的拜上帝教理论”，“面对人心不振、将领抗命等现象，他更沉溺于宗教和迷信了”，于是就在改国名、朝名、玉玺名等方面反复做文章，先是改“太平天国”为“上帝天国”，旋即又改名为“天父天兄天王太平天国”，希望以此拯救危局，改变形势。在“束手无策之下，洪秀全动辄用‘天话责人’，经常‘言天说地，并不以国为事’”，“直到临死前夕，他还下诏要‘大众安心，朕即上天堂，向天父、天兄领到天兵，保固天京’。”①太平天国运动的宗教特质不仅在于它对政治神学的借用，更在于它的诸位政治领袖都带有浓郁的神学人格，他们既以神学人格拥有权威，也以此政治思想和宗教手段禁锢了军事才能的发挥和机制的运作，最终以战败的事实瓦解了神学自身的严谨性和说服力。天京事变之所以成为太平天国由盛转衰的拐点，就在于杨秀清被杀害后高层首领间的内讧和火并使赖以立国的神学权威几乎丧失殆尽。换句话说，天京事变对太平天国的根本性损害还不是杰出政治军事人才的损耗，而是神学权威及领袖神学人格的除魅。

二、小生产者的政治理想

从历史上看，中国历代农民起义所代表的都是传统小生产者的经济利益和社会意识，而领导或参与农民战争的知识人士则总结表达了与这种利益相应的政治理想。在社会生产力发生重大进步以前，中国小农的经济理想始终是自给自足的男耕女织，而“均贫富”、“等贵贱”等口号就是这种经济理想的政治反映。

“均贫富”就是反对经济上的剥削与压榨，主张“不劳动者不得食”，其极端的表现就是否认必要的社会分工。《孟子·滕文公上》曾记录许行要求“贤者与民并耕而食”的主张，而孟子就此有针对性地发表了自己“劳心劳力”的观点，阐明了政治作为一种社会分工的必要性及重要性。但是，许行的观点在战国时期具有一定的普遍性，其最主要的代表就是诸子百家中的农家。“等贵贱”则是农民要求实现政治身份的平等，实现平民主义的政治平等，提倡人与人的“兼爱”，

① 陈旭麓主编：《近代中国八十年》，上海人民出版社 1983 年版，第 178、185 页。

"强者不劫弱,贵者不傲贱,多诈者不欺愚"①。秦汉以来,中国的小农经济日益巩固,并深入人心,小农自给自足的经济理想也日益普及开来,而小农经济承载的政治经济理想及感情在传统中国具有强劲的生命力和超强的吸引力。这是因为"中国的小农具有自己独立的经济","固然,小农经济是一种遭受剥削的经济,有它悲惨的一面","但是,作为一种独立的经济,它又把生产者的收益和自己的劳动联系起来,可以寄托追求","个体经济限制了农民,农民又执著地依恋自己的个体经济","就连洪秀全建造人间天国的蓝图,也是按照小农经济设计的"②。

太平天国运动虽然发生在1840年以后,但中国社会的生产力和生产关系等仍然停留在前工业化时代,其思想"无法挣脱封建生产方式带来的局限,缺乏近代资产阶级基于新的生产力和生产方式的经济基础所产生的民主主义等重要内容",而"平均主义、禁欲主义、宗教迷信等小生产者的意识形态占据了重要地位"。太平天国思想中"以经济平均主义为内核的朴素平等观念和'太平'、'天国'之类的基本观念和口号,在中国是由来已久的","从汉代的《太平经》到唐代的《无能子》,从《诗经·硕鼠》中的'适彼乐土'到《抱朴子·诘鲍篇》的'安土乐业,顺天分地'",都集中而典型地表达了小生产者经济平均主义和政治太平的理念。③ 太平天国宣扬的平等首先是在上帝面前人人平等,凡天下男子,皆为兄弟,凡天下女子,皆为姊妹。这个意义上的平等在汉代的《太平经》已有较成熟的表达,其核心在于表达至高主宰的无私并能使物各得其所。"太者,大也,乃言其积大行如天,凡事大也,无复大于天者也","平者,乃言其治太平均,凡事悉理,无复奸私也"。"太平者,乃无一伤物,为太平气之为言也","凡事无一伤病者,悉得其处,故为平也"④。

天下众生在至高主宰面前的平等,是中国传统小农政治空想的一个基本内容,太平天国虽然换了一个至高主宰,但是其思想内涵并无根本改变。太平天国宣扬的平等还表现在经济生活上的平均主义,这方面内容在《天朝田亩制度》中有充分表述,其中最主要的平均就是强调:"凡天下田,天下人同耕,此处不足,则迁彼处,彼处不足,则迁此处,凡天下田,丰荒相通……务使天下共享天父上主皇上帝大福",务使"有田同耕,有饭同食,有衣同穿,有钱同使,无处不均匀,无人不饱暖"。经济上的平均主义以政治集权为前提,使经济活动完全受控制于政治,政治不仅要规定具体的生产性安排,而且还要规定消费性安排。"凡天

① 《墨子·天志上》。
② 陈旭麓:《近代中国社会的新陈代谢》,上海人民出版社1992年版,第6~7页。
③ 李泽厚:《中国近代思想史论》,人民出版社1979年版,第8~9页。
④ 王明:《太平经合校》,中华书局1960年版,第148、398页。

下，树墙下以桑，凡妇蚕绩缝衣裳，凡天下，每家五母鸡两母彘，无失其时，凡当收成时，两司马督伍长，除足二十五家每人所食可接新谷外，余则归国库，凡麦、豆、苎麻、布帛、鸡、犬各物及银钱亦然”，“凡二十五家婚娶弥月喜事，俱用国库，但有限式，不得多用一钱”①。但是，太平天国的均平思想在现实中遭遇了挫折。一方面，是《天朝田亩制度》只是在近代思想版图中提供了一幅“农民的大同模式”，不仅未能落实，还不得不回到“照旧交粮纳税”②。另一方面，太平天国早期实行的一些均平主义政治经济措施在后期或者被破坏殆尽，或者失去了原先的说服力而名存实亡。“平均主义、禁欲主义在早期发动组织群众和作为军队风纪，的确能起巨大作用，但把它们作为整个社会长期或普遍的规范、准则和要求，则必然失败”，“我们在强调这个纲领的反剥削、代表农民的理想和要求的伟大的革命性的同时，也不能无视、掩盖或否定这种小生产者的封建落后性质。”③

作为太平天国运动的社会支撑力量，濒临破产或已经破产的小生产者对于政治和经济方面的不平等有着强烈的反抗意识，而传统小生产者的均平主义就成了他们的乌托邦理想。但是，小生产者自身也是封建势力，他们既不是新的生产力和生产关系的代表，也不是中国近代改造社会的新生政治势力，所以在经济上向往均平的同时，在政治上却依然离不开集权。太平天国运动在政治上虽也标榜平等，但却并无保证平等的具体措施。天父皇上帝的目标是关爱众生，强调众生在上帝面前的平等，但在实现天国的途径和做法上，天父却明显只依赖少数几个政治领袖，并赋予他们特殊的神学人格。太平天国政治领袖中的早期诸王被“拜上帝教”设定为天父的诸子，“在上帝的名义下，组成了一个神圣家族”，“把中国固有的名分纲纪和江湖聚义中惯见的成规引入了上帝家里”④。洪秀全是作为天父皇上帝的次子、耶稣的弟弟，直接转换成了“太平天王大道君王全”，“中国君主（洪秀全）即天下之君主；他是上帝次子，全世界人民必须服从和跟随他”⑤。这就与陈胜吴广时代的造反者没有实质的差异了，其终极的追求中无疑也包含着“王侯将相宁有种耶”的质问，但其追求的更直接的目标则是实现天父皇上帝名义下以天王为核心的政治大一统。洪秀全的政治大一统也只能是封建大一统的中华帝国，不仅强调君权神圣，即上帝差遣“尔主”作“天王”，“他出一

---

① 中国史学会主编：《中国近代史资料丛刊·太平天国》（一），上海人民出版社 1957 年版，第321～322 页。

② 陈旭麓：《近代中国社会的新陈代谢》，上海人民出版社 1992 年版，第 82 页。

③ 参见李泽厚：《中国近代思想史论》，人民出版社 1979 年版，第 2～28 页。

④ 陈旭麓：《近代中国社会的新陈代谢》，上海人民出版社 1992 年版，第 74 页。

⑤ 中国史学会主编：《中国近代史资料丛刊·太平天国》（六），上海人民出版社 1957 年版，第 904 页。

言是旨是天命"，"尔们要遵"，天国众生须"一心扶主，不得大胆"①，而且还明白地提倡三纲五常，"只有人错无天错，只有臣错无主错"②，"生杀由天子，诸官莫得违"，"王独操威柄，谗邪遁九渊"，"伊周堪作式，秉正辅朝纲"③。与此相对应，太平天国运动一个重要原则就是等级森严的政治制度，而且以名目繁多的称谓和近乎野蛮的暴力来维系等级，对等级制度稍有冲撞即"斩首不留"。小农在政治上追求平等，但结果往往是造成更严重的不平等，所以比之相对稳定时期的封建政权，小农自创的等级制度有时更加野蛮和血腥。

中国传统时代的农民和地主，在代表的生产力水平及生产关系上，并无根本不同，两者都对应着一定的社会发展阶段。在社会生产力没有得到突破性发展之前，或者说在中国传统社会没有产生工业化时代的新生力量之前，农民与地主在政治理想上有很多根本的共同点。这个共同点就是中国传统政治思维及哲学所体现的民族共性。民族共性在思维方式上主要表现为建立在经验直觉与先验顿悟基础上的感应思维，其中尤其突出天人感应中的天王感应，洪秀全创立的"拜上帝教"并没有改变这种感应思维方式，而是以神学的形式进一步强化了天父皇上帝与洪秀全之间的神秘感应关系。在感应思维的基础上，人与人之间的社会政治关系必然发展到等级制度上来，太平天国确立森严的等级制度与儒家确立纲常伦理的等级制度遵循了同样的逻辑，既强调鼓舞人心的目的上的平等，又创建了手段或媒介上的不平等。孟子等儒家思想家主张的平等是目的意义上的，不论是"人可皆为尧舜"，还是"满街都是圣人"，都不过是说人最终实现了自己之后的状态，但人实现自己的过程却是从"五百年后有一王者生"或"天子受命于天"开始的。儒家的纲常伦理包含了上述两方面的含义，但其最主要的或具有现实指导作用的则是君君、臣臣、父父、子子的等级性内容。太平天国的政治逻辑也是从均平出发，最后走到了天王专权的政治制度，并将经济均平主义的社会生活也逐步变换为等级森严的准军事体制。④ 因此，太平天国运动也是一场不成熟的政权建构运动。一方面，太平天国始终具有浓郁的宗教神学特征，即使在宗教神学的说服力大大下降之后也还是如此；另一方面，政权建构不仅没有走出等级化的路径，反而对等级化政治作了登峰造极的演示。浓郁的宗教神学

① 中国史学会主编：《中国近代史资料丛刊·太平天国》（二），上海人民出版社 1957 年版，第 449 页。

② 中国史学会主编：《中国近代史资料丛刊·太平天国》（二），上海人民出版社 1957 年版，第 484 页。

③ 中国史学会主编：《中国近代史资料丛刊·太平天国》（一），上海人民出版社 1957 年版，第 232 页。

④ 中国史学会主编：《中国近代史资料丛刊·太平天国》（一），上海人民出版社 1957 年版，第 106 页。

特征和登峰造极的等级化政治共同展示和体现了太平天国的政治理想，而两者的结合表明，这种政治理想不过是传统小农政治理想在近代社会即将开启时的又一次展示。

三、太平天国运动的社会条件

太平天国运动的发生和发展一方面在于特定社会条件的支撑，另一方面，也正是这种社会条件制约了的太平军的地域扩展。太平天国运动的种子虽然生成于广东，但其真正的孕育则是在广西紫荆山区的桂平等县，其所依托的基本社会势力是“拜上帝教”发动起来的贫苦人群，所以能够“挟千里席卷之势，长歌涌入金陵”①。因此，当军事失败来临时，变进攻为防守的战略导致太平天国不得不在小农意识的引导下加重其封建化的程度。② 不过，从太平天国运动获得极大发展的区域来看，至少有两个方面的因素是战争获胜必需的社会条件。

1. 会党对于公有互助的政治理想的组织保障

会党本来就是以互助形式保护成员利益的，但是，这种公有互助的理想比较适合南方无法在商品经济中获益的贫苦无助者，而不太适合自然经济的北方小农。出于自身的利益考虑，南方的贫苦手工业者和无业游民组成了各种社会群体或会党，希望在体制内的均平思想之外生成致富的渠道。

事实上，正是这种贫富分化逐步形成了新的生产关系，所以在太平天国内部，“从金田起义前夕，参加团营的人们就自下而上地归私财于公库，自上而下地分配衣食于个人，用皈依天父换来了物质上的人人均平”。一方面，太平军“凡一切杀妖取城，所得金宝绸帛宝物等项，不得私藏，尽缴归天朝圣库”，另一方面“圣库的收入化为柴米油盐，进入上帝大家庭的每一个人，都有资格取得自己的一份”，“它所带来的公有和互助无疑会极大地吸引东南地区大批贫困无告的人们”③。这种状况的互助功能，主要在于会党内部的运作机制，正如秦宝琦教授所说的，会党的产生和发展与“农村商品经济的发展有密切关系”。“许多人由于经营不善等原因，被从农村中排挤出来，涌入城镇市圩，或到异地他乡去谋生”，“会党所宣传的与会之后，遇事互相帮助，免人欺凌，在家可保身家性命，出外可得同会关照”，“对于离家在外，谋生艰难的人来说，当然是一种福音，于是纷纷加入会党”④。

---

① 陈旭麓：《近代中国社会的新陈代谢》，上海人民出版社 1992 年版，第 66 页。

② 陈旭麓：《近代中国社会的新陈代谢》，上海人民出版社 1992 年版，第 80 ~ 81 页。

③ 陈旭麓：《近代中国社会的新陈代谢》，上海人民出版社 1992 年版，第 71 页。

④ 秦宝琦：《中国地下社会》，学苑出版社 1994 年版，第 2 ~ 3 页。

但是,一个明显的事实在于,当时北方经济社会的发展水平落后于南方。这一方面是由于北方社会生产的商品化程度较低,但其较强的自给自足经济则提供了教门类组织滋生的土壤,并使广大小生产者与教门类组织有着密切的联系。"个体小农在经济上是脆弱的,经不起天灾人祸的袭击,总是担心失去自己仅有的一小块土地和微薄的财产,对自己和全家人的前途和命运,充满忧虑和恐惧","教门利用个体农民的这种心态,向人们宣扬世界将面临'末劫',只有入教才能消灾免厄",入教的人"今生可以获福,死后免堕轮回,来世还可托生好人","一旦劫难降临,便可获得'无生老母'的拯救,回归'真空'家乡,得到永生",这种宣传"对个体小农有着巨大的吸引力。"①因此,北方很难产生体制外的流民,太平天国运动在北方也就缺乏必要的社会力量支撑,而工商业经济比较发达的江南地区又缺乏支持农民战争的热情。② 因此,从长期的角度讲,太平天国运动的游民社会政治理想在南北方都缺乏响应者和替补队伍,不仅太平天国的北伐战争没有重演从金田村到南京一路凯歌的壮丽诗篇,而且太平天国派员到西北扩军的努力也没有取得明显成效。

2. 太平天国运动政治神学的基本社会基础

"拜上帝教"信仰本是一种中西文化结合的产物,所以它在传统到现代的过渡时期有着传播范围的局限性。由于西方传教士多在南方,所以不仅北方几乎不知道太平天国的"拜上帝教"是什么意思,南北方的秘密会社主要也是保护成员利益和反对朝廷压迫。③ 这种情况使得太平天国的神学权威缺乏基本的社会认同,即使白莲教起义等农民战争也都难以成为支持太平天国的社会力量,至多是在"神灵附体"之类的迷信手段上与太平天国运动相一致。④

太平天国运动神学理论和宗教信仰不仅不适应中原腹地及北方各省,"洋上帝"信仰与传统小生产者追求的天堂生活也矛盾多多。因此,太平天国运动"由于理想的褪色"而日趋"迷失于彷徨",最终"丧失了理想的宗教则流为偏执的虚妄"⑤。不过,随着太平天国军队中无业或失业游民成分的增多、越来越多的会党力量加入,太平军在队伍壮大的同时,其政治神学的社会基础也就逐步世俗化,而小生产者的天堂理想也逐步蜕化为首领们对高官显爵和奢华生活的追求。

天京事变后,"洋上帝"的神学遭遇严重打击,太平天国不仅失去了"拜上帝教"的信仰,而且政治思想上又不能依靠世俗的社会基础,致使太平天国沦落为一个为传统小生产者的天堂生活奋斗的政治军事集团。于是,"洋上帝"信仰名

---

① 秦宝琦:《中国地下社会》,学苑出版社 1994 年版,第 2 页。

② 参见王守稼:《封建末世的积淀和萌芽》,上海人民出版社 1990 年版,第 286 ~ 302 页。

③ 参见萧一山:《近代秘密社会史料》,岳麓书社 1986 年版,第 200 页。

④ 秦宝琦:《中国地下社会》,学苑出版社 1994 年版,第 3 页。

⑤ 陈旭麓:《近代中国社会的新陈代谢》,上海人民出版社 1992 年版,第 83 页。

存实亡，西方的文化符号与传统农民运动终于失去了功能连接的社会基础。

总的来说，太平天国运动的文化符号虽然受到西方信仰的影响，但是就其发生的文化条件来看，主要或实质上仍然属于传统农民文化的滋生物。从太平天国运动孕育、发生和发展过程中所裹挟的社会阶层及其经济生活特质来看，太平天国运动的主要参与者仍然是没有受到西方影响的社会阶层或组织。因此，太平天国的社会条件更多是传统社会中弱势和边缘群体的社会政治理想，或者说基本上代表了失去土地依托或拥有很少土地的小生产者的愿望和理想。就思想层面来说，其中既有墨子重鬼神、尚均平等思想的影子，也有儒家的纲常名教思想的痕迹，但最明显的还是历代农民战争所追求的均平理想，甚至包括天地会、哥老会等公有互助的结社模式。虽然洪仁玕的《资政新篇》具有向西方学习的倾向，“但在当时，它并非太平天国题中应有之义，而是游离于农民斗争之外的东西”，“它不会在太平天国的群众中激起用上帝教造小天堂那样的反响，也不会转化为物质力量，只不过为 19 世纪中国的社会思想留下了一份珍贵的资料。”①

第二节　洪秀全的政治神学及政治理想国

从思想特征来讲，太平天国运动与以往农民起义或战争最突出的区别，就是它的神学依据和宗教手段。尽管这种依据和手段的借用是为政治斗争服务的，但却沟通并连接了中国传统的异端宗教和农民造反者与西方上帝信仰的关系，而洪秀全提供的神学思想、宗教信仰始终是太平天国运动的酵母，持续激发着运动的高涨热情。从理论上讲，洪秀全的政治权力来源他的神学权威，而他作为宗教领袖又主要是为了发挥政治作用，所以他的政治思想主要就体现为他的政治神学和天国理想。

一、洪秀全的生平、事迹与著述

洪秀全(1814—1864)，原名洪仁坤、小名火秀，汉族客家人，原籍广东嘉应州，生于广东花县(今广州花都区)福源水村。洪家是耕读世家，洪秀全从七岁起在村中私塾上学，熟读儒家的四书、五经及其他一些古籍，走上了士大夫读书科考的传统道路。洪秀全原也指望获得科举功名以光宗耀祖，可是科考不顺，三次乡试都名落孙山。据说他 1837 年乡试落榜后大受打击，回家后重病了一场，

① 陈旭麓:《近代中国社会的新陈代谢》，上海人民出版社 1992 年版，第 85 页。

在昏迷中见一老者自称奉了上帝的旨意，命他到人间来斩妖除魔。自此，洪秀全变得举止怪异，言语沉默，并将此作为他后来创建“拜上帝教”的一个重要根据，仿佛上帝已经降大任于斯人了。1843 年春天，洪秀全再次科考失败，烦闷之中翻阅受过马礼逊洗礼的中国基督徒梁发写的《劝世良言》一书，把书中内容与自己大病时的幻觉作了对比，认为自己就是受上帝之命下凡诛妖的圣徒。于是，洪秀全抛开孔孟儒家之书，改信了上帝，把家里标志儒生身份的孔子牌位也换成了上帝的牌位。从此，并未读过《圣经》的洪秀全逢人便宣传他的上帝信仰，创立了“拜上帝教”。① 洪秀全所谓拜上帝信仰，跟主流的基督教在教义上相差很大，实际上是假上帝信仰的名号、礼仪和资源等创造了一种教门组织，冯云山是“拜上帝教”的最早的信徒。洪秀全最初在已开辟为通商口岸的广州附近传播“拜上帝教”，未取得实质进展，随后又和冯云山到广西的紫荆山区传播“拜上帝教”，信徒逐渐增加，至金田起义前增加至 3 万多人。期间，洪秀全曾在广州的一所基督教堂学习了几个月，并要求受洗为教徒，但传教士认为洪秀全对基督教教义的认识不够，拒绝了洪秀全的要求。洪秀全在不断研修宗教和将他的“拜上帝教”学说系统化的同时，从组织、规章、仪式和目标等方面为“拜上帝教”成为一个从事政治活动的教门组织准备条件。② 由于与广西地方乡绅和政府的矛盾日益加深，洪秀全等人决定武装反清，一番准备之后，于 1851 年 1 月在金田宣布起义。

金田起义时，洪秀全自称天王，建号太平天国，其后经历了东乡建制和永安封王，太平天国的政权体制得以确立。从 1852 年太平军进攻全州失利离开广西进入湖南起，到 1853 年太平军攻占南京并改名天京作为都城止，太平天国的军政大事都由军师东王杨秀清负责，洪秀全退居幕后很少理政。定都天京后，洪秀全作为政治领袖，在制度建立和政治理想的表述上始终握有主动权，《天朝田亩制度》等重要典章也都突出了他在宗教信仰方面的最高权威。这些制度不仅明确表达了反对儒家思想的立场，主张把四书五经列为禁书，而且实行具有宗教性的戒律和军事化及浪漫色彩的管理方式，比如体现均平的圣库、男营、女营等。洪秀全的这些做法，为的是建造一个无处不均平、无人不饱暖的理想世界，因此他也极为重视完善自己的宗教学说，并将它广为普及。不过，洪秀全主要以他的政治需要和个人喜恶来修改《圣经》，并在太平天国管辖范围内大量刊发，力图使太平天国永保浓郁的宗教色彩，而他也得以用宗教权威长享政治至尊。相对洪秀全的宗教狂热，杨秀清不仅具有处理太平天国军政大事的卓越能力，而且还具有一个政治家兼军事家的极其强烈的世俗理性。凭着这种才能和功绩，杨秀

① 参见崔之清、胡臣友：《洪秀全评传》，南京大学出版社 1994 年版，第 32 ~ 34 页。

② 参见崔之清、胡臣友：《洪秀全评传》，南京大学出版社 1994 年版，第 37 ~ 41 页。

清建立了自己的政治及军事权威，还屡屡借“天父下凡”之名来逼迫洪秀全让步，以达到自己制定和贯彻务实的战略和政策的目的。但是，洪秀全的宗教权威还是具有决定性作用的，尤其是在关键时期，也正因为如此，洪秀全为了维护他的权威不惜在天京事变中诛杀东、北、燕等诸王。

天京事变后，翼王石达开因不满洪秀全的猜忌和牵制带领大军出走，致使太平天国运动开始了由盛到衰的转折。但是，洪秀全的活动不仅仍然集中在宗教领域，而且日趋偏执，陷入了宗教迷信的可悲泥潭，甚至一度颁布“改国号诏”，将太平天国改为“上帝天国”①。面对困境，洪秀全不仅没有采取适当的对策，却向将士宣称将有天兵下凡，驱走清兵。洪秀全在政治上任人唯亲，大肆使用洪姓兄弟子侄及至亲女婿等担任高级官吏，比如，族弟洪仁玕抵达天京即受封为干王，被拜为军师，亲兄洪仁发、洪仁达及一班子侄女婿都担任要职，许多受封的子侄甚至还在襁褓中。为了笼络人心，洪秀全又大封异姓王，末年异姓王的数量竟至两千多人，封王之滥于此可见一斑。作为一个不成熟政权的政治领袖和精神领袖，洪秀全的宗教偏执不仅局限了他的政治胸怀和才能，而且直接损害了太平天国运动的可能前途。天京被湘军合围后，粮食严重不足，洪秀全带头吃“甘露”(即野菜)致病，于 1864 年 6 月 1 日在天京病逝。

洪秀全自小熟读儒家的四书、五经，在科举道路屡屡受挫后，走上了创教建国的道路。在创教建国及以教治国的过程中，洪秀全颇为注重自己著作的权威性，屡屡下诏要求幼天王等只学习自己的宗教性著作，其中既有对《圣经》解释及修改的纯宗教著作，也有发挥自己思想的原创性宗教著作，还有不少的文诰诏旨等。从现存太平天国文献中保留的洪秀全著述看，大多数著作都是通俗浅显的诗歌类作品，文辞颇符合洪秀全中下层知识分子的身份，其中许多诗歌体作品并无多少诗意，而只具有押韵和文字浅显易记的特点。从崔之清、胡臣友编撰的《洪秀全简谱》看，洪秀全留下的第一首诗歌类作品是 1837 年写成的《斩邪留正》，颇有政治意义。此后至金田起义前，洪秀全陆陆续续写了许多类似的政治诗歌，一方面表达对现实的极端不满，另一方面又表现出了舍我其谁的救世气概，其中如《金乌》、《龙潜》、《剑诗》、《九妖庙题壁》、《时势诗》等很有代表性。洪秀全最重要的代表性作品写成于 1845 至 1847 年之间，其中《原道救世歌》、《原道醒世训》、《改邪归正》、《原道觉世训》等是太平天国运动的经典文献，具有根本的指导意义和重要的宣传价值。1848 年写成的《太平天日》是直接用来做起义的政治动员的，它以宗教故事的形式表明了太平天国运动的政治目标形成过程。金田起义后的太平天国早期，洪秀全继续写作大量通俗易懂的诗歌体著作，一方面颁布军令纪律，鼓舞士气，重要的如《五条纪律诏》、《缴获归圣库

---

① 扬州师范学院中文系编：《洪秀全选集》，中华书局 1976 年版，第 65 页。

诏》、《全军放胆杀敌诏》等,另一方面又继续在队伍中进行精神动员,写了诸如《天父诗》等大量进行思想教育的作品。

洪秀全的著作情况相当复杂,又缺乏充分的材料佐证,只能从残存的太平天国文献及被俘人员的审问记录等痕迹中反复搜索,但仍然是挂一漏万。前人曾将洪秀全的著作搜集汇编为《洪秀全集》。扬州师范学院中文系编撰的《洪秀全选集》出版于1976年,大体选入了最主要的著作,只是由于特定时代氛围的局限,文献选编代表性仍嫌不足。实际上,研究洪秀全思想的主要资料仍然来自上海人民出版社刊行的中国近代史资料丛刊中的《太平天国》。

二、拜上帝教的基本教义及主张

太平天国运动的意识形态具有浓郁的宗教神学色彩,本质上属于政治神学的范畴,而奠定这种政治神学基础的思想和理论都是洪秀全创建的。洪秀全创设的"拜上帝教"名义上推崇西方式的"洋上帝",但在政治理念上则完全继承了中国传统的政治神学思想。"拜上帝教"并不是为了传播上帝福音以拯救人的精神,也不仅仅为了解决宗教信仰的问题,而是结合中国传统异端君师一体和政教合一的特性,为打破人类社会事实上的不平等并创立一个理想世界提供政治思想、价值导向、行动原则。

从为了实现政治革命这个意义上看,拜上帝教的基本教义及主张都是政治性的,其神学属性和宗教性内容也都是为政治服务的。从拜上帝教创立的过程看,《劝世良言》这本偶然得来的宗教小册子起了关键性的作用,导致落第士子洪秀全与西方宗教发生了联系。但是,洪秀全既没有在思想上真正皈依基督教,也不接受西方政教分离的宗教制度和政治制度,而是由《劝世良言》中关于平等的理论引发了改变现实世界不公平的政治造反情绪。因此,当洪秀全和他的表兄李敬芳皈依上帝信仰不久,就让李敬芳找人铸造了两把"斩妖剑"。洪秀全为此赋诗一首,提出"手持三尺定山河,四海为家共饮和;擒尽妖邪投地网,收拾奸宄落天罗;东南西北敦皇极,日月星辰奏凯歌;虎啸龙吟光世界,太平一统乐如何"[①]。洪秀全之所以能够为《劝世良言》中西方宗教经典的平等思想所吸引,主要在于他饱受儒学影响,具有吸收基督教平等思想的背景知识,其中最主要的就是儒家经典中的"上帝"与深藏在小农世界中的"均平"意识。通过西方宗教文化资源的启迪,洪秀全将中国传统的上帝与均平紧密联系起来,试图依托上帝来实现均平。

拜上帝教的基本教义之一就是建构以上帝信仰为根基的君权神授理论、以

① 郭蕴深:《晚清巨人传:洪秀全》,哈尔滨出版社1996年版,第44~45页。

实现均平为宗旨的大一统神国。洪秀全创立的拜上帝教继承了中国传统天命思想，更突出了民间的真命天子信仰，所以他坚持君权来自上帝，且屡屡以受上帝之真命者自居。

不过，拜上帝教中的民间真命天子信仰的成分要远大于传统儒家的天命思想，从而也更突出了太平天国政治具有的神学属性。首先，立足于政治需要，以中国特有的方式使上帝政治化。太平天国的文献不仅描绘出了其较为清晰的上帝形象，比如"戴高帽，金发垂胸，著黑袍，有原配'天妈'或'天母'"，而且还给上帝加上各种表示政治尊贵身份以及其与太平天国关系亲密的称谓，比如"太平天国自创上帝称谓为"爷"、"天亚爷"、"魂爷"、"父皇"、"魂父"。特别重要的是，在"天父上帝"与太平天国首义诸王之间也建立了父子血缘关系，即首义诸王皆被设定为上帝的儿子，他们都是上帝差遣下凡来建立太平天国的。其中，天王洪秀全作为上帝的次子是受命的万国太平真主，而其余诸王则是上帝的三子到六子，下凡来辅佐天王完成太平天国的开国盛举。其次，拜上帝教的政治神学强调神学在政治活动中的强大、直接和特殊的权威作用。由此，甚至允许别的政治领袖以特定的癫狂状态来代天父、天兄传言，名义上是天父、天兄附体于杨秀清、萧朝贵二王，而实质上是杨与萧借宗教途径获得了某种超越天王的绝对权威。这种以天父、天兄附体来传言的宗教形式，在太平天国的政治中具有特别重大的世俗说服力和象征意义，使得太平天国往往以神学至尊为政治至尊，甚至世俗的政治仪式也搞得像迎神赛会一样。最后，太平天国的政治领袖们不仅热衷于编造各种各样的神学故事，而且也都受制约于自己创造的神学故事。这样做一方面固然是为了争夺政治斗争中的优势资源，另一方面也可以增强天国在芸芸众生中的吸引力。但是，作为政治神学的信仰载体，拜上帝教的吸引力和说服力都建立在某种宗教虚构上，当现实斗争日趋激烈、尤其是发展到天京事变的程度时，杨秀清、韦昌辉、石达开等的遭遇就戳穿了太平天国拜上帝教的虚构幻境，从而极大地冲击了拜上帝教的无上权威。

拜上帝教的基本教义之二就是建立太平天国的法令体系、组织和纪律等条例规范，而建立的根据大多也出自宗教，或者是依托宗教戒律、仪式派生而来。"洪秀全把'摩西十诫'改为'十款天条'，成了'太平军奉此为初期的军律'，后又不断扩充发展为更为完备的各种《行营规矩》、《定营规矩十要》、《行军总要》等等"，"'人皆兄弟'的观念在这里便具体化为官长必须爱惜士兵，军队必须爱护百姓等等"，"基本宗教观念和热烈情感，就这样在这种神圣化了的纪律和仪式中得到了宣传、贯彻和严格执行，在斗争中起到了统一思想、统一意志、统一步调的重大实际作用。"①"比之旧式教门和会党以义气相维系，'上帝教'的天条

① 李泽厚：《中国近代思想史论》，人民出版社1979年版，第12～13页。

更多一点严酷和肃杀"，"作为天父，上帝的慈悲给小农以慰抚"，"作为至上神，上帝的独裁收束了小农的散漫"，"在这两重性之下，形成了太平天国的大一统"①。太平天国运动的核心是首义诸王，最重要的组织建制也派生于宗教故事的设定。洪秀全的拜上帝教为上帝创建了一个完整的家庭，上帝也成了一个多子的父亲，在耶稣之外，太平天国的首义诸王是上帝的五个儿子，萧朝贵则为帝婿，另外还为上帝和耶稣娶了妻，上帝之妻名为天母，耶稣之妻名为天嫂。太平天国通过神话故事将首义诸王集体神化，"在上帝的名义下组成了一个神圣家族"。"在耶稣之下，太平天国的首义诸王一夜之间都成了上帝的众子，并按照各自的行序分别对应天象：洪秀全为日，杨秀清为风，萧朝贵为雨，冯云山为云，韦昌辉为雷，石达开为电，后来秦日纲和胡以晃封王，复为霜、为露"，"正像梁山伯好汉在忠义堂排座次一样，他们在上帝的家里排座次"，"用这种办法分配领导集团成员之间的权力"，"其实不过是把中国的名分纲纪和江湖聚义中惯见的常规引入了上帝的家里"②。

这个神圣家族是太平天国的体制之源，一切军政教体制皆由这个家族创生，一切天条、戒规、纪律等也由这个家族制定和发布。在这个神圣家族的主持下，太平天国实行"军政教合一的体制"，上帝、耶稣与太平天国首义诸王共治天下，上帝及耶稣"经常干预军政事务，上帝和耶稣经常降凡附体，发号施令"。因此，杨秀清、萧朝贵等人代天父、天兄传言的时候，形式上是凌驾于洪秀全之上的，也就是可以获得直接进行军政管理的权限。在太平天国运动早期，"举凡下达军政指令，都由杨秀清、萧朝贵以上帝、耶稣的名义发布诏令，号令军民，一体遵行，连天王也必须听命执行"③。因此，神圣家族的这种形式约束又导致了太平天国政治核心组织中的权力关系紊乱，并潜藏着重大的内讧危机。换句话说，洪秀全设计的天王逻辑本来是一元独尊的，附体代言的做法却使得神学权威趋于多元化了。在太平天国运动早期，为了信仰宣传和信徒聚集的需要，神学权威的多元化主要是由诸领袖的人格魅力来体现的，当"小天堂"建立后，洪秀全的天王独尊和神学权威的多元化就构成了内部权力的矛盾和争斗。

在思想上，拜上帝教与基督教会或天主教会的最大不同，就是洪秀全 1851 年 8 月首次提出的"小天堂"理念，④西方的教会关注人的灵魂，企图给人以来世的指示，为人的灵魂而非肉体建立天上的来世"大天堂"，洪秀全的拜上帝教则主要是追求现实的均平，为人们的肉身而非灵魂建立地上的"小天堂"。按照

---

① 陈旭麓：《近代中国社会的新陈代谢》，上海人民出版社 1992 年版，第 70 页。

② 陈旭麓：《近代中国社会的新陈代谢》，上海人民出版社 1992 年版，第 74 页。

③ 崔之清、胡臣友：《洪秀全评传》，南京大学出版社 1994 年版，第 256 页。

④ 金毓黻、田余庆等编：《太平天国史料》，中华书局 1955 年版，第 77 页。

《钦定前遗诏圣书》批解中的阐释,“神国在天是上帝大天堂,天上三十三天是也;神国在地是上帝小天堂,天朝是也”,“天上大天堂是灵魂归荣享福之天堂,凡间小天堂是归荣上帝荣光之天堂”①。拜上帝教建立“小天堂”,实际上是假借上帝与人的唯一中介天王,将天国的理想实现在实践中,它在形式上虽然采用了外来宗教的形式,但其实质仍然是儒家传统的圣人救世理论。因此,“小天堂”在实践上必然导致领袖集权主义,而它的宗教形式又很容易滋生迷信和神秘主义。不过,相对清朝中期各种地下造反或反对势力而言,太平天国运动是最能够体现传统小生产政治理想的,从而也是最富于鼓舞性和吸引力的,所以拜上帝教成为整合社会反对派或造反势力的组织中心并不是偶然的。②

太平天国政治理想的核心是均平,而均平的方法或途径则是尚公,尚公的最直接简便的方法就是要求社会成员普遍的无私。为了做到这种无私,太平天国一方面在意识形态领域加强控制,防止人们的私心、私欲,要求人们接受社会集权的操控而实现社会的大公;另一方面,在社会制度上创设圣库制度,消灭私有制,消灭家庭,消灭商品经济,严格控制社会财富的生产、分配和消费。从理论上说,社会成员的普遍无私似乎确实可以建立一个理想的均平社会,并吸引失去宗族庇护的广大的小生产者投身其中,把太平天国看作是给他们温暖的大宗族。“凡天下田天下人同耕,此处不足则迁彼处,彼处不足则迁此处,凡天下田丰荒相通,此处荒则移彼丰处以赈此荒处,彼处荒则移此丰处以赈彼荒处,务使天下共享天父上主皇上帝大福,有田同耕,有饭同食,有衣同穿,有钱同使,无处不均匀,无人不饱暖也。”“凡当收成时,两司马督伍长,除足其二十五家每人所食可接新谷外,余则归国库,凡麦、豆、苎麻、布帛、鸡、犬各物及银钱亦然。盖天下皆是天父上主皇上帝一大家,天下人人不受私,物物规上主,则主有所运用,天下大家处处平匀,人人饱暖矣。此乃天父上主皇上帝特命太平真主救世旨意也”③。

但是,太平天国的均平思想在实践上极容易导致社会生活的森严等级。《太平礼制》和《天命诏旨书》都显示,太平天国内部等级森严,尊卑分明,弟兄称呼纯为形式,君臣秩序备极森严,不仅有等级制,而且有世袭制。中国传统的均平思想与等级思想原本就是一套完整意识形态的两个侧面。从均平的良好愿望出发而到达集权等级的终点,这既是太平天国历史的轨迹,也是中国传统政治发展的缩影。太平天国的均平是中国传统农民的政治夙愿,它更接近传统社会地下组织中的有福同享,而不是也不可能是西方的平等。人间“小天堂”实际上就

① 中国史学会主编:《中国近代史资料丛刊·太平天国》(一),上海人民出版社1957年版,第59、64、70页。

② 陈旭麓:《近代中国社会的新陈代谢》,上海人民出版社1992年版,第68页。

③ 参见中国史学会主编:《中国近代史资料丛刊·太平天国》(一),上海人民出版社1957年版,第321~322页。

是类似梁山好汉大秤分鱼肉、小秤分珠宝那样的有福同享。不过，尽管太平天国追求均平的实践并不成功，但这种实践对中国近代政治思想的平等向往和要求仍然产生了积极影响。

三、洪秀全政治理想国的两重性

洪秀全身处古今中西文化的交汇点上，利用了中国传统文化资源与西方宗教资源，构建了一个西方宗教名义下的政治理想国，并体现出它固有的两重性特征。

1. 由西方宗教启示的中国农民起义思想

从实际内容来看，这个理想国度的政治并未超越旧式农民运动的范畴，尽管太平天国运动被认为是中国旧式农民战争的最高峰，但就其对基督教的借用来看，太平天国运动明显具有西方文化影响的近代因素。尽管拜上帝教的上帝观实际上完全是传统的，但它确实是受到了基督教会的启示，洪秀全也是在接触了基督教会的上帝后，才有意识地去研究追溯中国上古时代的上帝意识。如果说，利玛窦等以中国儒家典籍中的“上帝”转译天主教的唯一真神，目的在于使西方的“上帝”扎根中国，那么洪秀全以基督教的“上帝”唤醒中国典籍中的上帝意识，就是为了建构一套“神道设教”的政治动员话语和政治组织，以实现其理想中的所谓均平。洪秀全的“上帝”裹挟了西方基督教，不仅为政治理想提供了合法来源，而且可以假借上帝之名，包括以附体方式来处理政治和军事事务。因此，形式上是近代的西学东渐，但其神权政治的特征却与中国传统的太平道、五斗米道等不相上下，而其上帝概念的内涵和功能更与汉代以来董仲舒的“天”颇为相似，所要求的政治内容也几乎完全是中国传统的农民政治意识。

2. 用中国近代获得的文化资源来谋求传统农民政治目的的实现

洪秀全隐藏在上帝名义下的“君权神授”意识也十分浓郁，其形态远比董仲舒“天人合一”、“天人感应”的天王关系更为原始，但却远不如朱元璋的“奉天承运”那样彰显君主的能动意识。由于“君权神授”意识的原始性和神权影响过分强烈，使得太平天国严重依赖神学权威和宗教形式，各种活动和权力争斗都笼罩在神秘的氛围中，很难形成成熟形态的封建政权。因此，所谓政治理想国的近代性不过是从时间上讲的，即类似于卢梭描绘的加尔文派创建的政教合一的日内瓦新教神国。但是，从神学影响世俗生活的方式、政权组织形式及其追求的目的来看，两者却迥然不同。卢梭描绘的是追求纯正信仰的道德理想国，政治的目的在于维持道德的纯洁和信仰的纯正，①所以神学既是合法根据也是现实价值。

① 朱学勤：《道德理想国的覆灭》，上海三联书店 1994 年版，第 82 ~ 118 页。

在洪秀全那里,神学是作为世俗目的的资源而存在的,目的是借助上帝神权来实现政治均平的农民理想以及洪家天下的万世一系,而上帝要护佑的是太平天国和洪秀全本人在世界的政治中心地位。因此,洪秀全的政治思想披着西方基督教的外衣,但却更多反映了中国平民阶层、尤其是小农的政治本质及政治要求。

3. 对儒家思想的反叛与遵从儒学传统并存

从政治思想来看,太平天国反叛儒家思想最为独特并带有近代因素的内容就是文化反儒和女权意识。洪秀全文化反儒的最初行为,就是撤掉私塾中的孔子牌位,而在他炮制的太平天国诸多主战神话中,孔子遭上帝鞭挞的故事就是为了贬损孔子所代表的儒家文化。随着太平天国的蓬勃发展,拜上帝教倡导的反儒运动也达到高潮。太平军在进军途中,占领孔庙和学宫,烧掉四书五经。1853年,太平天国明文规定:"凡一切孔孟诸子百家妖书邪说者尽行焚除,皆不准买卖藏读也,否则问罪也。"①都天京之后,太平天国专门成立删书局,全数删去儒家经书中他们认定的一切鬼话、妖话、怪话、邪话,科举考试也不根据四书五经出题。太平天国的农民领袖,用平等思想反对士大夫的三纲五常和等级观念,尤其反对男尊女卑,提倡男女平等,鼓励妇女参加军事斗争和政治活动。"男将女将尽持刀……同心放胆同杀妖。"②太平天国规定,男女同样分田,同样参加劳动;废除买卖婚姻,买卖奴婢,禁止娼妓、纳妾、缠足等;而更重要的创制是妇女可以参加科举考试,可以在政权机关任职。

事实上,太平天国在思想上的反儒本身就具有两重性,即对传统儒家思想表面上的反对和实质上的离不开,所以就体现出反儒和尊儒并存的特点。一方面,洋上帝是反儒的主要精神支柱和理论武器,不仅由上帝来鞭挞孔子,而且由上帝天父的理论来论证平等观念和女权思想的合理性。另一方面,洋上帝必须由中国传统的理论资源来嫁接,并由此造成理论上的简单、粗疏、甚至荒诞,比如把洋上帝直接等同于殷商时期的上帝。③ 这种两重性其实是思想上的严重局限和混乱,因为它不仅滥用西方的基督教思想,而且在不得不沿用传统知识结构的同时又对其加以歪曲。儒家的经典政治思想"积两千年之久的浸润,它已经深藏于中国人的心中,其支配性并不是每个被支配的人都能意识到的。洪秀全是产生于这个社会的人,而且是一个向四书、五经讨过生活,从科举制度寻过出路的人。还在他接受上帝的洗礼之前,儒学早就为他行过洗礼。所以,当他自觉地反儒的时候,又会不自觉地被孔学牵引……随着造反者锐气的消退,是统治者惰气的增

---

① 《诏书盖玺颁行论》,《太平天国印书》下册,江苏人民出版社 1979 年版,第 464 页。

② 中国史学会主编:《中国近代史资料丛刊·太平天国》(一),上海人民出版社 1957 年版,第 68 页。

③ 参见陈旭麓:《近代中国社会的新陈代谢》,上海人民出版社 1992 年版,第 72 ~ 76 页。

长……于是三纲五常都在不知不觉中回到了天朝。”这样，不仅反儒缺乏自觉性和现代性，为了战争需要而主张的女权意识也极为缺少现代性，甚至自相矛盾地制定种种严禁男女接触的戒规。事实上，“当封建制度还没有东西能够取代的时候，太平天国不能不回到封建制度”①。

第三节　太平天国的“小天堂”及反满革命思想

太平天国运动在政治理想上的代表性主要有两方面，一是代表中国传统小生产的均平理想，另一是代表了自明末清初以来隐伏于地下状态的民族革命意识。这两个方面的政治理想在太平天国运动中同样突出，难分轻重。

一、人间“小天堂”及《天朝田亩制度》的均平理想

洪秀全创立拜上帝教时即有追求均平及造反意识，因此仅限于借用基督教其中有益于均平及造反的方面，并无后来提出的天堂理想。随着宗教知识的丰富和实际斗争的激励，洪秀全逐渐产生了将信徒造反的目的归结为在人间建立“小天堂”的理想，并以此作为号召，鼓舞士气。拜上帝教的天堂并非不管灵魂归宿，但其“上天堂”的目的有些类似于秘密教门组织为了免于末世劫运的要求，而且普通民众能否上天堂，直接取决于他们在太平天国军事斗争中的表现。洪秀全告谕军民人等，“眼前不贪生怕死，后来上天堂，便长生不死”，“尔若贪生便不生，怕死便会死”，“眼前不贪安怕苦，后来上天堂，便永安无苦”。这种以上天堂长生不死和永安无苦来激励士气，与慧远以因果报应为由劝人行善颇为神似，而不同的是，信徒务必服从天王军令才可能走上未来的天堂之路，否则就会入地狱。为了达到“小天堂”的正面激励作用，洪秀全以奖励功劳的形式，悬设了功名富贵，以官职、爵禄激励信徒因“自爱”而忠勇，许诺“上到小天堂，凡一概同方打江山功勋等臣，大则封丞相检点指挥将军侍卫，至小亦军帅职，累代世袭”②。洪秀全在《钦定旧前遗照圣书》批解中进一步论述了“小天堂”的地位及性质。“神国在天是上帝大天堂，天上三十三天是也”，“神国在地上是上帝小天堂，天朝是也”，“天上大天堂是灵魂归荣上帝享福之天堂，凡间小天堂是肉身归

① 参见陈旭麓:《近代中国社会的新陈代谢》，上海人民出版社 1992 年版，第 79 ~ 81 页。

② 参见中国史学会主编:《中国近代史资料丛刊 · 太平天国》(一)，上海人民出版社 1957 年版，第 65 ~ 66 页。

荣上帝荣光之天堂"①。人间"小天堂"也是上帝之天堂,在理论上是上帝委派万国真主率天国信众斩妖之后建立的天朝,天朝的天王管辖权及于天下万邦,西洋各国也概莫能外。不过,作为人间"小天堂",太平天国的管辖权并非全部委托天王。既然天父、天兄也都是小天堂的主子,洪秀全作为天王就不得不受到附体于杨秀清、萧朝贵的上帝和耶稣的牵制,而杨、萧二人借附体之神权直接发号施令洪秀全也得服从。因此,无论将太平天国改为上帝天国,还是改为天父天兄太平天国,或者将天父天兄天王及幼天王并列以示共治小天堂,太平天国的"小天堂"在组织形式上都是一个不折不扣的神国。在这个神国里,洪秀全依托天父建立了教主专制的政权,而万千小农在汇入太平天国的均平理想后不仅并未在政治上获得解放,反而又被套上神权政治的枷锁。

这种教主专制的神权国家当然不可能在经济及政治上真正使汇入其理想洪流的小农得到解放,但太平天国运动又确实在理念上重温了千百年来的小农理想,其重要体现就是《天朝田亩制度》。实际上,作为太平天国运动所体现的小农均平理想的汇集,《天朝田亩制度》仅仅具有文本价值,但这些思想本身的价值仍然不容忽视,因为正是均平理想的政治诉求导致了太平天国运动的爆发。这种理想是包裹在神国组织框架下的真正的"火",没有这把"火",太平天国运动根本不可能发展成燎原之势、席卷了半个中国。不过,太平天国的均平理想在思想渊源上仍与清朝的秘密教门组织内部的经济互助密切相关,"中国秘密教门经济上的平均主义要求"及"经济纲领","被太平天国发展到了极致"。建都天京后颁布的《天朝田亩制度》"企图在低水平上实现财产共有和绝对平均主义的分配制度","废除私有财产,实行一切归'圣库'的公有制"②,使"天下共享天父上主皇帝大福,有田同耕,有衣同穿,有钱同使,无处不均匀,无人不饱暖","凡天下田,天下人同耕,此处不足,则迁彼处,彼处不足,则迁此处。""百姓之田皆系天王之田,收取籽粒,全归天王,每年给米一石,小口减半,以作养生","所生男女,亦选择归天王","店铺照常买卖,但本利皆归天王,不许百姓使用","凡当收成时,两司马督伍长,除足其二十五家每人所食可接新谷外,余则归国库,凡麦、豆、苎麻、布帛、鸡、犬各物及钱粮亦然"③。但是,太平天国的经济均平并非温情十足,也不那么浪漫,甚至颇为苛酷。同耕天下地,生产所得皆归圣库,衣食取给于圣库,一切都归天王通过圣库分配,其结果只能在平民中实行低水平的平均主义,而天王的分配及对衣食等的指示则既详细又严苛,稍有不满就可能

① 金毓黻:《太平天国史料》,中华书局1959年版,第77页。

② 秦宝琦:《太平天国的"小天堂"——"人间天堂"宗教理想的中国实践》,《清史研究》2010年第11期。

③ 中国史学会主编:《中国近代史资料丛刊·太平天国》(一),上海人民出版社1957年版,第321~322页。

遭到“点天灯”、“五马分尸”等酷刑的惩治，叫做“犯者立杀”①。

从过程来看，拜上帝教可以说是洪秀全、李敬芳、冯云山等共同创立的，而创立动机则反映了他们对不公平现实的严重不满，其皈依上帝信仰原本就带有非常浓郁的追求均平目的。在推广拜上帝教的过程中，冯云山等把主要精力集中在宣传和组织极端贫困而又极端不满的社会下层，并且以实现传统小生产者梦想的均平相号召。与近代资产阶级追求公平不同，中国传统小生产者的均平理想主要表现为均贫富，不仅历朝历代的农民起义多以“均平”为号召，而且均平还是中国传统社会的一种基本心态。据李振宏的研究，“均平观念与仁、义、忠、孝、诚、信等文化观念一样”，“是中国传统文化最基本的文化要素之一”，“渗透在中国传统思想文化的各个领域”。“在中国社会中，不同的社会群体，不同的思想文化派别，都有这样的思想追求和文化认同”；“在古代中国社会，上至帝王君相、王公大臣，下至基层官吏、庶民百姓，都怀有极其深厚的均平情结”②。受中国传统实用理性的思维结构限制，西方基督教仅仅追求灵魂于来世进入天堂的理念在中国基层社会缺乏普遍吸引力，特别是对广大处在饥寒交迫状态而又满心期盼财富均平的弱势边缘群体而言，来世的说法既渺不可信，灵魂归宿的问题与饥寒相比也无足轻重。因此，洪秀全将西方的宗教话语引进社会下层，以西方基督教的天堂为号召，吸引信徒，并将追求的目标界定为建立世俗的人间天堂。实际上，中国传统民间宗教及基层民众信仰神灵的目的，并不指向渺不可及的来世，而恰恰在于追求现世的功利。

因此，太平天国在现世均平的追求上与明清时代颇为流行的一般教门组织无异。秦宝琦先生认为，中国传统“秘密教门的最高政治理想就是推翻世俗政权，建立一个以教主为主宰的神权王国，即所谓的‘白阳世界’”，“登极称帝一直是秘密教门首领的梦想”。“洪秀全也以推翻世俗政权和建立神权政治为最高理想”，他“声称得到上帝的启示”，“威吓、蛊惑信众参加造反”，“意在建立一个神权统治的专制王朝”。太平天国“小天堂”“实际上由截然不同的两部分构成”，“一是天王和诸王、高级将领的‘小天堂’，一是平民百姓的‘小天堂’”，天王和诸王“尽享人间荣华富贵，过上锦衣玉食的帝王将相生活，无异于进入了‘人间天堂’”，“对于广大太平天国的民众来说，‘小天堂’仅仅是个美好的承诺。”③太平天国的“小天堂”对于许多心向往之的小生产者来说，可能仅仅是个遥不可及的梦。但是，作为一个小生产传统浓郁的国家，太平天国运动中的均平

① 中国史学会主编：《中国近代史资料丛刊·太平天国》（四），上海人民出版社 1957 年版，第 715 页。

② 李振宏：《中国古代均平文化论纲》，《学术月刊》2006 年第 2 期。

③ 秦宝琦：《太平天国的“小天堂”——“人间天堂”宗教理想的中国实践》，《清史研究》2010 年第 11 期。

理想对其后的近代中国民众无疑具有激励作用,而提倡均平的《天朝田亩制度》更是受到研究者和政治家的较多关注,并在实践中产生了一定性积极引导作用,就是使主张向西方学习的先进分子在一开始即有超越西方资本主义老师的劲头与诉求。

二、太平天国"小天堂"的纲常化变异及其历史归宿

太平天国从提出"天堂"、"小天堂"等概念的时候,就包含有追求经济均平的思想,以理想来吸引和激励社会中失去宗族庇护及经济依靠的广大小农。鉴于太平天国的"天堂"在建设神国方面与秘密教门的继承性关系,即"天堂"也是死后灵魂的永安之所,可以免受各种地狱之苦,而且人死后不进"天堂"即入地狱。因此,洪秀全在较早提到"天堂"的时候,实际上就是把"天堂"的永安无苦与地狱的永久受苦相提并论。为了激励士气,就把在太平天国军事斗争中无畏牺牲的勇敢表现作为将来死后"天堂"的门票;为了阻止贪生怕死,就说这样死后必下地狱。

与西方基督教的"天堂"关注人的灵魂相比,洪秀全的"天堂"实际上关注的还是现世肉身的继续,理论上更是缺乏形而上学的精神信念。"小天堂"即人间天国是在"天堂"的概念基础上提出来的,"小天堂"的提出弥补了"天堂"在理想方面的空疏,因此太平天国运动的理想大多集中体现于"小天堂"的设计中。"小天堂"不仅是"天朝"的别称,而且还预示着"天朝"在组织上的神国属性,但在人与人的关系界定上,又颇为强调"天下多男人""尽是兄弟之辈","天下多女人""尽是姊妹之群"①,其以兄弟姊妹相结合,颇类似于中国传统的帮会。因此,受历史条件的制约,太平天国的"小天堂"在经济上的均平理念也主要是针对消费层面来说的,即"有田同耕,有衣同穿,有钱同使,无处不均匀,无人不饱暖"。带有一些生产的性质的内容包括"凡天下田,天下人同耕,此处不足,则迁彼处,彼处不足,则迁此处,凡天下田丰荒相通"。但无论消费还是生产,太平天国都不允许有明确的私有财产观念,一切生产所得皆归天王洪秀全支配,在生活中的物资消费也得服从天王的诏令。因此,所谓"无人不饱暖"只是一个梦想,虽颇具吸引力,但实行起来却既不容易,也未见得是个福利,因为"小天堂"里的饱暖实际上是由教主操控的弹性很大的消费物分配,既不是人人都自给自足地生产,也不是各自都得以支配自己的劳动所得,而是把一切都交给了天王。

太平天国"小天堂"的纲常变化具有保守甚至倒退的倾向。在中国既没有获得社会生产力的突破性发展,也还没有产生新的社会力量的情况下,新的社会

---

① 扬州师范学院中文系编:《洪秀全选集》,中华书局1976年版,第23页。

理想及理论资源当然也很难出现。因此,太平天国的“小天堂”在实践中只能再度使用儒家资源,而以追求“均平”理想起步的太平天国最终又回到了等级森严的封建化或纲常化现实,卑贱者凡事都得“礼让”尊贵者,否则就会遭到包括斩首在内的各种惩治。“凡东王、北王、翼王及各王驾出,侯、丞相轿出,凡朝内军中大小官员兵士如不回避,冒冲仪仗者,斩首不留”;“凡东王外出,如各官兵士回避不及,当跪于道旁,如敢对面行走者斩首不留”;“凡检点指挥各官轿出,卑小之官兵士,亦照路遇列王规矩,如不回避或不跪道旁者斩首不留”①。

与这种纲常秩序相一致,太平天国采用繁琐而苛细的称谓来表现地位的卑贱和尊贵,而称谓的不同和区别正体现了儒家“正名”的理念。以官员妻子的称谓为例,太平天国的名号远较清廷复杂,甚至古往今来也无出其右者。“军师妻呼曰王娘,丞相妻呼曰贵嫔,检点妻呼曰贵姒,指挥妻呼曰贵姬,将军妻呼曰贵嫱,钦命总制妻呼曰贵媪,监军妻呼曰贵奶,军帅妻呼曰贵姻,师帅妻呼曰贵娴,旅帅妻呼曰贵婕,卒长妻呼曰贵妯,两司马妻呼曰贵娌”②。社会历史条件决定了太平天国“小天堂”难以避免重蹈封建化的结局与归宿,而更明显的倒退还在于,“天国的尊卑体制比‘清妖’的尊卑体制更多一点霸道和蛮气”③。其实,“小天堂”本身就是农民经济理想的体现,具有所处社会的封建性质,在缺乏新思想的情况下,其纲常变化只能是从封建异端的起点走回封建正统的终点。

洪秀全、李敬芳、冯云山等虽然都是有着异端思想酵母作用的社会底层士人,但他们又都是饱读封建正统典籍成长起来的。他们在提出社会理想的时候,已经有意无意地把正统典籍中的观念和意识融合进来了,即使是均平的理念,也可溯源于先秦诸子著作中,④而传统的等级思想更是“小天堂”的组织原则和功利标准。太平天国的“小天堂”本身是一个“天朝”,虽然理论资源与正统儒家有别,但是纲常化的政治生活范式却在“小天堂”中全面复活了。洪秀全有大量阐释纲常伦理的著述,其核心仍然是自董仲舒以来的三纲五常。《幼学诗》和《天父诗》等作品反复强调,“只有媳错无爷错,只有婶错无哥错,只有人错无天错,只有臣错无主错”⑤。其内容不过是夫为妻纲、父为子纲、君为臣纲的民间化版本,了无新意。洪秀全以受命之万国真主自居,宣传远比奉天承运更媚俗的君权

① 中国史学会主编:《中国近代史资料丛刊·太平天国》(三),上海人民出版社 1957 年版,第 230 页。

② 中国史学会主编:《中国近代史资料丛刊·太平天国》(一),上海人民出版社 1957 年版,第 106 页。

③ 陈旭麓:《近代中国社会的新陈代谢》,上海人民出版社 1992 年版,第 83 页。

④ 李振宏:《中国古代均平文化论纲》,《学术月刊》2006 年第 2 期。

⑤ 中国史学会主编:《中国近代史资料丛刊·太平天国》(二),上海人民出版社 1957 年版,第 484 页。

神授,授予万国真主生杀予夺的大权,“生杀由天子,诸官莫得违”①。

三、太平天国运动的反满革命思想及其历史影响

除了追求传统小农的经济均平以外,太平天国政治理想的另一个重要内容就是反满兴汉的民族革命思想。自清朝初年满汉联合政权建立后,满汉之间的隔阂有逐渐泯灭的趋势,满人逐渐认同了汉族的儒家政治文化,而汉族也逐渐认可了满人的君权。在这种情况下,清朝的敌对势力很难以“反满兴汉”的口号掀起较大的政治风浪,不论是奉明朝正朔的郑氏台湾,还是打出反满兴汉旗帜的吴三桂,都未能鼓动起汉人的反抗意识。反满兴汉或反清复明在经历了康熙、雍正、乾隆100多年的“盛世”之后,已经难以作为一个有效的政治动员口号。作为一种政治意识形态,满汉之间的政治冲突有一个共同的底线,就是思想斗争不能危及政权的稳定。因此,汉人的反满意识并未根绝,只是不得不转入地下,而太平天国的反满革命思想其实一直潜藏在秘密教门及会党组织中的反满意识之中。

从实际情况来看,清朝政府对于满汉官员的任用也是有区别的。在中央各部及中枢机构,满汉官员并置同一部门,但以满人官员为尊,位高权重的封疆大吏也多委任满人,特别是汉族地方官员不能指挥八旗兵。如果说,满汉的融合在清朝乾隆和嘉庆时期只是达到了能够和睦共处的程度,那么,在文化和政治认同的情况下,满汉双方的共处在社会矛盾不甚激烈的情况下也能做到基本稳定。但是,以反满兴汉或反清复明为旗帜的政治骚乱还是频繁发生,特别是在会党势力影响较大的地区,而教门组织则主要以宗教神学蛊惑信徒,相对淡化满汉对峙的因素,或者即使认为满汉终归不同,有一定程度的反清意识,但在有更大目标的情况下,往往会与清廷妥协、甚至合作。这方面比较有代表性就是义和团运动,它以秘密教门组织为渊源和依托,策略上可以从反清灭洋转变为扶清灭洋。太平天国以建立地上神国为目的,带有非常强烈的教会门组织的特点,但受福建、广东、湖南会党政治意识的影响,在举起宗教旗帜的同时,也打出了“反满复汉”的旗帜,将“反满复汉”放在拜上帝教神学的框架下重新诠释。这种做法既有利于吸引会党势力参与革命,也合乎洪秀全、冯云山、杨秀清、石达开等“反满复汉”和改朝换代的政治夙愿。在当时情况下,“反满复汉”虽然是一种狭隘的民族主义,而且也走不出传统改朝换代的圈圈,但对后来的民主共和思想仍是有所影响的,不仅孙中山明确提出“驱除鞑虏”的口号,整个辛亥革命也是从“反满

① 中国史学会主编:《中国近代史资料丛刊·太平天国》(一),上海人民出版社1957年版,第232页。

复汉”开始的。

太平天国的反满复汉在性质上与秘密教会门的反清复明并无不同，都以满汉有别为前提，倡言收复中原、建立汉人政权等，但太平天国的反满更多借助于神权，并公开倡导建立神国，而不再假托明王室后裔，以建立“天朝”取代了恢复明朝。严格说来，“反满”并非是太平天国政治理想的核心，但却能够吸引各种心存不满的“反满”势力，所以如果孤立地看待太平天国的“反满”，就可能忽视了太平天国在“反满”问题上与秘密教门及会党的渊源关系。实际上，“反满”在不得志的清朝汉族下层士人中颇为流行，洪秀全等也是在抑郁不得志之下转向“反满”的。因此，“反满”本身也是创立拜上帝教的一个政治潜意识，而神国的设计更是将斗争的矛头直接指向了“清妖”。在基督教会影响洪秀全之前，秘密社会中的“反满”意识和中国传统的夷夏观念已经对他有了很深的影响，而他的反清思想更是有一个颇为曲折的变化过程，时浓时淡，时隐时显。[①] 总体来看，太平天国运动在“反满”方面的社会影响还是比较大的，其浩大声势和丰富的文献材料对近代民主革命的先驱者都是直接的启迪。

就洪秀全本人来说，他在太平天国的“反满”方面并无充分的代表性，但他在拜上帝教的理论及“小天堂”的宣讲中，不仅刻意将清政权妖魔化，视之为“天父上主皇上帝”的敌人，必欲去之而后快，更把汉人的“反满”演绎成了天朝军民的“斩妖除魔”[②]。在这个理论框架下，杨秀清、萧朝贵联名发布了《奉天讨胡檄布四方谕》、《奉天诛妖救世安民谕》、《救一切天生天养中国人民谕》三篇集中体现太平天国反满革命思想的经典文献，并且以清晰有力的逻辑，简明而有层次地凸显了讨胡、诛妖以及救中国人民的政治思想。《奉天讨胡檄布四方谕》首先视清朝为胡虏，将其作为天父上主皇上帝的对立面，而将汉人故国看作天父上主皇上帝特别关爱垂青的“神州”。胡虏被视为所谓妖人，贵汉人故国而贱胡虏，尊神州而贬妖人，进而指责满人统治汉人故国导致了神州汉人的被妖魔化，从剃发、婚丧、语言及制度等方面，谴责清朝对汉人的政策。这篇讨胡方谕还将五千万汉人臣服于十数万满人视为汉人的奇耻大辱，并蛊惑汉人反抗清朝，倡言汉人的“复兴之理”，宣传“胡虏”的“必灭之争”，以“三七之妖运告终”及“九五之真人已出”为铺垫，突出了天王洪秀全“恭行天罚”的神圣资格。“特诏四方英俊，速拜上帝”，“兴复久沦之故土，顶起上帝之纲常”，并对能擒获咸丰及清朝官员者封官许愿，“决不食言”![③]《奉天诛妖救世安民谕》的推理与《奉天讨胡檄布四方谕》并无不同，但更加突出了清朝的昭彰“罪恶”，号召各省汉人群起反满。

---

① 崔之清、胡臣友:《洪秀全评传》，南京大学出版社 1994 年版，第 128 ~ 155 页。

② 崔之清、胡臣友:《洪秀全评传》，南京大学出版社 1994 年版，第 152 ~ 153 页。

③ 参见太平天国历史博物馆:《太平天国文书汇编》，中华书局 1979 年版，第 104 ~ 107 页。

“今满妖咸丰，本属胡奴，乃我中国世雠”，“兼之率人类变妖类，拜邪神，逆真神，大叛逆皇上帝，天所不容，所必诛者也”，“今各省有志者万殊之众”，“愿各各起义，大振旌旗，报不共戴天之仇，共立勤王之勋，本军师有所厚望焉”①。《救一切天生天养中国人民谕》在重复强调天父上主皇上帝与胡虏之妖人的对立和真人已出等结论外，还强调指出夏夷之间的本末首足关系，彰显了其反满观念中深藏的古老夏夷意识，突出了尊夏贱夷的理念。“以中国制妖胡，主御奴也，顺也；以妖胡制中国，奴欺主也，逆也”②。这些都表明，作为传统农民政治代表的太平天国，在夷夏观念上与作为地主阶级的政治代言人并无本质的不同。

太平天国的反满革命虽然沾染上了浓厚的宗教色彩，并因此而在政治神学上对清朝进行了妖魔化处理，但就内容来看，其中心意思或主旨不过是清中期以来秘密会党组织反满兴汉意识的延续。但是，主要由于三个方面的原因，太平天国运动的反满活动远比秘密会党等的反满兴汉更有影响。一是军事和政治的强大。太平天国运动通过声势浩大的军事和政治活动，将秘密会党内流行的反满“地火”发展成了地上“明火”，并形成了反满兴汉的燎原火势，在社会上产生了广泛的影响。太平天国还一再提及原本被遮盖起来或已经被淡忘了的清初汉人的惨痛遭遇，尤其是《奉天讨胡檄布四方谕》，历数了清朝压迫屠杀汉人的种种罪行，以至于这些痛苦经历成了清朝晚期持不同政见者和不满现状者颇为流行的一个话题。二是理论的相对系统和完整。太平天国运动以政治神学的语言包装了夹杂着夏夷观念的反满革命思想，并从理论上阐释了经济均平主义的政治主张，从而对广大的小生产者和底层知识分子产生了巨大的吸引力，扩大了接受太平天国革命思想的社会阶层和范围。许多辛亥革命的风云人物都曾经注意到不同社会阶层所折射出来的太平天国反满革命意识，而孙中山的反满革命意识更是萌发于他幼年时期太平天国残存战士讲述的反满故事。③ 三是组织联系。太平天国运动以反满革命作为纽带，不仅团结了大批的会党组织，而且进一步激发了会党中的反满革命意识。因此，太平天国运动失败后，反满革命的暗火在原太平天国统治地区的会党组织中仍很旺盛，而浙江、陕西、湖南等地会党的反满革命思想，更是以后辛亥风云的重要思想来源和政治内容。④

太平天国运动的反满革命虽然在形式上受到了西方上帝信仰的影响，但由于拜上帝教所信的上帝原本就是中国传统所信奉的上帝或天，因此，宗教形式并没有从实质上为太平天国的反满革命带来新的时代内容，其主流及宗旨仍然不

① 参见太平天国历史博物馆：《太平天国文书汇编》，中华书局 1979 年版，第 107 ~ 108 页。

② 参见太平天国历史博物馆：《太平天国文书汇编》，中华书局 1979 年版，第 107 ~ 110 页。

③ [美]史扶邻著：《孙中山：勉为其难的革命家》，中国华侨出版社 1996 年版，第 13 ~ 14 页。

④ 沈谓滨：《论辛亥革命时期的会党》，《复旦学报》（社会科学版）1987 年第 5 期。

外是尊华夏而贱四夷的夷夏意识，而没有自立于世界民族之林的民族主义，更无作为中国近现代历史之结果的多民族共存的中华民族的观念。同样，太平天国运动的反满革命思想对酝酿辛亥革命产生的明显影响，也使辛亥革命也夹杂着较为浓郁的传统夏夷意识。

思考题

1. 你认为太平天国运动和历史上的农民起义在指导思想上的有哪些主要的异同，并说明理由。
2. 洪秀全的拜上帝教为什么能够作为指导太平天国运动的政治性宗教？
3. 试结合西方资产阶级民主政治分析太平天国运动在政治上的根本局限。
4. 思考夏夷意识对近代民族主义的影响和作用。

3

第三章

洋务派的政治思想

洋务运动,又称自强运动,旧称同光新政,是指19世纪60年代到90年代清政府内部一些有识之士掀起的一场向西方学习、寻求富强的改良运动。鸦片战争和太平天国运动后,在如何解决一系列内忧外患的问题上,清政府内部一批跟西方接触较多、思想比较开明的重臣充分意识到了中国当时的危急局势,主张求富、求强,向西方学习,并通过加强军事力量、创办军用工业和民用工业等一系列措施发展工业,增强国力,从而形成了所谓的洋务派。代表人物包括奕䜣、曾国藩、李鸿章、左宗棠、张之洞等人。

第一节　洋务运动及其思想特征

洋务运动在曾国藩、李鸿章、奕䜣等人的领导下逐渐形成了一次影响重大的运动,不仅兴办了近代中国的军事工业,加强了军事力量,而且直接影响到民用工业,甚至是教育和社会,洋务运动在变局观、富强观、体用观、西学观等方面表现出了自己的特征。

一、洋务运动的形成与发展

洋务运动兴起的背景是两次鸦片战争的失败和太平天国运动。在两次鸦片战争中,清政府的一些有识之士发现,西方军队先进的军事装备在战争中起到了重要的作用。清政府决定"借师助剿",与外国殖民势力联合起来镇压太平天国运动,这一举措的成功也极大地推动了洋务运动的兴起。清政府的一些官员在与外国打交道的过程中认识到,清政府不仅可以借助西方的力量镇压国内的反抗,同时还可以学习西方的先进技术,借助外国的资本,发展本国的工业和军事,以维护清政府的统治。

林则徐、魏源等人主张向西方学习,提出"师夷长技以制夷",但那还谈不上是办洋务,更没形成运动,真正最早实施兴办洋务的,应该是曾国藩、李鸿章、奕䜣等人。1860 年 12 月,曾国藩上奏折说,目前借助外国力量镇压国内反抗,只能缓和当前的困境,如果学习外国技艺,造炮制船,会收到永久的利益。1861 年 8 月,曾国藩在《复陈购买外洋船炮折》中又指出:"访募覃思之士,智巧之匠,始而演习,继而试造,不过一二年,火轮船必为中外官员通行之物,可以剿发捻、可以勤远略"①。与曾国藩相呼应,1862 年李鸿章到上海后,在西方的帮助下训练洋炮队、设洋炮局。他认为,清军作战中的失败在于武器落后,如果使用西式武器,则"平中国有余,敌外国亦无不足",今起重视,最后可达自主。奕䜣也在奏折中说,治国要做到自强,自强以练兵为要,练兵又以制器为先,"我能自强,可以彼此相安"。

洋务派是清政府内部的改良派,受到顽固派的指责,双方围绕举办同文馆、制造军事武器和筹备海防,以及建造铁路等问题,先后展开过三次激烈的大论争。清政府内部的顽固派,以同治帝老师、大学士倭仁和光绪年间的大阿哥老师、大学士徐桐等为主要代表,反对洋务运动。清流派早期也曾经反对过洋务,但后来一般不反对办洋务。顽固派以所谓的"华夷之辨"为理论依据,认为洋务运动是"外国受利,中国受害"②,因为洋务运动"用夷变夏",必然会"上亏国体,下失人心"③。顽固派批评洋务派的另一个依据是所谓的"礼义"与"技艺"之争,认为一旦重视"洋器"、"洋学","天下皆将谓国家以礼义廉耻为无用,以洋学为难能,而人心因之解体。"④顽固派甚至还认为,机器、轮船、铁路等先进技术的引入会导致大批人失业、失地、破产,形成严重的民生问题,并由此而产生严重的社会问题。面对内外交困的现实,慈禧也认识到这种论调的愚昧,认为要保持清政府的统治地位,必须依靠拥有实力并得到西方赏识的洋务派。所以,她暂时采取了支持洋务派的策略,使得洋务派的发展取得了较大的空间。

---

① 曾国藩:《曾文正公全集》第 2 册,世界书局 1936 年版,第 418 页。

② 中国史学会主编:《中国近代史资料丛刊·洋务运动》第 6 册,上海人民出版社 1959 年版,第 170 页。

③ 中国史学会主编:《中国近代史资料丛刊·洋务运动》第 2 册,上海人民出版社 1959 年版,第 31 页。

④ 中国史学会主编:《中国近代史资料丛刊·洋务运动》第 1 册,上海人民出版社 1959 年版,第 121 页。

洋务派起初人数并不多,但很快在中央和地方均形成了强大的势力。在中央,以奕䜣和文祥等人为代表,以总理衙门作为推动洋务运动的中央机构。在地方上,洋务运动的代表都是握有实权的大官僚及其势力,包括以曾国藩为首的湘系集团、以李鸿章为首的淮系集团以及后起的张之洞集团等。

“洋务”,旧称“夷务”,其内容所指较广。从大的方面来看,既包括军事、经济等领域,也包括了教育、文化、甚至是政治的内容;从小的方面来看,诸如外事交涉、订条约、派遣留学生、购买洋枪洋炮、使用机器、开矿办厂等,均属于洋务范畴。洋务运动以“自强”为名,兴办了很多军事企业,作为中国近代军事工业的代表,较大的工厂有江南制造局、福州船政局、安庆军械所等。洋务派还以“求富”为名,从70年代开始,开办了很多民用企业。作为中国近代民用企业的代表,比较有名的有轮船招商局、开平矿务局、天津电报局、唐山胥各庄铁路、上海机器织布局、兰州织呢局等。与此同时,洋务派还在80年代开始筹划海防,先后建立起北洋、南洋和福建水师,修建了旅顺船坞和威海卫军港,并将洋务运动扩展到教育领域,设立了同文馆、水师学堂等教育机构。

洋务运动在引进和发展近代工业和制造业,以及用先进武器装备军队、建立新式教育等多方面都取得了明显的成绩,但是,主要由于政治思想、制度和机制等方面的局限和落后,清政府在甲午战争中的惨败表明洋务派标榜的“求强”“求富”目标未能实现,而洋务运动也随之失败。

二、洋务思潮的基本观点及其特征

洋务运动与林则徐等人有着历史渊源,并且在同顽固派的思想论战中更新了中国知识界的认识;同时,洋务派又为其后维新派的形成提供了思想基础,推动了中国思想界的进步。这使得洋务运动和洋务思想成为中国近代政治思想史上具有承上启下意义的运动和思想流派。

整体上看,洋务运动向西方学习的行动比较积极,但并没有形成系统的政治思想。不过,作为中国近代史上影响较大的一次运动,洋务运动也在政治思想上形成了较为突出的特点,主要表现为变局观、富强观、体用观、西学观等几个方面。其中,变局观是洋务派理论的前提,富强观和体用观则最为重要,影响亦大,西学观相对说来只具有辅助性的作用。

1. 变局观

任何一种政治思潮,都会与它对当时时代的判断联系在一起。自鸦片战争以来,中国社会发生了急剧的变化,地主阶级的一些有识之士也看到了这一变化,在洋务派当中体现得尤为明显。继徐继畬之后,冯桂芬重提变局观,并强调了其重要性,到后来清政府的亲王、要员纷纷提变局之说,变局观甚至直接影响到维新派的主要代表人物，成为中国近代政治思想史上最为重要的学说，而且在当时的中国思想界和政界形成了极为重要的共识。

根据史家整理的资料，1861 年至 1894 年，使用过“变局”这个概念的官绅有 54 人。其中，亲王 3 人，即恭亲王奕䜣、醇亲王奕譞、礼亲王世铎；督抚要员 7 人，即广东巡抚黄恩彤、直隶总督李鸿章、两广总督瑞麟、浙江巡抚杨昌濬、湖南巡抚王文韶、两江总督李经羲、署理江苏巡抚黄彭年；此外还有一批驻外使节、御史、司道、守令和著名士绅。一些思想家，如冯桂芬、康有为等人亦在不同场合下使用变局的概念。①

对这种变局的认识，虽然程度各有不同，但基本上都认识到了这一变局的深刻性。洋务派纷纷将这一变局称之为“千古变局”，包括“数千年来未有之变局”、“四千余年未有之变局”和“五千年来未有之创局”，等等，不一而足。例如，洋务运动的领袖李鸿章说：“今则东南海疆万余里，各国通商传教，往来自如，麇集京师及各省腹地，阳托和好之名，阴怀吞噬之计，一国生事，诸国构煽，实为数千年来未有之变局。轮船电报之速，瞬息千里；军器机事之精，工力百倍；炮弹所到，无坚不摧。水陆关隘，不足限制，又为数千年来未有之。”②

变局论的核心在于对世界局势、尤其是西方的认识。鸦片战争以来的五口通商使得西方的商品大量涌入，中国人开始认识到，西方国家的军事、工业、教育等已经极为发达。这种认识最为直接、也最为明显的表现，是军事方面，因为洋务派的重要领袖多是清政府的统兵大臣，有的洋务派甚至直接跟外国侵略者交过战，对这一方面的认识较为深刻。他们普遍看到，洋人船坚炮利，传统的关隘已经不足以制约其入侵了。然而，随着洋务派对西方了解的不断加强，他们开始逐渐认识到西方国家在军事上的这种“强”是建立在经济上的“富”的基础上，军事上的强大来源于矿务、铁路、纺织等工业的发达。更进一步地，洋务派将对西方的认识扩大到教育、学术等思想领域，甚至是政治、社会等方面。比如，郑观应就曾经明确指出，西方的富强之本不尽在于其船坚炮利，而在于议院、学校、取士等多个方面。

洋务派变局论的内涵是极为丰富的，对外，包括对世界局势的认识，对内，则有对中国国情的分析。其实，洋务派的对世界局势的很多分析均是以建立在对中国认识的基础之上的。比如，李鸿章曾经指出：“惟中国积弱由于患贫，西洋方千里数百里之国，岁入财赋动以数万万计，无非取资于煤铁五金之矿，铁路、电报、信局、丁口等税。酌度时势，若不早图变计，择其至要者逐渐仿行，以贫交富，

① 参见王尔敏：《中国近代思想史论》，社会科学文献出版社 2003 年版，第 325 ~ 338 页。

② 《李鸿章全集》，海南出版社 1997 年版，第 1063 页。

以弱敌强，未有不终受其敝者。”①

2. 富强观

从洋务派对西方认识的基本逻辑来看，自强观是其最初的起点。尽管“自强”是一个宽泛意义的概念，并没有严格的意义，但是，这一概念主要是指强军，即创办军工企业、购买新式武器、创建新式军队、更新国防设施和培养现代军事人才。

两次鸦片战争的失败，使洋务派认识到西方发达国家军事设备的先进，从而产生了自强的最初想法。洋务派认为，必须学习西方先进的军事设备技术，制造先进的轮船与枪炮，才能挽救中国为列强瓜分的危局。因此，洋务派的自强主张首先体现为兴办近代军事制造业。

创办军工企业是洋务派自强主张的基本内容。安庆军械所、江南制造局、金陵制造局、福州船政局、天津机器局、兰州机器局、汉阳钢药厂和枪炮厂等一批近代化军事工业的产生，就是洋务派自强观的体现。随着洋务运动的不断深入，洋务派还创办了当时亚洲最为强大的新式海军，包括北洋、南洋、福建三大水师。另外，广东也部署了一支规模略小的水师。在旅顺、大连、威海、烟台、吴淞、马尾、黄埔等海防基地修筑海防基地，使中国拥有了当时远东规模最大的军港、船坞和炮台防御体系。洋务派还进一步改良了陆军，在湘军、淮军当中使用洋枪、洋炮，并采用西式训练方法训练军队。

随着洋务派对西方认识的不断深入，他们发现，只有军队的强大并不能从根本上解决问题，只有国家在经济上发达起来，变得更为富裕，军队的强大才会有基础。因此，洋务派很快就把自强的运动与求富的运动联系在一起，使“求富”和“自强”成为洋务运动中两大并重的内容。与“自强”运动不同的是，“求富”运动集中在创办民用企业上，是以营利为主要目的，以使用现代机器为主要特征。在很大程度上，求富运动的兴起源于洋务运动的经费问题，但后来逐渐成为发展经济的要求和行为。比如，李鸿章认为，“欲自强必先裕饷，欲浚饷源莫如振兴商务。”②其合理的逻辑发展是，“诚能设法劝导，官督商办，但借用洋器洋法，而不准洋人代办，此等日用必需之物采炼得法，销路必畅，利源自开，榷其余利，且可养船练兵，于富国强兵之计，殊有关系。”③

兴办轮船运输业是“求富”运动的开端。1872 年，洋务派开设了上海轮船招商局，拉开了洋务求富活动的帷幕，该局也因此而成为中国第一家近代民族工商企业和第一家新型股份制企业。轮船招商局的开设很快就得到了很大的收益，

---

① 《李鸿章全集》，海南出版社 1997 年版，第 3665 页。

② 《李鸿章全集》，海南出版社 1997 年版，第 826 页。

③ 《李鸿章全集》，海南出版社 1997 年版，第 679 页。

不但规模不断扩大，而且业务面不断扩展。规模由最初的6艘轮船扩大到33艘，还投资创办了开平矿务局、汉冶萍煤铁厂矿公司、上海机器织布局、中国通商银行、保险招商局，基本上在各个行业开创了中国近代之首。

洋务运动很快扩展到采矿、冶炼、电讯、纺织等行业，机器缫丝、轧花、造纸、印刷、制药、玻璃制造等民用工业都得到了迅速发展。1882年以后，在广州、武昌、上海等地还办起了自来水厂。以采矿、冶炼为例，洋务派开办了新式煤矿16家、金属矿24家，形成了开平矿务局（1878年）、汉阳铁厂（1890年）等著名企业。1880年，左宗棠创办兰州织呢局，成为中国近代纺织工业的鼻祖；1890年，李鸿章筹办的上海机器织布局也投入生产；1893年，张之洞在武昌创办湖北织布官局。这样中国近代的纺织工业也开始从上海、宁波、镇江、武昌等地向全国蔓延开来。

洋务派求富的运动带有很强的官方背景和军事需要。求富从一开始就有筹饷的目的，而且，在兴办轮船运输、采矿、冶炼、电讯等企业时，都考虑到了军事需要。以采矿、冶炼为例，煤矿为军事工业提供能源，钢铁厂则是制造枪炮轮船的材料基地。洋务派兴办的民用企业有官办、官督商办、官商合办三种形式，其中以官督商办为主要形式，即所谓的“商为承办，官为维持”；“所有盈亏，全归商认”。“官督”强调了兴办企业过程中政府的作用，尽管带有很大的封建性，但对中国第一批近代企业起了一定的催生和保护作用。“商办”则是以商人为投资者，兼顾所有盈亏，主要目的是营利，使用雇佣劳动者，以商业方式为经营方式，基本上是资本主义性质的企业。

3. 体用观

体用观是中国近代史上极为重要的一个政治思想主题。围绕着这一主题，先是在洋务运动期间形成了“中学为体，西学为用”的思想；后来，西化派又提出了“西学为体，中学为用”的主张，亦有学者提出了“中西互为体用”、“新体新用”、“体用不二”、一直影响到当代中国的“创造转化”、“综合创新”等种种学说和主张。

洋务派提出的“中学为体，西学为用”思想，在中国近代史上具有重要的影响。所谓中学为体，主要是指在中国的政治、制度以及人们的思想、行为等方面，应该遵从传统的三纲五常之类的政治学说与伦理道德；而西学为用主要指在经济、技术等具体事务方面，应该采用“西学”，即以西方先进的科学技术和现代的生产方式、管理方面的知识来发展，达到自强、求富的目的。

从渊源来看，中体西用的思想至少可以上溯到明末清初，而最先提出较为明确概念的则是早期维新派。1861年，冯桂芬明确地提出了“采西学”、“制洋器”的主张，并在《校邠庐抗议》说：“以中国之伦常名教为原本，辅以诸国富强之术。”他痛感中国“人无弃才不如夷，地无遗利不如夷，君民不隔不如夷，名实必符不如夷”。因此，对西方国家要“始则师而法之，继则比而齐之，终则驾而上之，自强之道，实在乎是”①。紧接着，曾国藩提出了一种可以概括为“中魂西术”的思想，他在1862年写信给李鸿章时说：“以忠刚摄泰西之魄，而以精思窃制器之术，国耻足兴。”②这里的“忠刚”，就是曾国藩经常强调的忠义血性、刚毅勇敢等中国传统文化中极其推崇的品德。

后来，早期的维新派王韬和郑观应等人也从不同的角度对中体西用的学说进行了阐发。王韬提出了“中道西器”说，即“形而上中国也，以道胜；形而下西人也，以器胜。”③郑观应最先使用了“中体”的概念，他在《盛世危言》的《西学》篇中说：“中学其体也，西学其末也；主以中学，辅以西学。”④

最先完整使用“中体西用”概念的是文化名流沈毓桂（寿康）。沈毓桂跟随外国传教士译书，办报、办学半个多世纪，担任过《万国公报》主笔和上海中西书院总教习。1896年4月，他在《万国公报》发表题为《匡时策》的文章说：“夫中西学问，本自互有得失。为华人计，宜以中学为体，西学为用。”

1896年8月，工部尚书孙家鼐在《遵议开办京师大学堂折》中说：“今中国创立京师大学堂，自应以中学为主，西学为辅：中学为体，西学为用，中学有未备者，以西学补之，中学有失传者，以西学还之；以中学包罗西学，不能以西学凌驾中学。”⑤中体西用至此正式成为一种官方理论。到1898年，张之洞撰成《劝学篇》，以洋洋四万言论述了“旧学为体，新学为用”。中体西用之说，从此广为流传。

19世纪80年代，早期改良派代表人物王韬、郑观应、薛福成、马建忠等人批评洋务运动只引进西方的生产技术而不引进西方政治体制的弊病，提出向西方和日本学习君主立宪制的主张，同时，他们还对洋务企业官督商办方式不满，提倡商办。后来的维新派，如康有为、梁启超等人则大张旗鼓地批评洋务运动，说洋务运动不彻底，只是求富强，而没有涉及政治体制的内容。康有为批评洋务运动只是变事，而非变法，“今天下之言变者，曰铁路，曰矿务，曰学堂，曰商务，非不然也，然若是者，变事而已，非变法也”。梁启超也批判了洋务派官督商办的方式。在《与外交部主事论教育》一文中，严复形象地批驳了洋务派的“中体西用”思想。“体用者，即一物而言之也，有牛之体则有负重之用，有马之体则有致远之用，未闻以牛为体以马为用者也。”这些批评一针见血，动摇了洋务派“中学

① 冯桂芬：《采西学议》，《冯桂芬 马建忠集》，辽宁人民出版社1994年版，第84页。

② 《曾国藩全集》（书信），岳麓书社1987年版，第3457页。

③ 王韬：《弢园文录外编》，中华书局1959年版，第323页。

④ 郑观应：《郑观应集》上册，上海人民出版社1982年版，第276页。

⑤ 中国史学会主编：《中国近代史资料丛刊·戊戌变法》第2册，上海人民出版社1957年版，第426页。

为体，西学为用”的理论根据。

中体西用说反映了人们在变局时代对政治和制度的一种认识，带有强烈的时代性。在洋务运动前期，中体西用的学说不仅为洋务派的自强、求富提供了理论上的论证，而且推动了西学的传播。然而，随着中国社会变革程度的不断加深，人们对中国社会变革的认识也不断深入，维新运动兴起后，中体西用甚至成为人们对抗变法维新的一种理论，所起的主要是反动作用。

4．西学观

西学很早传入中国，不过，主要由于鸦片战争以来开眼看世界思想的影响，讲求西学在洋务运动时期终于成为有影响的社会思潮。李善兰、徐寿、华蘅芳、冯桂芬、王韬、容闳等人较早地开始研究西学，成为自鸦片战争以来第一批西学的倡导者。这些人主要是通过教会接触西方先进的科学技术和文化知识，而译书、办报刊则是传播西学的主要途径。

洋务运动期间，西学的引进和使用成为一种官方行为。曾国藩在奏折中指出：“外国技术之精，为中国所未逮，如舆图、算法、步天、测海、制造机器等事，无一不与造船练兵相为表里，其则广立书院，分科肄业，凡民无不有学，其学皆专门……通微合漠，愈入愈精，其国家于军政船政皆视为身心性命之学。”①正是在这种思想的指导下，洋务运动开始大力兴办教育，主要是近代的军事教育。洋务运动期间，各地先后创办了天津北洋水师学堂、广州鱼雷学堂、威海水师学堂、南洋水师学堂、旅顺鱼雷学堂、江南陆军学堂、上海操炮学堂等一批专门的军事学校。此外，福州船政学堂等以学习制造技术为主的学堂，也培养军用人才。

洋务运动期间所讲求的“西学”主要是科学技术，而引进和研习的主要形式则是开办洋务学堂及译书馆，当时中国共有 20 多所洋务学堂和 9 个译书馆，其中最为重要的是同文馆、江南制造局翻译馆和福州船政学堂。据当代研究者统计，1860—1900 年，中国共出各种西书 555 种，其中自然科学 162 种，占总数的 29%，应用科学 225 种，占总数的 41%，两者合计占总数的 70%，而社会科学只有 123 种，占总数的 22%，其他 45 种，占总数的 8%。② 京师同文馆开设较早，规模较大，为中国外交界和教育界培养了第一批具有双语能力的外交官和教师，甚至被认为中国现代高等教育的开端。江南制造局的翻译馆则在军事和科技著作翻译方面的成就最为突出。福州船政学堂在培养新式人才方面成就最为突出，先后培养出 628 名船政方面的人才，超过了全国同类人才的一半。在甲午海战中壮烈牺牲的邓世昌、林永升等著名将领均出自这一学堂。著名铁路工程师詹天佑和著名启蒙思想家严复也在福州船政学堂学习过。

---

① 曾国藩：《曾文正公全集》卷三十，世界书局 1936 年版。

② 参见熊月之：《西学东渐与晚清社会》，上海人民出版社 1994 年版，第 11～12 页。

公派留学是另一项具有深远影响的举措。在曾国藩、李鸿章等人的强力推进下，清政府从 1872 年开始先后派出了 120 名中国青少年赴美留学。尽管在顽固派官僚的反对下强行召回了一些学生，但是，在他们当中，产生了甲午海战的英雄吴应科、中国铁路工程的开拓者詹天佑、中华民国第一任国务总理唐绍仪等一批有所作为的人物。后来洋务派又改派成年人出国留学，先后 4 次派出 80 多人前往英法两国，包括严复、马建忠、刘步蟾等人。洋务派留学活动的规模虽然很小，但却开中国近现代留学事业之先河，有着极为重要的历史意义。

外国传教士的活动是西学东渐的重要来源，也是洋务派讲求西学的一个重要背景。1877 年 5 月，在华基督教传教士第一次大会决定成立“益知书会”，即“学校教科书委员会”，创办了中国近代首家编译出版教材的专门机构。到 1890 年，这个机构共编辑出版了 84 种教科书，50 幅地图和图表。1887 年 11 月在华外国传教士在上海成立的“同文书会”，1892 年改称“广学会”。广学会在其存在的 40 多年中编译出版的书籍多达 2 000 多种，还发行有《万国公报》、《大同报》等十几种中文报刊。据梁启超 1896 年所著的《西学书目表》，鸦片战争后到 1896 年的西学译书共 341 种，其中，传教士独立翻译 139 种，传教士与中国学者合译 123 种。

三、洋务运动的历史意义

洋务运动前后 30 年，在引进西方自然科学和兴办近代工业等方面取得了明显的成绩，28 岁的孙中山在上书李鸿章时也对洋务运动赞赏有加。他指出：“顾我中国仿效西法，于今已三十余年。育人则有同文、方言各馆，水师、武备诸学堂；裕财源则辟煤之矿，立纺织之局；兴商务则招商轮船、开平铁路，已后先辉映矣。”①同时，孙中山也从多个方面指出了洋务运动的弊端，并提出了他的四大改革纲领。

从总体上看，洋务运动是清朝封建统治阶级中的洋务派为了维护清朝的封建统治而实行的一场自救改革运动，因此，在明显表现出时代的进步性同时，也存在着根深蒂固的落后性和保守性，并由此导致了洋务运动的最终失败。对内，洋务派试图在不改变中国固有的制度的前提下吸取西方先进的生产技术，以此达到维护和巩固清王朝封建统治的目的，这就使得其失败成为必然。对外，洋务运动对外国有较强的依赖性，而列强并不希望中国真正富强，所以洋务派这种自强求富的做法具有极大的空想性。同时，就体制和机制来看，封建式的管理也使得企业内部充斥着营私舞弊、贪污等腐败现象。洋务运动的失败告诉我们，地主

① 《孙中山全集》第 1 卷，中华书局 1981 年版，第 15 页。

阶级不能担负起中国社会由传统向现代转变的历史重任。但是,在兴办洋务的实践中,李鸿章等人根据时代的变化提出了古今变局论,并试图以借法自强论、中体西用论和工商立国论等理论使中国走上一条富强的道路,这些都在观念转变的意义上对近代中国政治思想的发展产生了重要影响和作用。

在实践上,洋务派在军事工业、民用工业、教育等多个方面起到了很好的作用。在思想上,洋务运动或多或少地动摇了恪守祖训的传统及纲常名教的绝对权威地位,开启了良好的向西方学习的风气。但是,洋务运动仍然是以维护清政府的封建统治为目的的,因此对封建制度的改革也是有限的。洋务派经营的近代工业企业并没有改变封建的生产关系,相反却增加了对外的高度依赖性和对内的官方垄断性。洋务派主观上并不希望中国出现资本主义,而是主张采取官办、官督商办、官商合办等方式发展新型工业,增强国力,以维护清政府的封建统治。但是,洋务派对西方先进科学技术的引进客观上促进了封建制度的瓦解,刺激了中国民族资本主义的产生,催生了资产阶级的革命意识,使无产阶级队伍得以产生、扩大,也为中国向现代转变奠定了初步基础。

洋务运动的认识逻辑主要基于强烈的变局观,所以首先把重点放在军事方面,从抵抗外国入侵和保护清王朝统治的角度出发,将解决方案放在军事工业的发展上以图自强。洋务运动的认识主要集中在"用",既不想触动中国传统的"体",对西方社会制度基本上也没有什么认识。因此,这种认识逻辑的发展,也只是把关注领域由军事逐步扩展到工业、实业、教育。洋务派以"官督商办"的方式发展了一系列民用企业,在客观上推动了中国近代工商业的发展。同时,洋务运动还部分地抑制了西方殖民势力的扩张,例如,轮船招商局能使"内江外海之利,不致为洋人尽占",三年多时间外轮损失 1 300 多万两,美国旗昌行因不堪赔累而被招商局归并。这一时期,洋务运动仍然是以用为根本的。

从对"用"的重视到对"体"的考虑是洋务运动的一个转折,这就是讲求西学对洋务运动作进一步理论思考的作用,而办教育等一系列做法更使得洋务运动的影响越来越深入到政治、社会和思想的层面。在此意义上讲,"中学为体,西学为用"的理论可以作为洋务运动政治思想的最为概括的总结。尽管对于体用之辩,洋务运动仍然是保守的,没有脱离所谓的三纲五常的伦理道德和封建制度来考虑中国的根本变革,但是,在中国的"体"和"用"都极端落后情况下,洋务派还是以中体西用为根据发展了军事工业和民用工业,并开始了教育等方面的制度改革。

在中国近代史上,洋务自强思潮反映了时代进步的要求,对于激发中华民族的爱国精神和自强精神更是具有重大的历史意义。洋务运动在自强方面取得了一定的成效,比如中国的海军规模一度位居世界第四。但是,洋务派的"自强"思想亦存在着其消极的一面,比如妥协倾向严重,在技术上过分依赖外国,腐败严重，以及军事方面现代技术装备和传统体制机制的矛盾等。在与“自强”并重的“求富”方面，洋务派引进外国先进的生产技术，发展经济，极大地促进了中国近代的工业化，很多企业在中国都具有开创性的地位和作用，既推动了中国的现代化，也在一定程度上抑制了外国殖民势力的扩张。尽管洋务派并没有使中国富裕起来，但却极大地推动了上海、天津等沿海地区的经济发展。洋务派“求富”活动存在的问题和弊端，主要是封建制度的桎梏和大量的以权谋私，在官督商办的旗号下，洋务运动中的很多企业不仅受到清政府的大量盘剥，同时还会受到一般官僚的搜刮，使企业得不到正常的发展。

第二节　李鸿章的洋务思想

针对西方列强的入侵，李鸿章提出了“三千年未有之大变局”的变局观，在此基础上，他把谋求富强作为洋务思想的核心目标。李鸿章的很多改革主张不仅针对军事和民用工业等方面，而且也涉及对教育等社会制度方面。尽管李鸿章的洋务思想存在着很多保守的因素，但还是为维新派的改革提供了一定的基础，而他所实践的洋务运动则打击和削弱了顽固派的势力。

一、生平与著作

李鸿章(1823—1901)，字子黻、渐甫，号少荃，安徽合肥人。作为晚清重臣，李鸿章曾经创建淮军并任统帅，镇压太平天国运动，倡导洋务运动，官至直隶总督、北洋通商大臣，授文华殿大学士。此外，他还积极倡建近代海军，建立北洋水师。

李鸿章24岁中进士，在翰林院任职，同时受业曾国藩门下，讲求经世之学。1853年在安徽办团练抵抗太平军，成效有限，但为后来的淮军打下了基础。1858年投入曾国藩幕府，深得信任。1861年奉曾国藩命编练淮军，次年率淮军赴上海，以功升任江苏巡抚。在这段时间和西方人交往频繁，对西人的洋枪利炮赞叹不已，开始认识到西方在诸多方面超过中国，逐渐生出改革之心。1865年，因镇压太平军有功，李鸿章被封为一等肃毅伯。1866年曾国藩剿捻失败，李鸿章继任钦差大臣，镇压了捻军起义。1867年任湖广总督，1870年后长期任直隶总督兼北洋通商大臣。1895年中国在甲午战争中战败，他代表清政府签订了《马关条约》，遭受朝野的猛烈抨击，被免去直隶总督和北洋大臣之职。1900年八国联军侵占北京后，被任为全权大臣收拾残局，次年与庆亲王奕劻代表清政府签订了《辛丑条约》，不久在忧愤中死去，谥号文忠。

李鸿章在洋务派里声望高，权力大，联系广，影响深，思想具有典型性。他没有单独印行的著作，后人所编《李鸿章全集》收入了他的奏章、书信等文稿和文件，其内容包括"奏稿"和"朋僚函稿"等内容，奏稿部分 80 卷，朋僚函稿 20 卷。这些文字体现了李鸿章主要的政治思想，包括他对国内外形势的看法，评论和建议，其中论及的具体问题有军事建设、筹措费用、外交政策、建立船厂和织布局、开煤铁矿，等等。这些文件反映了洋务派各方面的具体实践，也透露了洋务运动的指导思想。

二、在"变局"中求"富强"

李鸿章切身感受到中国社会前所未有的剧烈变化，并在《筹议制造轮船未可撤折》中指出："臣窃惟欧洲诸国百十年来，由印度而南洋，由南洋而东北，闯入中国边界腹地，凡前史所未载，亘古所未通，无不款关而求互市。我皇上如天之度，概与立约通商以牢笼之。合地球东西南朔九万里之遥，胥聚于中国，此三千余年一大变局也。"①在《因台湾事变筹划海防折》中，李鸿章再次阐释了其变局论的基本主张，而论据角度仍然是全球范围的殖民主义扩张。

作为洋务运动的发起人之一，李鸿章敏锐地感受到了中国由传统向现代变化的进程，并用"三千余年一大变局"的说法对这一时代的特征作了总体概括。李鸿章重点从西方国家对中国侵略的角度论述了这种变局，将其视为最重要的变化。各国和中国的交往主要有两种形式，一种是通商，一种是战争。在通商方面，李鸿章考察了鸦片战争前后的历史，得出结论认为，洋人来中国通商是为追逐利润，而不是要夺取土地。同时，他也认识到，未来的发展"仍视我兵将之强弱为向背，有雄师就近抚驳之，当无后患"②。他认为，军事上不能长久软弱，否则的话，后患不可估量。在战争方面，李鸿章由于第一次鸦片战争的失败而感到"创巨痛深"，在与太平天国的战争中也逐渐认识到列强"轮船电报之速，瞬息千里；军器机事之精，工力百倍；炮弹所到，无坚不摧；水陆关隘，不足限制"，"实非中国所能及"，依靠着军事上的强大力量，列强"横行于中土"，对清朝政府肆意侮辱。③

正是对这种变局的感受和认识使他不同于前人，成了洋务运动的主要中坚力量。面对这种千古大变局，李鸿章迸发了建功立业的雄心壮志。"我朝处数

---

① 《李鸿章全集》，海南出版社 1997 年版，第 874 页。

② 《李鸿章全集》，海南出版社 1997 年版，第 3159 页。

③ 《李鸿章全集》，海南出版社 1997 年版，第 1063 页。

千年未有之奇局,自应建数千年未有之奇业。”[①]李鸿章主张既要在军事上自强,也要在民生方面求富。他主张使用西式武器,采用西方军事制度,开办西式军事工业,同时也主张正视与西方的商业交往,保护工商业的发展,开办近代民用工商企业。事实上,他这两个方面的努力构成了洋务运动的主要内容,而且这两个方面紧密相关,“富与强相因”,“必先富而后能强,尤必富在民生”。

李鸿章寻求富强的努力也受到了日本改革事业成功的刺激。他看到,日本虽然也是一海上小国,但是,日本与西方多年通商,在军事上,不论是枪炮利器还是军事兵制,他们总是模仿西方,改革的速度比中国更快。在范围上,日本的改革从军事扩展到社会生活的各个方面。更重要的是,李鸿章清醒看到了日本兴起后对中国的威胁。他认为,日本改革的初衷跟中国一样,也是在强大的西方国家面前自保,但改革的成功立即催生并膨胀了日本对中国的觊觎之心。李鸿章敏锐地意识到,日本“后必为中国肘腋之患”,所以他为中国将“长受欺侮”的前景感到“焦闷莫名”,深深地意识到改革的极度迫切。

李鸿章很自信地认为,中国寻求富强的改革不仅极为迫切,而且可以在不太长的时间内迅速成功。他看到,日本的兴起不过数十年,西方兴起的时间也不长,就是他们的长项如枪炮、轮船等,发明和应用也不过四五十年的事情。这些国家的富强,是因为他们有轮船通海道,有铁路通陆路。在他看来,既然西方的兴起如此迅速,那么,如果中国学习得法,也可以在不太长的时间内求得富强。他反问道:“若我果深通其法,愈学愈精,愈推愈广,安见百数十年后,不能攘夷而自立耶?”[②]为了实现富强的目标,李鸿章提出了许多具体的改革设想,其集中体现就是兴办洋务以及相应的机制设置。

三、兴洋务的改革主张

作为洋务运动的代表,李鸿章先是从武器方面的改革开始,逐渐扩展到军队组织的改革,并由军队改革转向民用工业,发展造船、开矿、纺织等工业。而且,在洋务运动晚期,他还逐渐将改革转向教育,推动洋务运动越来越深入,反映了早期中国人向西方学习的思想历程。

李鸿章看到了在军事方面进行改革的必要性,而军事工业方面的改革开启了洋务运动。在与太平天国的战争期间,他认识到了西洋枪炮的精利,深以中国军器远逊西洋为耻,下决心引入西方火器。他认为,制造武器非常重要,对此应

---

① 《李鸿章全集》,海南出版社 1997 年版,第 1560 页。

② 《李鸿章全集》,海南出版社 1997 年版,第 874 页。

当加以潜心钻研，“窃谓士大夫留心经世者，皆当以此为身心性命之学”①。之后，他辗转从英法等国购买枪炮，同时也募集外国工匠、引进机器设备自己进行制造。他先后创设了江南制造总局、金陵机器局等军工企业。

李鸿章立足于长远，大力加强中国现代军事工业的发展。当时这些制造工厂由于技术落后、管理混乱、冗员充斥，生产出的枪炮和弹药成本高、质量低，远不如直接向外国购买简便合算，但李鸿章坚持自造与购买相结合的方针，因为向外国购买新式武器也有弊病，只能“得其用而昧其体”，终难免为外人挟制。自己制造，起初不得不雇佣洋人教授，待到本国工匠掌握了生产武器的技术，“久之自能运用，转相授习，乃为经久之道”②。

在实践中，李鸿章认识到，武器的变革将会引致军事组织本身的变革。清廷传统的军事力量主要是以满人为主的八旗和汉人的绿营，它们在19世纪的内外战争中暴露出了自身的腐朽衰败、不堪使用。他认为，这种制度必须变革，“若不及早自强，变易兵制，讲求军实，仍循数百年绿营相沿旧规，厝火积薪，可危实甚。”③他主张将老弱残兵一并裁撤，同时给士兵更优厚的粮饷，废弃传统的弓箭，让士兵修习火器，选拔优秀的将领，勤操苦练，打造一支可用的新式陆军。但是，由于满族权贵对汉族官僚心存芥蒂，所以李鸿章在改革军事制度方面取得的成效不大。

洋务派建设现代海军的活动遭到了顽固派的猛烈反对，双方展开了激烈的交锋。1872年内阁学士宋晋以洋务派造船耗资太大为名奏请停止福建船政局和江南制造总局的造船活动，认为清政府已经与列强议和，根本不需要再造轮船。如果与列强交战，仍然不如外国轮船；如用来缉捕海盗，只需要旧式水师就行了。所以，没有必要耗费巨大建造轮船。李鸿章严厉批评反对派的苟且偷安，“士大夫囿于章句之学，而昧于数千年来一大变局，狃与目前苟安，而遂忘前二三十年之何以创巨痛深，后千百年之何以安内而制外？此停止轮船之议所由起也。”虽然造船耗费很高，每船高达百万两白银以上，但这项费用是不可节省的。“臣愚以为，国家诸费皆可省，惟养兵设防，练习枪炮，制造兵轮船之费，万不可省。”④若节省这笔费用，日后必将招来外敌的侮辱。在李鸿章等人的坚持下，中国的海军建设逐步发展。从1875年筹建海军起到1884年中法战争的10年间，清廷购买并已使用的巡洋舰2艘，炮舰12艘，共为14艘；自造各式兵船14艘。连同原有舰船，虽未成军，但已是初具规模的三洋水师了。

---

① 《李鸿章全集》，海南出版社1997年版，第752页。

② 《李鸿章全集》，海南出版社1997年版，第752页。

③ 《李鸿章全集》，海南出版社1997年版，第3237页。

④ 《李鸿章全集》，海南出版社1997年版，第874～875页。

军事工业的发展,需要大量的资金作为基础,但是,当时的清政府国库空虚,难以挤出所需的费用。在战争已经不再是燃眉之急的情况下,将大量的开支用于军费,不仅会遭到保守派的反对,同时,也无法使军事工业的发展持续下去。李鸿章在进行军事改革的过程中看到近代军队耗费很高,感受到了筹集军事费用的紧迫性,认识到"欲自强,必先理财"。在现实需要的逼迫下,李鸿章等人在70年代以后逐渐认识到富是强的基础,只有富才能强,而富应该以重商为本。李鸿章看到,中国贫弱,而西方强大,不外乎在煤铁五金之矿、铁路、电报等方面发达,其收税亦丰。因此,要想改变中国贫弱的局面,亦一应该在这几个方面图谋发展大计。

李鸿章认识到,中国物产丰富,拥有的矿物相当于一座巨大的宝库。数千年来拥有这样的宝库而不开采,或者开采而不得法,同时又忧虑国用匮竭,这相当于家有宝库而坐愁饥寒。他主张聘用西方地质学者勘探矿产然后加以开采,"西士治地质学者,视山之土石,即知其中有何矿。窃以为宜聘此辈数人分往遍察,记其所产,择其利厚者次第开采。一切仿西法行之。"①他还针锋相对地批评反对派的言论,"近世学者,鉴于明季之失,以开矿为弊政,不知弊在用人,非矿之不可开也。其无识绅民惑于凿坏风水,无用官吏恐其聚众生事,尤属不经之谈。刻下东西洋无不开矿之国,何以独无此病,且皆以此致富强耶?"②尽管李鸿章开矿的主张受到了保守派的非难,社会对此也缺乏认识,但是,他还是知难而上,创建了开平煤矿、漠河金矿等一批矿业企业。

李鸿章还强调了修筑铁路的重要性,认为铁路是各国富强的最重要原因之一,"四五十年间,各国所以日臻富强而莫与敌者,以有轮船以通海道,复有铁路以便陆行也",中国也应当尽快开设。③ 但是,洋务派建设铁路的主张也受到了顽固派的批评,侍读学士张家骧就列举了修建铁路的所谓三大弊端,即有便于洋人进入内地、扰民、败落轮船水运等,而通政使司参议刘锡鸿更是上万言书,列举各种理由以阻挠中国修造铁路。顽固派的阻挠产生了效果,使李鸿章的筹划无法实行,"自同治十三年海防议起,鸿章即历陈铁矿必须开挖,电线、铁路必应仿设,各海口必应添洋学格致书馆,以造就人才。其时文相目笑存之。廷臣会议皆不置可否,王孝凤、于莲舫独痛诋之。曾记是年冬底,赴京叩谒梓宫,谒晤恭邸,极陈铁路利益,请先试造清江至京,以便南北转输。邸意亦为然,谓无人敢主持。复请其乘间为两宫言之,渠谓两宫亦不能定此大计。从此遂绝口不谈矣。"④直

---

① 《李鸿章全集》,海南出版社1997年版,第1071页。
② 《李鸿章全集》,海南出版社1997年版,第1071页。
③ 《李鸿章全集》,海南出版社1997年版,第1554页。
④ 《李鸿章全集》,海南出版社1997年版,第3691页。

到 1887 年,海军衙门大臣奕譞鉴于中法战争军事调动不灵的教训而倡议修造铁路,中国的铁路建设才正式开始。

此外李鸿章还主持开创了上海轮船招商局、天津电报总局等一批民用工业,而其中他特别重视的一项事业是纺织工业。鸦片战争之后,与人民衣食有关的物品进口急剧增加,其中又以布匹居首位,而中国传统的纺织业在西方使用先进机器的纺织工业面前节节败退,丧失了很大一部分市场。“英国呢布运至中国,每岁售银三千余万”①。洋商利用不平等条约所规定的低税率和倾销政策等手段,以土布价格的三分之一销售,以致舍土布而用洋布者比比皆是,并从沿海而逐渐及于内地。李鸿章认为,面对这种情况,“既不能禁洋货之不来,又不能禁华民之不用”,所以在中国引进新式纺织工业是非常必要的。他积极筹建上海机器织布局,在织布局毁于火灾之后又立即重建,“并厘定章程,号召华商多设分厂,以资推广”。织布局从弹花、纺纱到织布全用机器,是中国第一家机器棉纱纺织工厂,所纺之纱和所织之布,质量大体可以与进口纱布相比。李鸿章筹办的纺织工业发展得较为顺利。

这些民用工业的兴办为军事工业的发展解决了原料、能源、交通等一系列问题,也增加了财政收入,是充实经济力量的捷径,同时也在一定程度上阻止或限制了外国经济侵略势力的扩张。但是,洋务派兴办的民族工业是以政带商体制,采取官僚办商,官商合办的形式,这就使企业比军事工业的发展更不顺利,而且弊病丛生。以政带商的体制在工商业初创时会有速度上的许多优势,也会在一定程度上刺激民族资本主义的发展,但时间一长就形成了较强的垄断,进而限制束缚了民族资本主义的发展。

李鸿章还主张教育领域要进行改革,引入西学作为教育的内容。李鸿章对西学的认识经历了一个发展的过程。一开始他认为西方的长处只在于武器,眼光只集中在武器上,“若火器能与西洋相埒,平中国有余,敌外国亦无不足”。李鸿章认为中国只需要在军事上进行改革就可以了,“中土若于此加意,百年之后长可自立”②。后来他才认识到,西方制造业发展的源头是科学的发展,“臣等往返函商,窃谓西洋制造之精,实源本于测算格致之学,奇才迭出,月异日新。”③西方的科学实在胜过传统的中学,“又谓算学比于天文,生为六艺之一,圣人未尝不讲究,兄却未见圣人留下几件好算数器艺来”④。于是,李鸿章在重视西方科学技术的同时,对西学的认识逐渐扩展到更广泛的层面,把人文科学和社会科学

---

① 《李鸿章全集》,海南出版社 1997 年版,第 1071 页。

② 《李鸿章全集》,海南出版社 1997 年版,第 3142 页。

③ 《李鸿章全集》,海南出版社 1997 年版,第 1211 页。

④ 《李鸿章全集》,海南出版社 1997 年版,第 3608 页。

也看成是富强的根基。"念吾华文物之邦，士民专讲书礼。英人恒惜其过蹈虚机，不若贵之国力崇实事。然英人之文章理学，亦复代有名流。以余所知，若培根（英前相也）之善格物理，若显根思皮尔之善为诗文，若施本思、若达文、若赫胥黎，则又皆文学、性理、格致选也；况其所口诵而手写者，复能身体而力行者？国于是强，民于是富。"①同时，他也对西方的教育制度也非常钦佩，指出"西洋水陆兵法及学堂造就人才之道，条理精严，迥非中土所及"。他希望改革科举制度不仅如此，教育内容、教育制度以及人事制度都要进行根本的改革。"人才风气之固结不解，积重难返。鄙论由于崇尚时文、小楷误之"②。

在《筹议海防折》中，李鸿章正式向朝廷提出了两项改革建议：一是变通"考试功令"，理由是"以章句、弓马施于洋务，隔膜太甚"，"所用非所学，人才何由而出"？所以应"另开洋务进取一格，以资造就"。二是设立"洋学局"，"分为格致、测算、舆图、火轮、机器、兵法、炮法、化学、电气学等数门"，所学如有成效，"与正途出身无异"。另外他还派出一批留学生到西方学习，这批人在后来大多成为栋梁之才。

李鸿章主张渐进改革，希望以此不断地达成中国社会的转变。他指出："天下纵有笨伯，亦不敢谓今日言之、明日成之也。而况欲矫揉造作，使其强就此途也？擎琉璃冷盏以探汤，有不猝然而碎裂乎？是故华人之效西法，如寒极而春至，必须迁延忍耐，逐渐加温。"③然而，在当时中国历史急剧变迁的形势下，这种渐进改革已经没有时间了，而很快到来的中日甲午战争的失败，更是彻底宣告了洋务运动的破产。

四、评价

对李鸿章的评价，是一个复杂的历史问题。单就洋务运动来讲，他受到了来自两个方面的批评。一方面，顽固派批评他变得过多，指责他"事事师法西人"；"必欲竭中国之国帑、民财而尽输之洋人"；甚至影射攻击他有"乱臣贼子"之嫌；另一方面，后来的维新派则批评他变得不够，认为他的变法是"不揣其本，而齐其末，是似变而非变，虽变犹未变"。康有为说李鸿章等人关于修铁路、矿务、学堂、商务的"变法"是"变事而已，非变法也"，"于救国之大体无成"。

梁启超曾经在《李鸿章传》中对李鸿章有一个评价，认为他知洋务，不知国

---

① 蔡尔康、林乐知编译：《李鸿章历聘欧美记》，张英宇点，张玄浩校，湖南人民出版社 1982 年版，第 139 页。

② 《李鸿章全集》，海南出版社 1997 年版，第 3729 页。

③ 蔡尔康、林乐知编译：《李鸿章历聘欧美记》，张英宇点，张玄浩校，湖南人民出版社 1982 年版，第 102 页。

务，改革不彻底。梁启超说："前此之言变者，非真能变也，即吾向者所谓补苴罅漏，弥缝蚁穴，漂摇一至，同归死亡。而于去除用新，改弦更张之道，未始有合也"①。甲午战争后，洋务运动遭到了铺天盖地的批评，当然也包括了对李鸿章的批评，这些批评大多直接指向洋务派保守的一面。然而，从政治思想的发展角度看，这些批评的主流不仅不是对李鸿章思路的否定，反而是要将洋务运动贯彻到底，由器至道，由军事至政治、文化，全面"洋化"。这实际上为维新变法和后来的资产阶级革命奠定了基础。

这些来自不同方面的批评，恰好说明了李鸿章政治思想在改革意义上承前启后的历史地位。在资本主义咄咄逼人的攻势面前，李鸿章代表了当时封建制度内部一些官僚士绅所采取的比较积极的防御态度，它反映了这部分人多少接受了一些资本主义的影响，并不情愿地开始向资产阶级的转化而未能完成转化的思想趋向，其改革实践更是远比顽固派的消极保守要务实和有效。

李鸿章是清政府倚为心腹的"中兴名臣"，毕生以维护封建王朝为己任，所以必然具有守旧的政治立场，其政治思想的进步性主要在于图强求富的改革，而向西方学习和以"洋务"作为兴办本民族实业的改革实践，更使他的政治思想具有顺应时代发展和推动社会由传统向现代转变的性质及作用。由此，他的思想从承认中国落后到学习西方船坚炮利，进而学习西方"寓强于富"，要求局部变通科举，直到接受资产阶级先进的军事、科技、经济、教育思想，有一个合乎逻辑的发展轨迹。这种思想如果继续向前发展，必然得出接受资产阶级政治思想、要求改变封建体制的符合逻辑的结论，因为对封建主义枝节改良不可能改造旧世界，而且这种改良已开始注入新的时代内容，出现了由量变到质变的进步趋势。李鸿章的改革思想，以捍卫封建制度为出发点，却促进了中国社会内部的深刻变化，而一些被他视为"洋务新秀"的人物也陆续转变为早期维新思想家，对中国近代的思想进程产生了重要影响。

李鸿章为他的阶级立场与政治地位所限，止于要求局部变通科举，不可能突破地主阶级改良思想的框架，也不可能取得成功。其实，李鸿章多少也意识到体制和机制方面的政治改革终是不可避免的，他在《复曾相》的信中就曾指出，"日本盖自其君主持，而臣民一心并力，则财与用日生而不穷；中土则一二外臣持之，朝议夕迁，早作晚辍，故不敢量其所终极也"②。中日两国政体相似，但是由于当时缺乏强有力的君主主政这个偶然原因，中国的政体远比日本脆弱，改革的力度也远不如日本。李鸿章常常对改革的缓慢不顺感到失望，"其功效茫如捕风"，甚至感到绝望，"朝廷即欲变计，亦恐部议有阻之者，时论有惑之者，各省疆吏有

① 翦伯赞、郑天挺主编：《中国通史参考资料》近代部分下册，中华书局 1980 年版，第 106 页。

② 《李鸿章全集》，海南出版社 1997 年版，第 3500 页。

拘泥苟且而不敢信从者，天下事终不可为矣”①。但是，李鸿章始终不敢公开质疑这个政治制度的合法性和合理性。

第三节　郭嵩焘的政治思想

一、生平与著作

郭嵩焘(1818—1891)，湖南湘阴人，字伯琛，号筠仙，晚号玉池老人，道光进士。青年时期与曾国藩、左宗棠等交好。1852 年，太平军从广西转入湖南，郭嵩焘劝左宗棠出山，也游说曾国藩办团练以拒太平军。1853 年参与湘军与太平军战斗，察觉水师的重要，提出大兴水师的建议，成为首倡湘军水师之人。1854 年提出抽取厘金，以解决军队筹饷的难题。厘金日后成为湘淮等地方军队重要的经济基础。1855 年赴浙江为湘军筹款，1856 年转至上海，在租界第一次亲眼目睹了西方的文明。1858 年赴京任翰林院编修，同年入值南书房。1859 年奉命赴天津参与僧格林沁津沽防务。1860 年因痛感居朝廷之上难有作为而辞官去职。1862 年同治登基，政局改换，应李鸿章之请赴上海任苏松粮道。之后几年政绩优良、仕途较顺，先后任两淮盐运使、广东巡抚等职。1866 年与左宗棠交恶，被迫离粤去职，回湘居住。1875 年光绪登基，朝局又改。郭嵩焘应召入京，以精通洋务而获重用，先后任福建按察使、兵部侍郎等职。1876 年被任命为中国第一位驻外公使，出使英法两国。在英法其间，积极参与，留心观察，悉心探求西方富强之源。1879 年辞职回国。1891 年病逝于湖南。

相对李鸿章等人致力于洋务实践，郭嵩焘是洋务派中偏重理论思考的官僚。由于地位、个性和经历的不同，郭嵩焘不仅在思想上进行了更多的探索，也的确得出了许多新的见解。这些见解有的得到当权者的采用，如兴水师、抽厘金等，但很多也为当世所不容，致使郭嵩焘生前常感郁郁不得志，自叹“终身与世背趋”，为不被世人理解所苦。他正式出版的著作有《使西纪程》、《养知书屋文集》，后人为他编有《郭嵩焘奏稿》、《郭嵩焘日记》等。

二、在“洋务”活动中认识西方

郭嵩焘参与洋务活动很早，而且认为洋务极端重要，“关系中外大局，以立

① 《李鸿章全集》，海南出版社 1997 年版，第 3237 页。

国家久远之基，诚莫急于洋务。”①郭嵩焘抽了很多时间精力对洋务进行观察和思考，发现中国当时的官员在洋务上大多不能胜任，“政府诸公于交接事理无所得于心”②。他屡屡悲叹中国的洋务人才之缺乏，认为“中外诸臣，本无谙知洋务者”③。官员的无知和无能不仅在外交上导致国家屡受其欺，“当事者愦愦，为所玩弄耳”④，而且在内政上导致混乱局面，“观总理衙门所拟章程，亦不过以虚文相应而已。言者又益以虚文攻之，如群盲相遇于途，辩争哄击，相与哗然而终一无所见”⑤。郭嵩焘对此痛心疾首，“中国之无人久矣，此可为太息流涕者也”⑥。猛烈批评其他人之余，郭嵩焘也对自己期许很高，“方今天下，能推究夷情，知其所长以施控御之宜，独有区区一人”⑦。抱着这样的期许，他提出了办理洋务的建设性指导意见：“是以办理洋务非有他长也，言忠信、行笃敬以立其礼，深求古今之变、熟察中外之宜以致其用，轻重缓急，权度在心，随事折中，使就绳尺。能知处理洋务，以之纲纪万事，经营国计，必皆裕如矣”⑧。要熟悉古今的历史和中外的现实，办理洋务才能得心应手，而士大夫们的致命缺点正在于不学无术，“一切不复求知，此洋祸所以日深，士大夫之心思智虑所以日趋于浮嚣，而终归于无用也”⑨。郭嵩焘严格要求自己，在深入探究中国的历史和现实之外，致力于全面透彻地认识西方。

郭嵩焘不像李鸿章那样常年身处战争的第一线，而主要是办理为军队筹集资金等政务，所以他对西方的军器论述不多，却对商务特别关心，并对西方的经济、政教、学术、教育、风俗等方面作了广泛的考察。他首先观察到的现象是西方特别重商，“西洋风俗以经商为重”，“西洋以行商为制国之本，其经理商政，整齐严肃，条理秩然”⑩。西方国家在内政外交上都极为注重保护和促进商业利益，使得人民得以经商致富、积累资产，而人民在享有好处之后也愿意反过来支持国家，使国家十分稳固。“吾谓西洋赋敛繁重，十倍中国，惟务通商贾之利，营立埔头，使其人民有居积之资，交易数万里，损益盈虚，皆与国家同其利病，是以其气常固”⑪。西方的重商和中国的重士是一个重要区别，对商业的保护是西方国家

---

① 《使西纪程》，陆玉林选注，辽宁人民出版社 1994 年版，第 122 页。
② 《郭嵩焘日记》第 4 卷，湖南人民出版社 1983 年版，第 31 页。
③ 《使西纪程》，陆玉林选注，辽宁人民出版社 1994 年版，第 99 页。
④ 《郭嵩焘日记》第 1 卷，湖南人民出版社 1981 年版，第 551 页。
⑤ 《郭嵩焘日记》第 2 卷，湖南人民出版社 1981 年版，第 445 页。
⑥ 《郭嵩焘日记》第 3 卷，湖南人民出版社 1982 年版，第 83 页。
⑦ 《郭嵩焘日记》第 2 卷，湖南人民出版社 1981 年版，第 431 页。
⑧ 《使西纪程》，陆玉林选注，辽宁人民出版社 1994 年版，第 111 页。
⑨ 《郭嵩焘日记》第 3 卷，湖南人民出版社 1982 年版，第 11 页。
⑩ 《郭嵩焘日记》第 3 卷，湖南人民出版社 1982 年版，第 120 页。
⑪ 《郭嵩焘日记》第 3 卷，湖南人民出版社 1982 年版，第 118 页。

富裕的重要原因,“于以知今百年西人之富,不专在机器之创兴,其要领专在保护商会”①。中国与此相反的做法也造就了相反的后果,“窃观西洋以商贾为本计,通国无一闲,中国重士而轻视农工商者,乃至一家一邑之中,有职业者不逮百分之一,闲民居其九而又过之,民安得不穷? 国安得不弱?”②保护商业利益,“通官商之情”是安定富强的必要条件。

郭嵩焘对于西方国家政教制度的探求,体现了他政治思想中最具有现代意义的内容。1875 年他最先提出:“西洋立国有本有末,其本在朝廷政教,其末在商贾、造船、制器,相辅以益其强。”③后来他又多次强调,“西洋立国二千余年,政教修明,具有本末,与辽金崛起一时,倏盛倏衰,情形绝异”④,“西洋制法,亦有本末”⑤,“西洋之局,非复金、元之旧矣”⑥。这就是说,西洋文明是一个有本有末的整体,造船制器只是末,杰出的政治和教化才是富强之本。这种看法不仅与传统的夷狄观念完全不同,而且从政治角度明确预示了中国社会由传统向现代的转变。他认为,在政治教化上西方当时已经胜过中国,“自汉以来,中国教化日益微灭,而政教风俗,欧洲各国乃独擅其胜,其视中国,亦犹三代盛时之视夷狄也。中国士大夫知此义者尚无其人,伤哉!”⑦他不仅对英国“君民共主”的资产阶级议会民主制度十分赞赏,认为它比儒家政治所谓“三代之治”的最高理想更高一筹,而且十分欣赏西方的宗教,认为“其精深博大,于中国圣人之教曾不逮其毫厘,而流弊固亦少焉。”⑧

郭嵩焘对西方的学术十分赞赏。他看到,西方人不遗余力地推崇和探求学术,“英、法两国制造学问,穷极推求”⑨。这样的探求形成了许多伟大的成果,“计数地球四大洲,讲求实在学问,无有能及太西各国者。”⑩西方的学术在当时远远超过了中国。郭嵩焘屡次言及培根、伽利略、牛顿等科学家对文明进化的贡献,并且赞赏英国人在化学、光学、热学等学术方面的精微深邃。学术的发展源于政体的开明。郭嵩焘看到,在英国的政体下,国家的大小事情都要在议会中和报纸上公开讨论,“西洋一切情事,皆著之新报,议论得失,互相驳辩”。这种将一切是非得失都付诸讨论的精神激励了学术的发展,他把英国的“人才学术之

---

① 《郭嵩焘日记》第 3 卷,湖南人民出版社 1982 年版,第 901 页。
② 《郭嵩焘日记》第 4 卷,湖南人民出版社 1983 年版,第 320 页。
③ 《使西纪程》,陆玉林选注,辽宁人民出版社 1994 年版,第 95 页。
④ 《郭嵩焘日记》第 3 卷,湖南人民出版社 1982 年版,第 124 页。
⑤ 《郭嵩焘日记》第 3 卷,湖南人民出版社 1982 年版,第 444 页。
⑥ 《郭嵩焘日记》第 3 卷,湖南人民出版社 1982 年版,第 376 页。
⑦ 《郭嵩焘日记》第 3 卷,湖南人民出版社 1982 年版,第 439 页。
⑧ 《郭嵩焘日记》第 3 卷,湖南人民出版社 1982 年版,第 774 页。
⑨ 《郭嵩焘日记》第 3 卷,湖南人民出版社 1982 年版,第 384 页。
⑩ 《郭嵩焘日记》第 3 卷,湖南人民出版社 1982 年版,第 203 页。

盛”归因于政体的优良。①

郭嵩焘也很欣赏西方崇尚实用的教育制度，他先后在英法两国参观过各类学校，对其生动活泼的教育方法与丰富的实际内容赞叹不已。他结识了不少科学家，聆听各种学术报告，观看实验表演，并由此认为“相距二百三四十年间，欧洲各国日趋于富强，惟求其源，皆学问考核之功也”②。西方的教育造就了一大批优秀的人才，令郭嵩焘多次赞叹“英国学问人人讲求”，“西洋人才实盛”③。相比之下，中国的教育却是“召收虚浮不根之子弟，习为诗文无实之言，高者顽旷，下者倾邪，悉取天下之人才败坏灭裂之，而学校遂不堪闻问”④。这种教育制度导致“数十年来，天下亦多故矣，人才亦愈靡靡”⑤。郭嵩焘否定封建主义的“虚文”，肯定资本主义的“实学”，批判封建教育扼杀人才。因此，他一再给李鸿章、沈葆桢等洋务派官僚写信，建议举办新式学校、建立博物馆，以“实学”代“虚文”。大声疾呼“人才国势，关系本源大计，莫急于学”⑥。

郭嵩焘甚至认为西方的风俗也优于中国，尤其是西方人极为注意信约，把背信失约看作非常坏的事情，“亦见西洋列国敦信明义之近古也”⑦。郭嵩焘就此评论说，西方人在交往中习惯于开诚布公，“其民人周旋，一从其实，不为谦退辞让之虚文”⑧。西方人特别强调诚实的美德，“国家设立科条，尤务禁欺去伪。自幼受学，即以此立之程，使践履一归诚实”⑨。他还注意到，无论是在英国还是在法国，都有一种全社会的积极进取的精神。郭嵩焘听说英国探险队数次赴北极探险，前仆后继，非常感动，“西人立志之专，百挫不惩，遇事必一穷究其底蕴，即北海冰地之区，涂径日辟。天地之秘，亦有不能深闭固拒者矣”⑩。郭嵩焘看到，西方人以商业为主导的扩张是大规模而且有风险的事业，极其需要从事者的务实、诚实和互相信任，而这种诚实守信、积极进取的风气非常有利于他们的富强事业。郭嵩焘从政多年，深感当时中国的风气“流极败坏”，尤其是主政的士大夫阶层尤为不堪，“人心风俗之坏，近时士大夫皆能言之，而不知其所以坏，全在士大夫，不在蠢蠢之愚民也。如今士大夫口是心非，一切作伪，日怀猜忌之心；隐

① 《郭嵩焘日记》第3卷，湖南人民出版社1982年版，第373页。
② 《郭嵩焘日记》第3卷，湖南人民出版社1982年版，第356页。
③ 《郭嵩焘日记》第3卷，湖南人民出版社1982年版，第203、586页。
④ 《郭嵩焘日记》第3卷，湖南人民出版社1982年版，第823页。
⑤ 《郭嵩焘日记》第2卷，湖南人民出版社1981年版，第444页。
⑥ 《使西纪程》，陆玉林选注，辽宁人民出版社1994年版，第145页。
⑦ 《郭嵩焘日记》第2卷，湖南人民出版社1981年版，第121页。
⑧ 《郭嵩焘日记》第3卷，湖南人民出版社1982年版，第393页。
⑨ 《郭嵩焘日记》第3卷，湖南人民出版社1982年版，第393页。
⑩ 《郭嵩焘日记》第3卷，湖南人民出版社1982年版，第645页。

善扬恶，幸灾乐祸，人人优为之。人心风俗之坏，殆无甚于此者矣”①。西方人做事，搞学问，注重面对现实，了解和承认实际发生的情况，无所隐讳、顾忌，然后提出解决问题的方案，而中国官场却惯用“欺”、“瞒”的办法，凡下级向上级汇报工作，大率要扭曲事实，或夸大成绩，隐瞒缺点，甚至颠倒黑白，从不肯以实相告。西方报纸嘲笑中国衙门“相虐为欺诈”，郭嵩焘不得不承认外国人批评的是事实。这种风气严重地阻碍了洋务派寻求富强、变革中国的努力。“中国人心偷弊已甚，其势万不能有济。即富强二者，未尝无策，然绝非今日所能行。无他，天下万事万务，根本人心。人心流极败坏，以有今日，直无复可以有为之理”②。

在郭嵩焘看来，重视工商发展的经济制度和“君民共主”的资产阶级议会制的政治制度、近代教育制度、朴实而富有生机勃勃的社会风气等，这些因素合在一起构成了先进的西方文明。他指出，当时的西方是在整体上而不是在某个单独方面优于中国。郭嵩焘对西方的认识，是全面而深刻的，在当时，能这样实事求是、平心静气地观察和探究西方的人，实在是凤毛麟角。

三、对传统制度和文化的全面反思

郭嵩焘在观察和思考西方的同时，也加深了对中国政教制度的认识。在传统中，儒家的最高政治理想是尧舜禹之治，郭嵩焘认为，相对于西方的政教分立，三代是一种政教合一的状态。尧舜禹被认为既是政治统治者，也是老师，“三代圣人之不可及也，兼君、师任之”③。三位“圣人”被认为既拥有远超出常人的智慧，也拥有远超出常人的品德。因为拥有品德，所以“圣人以其一身为天下任劳”④，任劳任怨地献身于国家的公共事务；因为拥有智慧，所以可以做出正确的决定，也可以给其他人以启蒙和教导；因为拥有超常的智慧和品德，所以他们的统治不仅是正当的，而且被统治者的生活也是幸福的。

郭嵩焘质疑这种政治理想，认为它有着重要的缺点，“颇疑圣人之公天下，于此犹有歉者”⑤。中国是君主制，西方如当时的英国也是君主制，但中国的君主制集权在上，政治制度的运行依赖统治者个人的德行，而“西洋以公之臣庶”，“国政公之臣民，其君不以为私”⑥，国家的事务允许大臣和国民共同参与和讨论，政治制度的运行依赖于共同遵守的法律。“圣人治民以德”，“德者，专于已

① 《郭嵩焘日记》第4卷，湖南人民出版社1983年版，第71页。
② 《郭嵩焘日记》第4卷，湖南人民出版社1983年版，第25页。
③ 《郭嵩焘日记》第3卷，湖南人民出版社1982年版，第549页。
④ 《郭嵩焘日记》第3卷，湖南人民出版社1982年版，第548页。
⑤ 《郭嵩焘日记》第3卷，湖南人民出版社1982年版，第548页。
⑥ 《郭嵩焘日记》第3卷，湖南人民出版社1982年版，第393页。

者也，故其责天下长宽。西洋治民以法。法者，人己兼治也，故推其法以绳之诸国，其责望常迫"。郭嵩焘熟悉历史，他看到，中国的良好政治局面难以长久维持，而西洋的制度后劲十足。"一身之圣德不能常也，文、武、康、成四圣，相承不及百年，而臣庶之推衍无穷，愈久而人文愈盛"①。因此，郭嵩焘确信，以英国为代表的"君民共主"的西方资产阶级议会制度比中国的三代之治更加优越。

三代之治犹有不足，三代之下更加糟糕。郭嵩焘对三代之后中国的实际政治制度进行了毫不留情的猛烈批评。"秦汉之世，竭天下以奉一人。李斯之言曰：'有天下而不恣睢，命之曰以天下为桎梏'。恣睢之欲逞，而三代所以治天下之道于是乎穷"②。三代以后，中国再也没有好的政治制度了。"三代之君，以一人天下。后世竭天下之力以奉一人，所责望于民者，赋敛而已"。统治者们的主要兴趣在于通过赋税和征敛来掠夺被统治者的财产，与一个强盗集团没有太大的差别。郭嵩焘在官场沉浮多年，亲历了破坏性的内战，对清朝末年的统治集团有深切认识。他赞同曾国荃对当权统治集团的评论："衮衮诸公，日怀杀人之心，行杀人之术，满肚子刀枪剑戟，无形无影，戕害天下，不肯少休，民生根本之计，直是无人理会"。西洋政教修明，国势蒸蒸日上，而中国制度败坏，内战后满目创痍，如曾国荃所说，"江浙平定十余年，荒地未垦"，"西北五省举目荒凉，财殚民困"③，对比极为鲜明。在这种政治制度之下，中国的存亡已经成了严重的问题，"自西洋通商三十余年，乃似以其有道攻中国之无道，故可危矣"④。

郭嵩焘不仅希望能建立良好的政治制度，而且希望人们在社会生活中也能遵从良好的风俗。在郭嵩焘的时代，政府的规模相对较小，人与人之间的关系在很大程度上要靠风俗来调节，所以风俗本身极为重要，"本者何？人心风俗而已"⑤。良好风俗的养成只能靠教化。郭嵩焘比较西方的教化体系之后，对中国传统的教化体系也有了深刻的认识。"中国圣人之教道，足于己而无责于人。即尼山诲人不倦，不过曰'往者不追，来者不拒'而已"⑥。中国的传统思想重视个人的修养，而不够重视个人对群体的责任。郭嵩焘认为当时中国的问题正在于人人只顾自己而不顾所属的大群体，"人心止各顾其私谊，无为大局起见者，此中国人心风俗所以日趋于偏私偷薄而不复可挽救也"⑦。中国的风俗已经败坏到了极点，郭嵩焘讽刺说，"而吾正恐中土之风传入西洋，浸淫渐积，必非西人

---

① 《郭嵩焘日记》第3卷，湖南人民出版社1982年版，第548页。
② 《郭嵩焘日记》第3卷，湖南人民出版社1982年版，第548页。
③ 《郭嵩焘日记》第4卷，湖南人民出版社1983年版，第165页。
④ 《郭嵩焘日记》第3卷，湖南人民出版社1982年版，第548页。
⑤ 《使西纪程》，陆玉林选注，辽宁人民出版社1994年版，第155页。
⑥ 《郭嵩焘日记》第3卷，湖南人民出版社1982年版，第548页。
⑦ 《郭嵩焘日记》第3卷，湖南人民出版社1982年版，第892页。

之幸也。中西之交通，损益无数，利病之分，尚未知天时人事之果何所及也"①。中国的风俗和制度一样需要改革。

对中国的政教风俗做了深刻思考之后，他开始怀疑当时以"富强"为目标的洋务运动是否能够成功。他并不怀疑修造铁路和电报、发展矿业和制造业的重要性与紧迫性，"虽使尧舜生于今日，必急取泰西之法推而行之，不能一日缓也"②。但是，他怀疑不进行根本上的政教改革，这种末节上的努力极可能事倍功半，"西洋制法，亦自有本末。中国大本全失，西法从何举行？勉强行之，亦徒劳耳"③。郭嵩焘批评说，人们喜欢说学习西洋的制造就能导致富强，但是考虑到当时人心风俗和政治法令已经败坏至极，制造也很难学好，"从何取法西洋乎？"④他更直接批评李鸿章等洋务派的主要人物，"至是问及西洋政教风俗本源之所在，且谓合肥伯相及沈幼丹、丁禹生诸公专意考求富强之术，于本源处尚无讨论，是治末而忘本，穷委而昧其源也；纵令所求之艺术能与洋人并驾齐驱，犹末也，况其相去不可以道里计乎！"⑤郭嵩焘对洋务运动的批评深刻犀利，与维新派对李鸿章"变法"的批评颇为相近。

四、改革中国的主张

郭嵩焘认为洋务运动"大本全失"，枝节性的改革难有令人满意的成效，而这种判断有着事实的印证。首先，"西人富强之业，诚不越矿务及汽轮舟车数者"⑥，而中国在这些方面的发展都受到了固有的政教风俗的严重阻碍。在矿务上，中国的风俗是"相为猜忌"，无法合作经营。"一经委员主办，视为公家之利，恣意侵蚀，益无所惜"，只能进行小规模的分散开采，而这样的开采无法致富。以郭嵩焘的家乡湖南而言，矿产丰富，从业者亦多，但是"矿户多于西洋以数十倍计，恰无以是致富者"。其次，矿业的发展需要不断的创新。西方国家以专利制度来鼓励创新，"但有能开利源，国家必力助成之，委曲使人共喻，人亦不疑其专利也"。这种制度反过来对国家也是有利的，"获利既厚，输税国家亦常丰"。中国的统治者对此却冷漠无知，使创新艰难百倍，"其初尽力阻挠，而官不问。及稍得利，群起而争为之，互相侵夺，官亦不问"。矿业发展格外艰难。再次，官方对矿业的发展是消极破坏，对轮船电报的发展则是积极阻挠。轮船和电报事

---

① 《郭嵩焘日记》第 3 卷，湖南人民出版社 1982 年版，第 810 页。

② 《使西纪程》，陆玉林选注，辽宁人民出版社 1994 年版，第 155 页。

③ 《郭嵩焘日记》第 3 卷，湖南人民出版社 1982 年版，第 444 页。

④ 《郭嵩焘日记》第 4 卷，湖南人民出版社 1983 年版，第 45 页。

⑤ 《郭嵩焘日记》第 3 卷，湖南人民出版社 1982 年版，第 855 页。

⑥ 《使西纪程》，陆玉林选注，辽宁人民出版社 1994 年版，第 152 页。

业"行之甚易,历久而必无弊",但官方对这样的事业居然也要阻挠,"往时绅民相与阻难,近十余年,阻难专在官","严禁绅民制造"。郭嵩焘感叹道,"然则西洋汲汲以求便民,中国适与相反。所用以仿行西方以求富强者,未知果何义也?"①不进行政教风俗的根本改革,洋务派寻求富强的事业是不可能真正成功的。

郭嵩焘看到,不成功的改革不仅有导致中国贫弱落后的危险,而且会导致中国在与日本的较量中居于下风。郭嵩焘在英国亲眼看到日本寻求富强的扎实努力,"日本在英国学习技艺二百余人,各海口皆有之,而在伦敦者九十人。嵩焘所见二十余人,皆能英语"②。日本出洋学习者人数众多,而且包括高官贵族这样的国内精英。日本人谋求尽数仿效西方的制度,政治上也进行了改革,"大率官职皆仿西洋而略异其志",③而当时中国洋务派仅仅想要学习军事方面的技艺。郭嵩焘认为,日本的改革带来了实力的增强,而实力的增强又带来了侵略扩张的野心,日本对琉球的吞并已经表明了它对中国的威胁。郭嵩焘悲叹"倭人蓄意久深,衮衮诸公不能知也"④,更不同意当时流行的藐视日本的夜郎自大心态。"盖今之论者,皆谓西洋之难与为敌,日本易与耳。吾观其政教之行为有本也。诸公欲以无本之术,虚骄之气,以求胜于日本,于人于已两失之,未敢新谓然矣"⑤。历史的发展不幸证明了郭嵩焘的看法是正确的。

缺乏政教风俗的根本改革,洋务派寻求富强的事业势必不会有什么好结果,那么是不是应该立刻仿行西方的政治制度呢?郭嵩焘对此的态度很谨慎。一方面,他认为"设立议政院"是好事情,认为这正是土耳其胜过中国的地方。⑥另一方面,他非常强调改革的时机。中国的传统力量十分强大,改革并不容易,"中国幅员太大,地广民殷,一切须有成法,遵行已三千余年,本不易言变通"。改革的时机需要慎重选择,而当时中国的特殊政治问题在于,"自天津定约至今二十年,并值圣躬幼弱,大臣无敢主事者"。同治和光绪连续两任皇帝都是幼年继位,李鸿章、左宗棠等重臣做事十分小心谨慎,"不敢招人异议",而恭亲王奕䜣为议论所挟制,同样不能大有作为。郭嵩焘预见到了戊戌变法所出现的时间,认为政治改革只能推迟十多年,到光绪亲政时正式启动,"此须俟至十余年亲政后,能考求变通,始可望有前进之机"⑦。

---

① 《使西纪程》,陆玉林选注,辽宁人民出版社 1994 年版,第 152~154 页。

② 《使西纪程》,陆玉林选注,辽宁人民出版社 1994 年版,第 138 页。

③ 《郭嵩焘日记》第 3 卷,湖南人民出版社 1982 年版,第 257 页。

④ 《郭嵩焘日记》第 4 卷,湖南人民出版社 1983 年版,第 140 页。

⑤ 《郭嵩焘日记》第 4 卷,湖南人民出版社 1983 年版,第 310 页。

⑥ 《郭嵩焘日记》第 3 卷,湖南人民出版社 1982 年版,第 337 页。

⑦ 《郭嵩焘日记》第 3 卷,湖南人民出版社 1982 年版,第 639 页。

政治改革必须等待时机，风俗的养成却可以立即着手，而养成良好风俗的重要手段是“政教”的第二个方面，也就是良好的学校教育。“大抵天下人心风俗，成乎学校”，“由学校以端求人心风俗，吾辈固亦有应尽之职”①。郭嵩焘十分重视学校教育移风易俗的作用，同时他也认识到这会是一项长期的艰难事业，“学校之起，必百年而后有成。用其百年之力以荡涤旧染；又用其百年之力，尽一世之人才而磨砻之；又用起百年之力，培养渐积以使之成”②。郭嵩焘阅历丰富，对中国上层社会的虚伪、腐烂，下层社会的某种麻木、愚昧，传统文化盘根错节的巨大势力，都有着比较深切的了解，因此能对振兴中国的长期性和艰苦性做出充分的估计。

郭嵩焘注重政教改革的洋务思想，与“中体西用”的思想有很大的不同，这恰恰反映了洋务思想所包含内容的庞杂。鸦片战争以后，西方的政教文化、科技军事的冲击滚滚而来，中国社会在此冲击下产生了剧烈的变化，呈现出了多种不同的面貌。郭嵩焘致力于洋务多年，同时和李鸿章、左宗棠等人保持着密切的关系，在洋务事业上互相声援支持，是洋务派集团的重要成员。郭嵩焘的思想确实有很多与维新思想相通之处，但是，在“中体西用”尚且被顽固派攻击为异端时，他作为极少数敏锐求实的先进分子已经在探索更深刻更全面的变革了，而这种情况也表明，维新思想既是对洋务思想的否定，又与洋务思想有着不可分割的承接关系。

思考题

1. 洋务运动期间洋务派都有哪些重要的观点？
2. 根据洋务运动发展的逻辑，分析洋务运动有什么历史意义？
3. 简要分析李鸿章的变局观与其富强观之间的联系。
4. 简要分析郭嵩焘改革中国的思想。

---

① 《郭嵩焘日记》第4卷，湖南人民出版社1983年版，第380页。

② 《郭嵩焘日记》第4卷，湖南人民出版社1983年版，第19页。

4

第四章

戊戌维新的政治思想

维新派是近代中国一支重要的政治力量，无论在政治实践领域还是思想领域都对中国政治发展产生了深远的影响。

从产生条件上看，维新派的产生离不开近代中国民族资本主义的兴起与发展。19世纪70年代以来，在西方资本主义生产方式的示范下，中国民族资本主义逐渐发展起来。洋务运动催生了中国最早一批民营资本。一些官僚、地主、商人和买办投身近代工商业，他们以资本主义生产和运营模式经营企业，同时与本国封建势力和外国资本势力又都存在一定的依附关系。"官督商办"政策让民族资本家不得不依靠清政府，既接受政府的扶持，又免不了受政府的盘剥，因此，这种情况与资本主义经济模式对经济自由的要求必然产生矛盾。不仅如此，民族企业还受到来自西方企业的打压。在竞争过程中，民族企业在财力、技术、运营方式等各个方面都远逊于西方企业。西方资本家早已经将中国作为商品市场和资源产地，其强大的倾销能力和掠夺能力非民族资本可以比拟，中国民族资本家只能跟在西方资本家后面拾得一些残羹冷炙。总之，民族资本只能在封建势力和西方资本势力的夹缝中求生存，而这就更加激起资产阶级知识分子对独立、自由、平等的渴望。

与洋务派不同，在成员构成上维新派的主要代表人物大多是当时中国先进知识分子和开明地主，亦有少部分清王朝的中下级官员或卸任官员，有些人还曾亲身感受过西方文明。例如，早期维新派代表人物冯桂芬、王韬、薛福成、郑观应、何启、胡礼垣、容闳、马建忠等，后期如康有为、梁启超、谭嗣同、严复等。洋务派受到封建政治体制的限制，在寻求"自强"与"求富"的道路上对发展民族资本的认识不足，而对于这些维新思想家来说，旧式政治体制对他们的影响相对较小。因此，他们能够更加旗帜鲜明地要求发展民族资本主义，挽救民族危机。薛福成曾言："西人之谋富强也，以工商业为先"，"欧洲立国以商务为本，富国强兵全借于商。"①马建忠也说过："初到（法国）之时，以为欧洲各国富强专在制造之精，兵纪之严。及披其律例，考其文事，而知其讲富者，以护商会为本。"②在这些人眼里，发展民族资本主义，振兴民族经济比向西方买军舰、购大炮更有利于实现民族富强。

除了主张振兴民族资本以自强，早期维新思想家还认识到政治制度改革的重要性。他们极力推崇西方议会民主制度，希望清政府进行一定程度的政治体制改革。王韬认为，西方国家有三种形式，即君主国、民主国和君民共主国。他十分赞赏君民共主的民主形式。在他看来，西方国家强大的原因在于其民主制度比中国的君主制度更加先进。郑观应也非常欣赏英国君主立宪制度，他说："议会者，公议政事之院也。集众思，广众益，用人行政，一秉至公，德诚良，意诚美矣。"③在其代表作《盛世危言》序中又言："治乱之源，富强之本，不尽在船坚炮利，而在议院，上下同心。"可见，早期维新思想家们已经开始意识到，政治制度先进与否深刻影响着国家的前途命运。

从思想发展阶段上讲，以戊戌维新为断点，维新思想可分为早期维新思想与戊戌维新思想。早期维新思想家的各种主张大多是针对具体的现实问题而言，散见于各自的文章、日记、著作之中，思想家之间没有形成合力。这些人大多停留在鼓吹宣传各自思想上，并没有展开正式的运动。与前者相比，戊戌维新思想体系更加成熟完整，他们形成了自己的政治组织，践行了维新主张，对现实政治的影响也更加深刻。本章重点介绍康有为、梁启超、谭嗣同和严复的政治思想，厘清他们的理论基础，分析他们各自的政治主张，并简要评价其思想价值与历史局限。

---

① 薛福成：《出使四国日记》，湖南人民出版社 1981 年版，第 147 页。

② 马建忠：《上李伯相言出洋工课书》，《晚清文选》，中国社会科学出版社 2002 年版，第 503 页。

③ 郑观应：《议院》，《晚清文选》，中国社会科学出版社 2002 年版，第 235 页。

第一节 康有为的变法思想

康有为(1858—1927),原名祖诒,字广厦,号长素,又号更生,广东南海人。康氏是当地的名门望族,康有为自幼就受到严格的家庭教育和浓厚的程朱理学熏陶。康有为曾投到著名儒学家朱次琦门下,研习理学,奠定了康有为厚重的儒学知识基础。康有为的西学渊源当从结识张鼎华开始。通过他,康逐渐接触西学书籍。在游历过香港之后,康有为深感西方法治文明的先进。至此,康有为对西方文明有了初步的认识。

青年时代的康有为在感受了西方文明带来的震撼后,开始对中国传统思想做出深刻的反省。他的思想从古文经学转向今文经学,尤其推崇公羊学派的春秋三世说,这也成为他政治哲学的思想起点。

一、维新变法的理论基础

康有为维新思想的理论基础有二:一是以公羊三世说和西方进化论为基础的历史发展观;二是资产阶级自由、平等的民权理论。此外,他的维新思想还表现出一个重要特色,即"托古改制"的论证策略。

1. 进化论的历史发展观

在中国历史中,"变易之义"总是被改革家们作为变革依据,康有为亦不例外。《周易》所谓"穷则变,变则通,通则久"在康有为看来是极为正确的。社会总是在经历着某种变化,因此,社会制度安排也理所当然地随之改变。康有为指出:"法《易》之变通,观《春秋》之改制,百王之变法,日日为新,治道其在是矣。"①康有为以此支持他的维新变法理论。事实上,康有为有如此这般的历史发展观,从根本上讲还是得益于他对西方文明的感受和认识。西方自然科学传入中国后,国人开始重新思考周遭的世界,所有事物不再是孤立静止的,而是相互联系并不断运动变化着的。康有为意识到,无论是自然还是社会都必然向前发展变化,以往"天不变,道亦不变"的思想认识是错误的。西方发达的科学技术与中国古老的技艺相比显然更加先进,资本主义社会制度也比中国封建制度更具优越性。因此,中国的社会制度安排必须做出某些变化,使其更适应当代世界发展。简单地说,中国也必须学习西方走资本主义道路。

2. 自由、平等的民权理论

① 《康有为政论集》上册,中华书局1981年版,第111页。

康有为认为,人性是自由而平等的,对此,他主要从自然人性论的角度加以论证。在他看来,人性无所谓善与恶。康有为在《万木草堂说》中写道:“性者,生之质也,未有善恶。”人的一切欲望都源于生理本能,属于自然属性,不能对人的本能做任何道德评价,这显然与传统的“天理人欲”之辨背道而驰。封建正统认为,克制人性才能实现所谓的善,康有为却认为压抑人性违反自然规律,恰恰是一种恶。人必须争取个性自由,肯定世俗欲望。由此,每个人都有平等追求自由的权利,实现自身福祉的正当性。

由于人性是自由的,所以也应当是平等的。康有为在《孟子微》中这样说:“人人皆独立而平等,人人皆同胞而相亲如兄弟。”他还援引卢梭天赋人权理论说道:“天之生物人为最贵,有物有则,天赋定理,人人得之,人人皆可平等自立……人人独立,人人平等,人人自主,人人不相侵犯,人人交相亲爱,此为人类之公理,而进化之至平者乎!”自由、平等是天赋的权利,这种资产阶级的启蒙理性,深刻影响了康有为对封建等级制度的批判。

在讨论国家起源问题上,康有为坚持认为,国家是由自由而平等的民众创造出来的,君主只是民众指定的为民众治理国家的代理人。他在《孟子微》中继续讲:“国之为国,聚民二成之……但民事众多,不能人人自为公共之事,必公举人任之,所谓君者,代众民任此公共保全安乐之事,为众民之所公举,即为众民之所公用。”也就是说,君权不是神授,而是民授;国家不是君主的私产,不能听其专断。自由、平等的民权是不能放弃的,这也为兴民权、设议院、建立立宪制度提供了理论依据。

3. “托古改制”的论证策略

任何一种新的变革理论若要获得成功,必须能够被政治家和其他思想者理解和接受。为此,康有为运用“托古改制”这一论证策略,试图迎合同时代的政治精英与思想精英的阅读习惯和理解思路。所谓“托古改制”,原指汉代儒者假托孔子的话为中国封建社会构造其所需的社会制度。汉代以降今文经学的主要文本是《春秋公羊传》,而历代思想家在倡导社会变革时都会依此典籍来运用“托古改制”的论证策略。康有为对此深有了解,所以他在刻意运用这种策略的同时,把继承今文经学的思想传统作为提出新思想的学术基础和转化载体。因此,康有为“托古改制”的核心,主要就是“公羊三世”学说。

《公羊传》对社会演进的基本看法可以归结为所谓的三世说,即“所见异辞,所闻异辞,所传异辞”。汉代以降,各种思想家对“三世说”做出过不同解读,但是,越到后来就越表现出严重的复古倾向。在康有为看来,《礼记》中《礼运》篇记载了“天下为公”的“大同”社会和“天下为家”的“小康”社会,以往被认为最理想社会制度的文王周公时代的政治不过是“小康”政治,而进一步发展才可能达到“大同”社会。人类社会是经历“据乱世”、“升平世”到“太平世”的进化过程。康有为虽然借用公羊三世的名词，却一改前人观点，注入了自己新的解释。运用到政治制度中，他认为，封建君主专制是低级的“据乱世”，而资本主义君主立宪是更高一级的“升平世”。因此，当他以这种策略论证变法的合理性时，一个逻辑的结论就是当下的专制体制必须加以改变。此外，从康有为著《新学伪经考》和《孔子改制考》这些经典文本的名字中，也不难看出他这种“旧瓶装新酒”的话语策略。

二、戊戌维新的政治主张

1895 年，康有为在京师发起了“公车上书”，此后屡次向光绪皇帝上书主张变法维新。1898 年，光绪帝支持康有为实行变法，史称“戊戌维新”。康有为戊戌维新的核心纲领，就是用君主立宪代替君主专制，以日本为榜样，通过自上而下的改革，建立资产阶级民主体制，发展资本主义经济。

康有为认为，日本明治维新的渐进式改革思路非常符合中国的现实要求。在他看来，日本明治维新给日本带来了巨大的变化，使日本迅速成为亚洲强国。日本与中国文化差异不大，地理风俗相近，所面临的时代问题也很类似，因此，以明治天皇为首自上而下的政治改革更适合中国的需要。维新派大多数属于知识分子和中下级官僚，他们不具备强大的阶级力量和社会基础，所以必须依靠皇权对抗保守派。因为通过皇权进行改革会使变法更容易实行。康有为的变法主张内容广泛，与政治直接相关的大致包括以下几个方面。

1. 政治改革

废除君主专制制度，建立君主立宪制度，开启民权、设立议院，建立三权分立的权力运行原则。

早在变法之前的 1896 年，康有为就在《上清帝第四书》明确主张“设立议院以通下情”；1898 年 1 月，又在《上清帝第五书》中提出“议员”这个称谓。但是，维新变法在推行中受到保守势力的压制，更为重要的是，如果马上开设议院，保守势力依然会占据主要地位，这于变法则更加不利。而且，康有为等维新派认为，此时中国民智未开，无法立即实践议会民主制度。有鉴于此，他们暂时搁置了开议院的设想，提出“于宫中开制度局”的主张。“制度局”的主要职能是议政决策，制定宪法，大约相当于立法机构。人员由皇帝选任，同皇帝共同议政。从现实考虑，维新派想用“制度局”来架空原有的“军机处”，真正掌握朝廷实权，以达到打击压制顽固势力的目的。从理论上讲，“制度局”是议会的过渡形式，所以康有为实质上是要将专断性权力运行方式变为三权分立式的分权制衡。他认为，只有彻底改变中国几千年来君主专制模式，实现君主立宪才是真正的变法，而这个主张明显是受了西方的影响，因为三权分立正是资产阶级政权运行的根本原则。

康有为这种变法主张充分反映了资产阶级对参与政权的渴望,“制度局”的立法职能已经显现出资产阶级议会性质,但它并非真正意义上的民选议会。特别是国家大政方针的决策上,皇帝仍有决定权,“制度局”的决策职能非常模糊。但是,在政治变革的特殊时期,这不失为一种资产阶级夺取权力的尝试。

2. 经济改革

经济方面,康有为力主发展民族资本主义工商业。他在《上清帝第二书》中宣称,变法应以“富国为先”,并提出富国、养民、教民等一系列措施。富国之法有六:“钞法、铁路、机器轮船、开矿、铸银、邮政;养民之法有四:务农、劝工、惠商、恤穷;教民之法则主要是设学校,开民智。”①他建议朝廷扶持民间农工商业、鼓励创新,并大力发展交通邮政等现代经济和民生事业,同时还必须废除一切不利于资本主义经济发展的旧有机制,比如漕运。值得称道的是,康有为非常注重科学技术对经济发展的重要性,因为西方之所以富强主要在于重视科学技术,而中国则斥之为“奇技淫巧”;西方科学家的研究成就能够很快运用到推动社会生产力发展上来,而中国知识分子只注重科举八股学问。康有为认为,这不仅是思想认识上的差异,从更深层角度讲,中国缺乏鼓励科技创新的激励机制,所以他请求朝廷奖励科技创新,并保护其知识产权,贡献较大者还可赏赐爵位官位,即“劝募工业,奖募创新”,“小者许以专卖,限若干年,大者加以爵禄。”②

康有为的经济思想体现了资产阶级打破封建阻碍、以资本主义经济模式振兴民族经济的要求,同时也说明当时民族资产阶级力量还很弱小,封建经济体制对它的压抑无法通过自身解决,只能寄希望于政权力量改变其所面临的种种困境。

3. 文化教育改革

康有为认为,发展新式教育、培育新式人才是改变中国经济落后、国力颓废局面的重要途径。他敏锐地看到,国家强弱取决于人才的多寡,即“才智之民多则国强,才智之士少则国弱。”③由此,他极力主张普及教育,提高全民族的文化水平,这就要求政府加大教育投资,并同时鼓励民间捐款办学。在教育思想上,康有为深刻意识到,西方国家教育讲求培养学生的竞争意识,而中国则一直塑造学生的服从性格。体现在政治领域里,资本主义政治文化要求民众有充分的活力参与社会生活,而封建主义政治文化则是竭力压迫民众的主动性。康有为希望通过提高民众文化水平,培养人民的活跃性,创造一个充满生气的新社会。

---

① 《康有为政论集》上册,中华书局 1981 年版,第 123 ~ 133 页。

② 《康有为政论集》上册,中华书局 1981 年版,第 289 页。

③ 《康有为政论集》上册,中华书局 1981 年版,第 289 页。

纵观康有为三个方面的改革措施就不难发现,它们其实比较符合资本主义发展要求,在现实意义上体现了当时一部分民族资产阶级的利益诉求。然而,无论说这种思想意识超前也好,还是说当时落后势力强大也罢,总之结果已经是注定了的:戊戌政变之后,光绪皇帝被软禁,维新派被斥为"乱党",戊戌六君子被杀,康有为被迫流亡海外,而绝大部分变法政策都没能真正落实。但是,悲剧本身是有意义的,所以不可否认的是,戊戌维新是中国历史上第一次资产阶级试图全面参与治理国家的实践尝试,它对中国社会变革产生了深远影响。

三、大同社会的政治理想

如果说维新变法是康有为资产阶级改革的系统方案,那么,他的大同思想则是他所追求的完美政治理想。不过,大同思想的形成也经历了相当长的一段时期。1884 年,康有为大致写成《大同书》,戊戌政变后,在流亡海外的日子里,他亲身感受了西方社会的种种问题,又接触了 19 世纪空想社会主义,于是重新对该书加以修改完善。1913 年,《大同书》发表甲、乙两部,1935 年该书全部发表,而这一年距离康有为去世已有八载矣。《大同书》全面系统地阐述了康有为心中理想的社会政治图景,全书共 30 卷,20 余万字,其政治思想包括以下主要方面。

1. 人类社会的问题与理想境界

大致说来,康有为是从"苦乐"、"平等"、"仁爱"三个维度思考人类社会问题的。在他看来,人类社会是一个充满苦难的社会,任何社会都没有解决的共同问题,就是人的生活中充满痛苦。由此,康有为要把人类从苦难中解救出来,而《大同书》即是试图解决这个问题的。他认为,人类的痛苦源于人与人之间的差别,按照他的逻辑,只要存在差别,痛苦便是无可避免的。因此,康有为要通过实现平等来消除差别。他说:"夫人类之生,皆本于天,同为兄弟,实为平等,岂可妄分流品,而有所轻重,有所摈斥哉?"①事实上,康有为似乎没有认识到,所谓平等是一种道德判断,个体差异则是一种事实判断,完全抹去个体差异,平等便不具任何价值和意义。除了苦乐与平等问题,康有为还在《大同书》中详细阐释了他对仁爱的理解。他认为,仁爱以平等为前提,平等程度越高,仁爱便体现得愈加强烈,人类也就更为高尚,甚至可以说,仁爱就是大同世界的根本标识:"大同之世,至人之世也,可以戒杀矣。"②大同世界不仅为我们描绘了一个人类生活的乌托邦图景,也展现了人类理想道德情态。

---

① 《大同书》丙部,三联出版社 1998 年版,第 162 页。
② 《大同书》壬部,三联出版社 1998 年版,第 356 页。

2. 大同理想的制度设计

康有为在《大同书》中提出，人类未来社会应当是物质文明高度发达、人人平等并实现民众自我治理的理想社会。首先，经济上实现了财产公有，根据社会需要实行计划经济和按劳分配。“今欲致大同，必去人之私产而后可；凡农工商之业，必归之公。”①在公有制前提下，生产根据社会需要进行计划，消费根据个人付出进行分配。其次，社会结构上实现人人平等，消灭阶级。“既无帝王、君长，又无官爵、科第，人皆平等，亦不以爵位为荣，所奖励者唯智与仁而已。”②整个社会只奖励尊重有智慧和有德性的人，没有君与民的划分。最后，社会实行民主自我管理，“大同之世，全地皆为自治，全地一切大政皆人民公议。”③

大同社会是康有为的美好政治理想，但它显然是不可能实现的。《大同书》一方面体现了资产阶级知识分子对自由、平等、民主等现代政治价值的追求；另一方面也暴露出缺乏现实态度的乌托邦主义。因此，从实际情况来看，这种大同理想对戊戌维新时期中国政治变革也没有起到实际的影响和作用。

第二节　梁启超的自由民权思想

梁启超(1873—1929)，字卓如，一字任甫，号任公，又号饮冰室主人，广东新会人。11 岁中秀才，16 岁中举人，少时聪慧远近闻名。1890 年，17 岁的梁启超进京会试，不第。回到广东后经人介绍结识康有为，拜康为师。康有为在广州设立万木草堂，宣传维新思想，梁启超成为他得力助手。1895 年，梁启超参与其师发起的“公车上书”运动，全身心致力于维新事业。在随后的 20 余年里，梁启超成为《中外纪闻》、《时务报》、《清议报》以及《新民丛报》等刊物的主笔，极力宣传变法维新与君主立宪思想。此外，梁启超有过两次短暂的从政经历，他曾出任袁世凯的司法总长，但因不支持袁世凯复辟而与之决裂。袁世凯复辟失败后，梁启超与段祺瑞合作，出任段政府的财政总长。晚年的梁启超重新回归思想学术界，在清华大学任教，致力于史学研究与教学工作。1929 年 1 月因病逝世于北平。

梁启超一生著作等身，《饮冰室合集》凡一千余万言。在哲学、政治、历史、经济等诸多领域里，梁启超都做出过巨大的理论贡献。可以说，梁启超是中国近代最为优秀的政治活动家和政治思想家之一。

---

① 《大同书》庚部，三联出版社 1998 年版，第 301 页。
② 《大同书》辛部，三联出版社 1998 年版，第 340 页。
③ 《大同书》辛部，三联出版社 1998 年版，第 319 页。

一、维新变法思想

在追随康有为期间，梁启超称得上是维新派思想重要的理论者和宣传者。面对列强侵略、国弱民穷的局面，梁启超坚信中国唯有变法才有希望摆脱现实困境。戊戌变法期间，他积极宣传维新党人的政治主张，在中下层官僚和知识分子中间进行鼓动宣传，产生了重要的思想启蒙作用。

梁启超认为，一切事物都在不断变化发展，因此社会制度安排也必然根据现实情况而不断进步，这显然是西方资产阶级进化论的观点。变法是拯救中国的唯一出路，他曾言："法者，天下之公器也；变者，天下之公理也。"①在他看来，西方国家之所以强大就在于积极求变，中国也必须顺应历史发展潮流主动进行改革。可见，在当时维新派观念里，救亡图存是变法维新的直接原因也是根本动力。事实上，纵观中国近代历史发展，一条重要的思想和行动线索，就是救亡与求变。

中国求变并不自维新派始，洋务运动也是在积极寻求中国富强之路。洋务派曾提出"中体西用"论，一方面维护封建统治体制，另一方面探索救亡之法。但是，洋务派在梁启超看来并不是真正的变，针对洋务派"中体西用"的主张，他提出真正的求变在于"以群为体，以变为用"。所谓"以群为体"即建立君主立宪制度，在中国构建资本主义经济、政治及文化体系，这是变法的目的所在。所谓的"群"，即是资产阶级思想观念中具有天赋权利的国民。"以变为用"是指通过变法推动中国走向资本主义道路，变法是实现该目标的基本理念和主要工具。由此，梁启超批评洋务派的改革没有触及中国的根本问题，进而指出，中国社会必须发生变革，尤其是变革政治体制。

梁启超的变法主张大体可以归纳为以下几个方面。第一，发展经济，振兴交通，打破经济发展的阻碍；第二，废科举，兴学堂，改革官僚体制；第三，建立法制，完善中国的法律体系；第四，开民智，实行君民共主；第五，设立报馆，翻译西方书籍，宣传变法维新。总之，变法的目的在于使国家富强，而人民获得民主权利则是国家富强之根本。

二、自由民权理论

梁启超政治思想的核心在于他的自由民权理论，对此可以从以下几个方面加以论述。

---

① 《梁启超选集》，上海人民出版社 1984 年版，第 10 页。

1. 以进化论思维为前提的政治发展观

梁启超对自由民权的认识沿用了西方的进化论思维。康有为根据“公羊三世”说的基本思路，提出了所谓“三世相演”说。梁启超说：“治天下者三世。一曰多君为政之世，二曰一君为政之世，三曰民为政之世。多君世之别又有二：一曰酋长之世，二曰封建及世卿之世。一君世之别又有二：一曰君主之世，二曰君民共主之世。民政世之别亦有二：一曰有总统之世，二曰无总统之世。多君者据乱世之政也，一君者升平世之政也，民者太平世之政也。此三世六别者，与地球有人类以来之年限有关之理，未及其世，不能躐之，既及其世，不能阏之。”①在他看来，民主社会应当是人类发展的最高阶段。随着梁启超对西方文化认识的深入，又综合西方古今学说来讨论人类的政治制度，他认为进化过程可分为六级：“一曰族制政体，二曰临时酋长政体，三曰神权政体，四曰贵族封建政体，五曰专制政体，六曰立宪君主或革命民主政体。”②

从上面的论述中可以看出，梁启超的政治思想蕴含两个基本观点。其一，人类社会必然从低级走向高级，从而政治制度也在不断发展变化；其二，民主政体是人类政治制度发展的最高阶段，是理想的政治生活。

2. 自由民权观

梁启超对自由民权的理解大体上源于西方民主学说，而以亚里士多德、卢梭、孟德斯鸠等西方思想家对他的影响尤为巨大。他曾言：“不自由，毋宁死。斯语也，实十八九两世纪中欧美诸国民所以立国之本原也。”“综观欧美自由发达史，其所争者不出四端。一曰政治上之自由，二曰宗教上之自由，三曰民族上之自由，四曰生计上之自由。”“自由者，天下之公理也，人生之要具，无往而不适也。”③换句话说，中国与西方的差距在于专制制度下的国民没有自由可言，中国欲富强则必须伸张自由，而建立民主政体是中国政治改革的核心问题。

梁启超希望在中国建立像日本一样的君主立宪制度，其中，开议院和制定宪法是关键。他说：“宪法者何物也？立万世不易之典宪，而一国之人，无论为君主为官吏为人民，皆守之者也。”④然而，立宪需要条件，所以对人民进行政治思想启蒙的教育是立宪的前提。若要伸张自由民权，则必须要让民众获得知识。“立宪政体者必民智稍开而后能行之。”⑤梁启超主张将学校作为启迪民智的主要场所，学校要培养学生民主之智，并以西方政治观念教育民众。

立宪法是开民智的目的，开民智是立宪法的前提，二者密不可分。梁启超非

---

① 梁启超：《饮冰室合集》文集二，中华书局 1988 年版，第 7 页。

② 梁启超：《饮冰室合集》文集九，中华书局 1988 年版，第 2 ~ 3 页。

③ 梁启超：《饮冰室合集》文集四，中华书局 1988 年版，第 40 页。

④ 梁启超：《饮冰室合集》文集五，中华书局 1988 年版，第 1 页。

⑤ 梁启超：《饮冰室合集》文集五，中华书局 1988 年版，第 5 页。

常重视民众的思想启蒙工作,培养人民自由观念和民权精神。他乐观地认为,民权代替君权是历史发展的必然,中国君主专制必将被君民共主体制所取代。因此,中国的当务之急就是广开民智,进行思想启蒙教育。值得注意的是,虽然以君主立宪制度为核心的君民共主的民主机制是他极力推崇的民主形式,但是,民国建立后,他却并不纠结于君宪与共和的国体之争,认为二者不过是民主的不同形式。之所以如此,在于梁启超认为,根本问题还是如何构建作为民主制度基础的民众的自由民权意识。因此,梁启超并没有继续追随其师康有为而成为"保皇党"。可以这样讲,梁启超的政治思想虽看似温和但却非常深刻宽容,也正因为如此,与同时代其他维新思想家相比,他对中国民主发展产生的影响也更为深远。

3. 民治思想

在伸张自由民权的框架内,梁启超除了推崇立宪体制,重视思想启蒙,他还特别关注民主自治对于国家的积极价值,而这就涉及政府与人民的权限划分问题。

梁启超认为,政府与人民的权力界限不是永久固定的,它应随着文明进步而不断发生变化。用他自己话讲:"当人群幼稚时代,其民之力未能自营,非有以督之,则散漫无纪,而利用厚生之道不兴也,其民之德未能自治,非有以钳之,则互相侵略而欺凌杀夺之祸无穷也。当是时也,政府之权限不可不强且大。及其由拨乱而进升平也,民既能自营矣,而犹欲以野蛮时代之权以待之,则其俗强武者必将愤激思乱,使政府岌岌不可终日,其俗柔懦者必将消缩萎败,毫无生气,而他群且乘之而权其权,地其地,奴其民,而政府亦随以成灰烬。"①简单地说,人民的权利意识越发达,便越要求政府放松对人民的管制,否则,这个政府必将落后而最终垮台。事实上,此话后半段讲的正是清王朝命运的真实写照。

在自由民主国家,政府与人民之间的权限如何界定呢?梁启超认为:"凡人民之行事有侵他人之自由权者,则政府干涉之。苟非尔者,则一任人民之自由,政府宜勿过问也。"②也就是说,只有当人民自由受到侵犯时,政府才有干涉的必要。梁启超所说的政府,大约相当于西方所谓"消极政府"或"守夜人政府",所以政府的职能仅限于保护国民自由权利不受他人侵害,更不能受政府侵害。梁启超对政府权限的理解显然过于狭窄,但却可以看出他对个人自由的极端重视。

毋庸置疑,自由是民治的目标,而实现民治亦需要一些条件,除了开启民智、制定宪法等,梁启超还从政治力量对抗的角度,深入挖掘了西方民主国家权力运行的实质。他用"政治上发动力与对抗力"来阐述西方民主政治的传统理论,认

① 梁启超:《饮冰室合集》文集十,中华书局1988年版,第5页。
② 梁启超:《饮冰室合集》文集十,中华书局1988年版,第3页。

为“百年以前各国之政治未有不出于专制者也。而千回百折，卒乃或归于君主立宪焉，或归于民主立宪焉，皆发动力与对抗力相持之结果也。”“苟一国而无强健实在之对抗力以行乎政治之间，则虽有宪法而不为用。”①也就是说，国家权力若没有与之相抗衡的力量则必然导致权力不平衡，民主机制的优势即在于规范政治中各种力量之间的平衡，使权力不至于向任何一方严重倾斜。在传统的专制国家中，专制统治者与被统治者之间不存在相互平衡的对抗关系，要么统治者一方强大而压迫被统治者，要么被统治者在力量积蓄充足时发生推翻统治者的暴力革命，其结果虽然可能是统治者与被统治者的相互易位，但权力仍处于不平衡状态。在民主国家中，统治者与被统治者之间力量对抗相对稳定，民主机制与力量平衡之间是相辅相成的关系。政治对抗力是民主的根源，而民主机制保证了统治者与被统治者之间力量对比的稳定性。

实际上，梁启超所谓的政治对抗力，大致上也就是近代政党政治运作的理想模式。“非真立宪之国不能有真政党，然非有真政党治国亦不能立宪。”②换句话讲，政党政治是实现民治的必要条件之一。梁启超进一步总结实现民治的八个条件：“(1)有少数能任政务官或政党首领之人，其器量学识才能誉望皆优越而为国人所矜式(所谓少数者非单数也，勿误会)。(2)有次多人数能任事务官之人，分门别类，各有专长，执行一政，决无陨越。(3)有大多数能听受政谈之人，对于政策之适否略能了解而亲切有味。(4)凡为政治活动者皆有相当之恒产，不至借政治为衣食之资。(5)凡为政治活动者皆有水平线以上至道德，不至掷其良心之主张而无所措。(6)养成一种政治习惯，使卑劣阘茸之人不能自存于政治社会。(7)在特别势力行动轶出常轨外者，政治家之力能抗压矫正之。(8)政治社会以外之人，人各有其相当之实力，既能为政治家之后援，亦能使政治家严惮。”③不难看出，梁启超民治思想关于制度层面的考虑在很大程度上还存有传统的痕迹，即对于人的道德和素质要求的极端重要性，尚缺乏制度功能方面的比较。也许正因为此，对于梁启超开列出的条件，萧公权先生评价说：“此八项条件，就其要者综括之，实不外政治上知识能力与道德品格二端，而国体政制之优劣尚不在考虑之内也。”④

梁启超民治思想中还应关注一点，那就是他曾大胆地提出过中国地方自治的问题。早在1897年，梁启超就曾向湖南巡抚陈宝箴提出过湖南自立的主张。他认为，中国一些省份应当“自立”，因为这样可以避免被列强瓜分，在中央政府

① 梁启超：《饮冰室合集》文集三十，中华书局1988年版，第29页。

② 梁启超：《饮冰室合集》文集三十一，中华书局1988年版，第1页。

③ 梁启超：《饮冰室合集》文集三十三，中华书局1988年版，第39页。

④ 萧公权：《中国政治思想史》，新星出版社2005年版，第506～507页。

力量不足以对抗西方国家时，地方自立能够为国家保存实力，以图挽救国家危亡。梁启超主张的地方自立与传统意义上的地方割据不同，他实际上是要在中国建立类似西方的联邦制度。当然，这种设想显然不符合中国历史发展的实际需要，但不可否认的是，地方自立的确也是资产阶级民主制度的一项重要组成部分，而且它与民主自治也有着密切关联。就当时的情况来讲，地方自治也反映了中国一部分资产阶级知识分子的政治诉求。

总之，求变法，兴民权，救国家，这三者的一致性就是梁启超政治思想的主线，而他的一切政治言论和政治活动基本上也都是围绕这条主线展开的。无论在清王朝时代还是民国时期，作为思想者和活动者，梁启超不遗余力地宣传他的自由民权思想，致力于中国民众的思想启蒙工作，而他的政治思想对当代和后世也都产生了深远的影响。

第三节　谭嗣同的维新思想

谭嗣同(1865—1898)，字复生，号壮飞，湖南浏阳人。父亲谭继洵官至湖北巡抚，但谭嗣同十二岁丧母，幼年就尝受父妾所虐，这样的家庭环境对他产生了一生的影响。他并不热衷科举考试，更喜欢四处游历，接触一些西方知识。他在浏阳设立卫学会，讲新学，又开设算学格致馆，介绍西方科学知识。1896 年，谭嗣同到南京充任候补知府，并在此时结识了中国近代著名佛学家杨文会，随其研习佛学。1897 年，谭嗣同回到湖南长沙，协助湖南巡抚陈宝箴宣传新学并取得很好的效果。翌年，康有为推荐谭嗣同进京觐见光绪帝，并获得军机章京的职位。谭嗣同与杨锐、林旭、刘光第并称“军机四卿”，实质上同康有为等人成为光绪皇帝推行变法改革的核心骨干力量。变法期间，慈禧太后与光绪皇帝发生严重分歧，谭嗣同曾试图鼓动袁世凯发动兵变，希望能够诛杀直隶总督兼北洋大臣荣禄，并且派兵包围颐和园，保护光绪皇帝。事情败露后，光绪皇帝被软禁于瀛台。梁启超曾劝说谭嗣同流亡日本，谭嗣同将其所著书稿诗词托付给梁并言：“不有行者，无以图将来；不有死者，无以酬圣主。今南海之生死未可卜，程婴杵臼，月照西乡，吾与足下分任之。”在被捕的前一日，谭嗣同与再次来劝说他流亡的日本朋友言：“各国变法，无不从流血而成，今日中国未闻有因变法而流血者，此国之所以不昌也。有之，请自嗣同始！”谭被捕后在狱中题诗：“望门投宿思张俭，忍死须臾待杜根。我自横刀向天笑，去留肝胆两昆仑”①。他与杨深秀、杨锐、林旭、刘光第和康广仁从容就义，史称“戊戌六君子”。谭嗣同坚守着他心中

① 梁启超：《饮冰室合集》文集一，中华书局 1988 年版，第 109 页。

的理想并为之付出了年轻的生命,这种大无畏的英雄主义情怀足以激励后人为民族的复兴而继续奋斗。谭嗣同主要著作是《仁学》,后人将他其他著作整理编辑为《谭嗣同全集》出版。

一、谭嗣同维新思想的理论基础

谭嗣同的《仁学》具有很强的哲学思辨气息,他试图通过形而上学的论证构建出一套完整的哲学体系,其核心思想可以从主要两个方面来解读。

1. 以“仁”与“通”为核心的本体论

谭嗣同认为“仁”是宇宙的本体,它是一切事物的规律,“仁为天地万物之源”①。“仁”的特质在于“通”,他讲:“仁义通为第一义。以太也,电也,心力也,皆指出所以通之具。”②而“仁”与“不仁”的根本分歧在于“通”与“塞”。他强调:“是故仁不仁之辨,于其通与塞;通塞之本,惟其仁不仁。通者如电线四达,无远弗届,异域如一身也”③。在谭嗣同看来,世界不是孤立存在的,万物之间存在某种规律性的联系,事物因相通,相互维系,相互吸引而构成一个统一的整体。这种关于事物具有整体性的观点,表达了谭嗣同认知世界的基本态度,而对于世界普遍的规律性,他称之为“仁”。此外,事物之间之所以能“通”,在谭嗣同看来是因为有所谓“以太”的作用。当时西方的自然科学家们认为世界存在一种媒介,他们称之为“以太”,谭嗣同接受这种观点,将“以太”看作“通”的工具,并在相信“以太”存在的基础上,借助西方自然科学构建自己的哲学学说。不过,从今天的科学知识来看,谭嗣同至少犯了两个错误。第一,所谓“以太”并非真正存在;第二,他用“科学问题”来解释“哲学问题”显然也是不恰当的。但是,谭嗣同对世界整体的把握,表明他对事物之间存在的普遍联系的认识,并进而以此来解释万物相通的原因。“徧法界、虚空界、众生界,有至大有精微,无所不胶黏,不贯洽,不筦络,而充满之一物焉。目不得而色,耳不得而声,口鼻不得而臭味,无以名之,名之曰‘以太’。”④也就是说,虽然世间万物不同,但构成不同事物的“以太”是相通的,因此事物之间便获得了相互沟通的可能。

2. “器道观”与“日新”说

清末所谓理学家们对于中西社会的不同有这样一种共识,即认为资本主义国家只是在技术上比中国先进,但这些不过是器物层面的优势,属细枝末节的问

① 《谭嗣同全集》(增订本)下册,中华书局 1981 年版,第 291 页。

② 《谭嗣同全集》(增订本)下册,中华书局 1981 年版,第 291 页。

③ 《谭嗣同全集》(增订本)下册,中华书局 1981 年版,第 296 页。

④ 《谭嗣同全集》(增订本)下册,中华书局 1981 年版,第 293 ~ 295 页。

题，而中国的政治体制是好的，它关乎王朝兴衰，是根本问题。包括洋务派在内的官僚们也都赞同在器物层面上改造中国，学习西方先进科学技术，但反对改革政治制度。作为维新理论家，谭嗣同为了批判顽固派的故步自封，创造性地颠覆了传统的器道观，提出并论证了"道器一体"。谭嗣同说："故道，用也；器，体也。体立而用行。器存而道不亡。""夫苟辨道之不离乎器，则天下之为器亦大矣。器既变，道安得独不变？"①谭嗣同这种论证策略是为了说明，中国必须全面学习西方，不仅要学习科学技术，也要变革政治制度，这样才合乎社会发展需要。

此外，谭嗣同还在论证"以太"存在的过程中提出了他的"日新"说。他认为，"以太"处于不生不灭的"微生灭"状态，而这种状态实际上处于不断运动变化之中。"以太"在"微生灭"中运动以自存，万物在"以太"的运动中存在。"以太"的"微生灭"造就了万物的"生灭"，万物生灭构成了天地的"日新"。"日新"就是要求我们不断打破旧有规则，在运动变化过程中发现规律，把握事物发展方向。因此，谭嗣同批判封建传统观念的所谓"天不变，道亦不变"，认为一切都在发展变化，没有一成不变的东西，只有在发展变化中探究和认识世间万物的总体规律才是符合实际的，落实在政治制度安排上也是如此。正是有了这些论证，谭嗣同的维新思想便有了哲学意义上的合法性或者合逻辑性。

二、"冲决网罗"的社会批判思想

谭嗣同在《仁学》中提出要冲决一切网罗，打破陈腐旧式的政治专制与道德压迫。所谓"冲决君主制网罗"，"冲决伦常之网罗"，将矛头直指封建君主专制制度和纲常礼教，体现了他强烈的社会批判精神。面对当时的社会矛盾，与其他人相比，谭嗣同的言论主张更具煽动性。

封建社会的纲常名教是维护封建统治的专断性意识形态，历朝历代的统治者都将它作为真理性的伦理规范，认为是天经地义之理。谭嗣同指出，这种伦理规范暴露出极大的虚伪性，他说："俗学陋行，动言名教，敬若天命而不敢渝，畏若国宪而不敢议。""嗟乎！以名为教……则数千年来，三纲五伦之惨祸烈毒，由是酷焉矣。"②从理性角度讲，一种伦理规范，它的规范性应当源于人们的良心自证，同时，它是在不断讨论过程中显现其真理气质，而纲常名教却是不能被讨论的，而且它的"真理性"来自专制权力的规制而并非出于真理本身。谭嗣同进一步揭示纲常名教的实质，指出它不过是封建统治者的工具，为统治者在精神上压迫民众服务，因此，以三纲五常为核心的封建伦理规范必须被废除，民众才有精

① 《谭嗣同全集》（增订本）上册，中华书局1981年版，第197页。

② 《谭嗣同全集》（增订本）下册，中华书局1981年版，第299页。

神上的解放。

“君为臣纲”是三纲中的核心，谭嗣同批判道：“两千年来君臣一伦，尤为黑暗否塞，无复人理，沿及今兹，方愈剧矣。夫彼君主犹是耳目手足，非有两鼻四目，而智力出于人也，亦果何所以恃以虐四万万之众哉？则赖乎早有三纲五常字样，能制人之身者，兼能治人之心。”①谭嗣同反对封建传统意识中君为元首、臣为股肱的君臣关系，认为君臣实际上应当是平等的。他说：“生民之初，本无所谓君臣，则皆民也，民不能相治，亦不暇治，于是共举一民为君。”②君与民只是分工意义上的区别，而没有高低等级贵贱的差别。谭嗣同否认天子受命于天的国家起源说，认为君主应该由民众推选出来，如果君主暴虐，民众有权力废除他，从而彻底否定“君为臣纲”的腐朽论调。

对于“父为子纲”，谭嗣同认为，父子关系是自然规律确定的，因此也应该是平等的，他讲：“子为天之子，父亦为天之子，父非人所得而袭取也，平等也。”③“夫为妻纲”则更是“至暴乱无理之法”。谭嗣同说：“夫既自命为纲，则所以遇其妇者，将不以人类齿。”④妇女地位的低下不仅违背了人人平等的原则，也违背了最起码的人道。因而，谭嗣同特别赞同婚姻自主和婚姻自由。总之，谭嗣同对纲常名教的批判是为了强调资产阶级平等观念，自由意识和独立精神。他号召人民反对纲常名教的束缚，冲破封建旧式伦理的网罗。

在抨击君主专制问题上，谭嗣同更是不遗余力。在他看来：“二千年来之政，秦政也，大盗也。”⑤封建帝王都是独夫民贼，他们用尽一切办法奴役人民。君主专制制度实质上就是强盗政治。受压迫和奴役的民众必须奋起反抗，冲破专制制度的网罗。

谭嗣同的社会批判思想充满了爱国精神、民主精神和人道精神。这些都是资产阶级政治思想和价值观的重要体现。与康有为相比，谭嗣同的思想更加激进，可以称得上是资产阶级维新派的左翼代表。康有为主张变法的根本目的是为了保住清王朝，而谭嗣同则纯粹出于爱国思想。与康有为相似，他赞成政治平等、崇尚人权、强调经济自由，主张学习西方科学技术和文化知识，但就如何实现这些目标而言，谭嗣同不反对暴力革命。他曾经策划地方独立，将反清政府的书籍介绍给学生，这些举动使他更像一个资产阶级革命派。谭嗣同激烈的反专制思想也成为资产阶级革命派重要的精神食粮，邹容、陈天华、章太炎等人都不同程度受到过他的影响。但是，谭嗣同的思想仍带有一定的局限性，无论在理论上

---

① 《谭嗣同全集》，三联出版社 1954 年版，第 55 页。

② 《谭嗣同全集》（增订本）下册，中华书局 1981 年版，第 339 页。

③ 《谭嗣同全集》（增订本）下册，中华书局 1981 年版，第 348 页。

④ 《谭嗣同全集》（增订本）下册，中华书局 1981 年版，第 349 页。

⑤ 《谭嗣同全集》（增订本）下册，中华书局 1981 年版，第 337 页。

还是实际行动中还没有表现出彻底的革命精神，尽管他本人最终为资产阶级维新改良献出了生命。

第四节 严复的自由思想

严复(1854—1921)，原名宗光，字又陵，后改名复，字幾道。福建侯官(今福建福州)人。他出生于医生家庭，1866年考入福州船政学堂，学习海军军舰驾驶，随后以最优等卒业。1877年，严复被保送到英国留学，在留学的三年间，他广泛涉猎西方政治、哲学典籍。英国的民主运动、天演论思想以及功利主义思想家穆勒(一译密尔)都给了严复极大的影响。归国后，严复被派往李鸿章创办的天津水师学堂任总教习、会办总办。甲午战败给了严复非常大的刺激，他开始意识到学习西方不能流于表面，应从深层挖掘西方之所以发达的原因，而只有这样才可能摆脱落后挨打的局面。在严复看来，西方的先进有两个原因，一是在学术文化上，西方人有"黜伪而存真"的科学精神，二是在政治制度上，他们有"屈私以为公"的民主精神。这是学习西方的根本要义，中国必须在这两方面发生变化。1895年，严复在天津《直报》上发表《论世变之亟》、《原强》、《辟韩》、《救亡决论》等文章，开始主张变法维新，反对君主专制。1897年，他于天津创办了《国闻报》，成为宣传维新变法的重要阵地。翌年，戊戌政变后，严复乃殚心译书，想通过翻译西方思想家的著作来表达自己的意见。他翻译了耶芳斯的《名学浅说》、约翰·穆勒的《穆勒名学》和《群己权界论》、亚当·斯密的《原富》、孟德斯鸠的《法意》、斯宾塞的《群学肆言》、甄克斯的《社会通诠》以及赫胥黎的《天演论》，这些译著被后世称为"严译八大名著"。1912年，严复被聘为北京大学校长、袁世凯总统府顾问等职。1916年，袁世凯死后，严复开始赋闲生活。1921年，严复因病逝世于家乡福州。除了他的译著之外，今存《严复集》。

严复是中国近代历史上重要的启蒙思想家，他将当时西方流行的政治、哲学知识引入中国，影响了几代知识分子。严复首倡科学与民主精神，在生命的最后两三年中，一大批中国青年知识分子举起"德先生"和"赛先生"的旗帜，新文化运动席卷整个中国知识界，中国社会进入新的思想启蒙时代。

一、以进化论为指引的维新思想

19世纪末20世纪初的中国，民族危机和社会危机空前严重。岌岌可危的清王朝对外难以应付帝国主义列强的虎视眈眈，对内无法控制此起彼伏的民众起义。面对如此的内忧外患，严复力主变法图强，积极宣传维新思想。维新变法的立足点主要是对民众的改造,即鼓民力、开民智与新民德。

严复主要从思想文化层面思考中国落后的原因。他说:“今之夷狄,非犹古之夷狄也。今之称西人者,曰彼善会计而已,又曰彼擅机巧而已。不知吾今兹所见所闻,如汽机兵械之伦,皆其形下之粗迹,即所谓天算格之最精,亦其能事之见端,而非命脉之所在。其命脉云何?苟扼要而谈,不外于学术则黜伪而崇真,于刑政则屈私以为公而已。斯二者,与中国道理初无异也。顾彼行之而常通,吾行之而常病者,则自由与不自由异耳。”①在严复看来,向西方学习,不但要学习先进的科学技术,更应该学习西方文明的内在精神,即科学精神和民主精神。西方社会在学术生活上追求“黜伪而崇真”,在政治生活中坚持“屈私以为公”,而贯穿于科学精神和民主精神之中的是“自由”,科学精神和民主精神都是自由的体现。严复总结反思了中国几十年来洋务运动的失败后指出:“夫自海禁既开以还,中国之仿行西法也,亦不少矣:总署,一也;船政,二也;招商局,三也;制造局,四也;海军,五也;海军衙门,六也;矿务,七也;学堂,八也;铁道,九也;纺织,十也;电报,十一也;出使,十二也。凡此皆西洋至美之制,以富以强之机,而迁地弗良,若亡若存,辄有淮橘为枳之叹……是何以故?民智既不足以与之,而民力民德又弗足以举其事故也。”②面对这种现状,严复给出他自己关于维新变革的方案,认为中国维新变革的根本问题在于对民众的改造。他说:“盖生民之大要三,而强弱存亡莫不视此:一曰血气体力之强,二曰聪明智虑之强,三曰德行仁义之强。是以西洋观化言治之家,莫不以民力、民智、民德三者断民种之高下,未有三者备而民生不优,亦未有三者备而国威不奋者也。”③

通过总结和思考,严复提出必须鼓民力,开民智,新民德,致力于改造民众的能力和品德。严复将洋务运动向西方学习的模式看作是治标,而从根本上改造民众则是治本。首先,在鼓民力方面,严复认为中国人必须摆脱吸食鸦片的祸害和女人缠足的旧俗。鸦片和缠足扭曲了中国人对健康的态度,民众需要重新塑造健康的体魄和对身体的认识。其次,开民智是改造民众的核心。严复反对中国旧式的人才选拔机制——科举制度,认为科举考试流于空洞的形式主义,并不能起到真正选拔国家所需要的人才的目的。进一步讲,他认为中国旧式教育存在严重的问题,传统文化知识不能为中国的富强起到任何作用。教育更应当关注实际问题,培养出能够解决中国现实问题的新式人才。最后,在新民德问题上,根本目的是要唤起民众对这个国家的认同感。一方面要引导民众认识到自身利益与国家利益的统一,而使得民众忠于国家;另一方面要求皇帝与臣民建立

---

① 《严复集》第1册,中华书局1986年版,第2页。

② 《严复集》第1册,中华书局1986年版,第15页。

③ 《严复集》第1册,中华书局1986年版,第18页。

密切联系,使自己成为臣民忠爱的偶像和值得民众爱戴的皇帝。

总的说来,严复将变革国家落实在改造民众上,这与他深受西方进化论影响是分不开的。早在英国留学期间,严复对达尔文的《物种起源》非常感兴趣。他在《原强》中就介绍过达尔文和他的《物种起源》,他写道:"达尔文者,英之讲动植之学者也……穷精眇虑,垂数十年,而著一书,曰《物种探原》……其书之二篇为尤著,西洋缀闻之士,皆能言之,谈理之家,摭为口实,其一篇曰物竞,又其一曰天择。物竞者,物争自存也;天择者,存其宜种也。意谓民物于事樊然而生,同食天地自然之利矣,然与接为搆,民民物物,各争有以自存。其始也,种与种争,群与群争,弱者常为强肉,愚者常为智役。及其有以自存而遗种也,则必强忍魁桀,趫捷巧慧,而与其一时之天时地利人事最其相宜者也。"①严复相信自然界这种生存法则同样也适用于人类社会,国家之间的竞争大体也延续物竞天择适者生存的规律,因此,中国必须自强以摆脱落后的局面。事实上,这种进化论观点在很大程度上为他的维新思想提供了理论依据。

严复早期最有影响力的译作当属《天演论》一书,出版后立即引起强烈的社会反响。它使中国当时众多先进知识分子重新认识世界,传统的保守观念受到冲击。按照进化论的思路,社会制度从低级向高级衍化发展便具有正当性。落后的封建制度必然会被先进的资本主义制度所代替。更为重要的是,严复以《天演论》言变法,充分表达出中国需要社会变革的必要性和紧迫性。

二、以法治为基础的自由思想

严复的自由思想主要表达两方面内容:一是反对专制,提倡民权;二是强调平等,明晰个人与他人、个人与政府之间的权界关系,而这二者皆以法治为基础。

与其他维新思想家相似,严复也反对君主专制的政治制度,认为中国的变法改革应从废除君主专制而实行民权开始。在孟德斯鸠《法意》这部译著中,严复写了大量的按语,他说:"酷矣,孟德斯鸠之论君主也,使非生于狭隘酷烈之朝,而又值公理将伸之世,彼又乌能为此言哉!夫君主,以言其精神则如此,以言其形质又如彼。而吾中国自黄、炎以至于今且以此为继天立极,唯一无二之治制,君臣之义,无所逃于天地之间。"②严复确信专制制度不是一种好制度,因为它使君主不受任何限制而民众却无任何权利可言,但是另一方面,他也指出中国自古以来君主专制制度的顽固性,进行政治改革并非易事。法律是治理国家的工具,专制与民主的区别在于,国家中的法只是束缚民众的手段,还是能够约束包括君

① 《严复集》第1册,中华书局1986年版,第15~16页。

② 严复:《孟德斯鸠法意》上册,商务印书馆1981年版,第35页。

主在内所有人的规范。他说:“孟氏之所谓法,治国之经制也。其立也虽不必参用民权,顾既立之余,则上下所为,皆有所束。若夫督责书所为法者,直刑而已,所以驱迫束缚其臣民,而国君则超乎法之上,可以意用法易法,而不为法所拘。夫如是,虽有法,亦适成专制而已矣。”①虽然如此,严复非常看重法律对于民权的价值,因为有法并不意味着民必有权,但无法民众肯定没有权利,民权需要依靠法律加以确定。

严复认为,除了有法与否之外,民权与专制还有一个区别,即重视民权。西方国家的人民爱国如同爱己,就是因为他们民权发达,所以民众会更加爱国,国家则更为强盛。在有民权的国家里,民众尊崇的是出自议院的法律,官员由民选,国家主权在民,因此,民众视国家利益为自己利益,国家与民众联为一体。反观专制国家,民众和国家都是君主的一家一姓之私产,百姓并不关心国家命运,他们更为看重的是自身利益,国运兴衰与民众并无太多直接关联。

在国家与人民的关系二者上,严复直指问题的根本——人民是国家的主人。他借用卢梭“天赋人权”的学说,批判专制制度。严复强调人民具有神圣不可侵犯的权利,有权利推翻压迫他们的专制暴力。君主权力是人民授予的,他的任务是代人民治理国家,为人民的福祉服务。实际上,国家是人民的公产,人民是君主的主人,而绝不是君主的奴隶和私产。因此,严复偏爱君主立宪制度。在他看来,君权与民智成互补关系,民智越发达,君权则越弱小,否则就需要一个有为的君主对民众实行教育,带领国家实现民主政治。严复认为中国需要这样一个国家实施民众教育的过渡过程,而这种观点在一定程度上也代表了资产阶级维新派的普遍心理。

民主制度最重要的意义,在于它平等地赋予和保障个人的基本自由。严复认为,中国缺乏平等精神,其重要表现是满汉之间的不平等。“三百年来,欧之所以日兴,而亚之所以日微者,世有一言而通其故者乎……夫欧亚之盛衰异者,一其民平等,而一其民不平等也。印度有喀斯德,高丽有三户,中国分满、汉矣。而分之中又有分焉,分则不平,而通力合作,手足相救之情,不可见矣。”②但是,严复也看到,虽然民主要求平等,但平等是有条件的,它不能否定人与人之间的差别。他说:“民主者,治制之极盛也。使五洲而有郅治之一日,其民主乎?虽然,其制有至难用者。何则?斯民之智、德、力常不逮此制也。夫民主之所以为民主者,以平等,故班丹(即英国学者边沁——引者注)之言曰:‘人人得一,亦不过一。’此平等之义也。顾平等必有所以平等者,非可强而平之也,必其力平,必其智平,必其德平。使三者平,则郅治之民主至矣。不然,使未至而强平之,是不

① 严复:《孟德斯鸠法意》上册,商务印书馆1981年版,第25~26页。

② 严复:《孟德斯鸠法意》上册,商务印书馆1981年版,第195页。

肖者不服乎贤，愚者不令于智，而弱者不役于强也。”①严复的这种洞见的确值得深思。

我们知道，毫无限制地强求平等不是真正的民主，民主制度除了要求道德上的人格平等和形式上的政治平等，其更深层的要求是尊重个人自由。严复对“自繇”（即自由——引者注）有其深刻的理解。他说：“中文自繇，常含放诞、恣睢、无忌惮诸劣义。然此自是后起附属之诂，与初义无涉。初义但云不为外物拘牵而已，无胜义亦无劣义也。夫人儿自繇，固不必须以为恶，即欲为善，亦须自繇。其字义训，本为最宽，自繇者凡所欲为，理无不可，此如有人独居世外，其自繇界域，岂有限制？为善为恶，一切皆自本身起义，谁复禁之。但自入群而后，我自繇者人亦自繇，使无限制约束，便入强权世界，而相冲突。故曰人得自繇，而必以他人之自繇为界，此则《大学》絜矩之道，君子所恃以平天下者矣。”②在他看来，自由和平等一样，也有其限制，个人自由的界限是他人的自由。可见，严复对穆勒自由观的理解非常准确，他把握到了自由的本意。

从道德上讲，人与人之间的自由权限通过自由本身加以确定，那么，落实到公共生活中，个人自由的范围如何界定？严复认为，个人自由需要由法律确定。法律不加以禁止的，都可视为个人自由。同样的，在个人与政府关系问题上，政府权限同个人权限一样，也需要由法律明确规定。对于个人自由范围内的事情，政府不得干涉。由此，严复的自由观大体包括以下几个方面。第一，思想领域里，人当享有思想言论的自由；第二，社会生活中，人身、财产不受他人和政府的侵犯；第三，政治生活中，尚贤、隆民，以公治天下。严复对自由的理解和诠释一方面表达了资产阶级自由民主思想，另一方面也可以说代表了当时中国思想界对自由认识的最高水平。

思考题

1. 简要分析康有为维新变法的理论基础。
2. 试论述梁启超的民治理论。
3. 谈谈对严复自由思想的理解。
4. 思考维新变法所具有的资产阶级政治含义及其局限。

---

① 严复：《孟德斯鸠法意》上册，商务印书馆 1981 年版，第 158 页。
② 严复：《群己权界论》，商务印书馆 1981 年版，“译凡例”。

5

第五章

资产阶级革命派的政治思想

19世纪末20世纪初，中华民族的民族危机不断加重，一方面是清政府日益腐朽，另一方面是帝国主义对中国的侵略不断加深。在这个历史大背景下，民族资产阶级在艰难维护自身利益中逐渐成长；资产阶级革命派则发动了旨在推翻清朝的专制统治、挽救民族危亡并夺取政权的民主革命；在政治思想上，革命派的政治思想不断成熟，并通过与改良派的论争以及相应的革命行动得到更为广泛的传播。

第一节　民族资产阶级的发展与民主革命的兴起

甲午战争之后，中华民族遭受的民族危机进一步加剧。一方面，列强对中国的侵略进一步加深，并出现了新的特点；另一方面，清政府并不能通过改革挽救危机，反而成为帝国主义控制中国的工具。在内忧外患的危机局势下，中国人民的反抗却一次又一次地失败。

一、深重的民族危机

19世纪末20世纪初，自由资本主义向垄断资本主义过渡并进入了帝国主义时期，对中国的侵略出现了一些新特点。一方面，列强加强了对中国的经济与政治控制。在经济上，经济控制由主要以输入商品为主，逐渐转为资本输入，并通过铁路建筑和矿山开采等方式加强了对中国经济命脉的控制。相应的，这种资本输出需要在中国得到稳定的政治保护，这促使他们争夺对中央政府和刘坤一、张之洞等地方督抚的影响和控制。另一方面，由于世界范围内的殖民地基本上被瓜分完毕，各国列强开始在华划分势力范围，并加快了对中国的瓜分。为了寻求稳定的收益，各国都试图对某一行业或在某一地区形成独占权，排除别国的竞争。以1897年德国在沙俄的怂恿和支持下强占胶州湾开始，瓜分热潮导致帝国主义深入中国内地，牢牢控制了中国的经济命脉，到处建筑铁路，发掘矿藏，经营航运，设立租界。结果，中国沦为列强殖民地的危机空前加剧。

在这种情况下，腐朽无能的清政府仍不真心改革，不仅无法带领中华民族走出危机，建设独立富强的国家，而且实际上全面投降了帝国主义，变成了“洋人的朝廷”，成为列强统治中国的最顺服的工具。于是，中国爱国的知识分子最先认识到，只有通过革命，推翻清政府的腐败统治，才能挽救中国，才能解放中华民族。洋务运动和戊戌变法相继失败后，一些改良派和立宪派也逐渐对清政府失去信心，革命派则更坚定了追求资产阶级民主政治的决心。由下层爱国民众发动的义和团运动，更直接表明了中国人民反抗外来侵略的决心。于是，为了挽救危亡，资产阶级的民主革命应势而起。

二、民族资产阶级的发展

中国的近代工业，是鸦片战争以后，在外国资本主义的刺激下发展起来的。在19世纪后期，洋务派官僚主持兴办了一批现代工商厂矿。同时，也有一批商人、地主和官僚投资于新式工业。到19世纪末，中国的资本主义已经有了初步的发展。甲午战争以后，中国民族工业的发展有了第一次高潮。《马关条约》允许外国在华设厂引起强烈的震动，使许多人感觉到必须加快发展民族工业，而率先兴办的一些企业在当时获得了优厚的利润，这又刺激了一部分地主、官僚、买办和商人等进一步投资工业。几年时间里，民族资本近代工业的发展速度大大加快，不仅投资总额大为增加，而且所建设厂矿的规模也扩大许多。1903年以后，由于帝国主义对华大规模投资的刺激，中国民族工业的发展又出现了第二次高潮。在这一时期，优厚的资本回报率非常有利于投资额的增加，同时，中国人民反帝爱国运动的高涨有力地打击了列强在华的商品倾销和投资活动，清政府也采取了“奖励设厂”的政策。这些因素都促进了民族工业的进一步发展，投资的工厂数和金额更多，范围更广。

随着各种近代实业的涌现，中国民族资产阶级也随之兴起了。由于中国资本主义的特殊道路，这个阶级一开始就明显分为上层和下层两个部分。上层资产阶级主要由大地主、大商人、买办和官僚转化而来，他们同帝国主义和封建势力有着千丝万缕的联系。他们虽然也不满封建势力和帝国主义势力对他们的盘剥，但是，他们亦从清政府和列强那里得到更多的利益，他们希望维持现在的社会秩序，对革命一般采取抵制，甚至敌视的态度。另一部分是中下层民族资产阶级，主要由手工业作坊主和中小商人转化而来。尽管他们在发展的过程中也与帝国主义和封建势力建立起各种各样的关系，但是，他们受到的剥削更加深重，对封建势力和帝国主义更加不满。因此，这一部分民族资产阶级有独立发展资本主义的强烈要求，容易接受爱国、民主的宣传。不过在当时的情况下，这一群体力量软弱，缺少组织，很少直接参加革命的实际行动。

三、资产阶级民主革命的兴起

由于民族资产阶级的政治局限和利益分歧，实际上引领资产阶级革命的是资产阶级、小资产阶级的知识分子。1905 年清朝废除科举，兴办学堂，并派遣留学生出国，这样，就在中国出现了一个不同于以往旧式文人的新式知识分子群体。这一群体开始广泛地接受资产阶级政治学说和思想文化的熏陶，对当时深重的民族危机有深切的体会，形成了强烈的爱国思想。他们当中的大多数倾向于采纳资本主义的政治制度以解决民族危机，或是希望通过改革来挽救中华民族的深重危机，或是主张通过革命来达到建立民主共和国。于是，资产阶级革命派就在这一群体中形成了。他们一方面激烈地抨击清政府的罪恶统治，另一方面提出了各种各样的政治方案，试图在中国建立起资产阶级民主共和国，同时也敢于投身革命，为之奋斗。其中，邹容、章太炎、孙中山、宋教仁等都是杰出的代表人物，他们不仅著书立说，抨击清政府的腐朽统治，勾画民主共和国的蓝图，而且投身于革命实践，推动了中国资产阶级民主革命的发展。

1894 年，孙中山在檀香山成立兴中会，秘密誓词中首次明确提出“驱除鞑虏，恢复中华，创立合众政府”的目标。创立“合众政府”，就是要创立以美国为模式的民主共和政府，这与维新派要学习的是君主立宪的日本和英国是不同的。孙中山领导兴中会在中国南部地区多次发起反对清政府的武装起义。1904 年，黄兴在长沙组织成立华兴会，到会者百余人，黄兴任会长，宋教仁、刘揆一任副会长。华兴会也以“驱逐鞑虏，复兴中华”为纲领，在具体行动上提出“市民革命”的方略，决定“采取雄踞一省，与各省纷起之法”，试图在一个广阔的区域内，广泛发动各阶层的民众进行“国民革命”。之后，华兴会联络湖南会党领袖马福益准备发动起义，并在湖北、江西、广西等省发动策应，但因事机不密，起义未发动就被镇压。黄兴先是转移到上海，其后流亡日本。

与此同时，其他革命派也纷纷组建革命小团体，其中影响较大的有科学补习所和光复会。1904 年 7 月，两湖革命志士宋教仁、刘静庵、张难先、胡瑛、吕大森等在武昌成立了武汉地区第一个具有较完备组织形式的反清革命团体“科学补习所”，由吕大森任所长，主要在新军中进行革命宣传和组织活动。科学补习所与华兴会关系密切，华兴会起义失败后，被迫停止活动。后来，原科学补习所成员刘静庵、胡瑛等人于1906年3月创办日知会，刘静庵任总干事。因参与萍浏醴起义，刘静庵、张难先、胡瑛等9名日知会成员被捕，日知会又受到破坏。此后，湖北地区又出现了各种各样的组织，最终汇合成文学社与共进会两个主要革命团体，成为发动武昌起义的中坚组织。

1904年10月，江浙革命团体光复会在上海成立，参加者有蔡元培、章太炎、陶成章等，蔡元培为会长。该会通过陶成章联络会党成立了外围组织龙华会，有会众3万人。光复会以“光复汉族，还我河山”为主要宗旨，同时也提出了“重新建国，图共和之幸福”的民主革命纲领。光复会的主要领导人蔡元培、章太炎、秋瑾、李燮和等人同时也是同盟会会员和同盟会的领导人，陶成章1908年曾在日本主编过三期同盟会的机关报《民报》，在光复上海、攻打南京等革命活动中，光复会和同盟会共同努力，难分彼此。

兴中会、光复会、华兴会这三个主要的革命组织在国内革命活动暂时失败后，其主要成员纷纷东渡至近邻日本。1905年，这三个主要革命组织的成员加上黄兴在东京成立的革命同志会等，联合成立了中国同盟会，推举孙中山为总理，黄兴为主管日常会务的庶务，并在孙中山外出时代行总理职权。同盟会是中国历史上第一个资产阶级政党，按“三权分立”原则，设执事、评议、司法三部。国内分东、西、南、北、中五个支部，支部下按省设立分会，推定了各省分会的主盟人。海外华侨分为南洋、欧洲、美洲、檀香山4个支部，支部下按国别、地区设立分会。

同盟会的成立标志着中国的资产阶级民主革命进入了一个新的阶段，并提出了一个比较完备的民族民主革命的纲领。《同盟会总章》规定：“本会以驱除鞑虏，恢复中华，创立民国，平均地权为宗旨。”1905年11月，孙中山在同盟会机关刊物《民报》发刊词中，将同盟会的十六字纲领第一次概括为“民族”、“民权”、“民生”三大主义。1906年，孙中山在他主持制定的同盟会《革命方略》和在《民报》创刊周年纪念会发表的重要演讲中，对三民主义基本内容作了系统的解释，三民主义思想体系正式形成。之后的《革命方略》也于1906年秋冬间发表，提出了著名的“军法之治”、“约法之治”和“宪法之治”三大革命步骤，规定了军政府与军队的关系、军队的组成及相关制度、对清军的政策、攻占和安定地方的政策、对外政策、对满政策和经济政策等一系列具体的革命建国问题。以此为标志，辛亥革命时期的民主革命思想正式形成了一个比较完整的系统。

同盟会使资产阶级革命派有了一个全国性的统一的革命组织，并发动了一系列的革命活动。一方面，这个新的组织在一定程度上克服了旧的革命组织的地域性，为在革命之后建立一个统一的临时政府提供了基础；另一方面，它使人数众多的革命派有了一个公认的领袖，也为革命提供了一个组织比较严密、可以协同行动的政党。同盟会创办了机关刊物《民报》，加强了革命宣传，举行了多次武装起义。1906 到 1911 年间，这些起义与各地的武装革命运动相互呼应、蔚然成势。其中，比较重要的有 1906 年群众自发进行的浏醴萍起义，1907 年孙中山领导的钦潮廉惠起义，1907 年徐锡麟领导的安庆起义，1907—1908 年孙中山和黄兴领导的镇南关起义、钦廉上思起义和河口起义，1908 年熊成基领导的安庆新军起义，1910 年同盟会发动的广州新军起义，以及 1911 年同盟会的黄花岗起义。到 1911 年，革命的形势终于发展成熟，武昌起义爆发，辛亥革命成功，中国历史上第一个资产阶级民主共和国即中华民国建立了起来。

第二节　邹容、章太炎与民主革命思想的传播

辛亥革命前，邹容、章太炎等人较早地传播资产阶级革命思想，并在当时产生了重要的影响。“苏报案”之后，虽然一些传播资产阶级革命思想的人受到镇压，但是，资产阶级革命的思想却得到了更为广泛的传播，为辛亥革命的到来做好了思想准备。

一、邹容的民主革命思想

邹容（1885—1905），原名绍陶，字蔚丹，留学日本时改名邹容，四川巴县（今重庆）人。邹容出生于一个商业资本家庭，家境颇为富裕，使他能够接受比较好的教育。6 岁时，邹容进入私塾读书，熟读四书五经，并广泛阅读了《史记》、《汉书》等历史著作。他非常崇敬的一位历史人物是清初反清复明的少年英雄夏完淳，视其为楷模。少年时代的邹容即具有强烈的叛逆精神，蔑视封建礼教和科举制度。1898 年维新运动高涨时，他在重庆一经学书院学习，有机会阅读大量的书籍，接触了西方民主学说，并对西方资本主义文化和日本明治维新表现出浓厚的兴趣。维新运动的失败使他激愤不已，决心继承维新志士的事业。1901 年，清政府开始派遣出国留学生，邹容考试通过，但被保守派以“聪颖不端谨”的理由取消资格。1902 年，邹容自费去日本留学，在近一年的时间里一面广泛地结交革命同志，一面如饥似渴地阅读卢梭的《民约论》、孟德斯鸠的《万法精意》、穆勒的《自由原理》等西方学术名著，以及《法国革命史》、《美国独立檄文》等革命理论和革命历史的书籍。在这个时期，他的激进民主主义革命思想基本形成。

1903 年春，邹容因参与严惩清朝留日学监姚文甫的学生爱国运动而被迫回国，随即便在上海投身于民主革命运动。在章太炎的支持和帮助下，邹容不到一

个月就完成了《革命军》一书。这本书出版之后迅速发行百万册以上,鲁迅曾评论说:"倘说影响,则别的千言万语,都抵不过浅近直截的'革命军马前卒'邹容所做的《革命军》"①。同年7月,清政府勾结帝国主义发起"苏报案",逮捕了邹容并判处两年徒刑。邹容在租界监狱中饱受折磨,两年后因病而死,年仅20岁。

《革命军》全书约2万字,共分7章。在这本书中,邹容不仅全面地批判了清王朝的专制政体,而且主张通过革命推翻清政府的专制统治,建立资产阶级共和国,并提出一些建设性的意见。邹容的《革命军》在当时形成了巨大的影响。在《苏报》介绍《革命军》时,甚至推荐本书为国民必读的第一教科书。后来,《革命军》还广为散发到新军当中,对资产阶级民主革命思想的传播起到了重要作用。《革命军》一书为辛亥革命的到来做好了思想上的准备,在当时起到了振聋发聩的作用。

1. 对清王朝专制政体的批判

在《革命军》一书中,邹容对中国历史上的封建专制给予了无情的揭露和批判。他历数封建专制制度的罪恶,明确指出:"自秦始统一宇宙,悍然尊大,鞭笞宇内,私其国,奴其民,为专制政体,多援符瑞不经之说,愚弄黔首,矫诬天命,揽国人所有而独有之,以保其子孙帝王万世之业。"②而批判封建专制,在当时就是为了推翻清王朝。

首先,邹容批判了清王朝统治的腐朽和残忍。他痛斥清王朝统治集团的骄奢淫逸,搜刮民脂民膏,为了满足慈禧太后的喜好建造颐和园。"夫暴秦无道,作阿房宫,天下后世尚称其不仁,于圆明园何如?于颐和园何如?我同胞不敢道其恶者,是可知满洲政府专制之极点。"③同时,邹容还揭露了清政府的严刑峻法,认为当时的统治者"之用苛刑于中国,言之可丑可痛。天下怨积,内外咨嗟"。他反问道:"今无肉刑,何以毙人杖下?今无拷讯,何以苦打成招?今无滥苛,何以百毒备至?至若监牢之刻,狱吏之惨,犹非笔墨所能形容,即比以九幽十八狱,恐亦有过之无不及"④。

其次,邹容以悲愤的笔墨,控诉了清王朝统治下人民生活的苦难。邹容将清王朝统治下的人民分为士农工商四类。对于士人,清政府"多方困之,多方辱之,多方汩之,多方羁之,多方贼之,待其垂老气尽,俨然躯壳。而后鞭策指挥焉。"士人在这种政策之下饱受摧残:"以故海内之士,莘莘济济,鱼鱼雅雅,衣冠俎豆,充儒林,抗议发愤之徒绝迹,慷慨悲咤之声不闻,名为士人,实则死人之不

① 《鲁迅全集》第1卷,人民文学出版社2005年版,第234页。

② 邹容:《革命军》,冯小琴评注,华夏出版社2002年版,第9页。

③ 邹容:《革命军》,冯小琴评注,华夏出版社2002年版,第23页。

④ 邹容:《革命军》,冯小琴评注,华夏出版社2002年版,第22~23页。

若。""中国士子者,实奄奄无生气之人也。"①农民的生活尤其悲惨:"今试游于穷乡原野之间,则见夫黧其面目,泥其手足,荷锄陇畔,终日劳劳而无时或息者,是非我同胞之为农者乎?"如此辛劳的农民在地主土豪的盘剥之外还要受官府的搜刮压迫:"以某官括某地之皮,以某官吸某民之血,若昭信票,摊赔款,其尤著者也。是故一纳赋也,加以火耗,加以钱价,加以库平,一两之税,非五六两不能完,务使之鬻妻典子而后已。"工人的处境同样糟糕,邹容特别提到了海外被虐华工的"饥寒交逼,葬身无地",而与之相比,国内工人阶级更缺乏政治地位。"外国工人有干涉国政,倡言自由之说,以设立民主为宗旨者,有合全国工人立一大会,定法律以保护工业者。有立会演说,开报馆,倡社会之说者,今一一转询中国有之乎? 曰:无有也。"商人同样饱受压迫:"而中国则贬之曰末务,卑之曰市井,贱之曰市侩,不得与士大夫伍。乃一旦偿兵费,赔教案,甚至供玩好养国蠹者,皆莫不取之于商人,若者有捐,若者有税,若者加以洋关,而又抽以厘金;若者抽以厘金,而又加以洋关。震之以报效国家之名,诱之以虚衔封典之荣,公其词则曰派,美其名则曰劝,实则敲吾同胞之肤,吸吾同胞之髓,以供其养家奴之费,修颐和园之用而已。"②

最后,邹容批判了清政府的投降卖国。他指出,清政府统治集团为了自己的私利,大肆出卖国家的整体利益。清政府奉行"量中华之物力,结友邦之欢心"的政策,"割我同胞之土地,抢我同胞之财产,以买其一家一姓五百万家奴一日之安逸,此割台湾、胶州之本心,所以感发五中矣。"③他还特别指出,清政府已经软弱到连自己起家的老祖宗土地东北也让给了俄国,在面对外国侵略时更不可能保护整个中国。

总之,清政府本身腐败无能,对国民苛刻残暴,导致人民生活艰难困苦,对外又软弱投降,已经失去了存在的理由。通过革命来推翻这样的清政府,不仅是正当的,而且是必要的。

2. 革命与资产阶级共和国的蓝图

邹容热情洋溢地赞颂了革命。"扫除数千年种种之专制政体,脱去数千年种种之奴隶性质,诛绝五百万有奇被毛戴角之满洲种,洗尽二百六十年残惨虐酷之大耻辱,使中国大陆成干净土,黄帝子孙皆华盛顿,则有起死回生,还命反魄,出十八层地狱,升三十三天堂,郁郁勃勃,莽莽苍苍,至尊极高,独一无二,伟大绝伦之一目的,曰'革命'。巍巍哉!革命也!皇皇哉!革命也!"邹容明确地主张通过革命来推翻封建专制统治,建立"中华共和国"。"呜呼!我中国今日不可

---

① 邹容:《革命军》,冯小琴评注,华夏出版社 2002 年版,第 17 页。

② 邹容:《革命军》,冯小琴评注,华夏出版社 2002 年版,第 20 ~ 21 页。

③ 邹容:《革命军》,冯小琴评注,华夏出版社 2002 年版,第 23 ~ 24 页。

不革命，我中国今日欲脱满洲人之羁缚，不可不革命；我中国欲独立，不可不革命；我中国欲与世界列强并雄，不可不革命；我中国欲长存于二十世纪新世界上，不可不革命；我中国欲为地球上名国、地球上主人翁，不可不革命。”①

邹容以青年人的热情，流畅通俗的文笔，激烈愤怒的语句，大声疾呼“以宣布革命之旨于天下”，不仅论述了推翻清政府这个革命的否定性目标，而且论述了革命的肯定性目标。“文明之革命，有破坏，有建设，为建设而破坏，为国民购自由、平等、独立、自主之一切权利；为国民增幸福。”②革命的积极目标在于恢复人民的天赋权利，增进人民的幸福。他提出了三项主张来实现这一目标：“革命之教育”，“革命必剖清人种”，“革命必先去奴隶之根性”。通过“革命必剖清人种”，引入民族主义的观念。民族问题成为当时政治思想的一个重要主题，维新派的康有为等人即以此为出发点，主张维新；与邹容同时传代的章太炎亦对此有较多的论述。邹容吸收了当时流行的物竞天择的进化论观点，认为在各个民族之间存在生存上的互相竞争。进化论的思潮和当时帝国主义流行的历史背景结合在一起，使得邹容看不到各民族之间存在和谐发展的共赢之路。邹容的民族主义一方面旨在反抗民族压迫，另一方面又走向民族扩张：“我汉族之富于扩张种族之势力者，有如此，即以二十世纪世界之主人翁，推尊我汉族，吁！亦非河汉之言也。”③

邹容主张通过革命之教育来培养人才，为革命以及革命之后的建设做准备，并一一列举了关键的教育内容。第一，“当知中国者，中国人之中国也。”第二，“人人当知平等自由之大义。”第三，“当有政治法律之观念。”由以上三者又衍生出四条内容，“一曰养成上天下地，惟我独尊，独立不羁之精神。一曰养成冒险进取，赴汤蹈火，乐死不辟之气概。一曰养成相亲相爱，爱群敬己，尽瘁义务之公德。一曰养成个人自治，团体自治，以进人格之人群。”④

邹容还主张，要想革命成功，“必先去奴隶之根性”，清除以效忠君主为正当的封建道德。他指出，奴隶与国民相区别，国民的特点是自由独立，而奴隶的特点是“既无自治之力，亦无独立之心”。由这种观点出发，他认为“秦汉以后无国民”，在专制政体之下没有国民，“中国之所谓二十四朝之史，实一部大奴隶史也。”⑤他以曾国藩、左宗棠和李鸿章为中国人为奴隶之代表，批评道“柔顺也，安分也，韬晦也，服从也，做官也，发财也，中国人造奴隶之教科书也。”面对这种根

① 邹容：《革命军》，冯小琴评注，华夏出版社 2002 年版，第 7 页。

② 邹容：《革命军》，冯小琴评注，华夏出版社 2002 年版，第 35 页。

③ 邹容：《革命军》，冯小琴评注，华夏出版社 2002 年版，第 43 页。

④ 邹容：《革命军》，冯小琴评注，华夏出版社 2002 年版，第 37 ~ 39 页。

⑤ 邹容：《革命军》，冯小琴评注，华夏出版社 2002 年版，第 49 页。

深蒂固的秉性，必须万众一心共同努力“拔去奴隶之根性，进为中国之国民。”①

邹容勾画了革命成功以后的资产阶级共和国蓝图。在他看来，天赋人权要通过建立新的国家来保证，并仿照美国革命独立，提出推翻清王朝的统治，建立资产阶级的“中华共和国”。在这个新的国家里，全国无论男女，皆为国民，“男女一律平等，无上下贵贱之分。”人人都有不可剥夺的天赋权利，包括生命权、言论和出版自由权等，同时，国民也有缴纳国税，效忠新国家等义务。为了维护国家独立，宣布革命的敌人包括“干预我中国革命独立之外国及本国人”。在这里，邹容保持了激进的革命态度，主张“无论何时，政府所为，有干犯人民权利之事，人民即可革命，推倒旧日政府”。在具体国家建设的方面，邹容也主张模仿和借鉴美国的宪法和法律，建立起适合中国的政治制度以及宪法和法律。他还认为应该模仿美国实行总统制，总统的选举也模仿当时美国的选举人制度，“区分省份，于各省中投票公举一总议员，由各省总议员中投票公举一人为暂行大总统，为全国之代表人，又举一人为副总统，各府州县，又举议员若干。”②

二、章太炎的民主革命思想

章太炎(1869—1936)，名炳麟，字枚叔，号太炎，浙江余杭人。章太炎不仅是一位重要的民主革命家、思想家，同时还是中国近代国学大师，其研究范围涉及经学、史学、文字音韵学、哲学等，贡献很大。

章太炎出身书香门第，自幼熟悉儒家经典。1890 年开始，他师从朴学大师俞樾学习经史，造诣很高。章太炎幼年即受其祖父及外祖父民族主义的熏陶，不满于清朝的统治，奠定了贯穿其一生的华夷观念，并将《春秋》的夷狄观以及西方的现代民族主义观点相结合，形成具有其个人特色的民族主义观。章太炎身在书斋，心系国家大事。中国甲午战败使章太炎受到极大的震荡，随即报名加入强学会，投身变法。1897 年加入《时务报》社，宣传维新变法的思想，后又创办“兴浙会”等，直接参与实际的政治活动。戊戌变法失败后，守旧势力大肆迫害维新派，章太炎避祸台湾，后去日本，结识孙中山，开始倾向“排满革命”。1900 年，章太炎参与了改良派组织的自立军运动，后来发现无法接受改良派与“排满”相矛盾的“勤王”主张，遂与其决裂，断发易服，从此走上推翻清政府的革命道路。

1902 年，章太炎再次遭受清政府的追捕，二度流亡日本。在日本，他和孙中山交游往来，同时读书写作，吸收西方思想的营养。1903 年，章太炎回到上海，

① 邹容：《革命军》，冯小琴评注，华夏出版社 2002 年版，第 47～51 页。

② 邹容：《革命军》，冯小琴评注，华夏出版社 2002 年版，第 55 页。

加入蔡元培等人组织发起的中国教育会，在爱国学社任教。这一年的6月以单行本出版《驳康有为论革命书》，部分摘录又发表于《苏报》，同年他为《革命军》作序，亦发表于《苏报》。章太炎和邹容的著作成为中国资产阶级革命理论成熟的标志，在社会上激起了强烈的反响，上海人人争购，各地书局纷纷翻印。清政府对革命宣传极为恐惧，发起"苏报案"，导致章太炎在租界被捕入狱。1906年章太炎刑满出狱，再次东渡日本，加入同盟会，任同盟会机关刊物《民报》主编。1907年后与孙中山意见冲突，脱离同盟会，与陶成章等重建光复会。1911年辛亥革命爆发后回国，发表"革命军兴，革命党消"的错误言论，遭到同盟会的排斥，被拉入江浙地区的立宪派、旧官僚和旧政客的"中华民国联合会"。1912年赴北京，就任袁世凯政府的高等顾问，后任东三省筹边使。1913年，他的至交宋教仁被袁世凯谋杀的消息传来，章太炎极为愤怒。他回到上海，和国民党人化解旧怨，赞同革命党人武力讨伐袁世凯的主张，并发表《讨袁宣言书》。后来，在民国复杂曲折的政治动荡中，他和梁启超等老一代人逐渐失去政治影响力，最终淡出政治活动，专注于学术与教育事业，1936年病逝于苏州。

章太炎一生中发表了大量的报刊文章和单行本，编辑成书的有《章氏丛书》、《章氏丛书续编》、《章氏丛书三编》以及近年出版的《章太炎全集》等。《驳康有为论革命书》是章太炎最有影响的政治作品，书中有力地批判了保皇派康有为等君主立宪的改良主张，提倡革命。除此之外，《复仇是非论》、《排满平议》、《代议然否论》等作品都有着很强的代表性，而《俱分进化论》、《五无论》等著作则对西方的进化论及现代文明进行了反思。作为章太炎的学生，鲁迅评价他首先是一位革命家，然后才是一位学问家。作为革命家，他几乎参加了革命派大部分的革命行动；而作为学问家，章太炎的学术更是一座高峰，在诸多领域做出了重要的贡献。

1. 反满主张与民族主义思想

在满汉的问题上，维新派的代表人物康有为提出了"君民同体，满汉不分"的思想，认为满汉已经平等，反对反满的口号。对于康有为的这种言论，章太炎从革命的角度予以驳斥，公开举起了反满革命的旗帜，并系统阐述了其民族主义的思想。

针对康有为所谓"满汉同种"的天然民族观，章太炎运用历史民族观作了有力的驳斥。康有为引用匈奴祖源的传说来证明满汉同种，章太炎则认为，满洲种族古称东胡，属通古斯种，从一开始就与匈奴不是一类。章太炎还从"历史民族"与"天然民族"的区分出发，以"历史民族"论的说法批驳康有为，认为近代种族之辨，应该以历史民族为界，而不应以天然民族为界。这样，即使匈奴确与汉族同为炎黄之后，然而，他们在语言、政教、饮食、风习等各类文化特征上也与禹域诸夏有着很大的不同，不能说是同种。在这里，章太炎指出了历史民族的概念内涵，更多强调了民族在后天发展过程中形成的差别。从学术上讲，章太炎以文化还是以血缘作为民族问题的区分标准并不很明确，但民族区分在当时的情况下却有着革命反满的特殊意义。章太炎倡言民族主义的一个重要依据，在于他把民族主义视为人的本性与良知。“民族主义，自太古原人之世，其根性固已潜在，远至今日，乃始发达，此生民之良知本能也。”①

章太炎结合清王朝统治的历史与现实，驳斥了康有为对清王朝统治的赞美；又以民族主义的观点指出，清王朝是满族对汉族的统治，这种统治是极其不正义的。康有为认为，满族的统治在中国历史上各王朝中相对来说，还是比较好的。对此，章太炎从税赋的角度予以驳斥。他指出：“一条鞭法，名为永不加赋，而耗羡平余，犹在正供之外。徭役既免，民无恶声，而舟车工匠，遇事未尝获免。彼既以南米供给驻防，亦知民志不怡，而不得不借美名以媚悦之。玄烨、弘历，数次南巡，强勒报效，数若恒沙，已居尧、舜、汤、文之美名，而使佞幸小人间接以行其聚敛，其酷有甚于加税开矿者。”②在章太炎看来，满族的统治不仅在过去非常恶劣，而且在未来也不可能改良，这是因为光绪并不是一个强有力的君主，而是暗弱非常的“载湉小丑，未辨菽麦”，不可能担当改良重任。章太炎由此得出结论认为，改良主义的道路是走不通的，只有走革命的道路。在当时的情况下，章太炎鼓吹的反满革命引起了巨大的反响。

随着革命形势的发展，章太炎不再盲目地反满，而是开始反对民族压迫，反对进行种族复仇。在1903年的《复仇是非论》中，他指出“排满洲即排强权矣，排清主即排王权矣。”③在1908年发表的《排满平议》中，他的思想更进一步：“排满洲者，排其皇室也，排其官吏也，排其士卒也。”“非排一切政府，非排一切满人，所欲排者，为满人在汉之政府。而今之政府，为满洲所窃据，人所共知，不烦别为标的，故简略言之，则曰排满云尔。”④这时，章太炎已经把满族政府和满族人民作了区别，要排除前者而非排除后者，并明确认为“排满”不是仇视满族，而是要推翻清政府，建立人人平等的民主共和政体。

2. 革命与民主共和国理念

革命与改良的问题是维新派与革命派争论的焦点。康有为认为，中国只能立宪不能革命，法国革命导致大乱60年，流血数百万人，代价过于高昂，而中国不能走这条道路。因此，康有为主张光绪皇帝复辟，效法俄国和日本建立君主立宪制度，变法以自强。章太炎再次从革命的角度驳斥了维新改良派的观点，并在

① 《章太炎全集》第4卷，上海人民出版社1985年版，第173页。

② 《章太炎全集》第4卷，上海人民出版社1985年版，第176页。

③ 《章太炎全集》第4卷，上海人民出版社1985年版，第274页。

④ 《章太炎全集》第4卷，上海人民出版社1985年版，第269页。

此基础上提出了资产阶级民主共和国的主张。在民主共和国的设计上，章太炎反对代议制，主张总统制；在实现民主共和的手段上，他反对立宪改良，主张革命。这些政治思想反映了早期革命党人的基本政治主张。

章太炎驳斥了康有为所谓"立宪可避免革命之惨"的观点，认为立宪改革也必须通过暴力才能实现。他以英国和日本的改革为例，指出立宪和革命一样要流血。"近观日本，立宪之始，虽徒以口舌成之，而攘夷覆幕之师在其前矣。使前日无此血战，则后之立宪亦不能成。故知流血成河，死人如麻，为立宪所无可幸免者。"①从实际情况来看，立宪比革命更加困难，而革命比立宪更为可取，因为立宪需要依赖统治集团的善意，而这却是无法证明、更无法保障的。针对所谓"公理未明，旧俗俱在"因而不可革命的观点，章太炎明确指出，"人心之智慧，自竞争而后发生，今日之民智，不必恃他事以开之，而但恃革命以开之。"在章太炎看来，人的知识和才能是后天形成的，因此具有很强的可塑性，而且人的认识会在革命斗争中不断提高。他指出，"然则公理之未明，即以革命明之；旧俗之俱在，即以革命去之。革命非天雄大黄之猛剂，而实补泻兼备之良药矣。"②

在《代议然否论》中，章太炎阐述了他对民主共和国的构想，批评并反对采用代议制，认为"代议政体者，封建之变相。"③代议制度将保留封建制度的不平等，导致非常糟糕的后果："选举法行，则上品无寒门，而下品无膏粱。名曰国会，实为奸府，徒为有力者傅其羽翼，使得腠腊齐民，甚无谓也。"④因此，他主张以一种独特的总统制来取代代议制，要点在于国家选举总统来负责行政、国防和外交，其他事务不得干预。国家实行法治，"凡制法律不自政府定之，不自豪右定之，令明习法律者与通达历史周知民间利病之士，参伍定之，所以塞附上附下之渐也。"⑤司法独立，总统不得干预。学校独立，培育民智。人民有集会、言论、出版等自由权利，平时不设议员，"有外交宣战诸急务，临时得遣人与政府抗议，率县一人。"⑥

章太炎还主张国家采取政策，抑富强，振贫弱，使国民尽可能平等。章太炎早年在日本主编《民报》时，曾经主张过社会主义，同时与片山潜等日本社会主义者有着密切的来往，其思想有着较强的革命性。在《代议然否论》一文中，他明确指出："限袭产之数，不使富者子孙蹑前功以坐大也。田不自耕植者，不得有；牧不自驱策者，不得有；山林场圃不自树艺者，不得有；盐田池井不自煮暴者，

① 《章太炎全集》第4卷，上海人民出版社1985年版，第178页。

② 《章太炎全集》第4卷，上海人民出版社1985年版，第180～181页。

③ 《章太炎全集》第4卷，上海人民出版社1985年版，第300页。

④ 《章太炎全集》第4卷，上海人民出版社1985年版，第302页。

⑤ 《章太炎全集》第4卷，上海人民出版社1985年版，第306页。

⑥ 《章太炎全集》第4卷，上海人民出版社1985年版，第307页。

不得有；旷土不建筑穿治者，不得有；不使枭雄拥地以自殖也。官设工场，辜较其所成之直四分之以为饩禀，使役佣于商人者，穷则有所归也。在官者，身及父子皆不得兼营工商，托名于他人者，重其罪，藉其产。身及父子方营工商者，不得入官，不与其借政治以自利也。”①作为一位资产阶级政治思想家，章太炎试图为民主共和国理念设计一种避免资本主义贫富分化恶果的政治制度，这在当时的中国和西方都是不多见的。

三、苏报案与革命思想的传播

《苏报》原是1896年胡璋在上海公共租界创办的一份报纸，内容低俗，与革命思想无关。1898年，原江西铅山知县陈范因教案离职，便购买了这份报纸，试图通过办报倡导变法，所以言论偏向改良，但并没有鼓吹革命。1903年，《苏报》与爱国学社达成协议，聘请章士钊为主笔，并请学社教员轮流供稿。爱国学社的教员有蔡元培、章太炎、黄炎培、章士钊等人，他们的革命思想使《苏报》的政治倾向发生了根本转折。就在这一年，邹容、章太炎分别写出轰动全国的《革命军》和《驳康有为论革命书》。《苏报》借机连续发表《读〈革命军〉》、《序〈革命军〉》、《介绍〈革命军〉》等文章，一方面抨击皇帝和清政府，另一方面鼓吹革命，要求建立资产阶级“中华共和国”，同时，还报道了各地学生的爱国运动。《苏报》的革命言论为香港的《中国日报》和厦门的《鹭江报》等报刊转载，扩大了影响。

1.《苏报》公然宣传革命，对清政府当局造成了极大的震动

江苏巡抚恩寿要求上海道袁树勋照会各国领事，查封《苏报》，逮捕章太炎、邹容等人。管理上海租界的工部局在清政府的压力下去报馆捕人，章太炎在被捕时大义凛然地说：“余人俱不在。要拿章炳麟，就是我。”同时，还有另一些人在其他地方被捕，邹容因章太炎的被捕认为自己不能置身事外，也从藏身地到租界巡捕房自动投案。1903年7月7日，《苏报》被封闭，15日，租界当局就“苏报案”组织了审讯。章太炎等人没有畏惧退缩，反而在法庭上继续宣传革命，而这种中国历史上前所未有的诉讼很快成为全国舆论的焦点。迫于舆论的强烈反对，帝国主义租界当局没有答应清政府坚持要把章太炎和邹容引渡到南京的要求，于第二年判章太炎监禁三年、邹容监禁两年。章太炎于1906年出狱，邹容却不幸因监狱的恶劣条件而死亡。为镇压资产阶级民主革命思潮，清政府与帝国主义势力联合制造了“苏报案”，成为辛亥革命前的著名政治案件。然而，“苏报案”非但没有镇压革命思想的传播，反而使革命派的影响不断扩大，革命思想逐

① 《章太炎全集》第4卷，上海人民出版社1985年版，第307～308页。

渐深入人心，甚至激发了革命行动。

2. "苏报案"后，宣传革命思想的作品开始更加广泛地流传

首先，"苏报案"后，《革命军》、《驳康有为政见书》等宣传革命思想的作品开始更加广泛地流传。据章太炎《赠大将军邹君墓表》称，"君既卒，所著《革命军》因大行，凡摹印二十有余反，远道不能致者，或以白金十两购之，置笼中，杂衣履糍饼以入，清关邮不能禁，卒赖其言为光复道原。"①其次，革命派继续出版了更多的报刊和小册子，宣传自己的主张。《苏报》被封后，章士钊、陈去疾等续办《国民日日报》，宣传民主主义，大肆抨击封建专制。不久，蔡元培等又创办《俄事警闻》，一方面抨击清朝政府，另一方面报道沙俄侵略东北三省的消息，号召国民在危急局面下团结起来救亡。1904 年，日俄争夺中国东北的战争爆发，《俄事警闻》因之改名为《警钟日报》。这些宣传革命思想的言论虽然遭到清政府的封杀，但却形成了很大的影响。革命派在报刊上的言论还被集结成小册子出版。这些小册子流传很广，也起到了很大的革命宣传的作用。最后，在国外，尤其是日本，革命思想亦得到了宣传。在《苏报》的影响下，《江苏》、《浙江潮》等杂志的言论亦转趋激烈，开始一方面公开地进行民族主义宣传，把反满看成首要的问题；另一方面，反对君主专制政体，讨论如何在革命之后建立民主共和国。

3. "苏报案"后，革命的思想得到了进一步的传播

"苏报案"后，革命的思想得到了进一步的传播，并且同革命的行动结合在一起，为中国革命翻开了新的一页。《苏报》的一大影响是分清了革命思想与维新思想之间的区别，为革命思想指明了道路，使更多的革命者认识到，废除君主专制，建立民主共和国的革命不可能以改良的方法来完成，只能通过流血革命来完成。"苏报案"后半年，孙中山在《檀山新报》上发表《敬告同乡书》，明确地宣布，革命与保皇"理不相容，势不两立"。"革命、保皇二事，决分两途，如黑白之不能混淆，如东西之不能易位。革命者志在扑满而兴汉，保皇者志在扶满而臣清，事理相反，背道而驰"，号召"大倡革命，毋惑保皇"，划清了革命和保皇的界线。② 1904 年，一批革命组织如雨后春笋一般成长起来，包括华兴会、光复会、科学补习所等十多个小团体。到 1905 年，这些革命团体在日本合并成立同盟会，形成了一个统一的全国性的组织。这些组织一方面宣传革命，另一方面组织武装起义，为日后的武昌起义作了思想、组织和军事等方面的准备。

① 《章太炎政论选集》下册，中华书局 1977 年版，第 795 页。

② 《孙中山全集》第 1 卷，中华书局 1981 年版，第 230 ~ 233 页。

第三节 孙中山的三民主义思想

孙中山(1866—1925),名文,字逸仙,广东香山县(今中山市)人。1878年,孙中山来到檀香山,先后就读于当地的意奥兰尼学校和奥阿厚学院,系统地接受欧美的科学文化知识和人文素养的教育,逐渐产生了民族主义和民主主义的意识。1883年,孙中山回到家乡,后到香港,进入英国人所办的拔萃书院和香港中央书院读书。此后开始学医,先后在广州博济医院和香港西医书院学习。1892年,孙中山在香港西医书院毕业后,在澳门、广州等地开业行医,因受时局影响,逐步从一位医生转变为一位革命家。

孙中山所处的时代,是中国半殖民地半封建社会程度急剧加深的时代,不仅帝国主义同中华民族的矛盾逐渐上升为近代中国社会的主要矛盾,国内以清政府与广大人民的矛盾也更加尖锐。正如兴中会宣言开宗明义地指出的那样,中国面临着"瓜分豆剖"、"蚕食鲸吞"的厄运;在《〈民报〉发刊词》中,孙中山亦将"外邦逼之"与"异种残之"并列为民族主义"殆不可以须臾缓"的基本原因。这两种矛盾交错纠结,使得民族解放和国家独立始终是旧民主主义革命的主要任务。

1894年,孙中山向李鸿章上书,希望通过政治改良,使人能尽其才,地能尽其利,物能尽其用,货能畅其流,从而实现国家的富强。① 李鸿章的拒绝接见坚定了孙中山反清革命的决心,并开始筹划夺取政权的资产阶级革命。1894年11月,孙中山前往檀香山,以举办公共事业为名,联络华侨工商界人士20多人组织兴中会,提出"驱除鞑虏,恢复中华,创立合众政府"的口号,首次提出了推翻清朝帝制政府,建立资产阶级共和国的方案。1895年2月,孙中山在香港,以兴中会为骨干,先后发动广州起义和惠州起义,但均告失败,遂流亡国外继续宣传革命。在这个过程中,孙中山的革命思想逐渐成熟。1903年8月,孙中山在日本青山军事学校新生誓词中提出了"驱除鞑虏,恢复中华,创立民国,平均地权"的主张,这十六字誓词集中体现了20世纪初年革命思潮的基本要求,并成为日后中国同盟会的革命纲领。1905年8月,孙中山将"兴中会"与黄兴和宋教仁等人创立的"华兴会"等组织结合在一起,在日本东京成立"中国同盟会"。孙中山被推为同盟会总理,再度将"驱除鞑虏,恢复中华,建立民国,平均地权"确定为革命政纲,并将华兴会机关刊物《二十世纪之支那》改组成为《民报》。

在革命实践的基础上,孙中山逐渐形成了完整的宪政民主思想,并根据中国

---

① 《孙中山全集》第1卷,中华书局1981年版,第15页。

的国情做出了改造，从而提出了“三民主义”、“五权宪法”的基本理论体系。三民主义是孙中山所倡导的中国民主革命纲领，由民族主义、民权主义和民生主义三大部分构成，简称三民主义。一般将三民主义的发展过程分为两个阶段，即旧三民主义和新三民主义。1905 年 10 月 20 日，孙中山在同盟会机关报《民报》发刊词中，第一次正式提出“民族、民权、民生”三大主义，即旧三民主义，又在此基础上发挥了西方“三权分立”的理论，明确确立了“五权宪法”的建国理念。1906 年 12 月，在日本东京举行的《民报》创刊周年纪念大会上，孙中山首次提出：“将来中华民国的宪法，是要创一种新主义，叫做五权分立”①。

自 1907 年至 1911 年，孙中山一直流亡国外，并授命其他革命同志在全国各地发动多次武装起义。武昌起义成功后，各省同志纷纷响应，并推选赶回上海的孙中山为中华民国“临时大总统”。1912 年 1 月 1 日，孙中山在南京宣誓就任，并组成临时参议院。1912 年 2 月 12 日，清帝溥仪发布《退位诏书》，13 日孙中山即向参议院请辞临时大总统一职，并举荐袁世凯代任。1912 年 8 月，同盟会联合其他党派改组成立国民党，孙中山被推举为理事长，但孙中山执意退出政界，请宋教仁任代理理事长。1913 年 3 月 20 日，袁世凯指使特务暗杀宋教仁，孙中山于是极力主张出兵讨袁，发动“二次革命”，但在袁世凯的镇压下失败。1914 年 7 月，孙中山又在日本组织中华革命党。此后，又在广州两次组织护法运动。1924 年 1 月，在广州召开中国国民党第一次全国代表大会，发表改组国民党宣言，确定了“联俄、联共、扶助农工”的三大政策，把旧三民主义重新解释为新三民主义；将中国国民党改组为包含工人、农民、小资产阶级和民族资产阶级的革命联盟，从而实现了第一次国共合作。1924 年 11 月，孙中山应冯玉祥电请北上“讨论国是”，于 1925 年 3 月 12 日在北京病逝，终年 59 岁。临终前他在遗嘱里指出“革命尚未成功”，“必须唤起民众，及联合世界上以平等待我之民族，共同奋斗”。作为中国民主革命的先行者，孙中山不仅在政治实践中身体力行，为中华民族的解放百折不挠，奋斗终生而且在政治理论上能够继承传统民主要素的精华，借鉴西方民主理论之优势，提出了三民主义、五权宪法等极富创见而又影响深远的学说，成为中国近代政治思想史上重要的政治理论。

孙中山的三民主义思想深受西方思想的影响。比如，孙中山在演讲中将三民主义的口号同法国革命的口号做了比较，认为法国的自由与民族主义相同，平等则和三民主义的民权主义相同，博爱之中的道理则和三民主义的民生主义是相通的。② 再比如，他以当时西方民有、民治、民享的学说来理解三民主义，认为，“我们三民主义的意思，就是民有民治民享；这个民有民治民享的意思，就是

---

① 《孙中山选集》，人民出版社 1957 年版，第 79 页。

② 《孙中山全集》第 9 卷，中华书局 1986 年版，第 283 页。

国家是人民所共有，政治是人民所共管，利益是人民所共享。”[①]孙中山的民权思想主体上是西方资产阶级革命时期的民主理论，但也有着明显的传统文化的特征，尤其显著的是，他创造性地改造了民本思想，形成了更具有现代特征的民权思想。他自己就明确指出，“从前法国革命的口号是自由，美国革命的口号是独立，我们革命的口号就是三民主义，是用了很多时间，做了很多工夫，才定出来的，不是人云亦云”[②]。他在许多演讲中明确引用了孔子、孟子等人的思想，比如“大道之行也，天下为公”等；并得出结论说“民权的言论在几千年以前就老早有了。不过当时是见之于言论，没有形于事实。”[③]从学术上看，孙中山这种说法的历史真实性有待商榷，但是，在当时的情况下，挖掘传统中国的民本思想，并将其作为民主的基础，是有利于中国民主革命的成功的。

作为革命家，孙中山的政治思想主要是由其革命行动来体现的，但他也以很多著述，提出、论证和阐述了较为系统的政治思想，比较重要的有《孙文学说》、《建国方略》、《建国大纲》、《三民主义》等篇。

一、民族主义

民族主义不仅是孙中山政治思想的重要内容，在内忧外患的情况下，也是三民主义要实现的首要目标，即对内反满革命、对外争取国家独立和民族解放。在阐述民族基本概念的基础上，孙中山指出了中国民族危机的原因及导致民族灭亡的可能。他认为，中国民族的危机不仅面临着天然力的影响，更多的是人为力的影响，其中最重要的就是政治力和经济力。[④] 在政治上，中国受列强政治力的压迫，在经济上，中国成为次殖民地，他还列举了海关、银行、运费、赋税、地租、地价、特权营业、投机事业等种种压迫。在此基础上，他提出了恢复中国民族主义的方法，包括明耻知难、武力和外交，以及消除天然力和经济力的压迫等。恢复民族主义的基础，在于推广宗族和家乡观念并将其扩充为国族主义，而恢复民族主义的具体办法就在于自强奋斗及与强权的不合作。孙中山试图通过恢复固有的道德、智识、能力和学习外国来恢复民族地位。

尽管孙中山常把民族主义的主张作为一个战斗口号，但其思想却具有很强的理论价值。比如，孙中山以“自然力”为基础，从五个方面分析了形成民族的几大力量。其中，最大的力是“血统”，其实指的是种族，比如，汉族是黄种人，这

---

① 《孙中山全集》第 9 卷，中华书局 1986 年版，第 394 页。
② 《孙中山全集》第 9 卷，中华书局 1986 年版，第 277 页。
③ 《孙中山全集》第 9 卷，中华书局 1986 年版，第 262 页。
④ 《孙中山全集》第 9 卷，中华书局 1986 年版，第 197 页。

是源于肤色而形成的种族观念。次大的力是“生活”，谋生的方法不同，所结成的民族也不同，比如蒙古人逐水草而居，以游牧为生活，什么地方有水草，便游牧到什么地方，移居到什么地方。第三个大力是“语言”。他更多强调了语言在促进民族融合中的作用，认为如果外来民族学习使用了我们的语言，便容易被我们感化，久而久之，遂同化成一个民族；再反过来，若是我们使用外国语言，也容易被外国人同化。第四个力是“宗教”，宗教相同的人也可结合成一个民族。第五个力是“风俗习惯”①。

孙中山关于民族国家的构想经历了三个阶段，从早年的辛亥革命开始形成，在民国初年逐渐成熟，到第一次世界大战结束后逐渐定型。孙中山的民族国家包括了两个主要方面，并构成了两大基本问题。一是对外方面，即要求实现民族和国家的独立，其实际涵义是解除列强的压迫，废除不平等条约。主权的丧失使孙中山深感中国“尚不得与完全独立国之列也”。他多次提出废除治外法权、协定关税、租界，使“中国进入完全独立国”②。另一是对内方面，孙中山要求国家统一和民族统一，通过具有民族融合性质的“同化”，将各民族合成一大中华民族，并由此提出“五族一家，不分种族”的思想，即“合汉、满、蒙、回、藏诸地为一国，即合汉、满、蒙、回、藏族为一人”③。对内与对外也就构成了两大需要解决问题，这较之以前汉族国家的构想显然进了一步，为其以后的发展和定型奠立了重要的思想基石。解决这两大问题的设想构成了孙中山民族主义思想的两大特点，一是在处理国内各民族关系上，在谋求国家的统一的基础上承认民族平等，维护民族团结。二是在处理民族国家之间关系上，他反对以强凌弱，提倡“济弱扶倾”，寻求民族主义与世界大同理想的辩证统一。

当然，孙中山的民族主义仍有明显的反满情结，因为从革命的方式讲，对内反满、必得“汉室”的山河，是孙中山对外国讲平等的一个前提。他明确指出：“我们现在要脱离奴隶的地位，就应该赶掉外国来的满人，推翻满清二百年来的专制统治，恢复我汉室的山河，再把国家变强盛，那时自然可以和外国讲平等了。”④不过，如果说辛亥革命前的孙中山还表现为某种程度的大汉族主义的话。那么，辛亥革命爆发后，满清王朝被推翻，民族问题的状况发生了改变，孙中山便转而从正面阐述民族平等思想，提倡将“五族共和”作为民族主义的纲领，强调各民族在政治、宗教和经济上的平等地位和权利。他明确指出：“今日中华民国成立，汉、满、蒙、回、藏五族合为一体，革去专制，建设共和，人人脱去奴隶圈，均

---

① 《孙中山全集》第9卷，中华书局1986年版，第187～188页。

② 《孙中山全集》第2卷，中华书局1982年版，第499页。

③ 《孙中山全集》第2卷，中华书局1982年版，第2页。

④ 《孙中山集外集》，上海人民出版社1990年版，第44页。

享自由平等之幸福——界无分乎军、学、农、工、商，族无分乎汉、满、蒙、回、藏，皆得享共和之权利，亦当尽共和之义务。”①

到了晚年，孙中山的民族主义思想又有了新发展，即主张以建设一个“大中华民族”来取代“五族共和”。孙中山认为，前期的“五族共和”的提法并不足以体现民族平等、实现国内各民族的团结，一方面，五族并不是国内民族的全部，另一方面，五族共和仍然带有种族界限，不利于民族团结。“我的意思，应该把我们中国所有各民族融成一个中华民族（如美国，本是欧洲许多民族合起来的，现在只成了美国一个民族，为世界上最有光荣的民族）；并且要把中华民族造成很文明的民族，然后民族主义乃为完了。”②中华民族共同体概念的提出标志着孙中山彻底抛弃了早期的大民族主义思想。

孙中山的民族主义是三民主义不可割裂的部分，因为他视之为救国主义，就是为了达到中华民族的独立和国际地位平等的目标。“因为三民主义是促进中国之国际地位平等，政治地位平等，和经济地位平等，使中国永久适存于世界，所以说三民主义就是救国主义”③。尽管孙中山在旧三民主义中并没有明确地提出反对帝国主义的主张，但对于帝国主义瓜分中国，将中国变为列强的半殖民地的恶果，他还是有着清醒认识的，并认为革命才是民族自由的唯一途径。他认为，中国现在是不自由的，因为她是十多个主人的奴隶，要想使国家自由，就必须集合成一个坚固的团体，而要想将成为这样一个坚固的团体，那就非革命主义不能成功，革命是达成中华民族自由的途径。“我们的革命主义，便是集合散沙起来的水和士敏土（士敏土是水泥的音译——引者注），能够把四万万人都用革命主义集合起来，成一个大团体。这一个大团体，能够自由，中国国家当然是自由，中国民族才能真自由”④。

难能可贵的是，孙中山的民族主义思想具有国际和平主义的性质，即中国强大了也不应像西方列强一样追求对不发达民族的侵略。“用固有的道德和平做基础，去统一世界，成一个大同之治，这便是我们四万万人的大责任”，是中国民族主义的真精神。在中华民族仍然弱小的情况下，孙中山就将“济弱扶倾”作为尽民族天职的一个前提，同时号召扶持弱小的民族抵抗世界列强。“我们今日在没有发达之先，立定济弱扶倾的志愿，将来到了强盛时候，想到今日身受过了列强政治经济压迫的痛苦，将来弱小民族如果也受这种痛苦，我们便要把那些帝国主义来消灭，那才算是治国平天下”⑤。在 1925 年 3 月 11 日在《国事遗嘱》

---

① 《孙中山全集》第 2 卷，中华书局 1982 年版，第 451 页。

② 《孙中山全集》第 5 卷，中华书局 1985 年版，第 394 页。

③ 《孙中山全集》第 9 卷，中华书局 1986 年版，第 184 页。

④ 《孙中山全集》第 9 卷，中华书局 1986 年版，第 283 页。

⑤ 《孙中山全集》第 9 卷，中华书局 1986 年版，第 253 页。

中,孙中山又谆谆告导:欲达民族主义的目的,“必须唤起民众,及联合世界上以平等待我之民族,共同奋斗。”①

简括地说,孙中山民族主义的基本内容就是“驱除鞑虏,恢复中华”,也就是既反对清王朝统治,同时亦有民族独立的要求。孙中山的民族主义带有反满的特点,但是,他的民族主义并不是反满复仇主义,其最终的目标是建立一个民主共和国,实现民族的独立与富强。同时,孙中山的民族主义与民主革命紧密联系,希望用民族革命达到民族独立;民主革命又与民主共和国的建立联系在一起,所以要消灭封建制度。旧三民主义没有明确地提出反对帝国主义的内容,这或许与他对西方民主政治的赞同有关。但是,这种思想局限导致在中国创建民主共和国的目标无法真正实现。

二、民权主义

民权主义是孙中山三民主义的核心,在思想上也是最具有政治理论研究意义和价值的部分。孙中山从民权的概念与历史出发,不仅区别了西方的民权思想,而且根据中国国情,提出了中国特色的民权思想,建立起了以民权为基础的五权宪法政治理论。

孙中山民权主义思想的理论前提和现实背景,是他对民权概念和历史的理解。孙中山从民、权、政治、政权、民权等概念出发,在对民权发展的历史分析基础上,指出了中国民权思想的来源和民权的根据。孙中山将民权的发展分为四个时代,即洪荒时代、太古神权时代、君权时代和民权时代。在洪荒时代,是人同兽争,不是用权,而是用气力。在太古时代,是人同天争,用的是神权。到了君权时代,是人同人争,国同国争,这个民族同那个民族争,是用君权。当下已经进入民权时代,在这个时代,国内是人民同君主相争,是善人同恶人之争,公理同强权之争。② 正是在这样的历史分析的基础上,孙中山热情洋溢地宣布了民权时代的到来,并信心十足地认为,中国的民权必然实现,而这就是他要实现的中华民国。他说:“中华民国者,人民之国也。君政时代则大权独揽于一人,今则主权属于国民之全体,是四万万人民即今之皇帝也。”③“所以在三十年前,我们革命同志便下了这个决心,主张要中国强盛,实行革命,便非提倡民权不可。”④

民权建国固然是革命的初衷,而对自由和平等的理解则构成了孙中山民权

① 《孙中山全集》第11卷,中华书局1986年版,第639页。

② 《孙中山全集》第9卷,中华书局1986年版,第261页。

③ 《孙中山选集》,人民出版社1981年版,第173页。

④ 《孙中山全集》第9卷,中华书局1986年版,第266页。

主义的哲学基础，即民权是自由平等的基础和保障。孙中山不仅将民权和自由、平等、博爱等概念或口号进行了比较，而且还从中国的国情出发，分析了自由和平等概念的中外差别，提出了很多独到的认识。比如，他认为中国之所以不提出自由的口号，那是中国人的自由“已嫌太够”；又比如，平等的精意在养成革命的人生态度等。在平等的问题上，孙中山批判了封建主义的不平等，同时也区别了两种平等观。一种是假平等，就是将看起来处于高位置的权利压下去，成了表面上拉平了平等，却忽视了立脚点的平等，不是真平等。真正的平等应该是“始起初点的地位平等”，但每个人根据天赋的聪明才力造就的结果看起来好像不平等，但却是“真正的平等”，是“自然之真理”。因此，孙中山认为，既要讲民权平等，又要使世界有进步，“是要人民在政治上的地位平等。因为平等是人为的，不是天生的，人造的平等，只有做到政治上的地位平等。故革命以后，必要各人在政治上的立足点都是平等”，只有底线“一律是平等的，那才是真平等，那才是自然之真理。”①可以看出，孙中山的平等是差序的平等，是政治上的权利平等。

孙中山民权思想的政治主体设计，是权、能分开，以民权为基础的五权宪法政治理论。孙中山分析了欧美国家，如美、法、英、德等国近代民权革命的障碍，得出了民权革命的目的绝非以“代议政体”为止的观念。在此基础上，孙中山认为，政治制度不能滥学欧美，民权学理上的根本问题在于改变人民对政府的态度，而建立民权是改变人民对政府态度的先决条件，建立权、能分开的政府则是改变人民对政府的态度的具体办法。他认为：“欧美对于民权问题的研究，还没有彻底。因为不彻底，所以人民和政府，日日相冲突，因为民权是新力量，政府是旧机器。我们现在要解决民权问题，便要另造一架新机器，造成这种机器的原理，是要分开权和能，人民是要有权的，机器是要有能的。”②因此，权、能分开是实现民权的根本方法。

与权、能分开相一致，孙中山明确区别了“政权”和“治权”两种民权。他说，“根本上还是要再从政治的意义来研究，政是众人之事，集合众人之事的大力量，便叫做政权，政权就可以说是民权。治是管理众人之事，集合管理众人之事的大力量，便叫做治权，治权就可以说是政府权，所以政治之中，包含有两个力量，一个是政权，一个是治权。这两个力量，一个是管理政府的力量，一个是政府自身的力量。”③孙中山是从政治概念的根本含义出发将政权和治权分开的，实际上，他所谓的政权是一种人民的权利，而治权则是政府的权力。将政权和治权分开，不仅明确了权利与权力的关系，而且为这些职能的实现提供了一个理论框

① 《孙中山全集》第9卷，中华书局1986年版，第286~287页。

② 《孙中山全集》第9卷，中华书局1986年版，第343页。

③ 《孙中山全集》第9卷，中华书局1986年版，第345页。

架。正是在这样一个理论框架的基础上，孙中山明确提出其四维民权和五权宪法的理论。应该说，这种对于人民与政府关系的认识是孙中山政治思想的基础，即人民有权，政府有能。一切的政治问题也就出在人民无权、政府无能；而一个好的政治，就是人民有权、政府有能。孙中山以坐汽车和开汽车的人为例，说明了实行民主政治和人民的知识并无多大关系。他说，“许多人认为中国不适用民主政治，因为人民知识程度太低。我不信有这话，我认为说这话的人还没有明白‘权能’两字的意义”；“人民是民国的主人，他只要能指定出一个目标来，像坐汽车的一般，至于如何做去，自有有技能的各种专门人才在。所以，人民知识程度虽低，只要说得出‘要到那里’一句话来，就无害于民主政治。”①

根据权与能的理论，孙中山将所有的权力分为九种，在人民一方面的政权，是选举权、罢免权、创制权、复决权；在政府一方面的治权，是立法权、行政权、司法权、考试权、监察权。按照他的想法，“用人民的四个政权，来管理政府的五个治权，那才算是一个完全的民权政治机关，有了这样的政治机关，人民和政府的力量，才可以彼此平衡互相调剂，不相冲突。”②

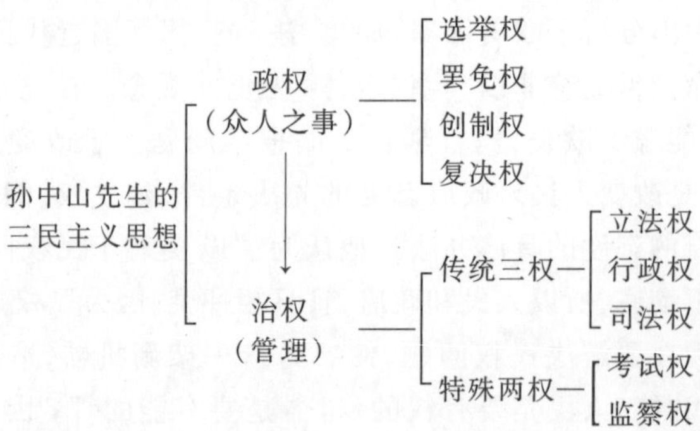

受廖仲恺所译《全民政治》一书的影响，孙中山将公民权利划分为选举权、罢免权、创制权、复决权四个方面，认为只有人民具备了这四种权利，政治才能称之为全民政治。孙中山对西方民权理论并不满意，批评其只有一个选举权，“只能够把民权推出去，不能够把民权拉回来，这好像初始的发动机一样”③。孙中山认为，还需要一个能够把民权拉回来的力，那就是罢免权。“人民有了这个权便有拉回来的力，这两个权是管理官吏的，人民有了这两权，对于政府之中的一切官吏，一面可以放出去，又一面可以调回来，来去都可以从人民的自由，这好比是新式的机器，一推一拉，都可以由机器的自动。”孙中山认为，这两个权力是治官的权力，另外，还需要治法的权力，即创制权和复决权。创制权使人民能够制

① 《孙中山全集》第11卷，中华书局1986年版，第431～432页。

② 《孙中山全集》第9卷，中华书局1986年版，第352页。

③ 《孙中山全集》第9卷，中华书局1986年版，第337页。

定有利于人民的法律,并交由政府执行;而复决权则是人民有权力修改法律,修改好了之后,便要政府执行修正的新法律,废止从前的旧法律。因此,“人民有了这四个权,才算是充分的民权,能够实行这四个民权,才算是彻底的直接民权。从前没有充分民权的时候,人民选举了官吏议员之后,便不能够再问,这种民权,是间接民权,间接民权,就是代议政体,用代议士去管理政府,人民不能够直接去管理政府。要人民能够直接管理政府,便要人民能够实行这四个民权,人民能够实行这四个民权,才叫做全民政治。”①

在治权方面,孙中山在三民主义思想基础上提出五权宪法的制度设计。他认为,在立法、行政、司法三权分立的组织原则的基础上,再加上中国固有的考试权与监察权,从而构成了五权分立的政府,成为世界上最完美、最善良的政府。同时,也只有这样的政府才能实现一个民有、民治、民享的国家。② 三权分立基础上的五权宪法学说融合了中国传统文化的资源,侧重点是要在政治体制中建立自由与权力的平衡。孙中山认为,社会政治生活中存在着两种相互逆反的力量,即“自由的力量”和“维持秩序的力量”,类似物理学中的离心力和向心力。在政治当中,自由不能太多,如果太多,就成了无政府;束缚也不能太过,如果太过,就成了专制。因此,必须使得“机关分立”,“相待而行”,“无伤于统一”。

制度既已设计,孙中山在《军政府宣言》中明确地提出了实现民权的步骤,即先“军法之治”而“约法之治”达“宪法之治”。所谓的“军法之治”,是指军政府与全体国民推翻一个旧时代,打碎封建统治的时代,在这个时代,“军队与人民同受治于军法之下”,“同仇敌忾,内辑族人,外御寇仇”。“约法之治”是中央政权继续由军政府掌握,但是地方自治权则归于地方人民,约法是规定军政府与人民关系的基本准则,即所谓“军政府授地方自治权于人民,而自总揽国事之时代”。在整个民权的实现过程中,“军法之治”与“约法之治”都是过渡阶段,最终要达到的是“宪法之治”,即以宪法为依据来组织资产阶级共和国的政治生活,在这一时期,“军政府解除权柄,宪法上国家机关分掌国事。”

孙中山的民权思想的一个突出特点,就是理论批判和制度建设并举,而且尤重制度建设。孙中山提出的直接民权、地方自治、五权宪法等政治目标,是保证人民在实际政治生活中能参与和监督政府工作,影响政府决策,确保人民主权权威比较有效的措施,孙中山自己也在政治活动中努力实践这些主张。

---

① 《孙中山全集》第9卷,中华书局1986年版,第350页。

② 《孙中山全集》第9卷,中华书局1986年版,第353~354页。

三、民生主义

民生主义是孙中山的“社会革命”纲领，他希望通过这一途径来发展资本主义经济，寻求国家的富强，实现劳动人民的福利。孙中山把民生主义的主要内容归结为土地与资本两大问题。在三民主义的演讲中，孙中山曾明确指出，民生主义的办法中国国民党在党纲里早已确定了，主要包括平均地权和节制资本。只要照这两个办法，便可以解决中国的民生问题。① 除了土地、资本外，孙中山提出的民生主义还广泛地涉及实业、教育等方面的内容。

孙中山指出，“民生就是人民的生活，社会的生存，国民的生计，群众的生命”。② 一句话，民生问题就是社会问题，因此民生主义就是社会主义，又名共产主义，即是大同主义。因此，共产主义和民生主义没有什么区别，其分别是在方法上，即“共产主义是民生的理想，民生主义是共产的实行”③。正是在三民主义的框架内，“人民对于国家，不只是共产，什么事都可以共的。人民对于国家要什么事都是可以共，才是真正达到民生主义的目的，这就是孔子所希望的大同世界。”④不过，孙中山对民生主义的认识有一个不断深入的过程。孙中山较早阐释民生主义是在《民报》创刊一周年的庆祝大会上，他说“所以倡民生主义，就是因贫富不均，想要设法挽救”⑤，并明确地将土地问题列为民生主义的核心内容。后来他又将民生主义与社会主义联系在一起，比如在 1912 年 4 月说过，“民生主义，则抵抗少数资本家使人民共享生产上之自由。故民生主义者，即国家社会主义也”⑥。1922 年前后，孙中山受苏俄革命胜利的影响，在决定国共合作的国民党一大宣言中，孙中山对于民生主义原则作了规定：“一曰平均地权；二曰节制资本”。1924 年 8 月，他把民生主义解释为“就是人民的生活——社会的生存、国民的生计、群众的生命便是”⑦。

受幼时生活境遇的影响，孙中山对平均地权的问题有着直接的感受，极为重视。尽管在革命之初他更关心如何推翻清政府统治，实现民族独立，但是，随着对这一问题认识的不断深入，孙中山在 1902 年首次提出平均地权的想法。当时是在越南设立兴中会，其誓词中即有“平均地权”一词，后来一直沿用，直至 1905

① 《孙中山全集》第 9 卷，中华书局 1986 年版，第 377 页。
② 《孙中山全集》第 9 卷，中华书局 1986 年版，第 356 页。
③ 《孙中山全集》第 9 卷，中华书局 1986 年版，第 381 页。
④ 《孙中山全集》第 9 卷，中华书局 1986 年版，第 394 页。
⑤ 《孙中山选集》，人民出版社 1981 年版，第 84 页。
⑥ 《孙中山选集》，人民出版社 1981 年版，第 106 页。
⑦ 《孙中山选集》，人民出版社 1981 年版，第 593 页。

年同盟会成立时，孙中山仍然坚持把“平均地权”写进纲领。孙中山试图通过核定地价、按价征税、按价收买、涨价归公等办法来实现平均地权。第一步是核定地价，由地主定价，然后报到政府，政府根据所报的地价征税。核定地价以后，现有的地价归地主所有，但革命后由于社会经济进步而增长的地价则归公有。在孙中山看来，地主报价不敢高，因为这样一来，政府就会多抽税；也不敢低，因为那样的话，政府就可以趁机将其收归国有。

孙中山平均地权的核心在于“耕者有其田”，而用这一办法来解决农民问题，也是民生主义要达到的目的。他明确指出，“我们现在革命，要仿效俄国这种公平办法，也要耕者有其田，才算是彻底的革命；如果耕者没有田地，每年还是要（纳）田租，那还是不彻底的革命”①。孙中山平均地权的理论在很大程度上反映了广大农民对土地的要求，顺应了历史潮流，但是，平均地权并不是让农民拥有土地所有权，而是消除“地主强权”，而且在具体做法上也有很多不切实际之处，很难得到实行。

为了防止出现垄断国计民生的私人企业或集团，避免财富过分集中、贫富悬殊，促进民生，孙中山还提出了“节制资本”的口号，要义在于节制私人资本。辛亥革命胜利后，孙中山针对私人资本的发展指出，“产业勃兴，盖可预卜。然不可不防一种流弊，则资本家将从此以出是也……故一面图国家富强，一面当防资本家垄断之流弊。”②他多次在不同场合讲到这一观点，尽管当时中国的资产阶级的力量还比较薄弱，他还是呼吁要针对资本家可能出现的资本垄断进行预防。他对资本家并不持肯定态度，他甚至认为，“资本家者，以压抑平民为本分者也，对于人民之痛苦，全然不负责任者也。一言以蔽之：资本家者，无良心者也。”③

为了节制私人资本，孙中山做出了一些设想。比如，他主张：“凡本国人及外国人之企业，或有独占的性质，或规模过大为私人之力所不能办者，如银行、铁路、航道之属，由国家经营管理之，使私有资本制度不能操纵国民之生计，此则节制资本之要旨也”④。节制私人资本的目的不是限制资本主义经济的发展，恰恰是要促进资本主义的经济发展，只不过这种资本主要由国家控制、为全民享有。孙中山并不反对发展资本主义经济，而是这种资本主义经济为少数个人所操纵。他明确指出：“夫吾人之所以持民生主义者，非反对资本家耳；反对少数人占经济之势力，垄断社会之富源耳”⑤。但是，仅仅节制资本并不足以解决民生问题，因此，在节制私人资本的同时，还要发展国家资本。“必要加以制造国家资本，

① 《孙中山选集》，人民出版社 1981 年版，第 937 页。

② 《孙中山全集》第 2 卷，中华书局 1986 年版，第 322 ~ 323 页。

③ 《孙中山选集》，人民出版社 1981 年版，第 104 页。

④ 《孙中山选集》，人民出版社 1981 年版，第 593 页。

⑤ 《孙中山选集》，人民出版社 1981 年版，第 106 页。

才可以解决这个问题。何谓制造国家资本呢？就是发展国家实业。”①在《实业计划》一书中，他将发展社会经济的途径归结为“节制资本”和发展“国家社会主义”，即将“不能委诸个人及有独占性质”的“大实业”（如铁路、电气和水利等）“皆归国有”，从而“防资本家垄断之流弊”，又得以“合全国之资力”。孙中山还对实业规划、实业资金的筹集、如何利用外资等问题进行了具体的探讨，实际上把民生主义看成最大限度发展资本主义的方案，有时也给它涂上了社会主义的色彩。

孙中山以民族主义、民权主义和民生主义为内容的“三民主义”是资产阶级革命派最完整的革命纲领，反映了中国资产阶级维护民族独立、反对封建专制、建立资产阶级共和国和发展资本主义的要求，成为当时时代要求的最强音，构成了当时中国最先进最完整的思想体系，不仅在实践当中成为动员和组织群众推翻封建帝制，建立民主共和国的旗帜，而且在理论上也具有极强的原创性。在资产阶级革命还没有取得胜利的情况下，孙中山就提出了“平均地权”、“节制资本”的思想，并将其看成是“预防”再次出现社会革命的手段，试图将“政治革命”与“社会革命”“毕其功于一役”。但是，这些方案都具有一定的空想性，很难落到实处，因为三民主义本身仍是一个不彻底的民主革命纲领。它主张民族主义，但却没有明确地提出反帝的口号；它主张民权主义，但又没依靠广大的工农群众发动革命战争；它主张民生主义，却落入空想。所有这些方面，无一不反映了当时中国资产阶级的软弱性和妥协性。

第四节　宋教仁的政治思想

宋教仁（1882—1913），字钝初，号渔父，湖南桃源人，中国近代民主革命家，中华民国初期第一位倡导内阁制的政治家，中国近代宪政民主理论的代表。

宋教仁早年入读桃源漳江书院，1901 年中秀才，1902 年赴武昌投考美国圣公会文华书院，被录为第一。1903 年 8 月结识黄兴、成为挚友，共同从事革命活动。与黄兴、刘揆一、陈天华、章士钊共同成立华兴会，1904 年 2 月 25 日华兴会在长沙西园正式成立，选黄兴任会长，宋教仁为副会长。1904 年 7 月，宋教仁在武昌发起创建“科学补习所”，11 月计划在长沙进行起义反抗清朝政府，但事泄未遂，潜赴日本。在日本期间，宋教仁入日本法政大学、早稻田大学学习研究法律，对西方的宪政民主制度有着浓厚的兴趣。同时，宋教仁还参加各种革命活动，主办华兴会的机关报《二十世纪之支那》，参与孙中山、黄兴筹建中国同盟会

① 《孙中山全集》第 9 卷，中华书局 1986 年版，第 393 页。

的活动。1905 年,任同盟会司法部检事长,将《二十世纪之支那》改为同盟会的机关报《民报》。

宋教仁在辛亥革命中发挥了重要作用。1911 年 4 月应黄兴之邀,他参与黄花岗起义,任统筹部编制课长,负责制定法律制度草案。1911 年武昌起义后又和黄兴一起抵达武昌,参加革命政府的法制工作,为湖北军政府拟定《中华民国鄂州约法及官制草案》。该《草案》主要包括《临时约法》、《政务省官职论》、《政务省管辖各官署官职论》、《各部官职令通则》、《军谋府官职令》、《参议府官职令》、《都督府附属官员官职令》、《地方官职令》。《草案》在中国法制史上第一次公开提出了"人民一律平等"等一系列有关人民权利的条文,而关于国家政体形成的一整套方案,成为嗣后各省分订约法的一个依据。

南京临时政府期间,宋教仁被任命为法制局局长,直接隶属于临时大总统,负责制定各类法律草案,考核各部的法律命令等。在这一段时间里,宋教仁主持了《法制院官职令草案》、《中华民国内务部官职令》、《中华民国临时组织法草案》及陆军部、交通部、教育部、公报局、铨叙局、印铸局等官制,这一些法律制度的制定是宋教仁对法制建设的重视。袁世凯政府时期,宋教仁出任唐绍仪内阁的农林总长,拟定大量农林行政法规,并推出相关法律草案。后因不满袁世凯破坏《临时约法》,辞去农林总长之职,并当选为同盟会总务部主任干事,主持同盟会工作。同盟会合并其他小党,成立国民党。宋教仁受孙中山之命代理理事长,他成功地将国民党公开化,并在 1913 年的国会大选中取得了多数。其后,宋教仁在长江中下游各省视察党务,推广其宪政理念,试图以纯粹的政党政治为途径,组织内阁,制定宪法,依法选举总统。这些活动对袁世凯复辟独裁的企图构成巨大威胁,3 月 20 日,宋教仁在上海火车站遇刺,安墓于上海市闸北公园。

宋教仁一直负责同盟会阵营的法制工作,是革命党人宪政理论的专家,完成了大量的立法和相关的理论著作。1906 年初至 1907 年初,他摘记了《日本宪法》、《英国制度要览》、《俄国制度要览》、《美国制度概要》、《德国官制》、《奥地利匈牙利制度要览》、《普鲁士王国官制》、《日本地方渔政法规要览》等,达几十万字。黄花岗起义失败后,宋教仁保存了他摘录或撰写的法制文献就有三大本,为后来革命党人制定约法、组织政府打下了坚实的基础。除了主持起草《中华民国临时组织法草案》和《临时约法》等一系列具有宪法性质的文献,宋教仁主编和撰写的著作主要有《我之历史》、《间岛问题》等,译著《比较财政学》等。

一、宪政共和理论

同盟会成立后,宋教仁深感有必要学习西方的法律制度,于是潜心研究法律，翻译了大量的西方法律制度类的文献，为其宪政共和理论的形成打下了基础[①]。他先后在《民立报》上发表《宪政梦可醒矣》、《中国古宪法复活》、《论近日政府之倒行逆施》、《希望立宪者其失望矣》等文章，揭露了清廷借立宪之名，行专制之实。指出"中国今日只有宪法大纲，且尚未有施行之效力，而资政院之发生，则由于一纸之上谕。何从得云宪法上机关?"对于清政府的立宪闹剧，宋教仁一针见血地指出："国人尚望其由此养成宪政……以谋监督政府，真作梦矣。"[②]他还在评价慈禧太后主张立宪的言论时明确指出，立宪国民的义务是平等的，必须交纳国税，其权利也是平等的，每个人拥有选举权，对财政亦享有监督权，所以清政府"必不能实行立宪也明矣；即能行之，亦必非真正立宪，不过如朝鲜之宪法、俄罗斯之宪法，或不然，而英人对于印度之宪法、日本对于台湾之宪法也明矣，吾汉切勿为那拉氏之言所愚可也。"[③]

《中华民国鄂州约法》是宋教仁在武昌起义后为湖北军政府起草的，他以资产阶级自由、平等、博爱以及天赋人权为思想基础，在政治制度的设计上提出了三权分立的完整构想。《约法》共分总纲、人民、都督、政务委员、议员、法司、补则等内容，共计 7 章 60 条，在分权制的原则上勾画出了资产阶级共和国方案，反映了资产阶级革命派对于宪政的理解。这些条款除了规定了人民的自由民主权利外，更重要的是规定了都督、政务委员、议会等的职责和权力。根据这一体制，都督由人民公举，代表鄂州政府总揽政务，可以暂时制定法律并公布法律，有宣战、媾和、大赦、特赦、制定官制官规、任命官员、统率水陆军、宣布戒严之权。但是，都督在行使这些权力时，要经过政务委员的同意才为有效，政务委员依都督之任命执行政务，发布命令，负其责任，一旦出现都督不认同议会议决的法律时，应当得以政务委员全体的名义，说明理由，付议会再议，以一次为限。遇有紧急情况，都督可以在政务委员全体署名的情况下发布可代法律的命令，但事后仍然需要提交议会讨论。政务委员受议会的约束，"议会由议员组成，议员由人民选举产生。有制定法律、通过条约、议定预算决算、向政务委员提出质询，并对违法失职的政务委员进行弹劾等项职权"[④]。这种体制、权限、职责以及运作机制的设计，充分体现了三权分立的原则。

在权利方面，宋教仁以人民的参政权为基础，针对保障民权提出了内容丰富的理论，包括规定人民的言论、出版、集会结社、保有财产等自由。他还以日本为例，认为"立宪政治，以代表国民公意为准则"，而日本实际上是藩阀政治，并非

---

① 参见迟云飞等：《宋教仁传》，香港国际展望出版社 1992 年版，第 82 页。

② 《宋教仁集》上册，中华书局 1981 年版，第 196 页。

③ 《宋教仁集》上册，中华书局 1981 年版，第 18 页。

④ 《宋教仁集》上册，中华书局 1981 年版，第 352 ~ 354 页。

真正的民主政治，这在内阁更替方面体现得更加明显。① 早在起草《中国同盟会中部总会章程》时，宋教仁就提出让会员享受平等、自由、受保护等权利，包括“会员一律平等”，“会员得于法律范围内，保持身体、财产、职业、居住、信仰之自由”，“会员得依法律陈请保护利益，及陈诉冤抑；其有因公受害者，本人或遗族得受恤典”，“会员依法律有选举被选举之权”等。《中华民国鄂州约法及官制草案》不仅第一次公开宣布人民一律平等，而且以专门一章详细具体地规定了人民权利的各个方面。在这些权利当中，包括了言论著作刊行并集会结社；自由通讯不得侵其秘密；自由信教；自由居住迁徙；自由保有财产；自由营业，自由保有身体，非依法律所定，不得逮捕审问处罚；自由保有家宅，非依法律不得侵入搜索等内容，同时，还规定了人民有选举投票及被投票选举之权。

宋教仁的宪政思想特别注重维护宪法的严肃性，重视宪法的施行，认为宪法一旦制定出来，就必须严格执行。“使得良宪法矣，然其初也不过一纸空文，而要在施行之效力，使亦受外力牵制，于宪法施行上受种种障碍，则共和政体亦不能成立。此吾党所最宜注意而不能放弃其责任者也”②。对于民国初年军阀专制、践踏法律的现象，宋教仁极为憎恨，并断言那些撕毁约法、背叛民国的人是自掘坟墓，自取灭亡。③ 后来袁世凯复辟帝制，很快就走上众叛亲离的绝路，正验证了这一点。宋教仁把宪法视为共和政体的保障，认为“尚公德，尊人权，贵贱平等，而无所谓骄谄，意志自由，而无所谓缴幸，不以法律所不及而自恣，不以势力所能达而妄行，是皆共和思想之要素，而人人所当自勉者也。”④在他看来，实行政党政治，建设共和政体，关键在于制定并施行真正的共和宪法。宪法的制定应该由国会来进行。宪法制定后，政治就依宪法进行，先去看宪法的规定，然后再根据人们的判断，即所谓“宪法者，共和政体之保障也。中国为共和政体与否，当视诸将来之宪法而定”⑤。

二、政党内阁制

宋教仁十分重视议会政治，其政党内阁制的基本理论认为，一个民主国家的政治权威应该在议会，而议会政治的核心则在政党。宋教仁不仅在理论上主张政党内阁制，同时还在政治实践当中贯彻这一思想，积极改组国民党，领导国民党进行议会斗争。在孙中山回国讨论组建临时政府时，大家一致同意推举孙中

---

① 《宋教仁集》上册，中华书局 1981 年版，第 305 页。
② 《宋教仁集》下册，中华书局 1981 年版，第 460 页。
③ 《宋教仁集》下册，中华书局 1981 年版，第 457 页。
④ 《宋教仁集》下册，中华书局 1981 年版，第 377 页。
⑤ 《宋教仁集》下册，中华书局 1981 年版，第 460 页。

山为临时大总统，关于中央政府的组织方案，孙中山与宋教仁发生了分歧，孙中山主张政府采用总统制，不设总理，宋教仁主张内阁制。由于孙中山的提议得到黄兴等多数人的支持，最后在南京举行的各省代表会上，总统制得到通过。这次争论是宋教仁首次提出责任内阁制的主张，并且据理力争，结果没有得到多数人的理解和支持。客观地看，政党内阁制并不适合当时中国的国情，而宋教仁的努力最终也因其遇害而失败。

西方的政体形式对宋教仁的议会政治思想影响很大，比如他认为，“世界上的民主国家，政治的权威是集中于国会的”①，所以在《鄂州约法》和《中华民国临时组织法草案》里他也明确规定了议会的选举办法、权限等内容。在《代草国民党之大政见》中，宋教仁明确指出：“应明定宪法，国务总理由众议院推出。若英国，为行责任内阁之国，虽无明定国务总理由众议院推出，然英宪法为不成文法，其习惯则英王任命之国务总理，例为下院多数党人之首领，不可移易，实不啻由下院推出，且不舍宪法中有此明文。盖必使国会占多数之政党组织完全政党内阁，方举责任内阁之实，而完全责任政党内阁则非采用此法不能容易成立也。”②

宋教仁主张“责任内阁制”，一个主要原因就在于他认为内阁不善可以更换内阁，但总统制则不易变更，如果想变更，就很容易导致国家的动荡，尤其是在当时中国，更需要通过内阁制来限制袁世凯的独裁。宋教仁相信，实行内阁制则可以限制总统的权力，并解释说，“吾人则主张内阁制，以期造成议院政治者也。盖内阁不善而可以更迭之，总统不善则无术变易之，如必欲变易之，必至摇动国本，此吾人所以不取总统制，而取内阁制也。”③在南北议和将成时，孙中山接受了宋教仁的意见，转而支持内阁制，希望通过内阁制防止袁世凯的独裁。参议院对《临时约法》的审议也开始向宋教仁的《中华民国临时组织法草案》靠拢，对临时大总统的制约范围扩大了，并且增加了弹劾权，并将行政权赋予国务院而不是大总统。宋教仁虽然没有参与起草《临时约法》，但《临时约法》明显受到他的思想影响，甚至很多学者认为，《临时约法》起草的蓝本正是宋教仁的《鄂州约法》。

宋教仁的议会制是与其政党政治的理论联系在一起的。“政党政治是与责任内阁联为一体的。盖必使国会占多数之政党，组织完全政党内阁，方举责任内阁之实。”④“共和立宪之国，其政治之中心势力，则不可不汇之于政党。”⑤对于民主国家来说，“在国会里头，占的大多数席位的党，才是有政治权威的党，所以

① 《宋教仁集》上册，中华书局 1981 年版，第 456 页。

② 《宋教仁集》下册，中华书局 1981 年版，第 490 页。

③ 《宋教仁集》下册，中华书局 1981 年版，第 467 页。

④ 《宋教仁集》下册，中华书局 1981 年版，第 490 页。

⑤ 《宋教仁集》下册，中华书局 1981 年版，第 747 页。

我们此时要致力于选举运动。我们要停止一切运动,来专注于选举运动。选举的竞争,是公开的,光明正大的,用不着避什么嫌疑,讲什么客气的。我们要在国会里头,占得半数以上的席位,进而在朝,就可以组成一党的责任内阁;退而在野,也可以严密地监督政府,使他有所惮而不敢妄为,应该为的,也使他有所惮而不敢不为。那么,我们的主义和政纲,就可以求其贯彻了。"①

宋教仁对政党作用的重视符合现代国家的普遍现实,而政党的品质与国家民主与否至关重要。"立宪政治,以代表国民公意为准则,而最适于运用此制者,则莫如政党政治"②。因为,"政党者,其目的在欲得政权,以己党之政见,为国家之政策,而实行之"③。在宋教仁看来,政党就是要夺取国家政权,然后把政党的政纲上升为国家的政策,并使其推行,因此,政纲是政党组织中最重要的要素,政党只有将自己的政纲晓之于民,才能获得选民的支持,从而获得组阁的权力。他还专门指出了政纲制定的条件,认为其条件有二:"(一)其方法必为积极的,而不可为消极的;(二)其事项必为未来待行的,而非现在已成的。"④

对于政党的品格,宋教仁从"革命党"和"革命的政党"的区分出发,指出革命时期的同盟会与和平建设时期的国民党有着性质和任务等方面的不同,为此应要求同盟会实现从"革命党"向"革命的政党"的转变。"以前,我们是革命党;现在,我们是革命党政党。以前是秘密的组织,现在,是公开的组织。以前是旧的破坏时期;现在是新的建设时期。以前,对于敌人,是拿出铁血的精神,同他们奋斗;现在,对于敌党,是拿出政治的见解,同他们奋斗。"⑤从政党内阁制的理论出发,宋教仁主张国民党致力于选举运动,并号召国民党"停止一切运动,来专注于选举运动"。这样做的理由和目标就在于,"在国会里头,获得过半数以上的议席,进而在朝,就可以组成一党的责任内阁;退而在野,也可以严密地监督政府,使它有所惮而不敢妄为,应该为的,也使它有所惮而不敢不为。那么,我们的主义和政纲,就可以求其贯彻了。"⑥

应该说,宋教仁的政党内阁制取得了一定的成功。袁世凯出任临时大总统后,参议院迁往北京,130 名议员中有同盟会员 40 多人,约占 1/3 的席位。后来,同盟会又与统一共和党联合组织为国民党,加上统一共和党的 25 席,合计超过了半数。在内阁 10 名成员中,有宋教仁、陈其美、蔡元培、王宠惠 4 位老同盟会员,再加上新加入同盟会的会员唐绍仪,也达到了半数。但是,在南北双方军

① 《宋教仁集》下册,中华书局 1981 年版,第 456 页。
② 《宋教仁集》上册,中华书局 1981 年版,第 306 页。
③ 《宋教仁集》上册,中华书局 1981 年版,第 231 页。
④ 《宋教仁集》上册,中华书局 1981 年版,第 231 页。
⑤ 《宋教仁集》下册,中华书局 1981 年版,第 456 页。
⑥ 《宋教仁集》下册,中华书局 1981 年版,第 456 页。

事力量悬殊的情况下，当时的中国还远不具备实行议会制的条件，袁世凯并没有把这种名义上的选举放在眼里，最后刺杀宋教仁，以武力推翻共和。宋教仁主张的宪政民主制度和政党内阁制度最后失败，这一方面与宋教仁脱离中国国情，天真地寄希望于议会制度有关，也与国民党内部的党争、袁世凯的破坏以及国民党缺乏武力支持和群众基础等因素有关系。宋教仁对近代中国民主政治的设计虽然没有实现，却在为当时的人们树起了一面坚持共和、反对专制的旗帜，开阔了国民的眼界，使共和国观念深入人心。

思考题

1. 如何从中华民族的民族危机看待早期革命派的革命主张？
2. 从权、能的角度简要分析孙中山的民权思想。
3. 简要评价宋教仁关于政党内阁制的理论。
4. 简要对比分析孙中山与宋教仁政治思想的异同。

6

第六章

新文化运动与思想启蒙

在中国，近代和现代作为历史演进的一个整体时期的根本依据和参照，就是社会由传统向现代的转变，而这种转变的途径，则是新民主主义革命。革命总是有其相应的政治思想及宣传鼓动，在中国，提出并开启了这种思想传播的事件，就是新文化运动与思想启蒙，其核心内容包括主张民主和科学、走俄国十月革命的道路、以马克思主义为指导等。

1915 年 9 月，陈独秀在上海创办了《青年杂志》，从第二卷起改名为《新青年》；1918 年 1 月，《新青年》由陈独秀主编改为同人刊物，组成了编辑委员会，由陈独秀、周树人、周作人、钱玄同、胡适、刘半农、沈尹默、李大钊、高一涵等人轮流编辑。这样，就形成了一个以《新青年》为核心的新文化阵地，而由他们开启的以“民主”和“科学”为中心内容的新文化运动，就被称为中国近代思想启蒙运动。新文化运动及其思想启蒙具有明确的政治目标，是 1840 年鸦片战争以来中国仁人志士对国家出路、中华民族伟大复兴不懈探索的必然选择，并为中国的革命和现代化追求开辟了新的道路。

第一节　思想启蒙的历史条件

辛亥革命后，袁世凯称帝，列强加紧侵略中国，中国的先进分子为改变这种局面而苦苦寻找新的出路。找到出路的历史条件，主要在于两个新出现的社会背景，即阶级自觉和思想解放。就阶级自觉来讲，一方面，中国的资本主义在“一战”期间有了进一步的发展，而资产阶级为了更好地发展资本主义，强烈要求在中国实行民主政治；另一方面，无产阶级力量也在不断壮大，从争取经济利益向争取政治权利转变。随着新式学堂的建立和留学风气日盛，西方启蒙思想进一步被介绍到中国，辛亥革命也使民主共和的思想深入人心，这些与袁世凯专制称帝的复辟倒退形成尖锐的矛盾，并激发了各种思想的提出和碰撞。因此，新文化运动的出现既是当时特定历史时期经济、政治、思想文化诸因素综合作用的产物，也是近代中国经历长期的物质、思想准备基础上的必然结果。

一、辛亥革命后的军阀政治乱象

1911 年的辛亥革命建立了中华民国，颁布了《中华民国临时约法》，宣告了清王朝灭亡，结束了统治中国两千多年的封建君主专制制度。但是，由于帝国主义的破坏和干涉，袁世凯等军阀势力过大，加之革命力量的软弱和政见不一等原因，中国政坛出现了长达 16 年之久的北洋军阀统治。

在帝国主义支持下，袁世凯借助其掌握的军队和政权，排除异己、破坏共和，企图重新建立封建专制统治。首先，袁世凯举起屠刀砍向南方革命派力量，通过裁兵、整军手段，使得掌控在革命党人手中的军队，包括南京留守府军队、武昌起义后建立起来的鄂军以及四川、湖南、广东、江西、安徽等地的革命武装被大批裁减。他还先后制造了“张振武、方维案”，“宋教仁案”，极力削弱南方革命党人的影响；接着又派军队残酷镇压了国民党人的“二次革命”，把孙中山等人赶出了国。其次，通过政治手腕一步步地复辟帝制。袁世凯威逼参众两院通过《大总统选举法》，胁迫国会议员选举他当正式大总统；通令解散国会，取消国民党议员资格，另组约法会议“制定”《中华民国约法》，实行总统制，强化总统权力。修改通过的《大总统选举法》规定大总统任期 10 年，并可连选连任以及由现任总统提出新任总统候选人。这样，袁世凯就使自己合法地成了没有皇帝名号的皇帝，并不惜出卖国家主权，接受日本灭亡中国的“二十一条”中的大部分条件，以换得日本支持。1915 年 12 月 12 日，袁世凯宣布称帝，年号洪宪。梁启超、蔡锷等首先举起了反对义旗，全国各阶层民众掀起了大规模的护国运动，袁世凯不得不于 1916 年 3 月 23 日宣布取消帝制，恢复民国。袁世凯 83 天的皇帝梦破灭，最后在众叛亲离中死去。

袁世凯死后，中国出现了大小不一的军阀割据和穷兵黩武的政治乱象，包括以段祺瑞为首的皖系军阀、以冯国璋为首的直系军阀、以张作霖为首的奉系军阀、以唐继尧为首的滇系军阀、以陆荣廷为首的桂系军阀，还有龙济光为首的广东军阀、阎锡山为首的山西军阀、陈树藩为首的陕西军阀等。袁世凯的继起者虽不敢更动民国之名，却行军阀专制之实，最为突出的体现就是所谓“府院之争”。袁世凯死后，由黎元洪继任总统，段祺瑞担任国务总理，随即，1917 年在对德参战的问题上，发生了以黎元洪为首的总统府和以段祺瑞为首的国务院之间的争斗。段祺瑞非法解散国会，在国务会议上通过对德宣战案。原驻徐州的军阀张勋利用他们的矛盾带兵进入北京，并于 7 月导演了拥戴被废黜的清朝末代皇帝溥仪重新称帝的又一出复辟丑剧。在举国声讨下，原想利用张勋倒黎的段祺瑞，以武力粉碎了这次复辟，并以“再造共和”的“英雄”自居，执掌北京政权。段祺瑞抛开《中华民国临时约法》，于 1918 年 8 月制造一个由安福系把持的“新国会”，作为执政的段祺瑞让民国成为了一个空洞招牌，民主共和徒有虚名。“无量头颅无量血，可怜购得假共和”，革命派在孙中山等人领导下，掀起了“护法运动”。

二、民族资本主义发展的“黄金时期”

辛亥革命以后，中国民族资本主义经济有了很大发展，迎来一个发展的“黄金时期”，其原因有内外两个方面。从内因来说，辛亥革命打破了封建生产关系，民主共和观念深入人心，有利于社会生产力的解放和发展；南京临时政府和北京政府颁布了一系列发展民族工商业的政策，采取了一些鼓励办实业的措施，使许多人认为发展民族工商业以强国富民的时机到来，纷纷投资办厂。从外因来说，1914 年第一次世界大战爆发，西方资本主义国家因忙于战争，暂时放松了对中国的经济侵略，对华资本输出和商品输出有所减少，从而减轻了中国民族工业产品在市场上的压力，使中国民族工业得到了发展的时机。

设厂速度和投资规模在辛亥革命后大大加快。1840 年至 1911 年，中国历年所创设资本额在 1 万元以上工矿企业共约 951 家，创办资本总额只有 20 380.5万元。1912 年至 1913 年，新设企业 18 家，创办资本额 2396.9 万元，年均 9 家，年均创办资本额 1 198.5 万元；1914 年至 1918 年，新设企业 549 家，创办资本额共 11 934 万元，年均 110 家，年均创办资本额 2 386.8 万元。①

轻工业发展比较迅速，重工业也取得一定发展。其中棉纺织业是辛亥革命以后民族工业中发展最快的工业部门。从全国来说，1913 年，有纺锭836 828枚，布机 5 980 台；1916 年，有纺锭 1 238 152 枚，布机 9 030 台；1919 年，有纺锭 2 366 722枚，布机 13 796 台。② 重工业突出表现在矿冶方面，如机械采煤量，

---

① 杜恂诚：《民族资本主义与旧中国政府》，上海社会科学院出版社 1991 年版，第 107 页。引用数据时本书作了四舍五入。

② 陈真等：《中国近代工业史资料》第 4 辑，三联书店 1957 年版，第 201 页。

1912 年仅有 516 万吨,1916 年增加到 948 万多吨,比 1912 年增加 83.7%;机械冶铁的生铁产量,1912 年仅有 7 900 多吨,1916 年上升至 199 000 多吨,比 1912 年增加了 24 倍多。①

三、社会结构的变动和无产阶级力量的壮大

随着辛亥革命后的政治影响与经济发展,中国社会结构产生了较大的变动,集中并突出了各阶级关系的两大对立和矛盾。一是传统封建社会的地主阶级与农民阶级的对立。地主阶级力量有所减弱,但凭借军阀势力,仍然在主导着中国的政治经济的发展。农民阶级在封建地主、官僚资本、帝国主义三重力量的打击下,进一步滑向社会的最底层,由此便促使农民参加到反封建和反帝国主义的斗争中来,逐渐成为革命的重要力量。二是新生的资产阶级与无产阶级的矛盾。这两个阶级都在不断壮大,也都负有实现民主共和的共同任务,但资产阶级的资本剥削、政治上的软弱、对帝国主义的妥协等阶级属性和政治态度,都与无产阶级构成了明显的矛盾。

辛亥革命后,由于中国民族资本主义迅速发展,中国工人阶级队伍也迅速扩大。据统计,在 1919 年全国工厂工人为 110 万,矿山工人为 87.2 万,铁路邮电工人 20 万,海员工人 16 万,搬运工人 30 万,其产业工人总数超过 260 余万。除产业工人外,中国当时还有 1 000 余万城市手工业雇佣劳动者和店员。②

中国工人阶级是中国社会的新生力量,它与最先进的经济相联系,是中国社会先进生产力的代表者,是具有远大前途的阶级。它的成长和壮大,必将对中国社会产生广泛而深刻的影响。中国工人阶级除了具备世界上其他国家工人阶级的基本优点外,还有自己特殊的优点:一是高度集中,主要集中在沿海、沿江及内陆交通线附近的大城市和纺织、矿山、铁路、航运、造船等工矿企业里。这种高度集中,使工人阶级有高度组织性和纪律性,有利于工人阶级的团结战斗,有利于革命思想的接受和传播。二是与农民的天然联系,中国工人阶级绝大部分来源于农村破产的农民,这就使中国工人阶级便于和农民特别是农村中的广大无产者、半无产者结成联盟,也可以得到广大农民的支持。三是深受帝国主义、封建主义和资本主义的剥削和压迫,在世界上极为罕见,因而中国工人极富革命性,在革命斗争中来得最坚决和最彻底。

中国工人阶级自从诞生第一天起,就进行了不屈不挠的反抗斗争,最初表现在为经济利益而进行罢工、捣坏机器等,随着斗争经验的丰富和认识的提高,逐

---

① 严中平:《中国近代经济史统计资料选辑》,科学出版社 1955 年版,第 102 页。

② 彭明:《中国现代史资料选辑》第 1 册,中国人民大学出版社 1987 年版,第 39 页。

渐关注自己的地位，向着阶级自觉和政治要求方向发展。辛亥革命前后的中国工人阶级正处在这种转变中，预示着中国工人阶级将不断走向自觉并登上中国的历史舞台。

四、新思想的传播和新知识分子的成长

20 世纪初在中国出现了一个新型的知识阶层，主要由接受了西方社会思想和科学文化的知识分子组成。他们爱国意识强烈，思想解放，受过比较系统的西方教育，是中国资产阶级最为活跃的部分，是新文化运动的主力军。

这一新型的知识阶级的成长有两个极为重要的原因，即国内新式学堂的兴起和留学热潮的出现。“兴学堂”本是清政府实行“新政”的重要内容，从 1901 年以后各地新建学堂陆续增多，到 1910 年增加到 52 500 所，学生人数也不断增加，到 1912 年初达 156 万多人。① 从新式学堂毕业的学生，由于接受了西学或受到西学的熏陶，已不是传统意义的知识分子，而是资产阶级、小资产阶级的知识分子。留学热也是 20 世纪初出现的，主要的留学地是日本和欧美。19 世纪末，全国留日学生不过一二百人，而 1903 年就达到 1 300 余人，1905 年至 1906 年激增至 8 000 余人；到欧美留学的人数也不断增加。② 比起国内的知识分子，留学生直接接受西学教育，其西学知识的掌握也更为系统、更为全面，因此成了资产阶级、小资产阶级知识分子思想解放的主要先驱。这些知识分子不仅是辛亥革命的积极参与者，也成为新文化运动的先进分子，其代表人物包括陈独秀、李大钊、鲁迅、胡适等。

新知识分子成长还与章士钊及其所办《甲寅》杂志有着不可分割的联系。1914 年 5 月 10 日，章士钊以“孤桐”（秋桐）为名主编的《甲寅》一卷一号出版于日本东京；出版四期后因故停刊半年，次年 5 月在上海恢复出版，至第十期被当局禁止。《甲寅》杂志宣传资产阶级民主思想，介绍西方的新学说，具有开启思想解放的意义，而它对于共和政治的热情鼓吹和对于专制复辟的激烈反对，更成为新文化运动的前奏。《甲寅》的核心作者群可谓尽一时之选，之后很长一段时间内，他们占据着中国文化圈的核心位置。其中，章士钊、陈独秀、吴稚晖、杨昌济、李大钊、高一涵、胡适、易白沙等后来都成为《新青年》的重要作者，而且大部分人任教于北京大学和国内其他大学，对青年的思想解放影响极大。陈独秀原是章士钊的副手，1915 年，他自创的《青年杂志》（后改名《新青年》）在编辑模式上几乎就是《甲寅》的翻版，而对于“通讯”的注重，讨论方式的开放，更是如出一

① 张静如：《中国共产党通史（插图本）》第 1 卷上，广东人民出版社 2002 年版，第 24、25 页。

② 张静如：《中国共产党通史（插图本）》第 1 卷上，广东人民出版社 2002 年版，第 25 页。

辙。当时,确有不少读者就是把《新青年》看作《甲寅》的延续与替代。不仅因为二者立场相似,还由于作者群有很大的重合,从这个意义上也不妨说,《甲寅》正是《新青年》的滥觞。陈独秀、李大钊等一批新知识分子经过《甲寅》杂志而得到锻炼和成长,中国思想文化战线上的新生代已经产生,一场声势浩大的思想革命、文化更新、反帝救亡的运动便由此爆发了。

第二节　反封建主义的思想启蒙

清王朝虽被推翻,但封建专制主义幽灵仍在中国游荡。帝制复辟逆流不断出现,"开明专制"甚嚣尘上,"尊孔复古"肆无忌惮,鬼神迷信无孔不入。"数年以来,创造共和再造共和的人物,也算不少。说良心话,真心知道共和是什么,脑子里不装着帝制时代旧思想的,能有几人?"①反帝制复辟、打倒孔家店、文学革命,新文化运动可谓惊心动魄,既有唇枪舌剑,也不乏刀光剑影,是一场反封建主义的思想启蒙运动,具有积极的现实作用和深远的历史意义。

一、反帝制复辟

辛亥革命后,中国大地上出现两次复辟逆流:袁世凯称帝、张勋复辟。这表明,中国的皇帝虽然倒了,但他所代表的封建专制主义的根基却依然深厚,难以动摇。"敢于帝制自为者,天下共击之",汹涌澎湃的反对帝制复辟思潮再次显示了民主主义的战斗威力。

1. 资产阶级民主革命派对帝制复辟的坚定反击和深刻批判

"二次革命"失败后,孙中山被迫东渡日本,并重新集合同志,筹建中华革命党。1914 年秋,孙中山在制定的《中华革命军大元帅檄》中指出,袁世凯是"假中央集权之名,行奸雄窃国之实","卒以非法攘攫正式总统,而祭天祀孔,议及冕旒,司马之心,路人皆见",较早地揭露了袁世凯的复辟野心。1915 年 5 月,孙中山致函区慎刚、邓泽如等,指出袁世凯承认"二十一条"后则必称帝,"从此中华民国名义亦将归消灭。内地不平之声甚烈……洵为吾党不可失之时机。"并告以"党中重要人物,已冒险深入内地,急思发动,成败在此一举,不能复待"②。孙中山以敏锐的政治洞察力和高昂的革命精神,始终站在反袁、反帝制斗争的最前列。伴随着袁世凯专制独裁,"开明专制"论又一次喧嚣起来,主张"以开明为目

① 《蔡元培全集》第 2 卷,浙江教育出版社 1997 年版,第 20 页。
② 《孙中山全集》第 3 卷,中华书局 1984 年版,第 130、170 页。

的，以专制为手段”去训练国民为“立宪公民”。资产阶级民主革命派针锋相对地对此作了深刻批判。朱执信分析“开明专制”的本质说：“开明专制者，不过得一进步之恶人以为君主，其捐于天下者少，而利彼一家者多，因是而被开明之号，而无以辞于专制之实”。“立宪公民不患其程度之不足，在其不足之日，亦惟先行立宪可养成之，非可以专制进其程度。则取之专制之手段，不足以达开明之目的”①。反对帝制复辟的护国运动和对“开明专制”帝制基石的批判，使袁世凯帝制复辟最终成为“南柯一梦”。

2. 从帝制中走出来的进步党人完成了从拥护到反对袁世凯的转变，成为反帝制复辟的重要力量

1915 年 8 月后，从古德诺发表《共和与君主论》到筹安会出笼，梁启超等率先走上了积极反袁的道路。梁启超的《异哉所谓国体问题者》是反袁复辟的重要檄文，他指出，“夫国体本无绝对之美，而惟以已成之事实为其成立存在之根源；欲凭学理为主奴而施人为的取舍于其间，宁非天下绝痴妄之事？仅痴妄犹未足为深病也；惟于国体，挟一爱憎之见，而以人为的造成事实，以求与其爱憎相应，则祸害之中于国家将无已时。故鄙人生平持论，无论何种国体，皆非所反对；惟在现行国体之下，而思以言论鼓吹他种国体，则无论何时皆反对之。”“呜呼！天下重器也，可静而不可动也，岂其可以翻覆废置如弈棋？”并指斥古德诺“博士今兹之大著，直可谓无意中与我十年旧论同其牙慧，特其透辟精悍尚不及我什分之一百分之一耳”②。梁启超还写了一些文章批判帝制活动，如《国体问题与外交》、《国体问题与五国警告》等，在进步党党内和社会上也都引起了较大反响。

3. 孕育新文化运动知识分子的《甲寅》杂志及其主编章士钊成为反帝复辟的重要旗手

1914 年 5 月《甲寅》创办以来，多由章士钊主笔，最初言词并不激烈，而是以生动流畅的文笔，从理论上阐明必须维护民主共和的道理，代表性的文章有《政本》、《国家与责任》、《开明专制》、《中华民国之新体制》、《调和立国论》等。章士钊指出，“开明专制者，人治政治也”③，并深入剖析了专制对中国社会带来的危害，同时阐明了建立法制的重要性。“专制国之法则不然，举所谓法，不越一人之意，即意即法，莫能明之。果兹一人者，亦落形气之中，则意决无衡，而法因靡定。”与“人治”相反，“今之文明国所有法者，其性公，其质固，审判有定员，解释有定义，所用者法也，而非用法之人。人唯用法而不能自用，故行之而无

① 《朱执信集》上集，中华书局 1979 年版，第 145、222 页。

② 梁启超：《饮冰室合集》文集三十三，中华书局 1988 年版，第 85 ~ 98 页。

③ 《开明专制》，《甲寅》第 1 卷，第 2 号。

弊"①。因此,要实现民主共和,就必须否定"人治"思想,建立法制观念。文章在批判"开明专制"论时,虽然过于强调和夸大了资产阶级法制的作用,甚至对以法律限制袁世凯仍抱有不切实际的幻想,但是,文章对封建的"人治"思想进行了深刻的批判,对提高人们的民主意识,坚定人们实行民主制度的信心,起到了促进作用。文章在否定"人治"的同时,也使更多的人认清了袁世凯托共和之名,行专制之实的本质,这对唤起国民的反袁情绪,扩大讨袁的力量和声势,产生了潜在的作用和深远的影响。

4. 以陈独秀、李大钊等为代表的《青年杂志》(《新青年》)同人对封建帝制复辟发出了最为猛烈的轰击

《新青年》从第一期起就连载关于"国体问题"的道,以期引起国人对袁世凯帝制活动的注意。《新青年》第三期沉痛疾呼:"今日之变,非但国体之良否问题,实国家之存亡关链。他日可旁观,此日则断不容袖手,他人可贷责,吾辈则不能少卸肩。"②第四期《新青年》指出,尽管中国有人"以筹安标会党之名",但不仅"帝制固以求安",即使"名共和实帝制"也绝不会有什么安全可言,不过"反足以自毙"③。护国军奋起讨袁之后,他们又号召青年积极投入斗争中去,"但计国势安危,道德存亡,身世荣辱,我青年肩上之责任,实万无放弃之余地,万无中立之理由。"④

李大钊公开向袁世凯的帝制活动宣战:"盖民与君不两立,自由与专制不并存","今犹有敢播专制之余烬,起君主之篝火者,不问其为筹安之徒与复辟之辈,一律认为国家之叛逆,国民之公敌"⑤。反复强调只有根绝封建专制,中国才有可能获得新生。袁世凯当了八十三天的短命皇帝,即在国人的唾骂声中死去,但中国封建专制政治统治并没有随之而死去。陈独秀拍案惊呼:"袁世凯未死!袁世凯复活!""黑越越中,实有老绘,呼之欲出"⑥。1917 年 5 月 1 日《新青年》刊载陈独秀的一篇讲话说得更明白,由于多数国民"脑子里实在装满了帝制时代的旧思想",所以,"共和国体,有无再经一次变动,却不能无疑。"⑦

《新青年》的同人针对"开明专制"、"贤人政治"进行了无情批判,指出其是地道的封建专制。因为"贤人政治,亦将公有之政权,私之于一部分人士也,故亦必借势力为护符,此与专制同者一";"无惟我独尊之心理,则不能决然行专

① 《调和立国论》,《甲寅》第 1 卷,第 4 号。
② 《共和国家与青年之自觉》,《新青年》第 1 卷,第 3 号。
③ 《安全论》,《新青年》第 1 卷,第 4 号。
④ 《战云中之青年》,《新青年》第 1 卷,第 6 号。
⑤ 《李大钊文集》(上),人民出版社 1984 年版,第 56 页。
⑥ 《袁世凯复活》,《新青年》第 2 卷,第 4 号。
⑦ 《旧思想与国体问题》,《新青年》第 3 卷,第 3 号。

制，亦无惟我独尊之心理，则不敢自任为贤人，此一与专制同者二……专制者之职务，在以一部分人代理全国之事务，而不欲放任人民自为，贤人之职务，亦代不肖者总理庶事，而不欲放任不肖者自为也……"①封建专制与"贤人政治"，一丘之貉而已。当然，视封建专制如性命依托的顽固派是不能容忍这些批判的。即使在张勋复辟失败之后，康有为仍不甘寂寞，还著《共和平议》反扑，"杂举时政之失，悉归罪于共和"，而且胡说："中国若行民主，虽有雄杰亦必酿乱而不能救国"，"中国必行民主而国必分裂"。此论一出，《新青年》即给以迎头痛击，指出丧权、内乱、贤才隐沦、学术昧亡、官同盗妓、四海穷困等时弊，恰恰不是因为共和、民主，而是在于封建专制，在于假共和真专制，"乃希望实行真共和始有以救之，若君主专制，则无济也。""康氏谓中国非专制不能定乱，康氏独不思六朝五代晋室八王及欧洲中世纪之黑暗，皆帝王专制而非共和耶?"他们痛斥康有为，说他如此疾视共和民主，是因为其"脑中去君主贵族无以言治，殆犬马之舌，习于粪自，舍此无以为甘美也。"②

反对袁世凯"洪宪帝制"斗争的胜利，张勋"丁巳复辟"的迅即覆灭，中国呈现出反帝制复辟思潮的高涨势头。军阀势力仍然存在，但随着新文化运动的展开，思想上对封建专制主义不断深入的批判，帝制复辟最终在中国遭到唾弃。

二、打倒孔家店

启蒙思想家们借着《新青年》等阵地，大力倡导民主和科学，激烈批判封建主义思想。孔子学说是中国两千多年封建专制制度的精神支柱，长期统治中国人民的精神生活。新文化运动把攻击的矛头集中指向孔子学说，鲜明地提出了"打倒孔家店"的口号。

《新青年》同人从中国历史上，从现实政治生活中，深感孔子学说之害，决心动摇这神圣不可侵犯的偶像。从易白沙发表《孔子评议》，第一次点名向孔子挑战之后，陈独秀的《宪法与孔教》、《孔子之道与现代生活》、《复辟与尊孔》，吴虞的《家族制度为专制主义之根据论》、《儒家主张阶级制度之害》，李大钊的《孔子与宪法》、《自然的伦理观与孔子》，鲁迅的《狂人日记》，篇篇都像利剑，击中旧礼教的要害。

1. 反对定孔教为国教，指出尊孔就是专制复辟

"盖主张尊孔，势必立君，主张立君，势必复辟，理之自然，无足怪者。"他们一下就抓住孔学的精髓，指出孔学奉行"一尊君、卑臣、愚民之宗旨"，而其真谛

① 《一九一七年予想之革命》，《新青年》第2卷，第5号。

② 《驳康有为共和平议》，《新青年》第4卷，第3号。

在于“尊君”。陈独秀直呼“孔教会”为“复辟党”，并说“若尊孔而不主张复辟，则妄人也，是不知孔子之道者也。”①他们对尊君的孔教采取不妥协的决绝态度：正因为孔学“尊君”，“教竞君择，适者生存”②，孔子才为历代专制统治者所宠爱。孔子主张“漫无限制”的君权，不仅可以使专制统治者“如虎傅翼，择人而食”，而且可以“垄断天下之思想，使失其自由”③。所以他们明白宣言：“孔教与共和，乃绝对不能相容之物，存其一，必废其一”④。他们要求坚决革儒教的命，“儒教不革命，儒学不转轮，吾国遂无新思想，新学说，何以造新国民？悠悠万事，唯此为大！”⑤

2. 批判了儒家的尊卑贵贱、三纲伦理等，认为这是专制主义的核心和基础

孔学“三纲”之说“率天下之男女为臣、为子、为妻，而不见有一独立自主之人”⑥。孔学的一整套等级尊卑思想，“实为制造专制帝王之根本恶因。吾国思想界不将此根本恶因铲除净尽，则有因必有果，无数废共和复帝制之袁世凯当接踵应运而生，毫不足怪。”⑦他们指出：“三纲之根本义，阶级制度是也。所谓名教，所谓礼教，皆以拥护此别尊卑明贵贱制度也。”⑧吴虞指出儒家倡孝，使“家族制度与专制政治遂胶固而不可分析”，是“锁弥犯上作乱之方法”；“孝悌二字为二千年来专制政治制度家族联结之根干”，“孝之义不立，则也之说无所附，家庭之专制既解，君主之压力亦散。”⑨陈独秀指出“儒术孔教非无优点，而缺点则还多。尤其与近代文明社会不相容者，其一贯伦理政治之纲常阶级说也。此不攻破，吾国之政治法律、社会道德，俱无由出黑暗而入光明。”⑩封建宗法制度和纲常礼教残害人格、扼制人权、束缚个性、限制自由，阻碍社会进步，因此，欲建设现代民主国家，树立平等自由之新信仰，对于“与此不相容之孔教，不可不有彻底之觉悟”，否则国家和社会绝不可能进步。

3. 反对封建迷信、反对“国粹”，把反孔斗争与当时的现实斗争紧密联系起来

当时袁世凯称帝的闹剧，康有为欲定儒教为“国教”的活动，以及社会上守旧势力“保存国粹”的喧嚣，都是打着尊孔旗号来进行的。时人描述这种情形

① 《复辟与尊孔》，《新青年》第3卷，第6号。
② 《通信》，《新青年》第3卷，第4号。
③ 《孔子评议上》，《新青年》第1卷，第6号。
④ 《复辟与尊孔》，《新青年》第3卷，第6号。
⑤ 《儒家主张专制制度之害》，《新青年》第3卷，第4号。
⑥ 《一九一六年》，《新青年》第1卷，第5号。
⑦ 《袁世凯复活》，《新青年》第2卷，第4号。
⑧ 《吾人最后之觉悟》，《新青年》第1卷，第6号。
⑨ 《家族制度为专制主义之根据论》，《新青年》第2卷，第6号。
⑩ 《通信》，《新青年》第2卷，第5号。

是："中国目下一方面既采用立宪共和政体，一方面又采唱尊君的孔教，梦想大权政治，反对民权；一方面设立科学的教育，一方面又提倡非科学的祀天、信鬼、修仙、扶乩的邪说；一方面提倡西方实验的医学，一方面又相信三焦、丹田、静坐、运气的卫生。"其结果是"两样并行，必要弄得非牛非马，一样不成。"①那么，何以会出现这类现象呢？鲁迅说这类人是要"学了外国本领，保存中国旧习。本领要新，思想要旧。""一言以蔽之：前几年谓之'中学为体，西学为用'，这几年谓之'因时制宜，折中至当'"②。针对康有为等人极力把孔孟鬼神化、孔学宗教化，上海"盛德坛"扶乩，《灵学》杂志胡言乱语等情况，《新青年》同人力求改变这种乌烟瘴气的情况。陈独秀说："现在世界上有两条道路，一条是向共和的、科学的、无神的道路，一条是向专制的、迷信的、神权的、黑暗的道路。"③中国人如不摆脱迷信和尊崇自然科学及一切真实的真理，将永无出路。因为人们屈膝于神权迷信的偶像，就不能不屈服于政权专制的统治。所以他们喊出要"破坏偶像！破坏虚伪的偶像！"提出信仰必须"以真实的合理的为标准"④，这就是说要把一切霸占人们头脑的不切实的虚伪信仰和偶像迷信统统放逐出去。另一方面针对封建顽固派"保存国粹"，似乎中国故有的典章、制度、道德、文化都是碰不得的圣物，一碰就国将不国了。《新青年》质问道："请问保存那些国粹待作什么用？唐宋元明清，历代保存了数千年，保得中国做了个三等国，岌岌不保旦夕，还要说它是国粹？"⑤"吾宁忍过去国粹之消亡，而不忍现在及将来之民族不适世界之生存而归于消灭也。"⑥

三、文学革命

当时，如同在政治领域一样，文学领域从内容到形式到处充斥着封建主义的糟粕。内容陈腐，宣扬的是封建伦理道德；形式呆板，都是八股式文章；语言艰涩，从小学到大学的教科书、报章杂志是文言文的天下。封建专制主义正是通过散文、诗歌等文学形式渗透到人们特别是青年的头脑中，腐蚀他们的思想，麻痹他们的意志。"青年子弟读了这种旧文章，觉其句调铿锵，娓娓可诵，不知不觉，便将为其文中之荒谬道理所征服。"⑦显然，"欲革新政治，势不得不革新盘踞于

① 《今日中国之政治问题》，《新青年》第5卷，第1号。

② 《随感录》，《新青年》第6卷，第2号。

③ 《克林德碑》，《新青年》第5卷，第5号。

④ 《偶像破坏论》，《新青年》第6卷，第2号。

⑤ 《读者论坛》，《新青年》第6卷，第3号。

⑥ 《敬告青年》，《新青年》第1卷，第1号。

⑦ 《中国今后之文学问题》，《新青年》第4卷，第4号。

运用此政治者精神界之文学”。于是,《新青年》提出,要提倡白话文、反对文言文,要提倡新文学、反对旧文学的口号,揭开了文学革命的序幕。

1917 年 1 月胡适在《新青年》发表的《文学改良刍议》,较为系统地提出文学改良的主张,鼓吹以白话文代替文言文,以白话文学为中国文学之正宗。提出,“须言之有物”,“不摹仿古人”,“须讲求文法”,“不作无病之呻吟”,“务去滥调套语”,“不用典”,“不讲对仗”,“不避俗词俗语”八条,①引起很大反响。接着,陈独秀发表《文学革命论》,明确提出要“推倒雕琢的阿谀的贵族文学,建设平易的抒情的国民文学”,“推翻陈腐的铺张的古典文学,建设新鲜的立诚的写实文学”,“推翻迂晦的艰涩的山林文学,建设明了的通俗的社会文学”。《新青年》同人们痛斥旧文学,指出“其形体则陈陈相因,有肉无骨,有形无神,乃装饰品而非实用品;其内容则目光不越帝王权贵、神仙鬼怪及个人之穷通利达”②。这类害人的东西,“应该极端驱逐,淘汰净尽”③。他们嘲笑那些污蔑白话文是“鄙俚浅陋”的“高雅之士”,“明明是现代人,吸着现在的空气,却偏要勒派朽腐的名教,僵死的语言,侮蔑尽现在,这都是现在的屠杀者”④。

真正把文学革命主张付诸实践且成就最大者当属鲁迅。《新青年》带头身体力行,从第四卷一号开始改用白话文和新式标点,而鲁迅在《新青年》上发表的《狂人日记》、《孔乙己》、《药》等小说,也都是用白话文写成的。他在《狂人日记》中,深沉痛切地控诉中国的封建历史,“满篇都写着两个字是‘吃人’!”⑤以新文学为武器,向封建专制主义开战。他呼吁青年,要发出“醒而且真”的声音,“是黄莺便黄莺般叫,是鸱鸮便鸱鸮般叫。我们不必学那才从私窝子跨出脚,便说‘中国道德第一’的人的声音。”⑥鲁迅在这个时候发表的小说和散文,是文学革命的丰硕成果,为新文学的建立和发展打下了稳固的基础。

新文化运动的思想家们把革新文学与革新政治联系起来,指出文学革命的实质,就是用民主主义的新文学,反对封建主义的旧文学。内容与形式是同一的,因此,用白话文取代文言文并使之通行于世,既是文学革命,也是新文化运动取得的显著成果之一,同时也是追求民主和科学的思想在文学领域和写作形式上的特征化体现。

---

① 《文学改良刍议》,《新青年》第 2 卷,第 5 号。
② 《文学革命论》,《新青年》第 2 卷,第 6 号。
③ 《尝试集序》,《新青年》第 4 卷,第 2 号。
④ 《现在的屠杀者》,《新青年》第 6 卷,第 5 号。
⑤ 《狂人日记》,《新青年》第 4 卷,第 5 号。
⑥ 《随感录》,《新青年》第 6 卷,第 1 号。

第三节　以陈独秀为代表的倡导“民主”和“科学”思想

陈独秀(1880—1942),字仲甫,安徽怀宁人,最先倡导并吹响思想启蒙号角,被誉为进步思想界的明星、“五四运动的总司令”。1915 年 9 月,陈独秀在《青年杂志》创刊号上发表了《敬告青年》一文,提出了进步青年应遵循的六条准则:“自主的而非奴隶的”,“进步的而非保守的”,“进取的而非隐退的”,“世界的而非锁国的”,“实利的而非虚无的”,“科学的而非想象的”,并着重指出,“国人而欲脱蒙昧时代,……当以科学与人权并重”①,把民主和科学紧密结合起来,作为衡量一切事物的标准。

一、对“民主”思想的倡导

新文化运动倡导的“民主”,在当时被称为“德先生”(Democracy)。新文化运动倡导的民主,有两层涵义。一是指民主精神和民主思想,包括个性解放、人格独立及自由民主权利等内容;二是指与封建君主专制制度相对立的资产阶级民主政治制度。新文化运动首倡者的陈独秀在这方面做了大量工作。陈独秀认为“近代文明之特征,最足以变古之道,而使人心社会划然一新,厥有三事:一曰人权说,一曰生物进化论,一曰社会主义,是也。”②中国应该张开怀抱,向西方学习,接受民主。可以说,从《青年杂志》(《新青年》)创刊号起,每卷每号都在为民主鼓与呼。虽然,陈独秀及其同人在对民主内涵的认知上和民主实现的路径上有所不同,但对于反对封建专制,追求民主共和具有重要的启蒙价值。

1. 陈独秀认为民主实质是人权平等

陈独秀认为民主实质是人权平等,每个人应该有“自主自由之人格”,“一切操行,一切权利,一切信仰,唯有听命各自固有之智能,断无盲从隶属他人之理”③。强调个人自由权利和个人的生活幸福,要以“个人本位主义,易家族本位主义”④,主张要把个人自由权利载诸宪法,任何人都不能剥夺。“社会文明、幸福,是个人造成的,也是由个人应该享受的”,“社会是由个人集成的,除去个人,便没有社会,所以个人的意见和快乐,是应该尊重的”,“执意行态,满足欲望(自

① 《敬告青年》,《新青年》第 1 卷,第 1 号。

② 《法兰西人与近世文明》,《新青年》第 1 卷,第 1 号。

③ 《敬告青年》,《新青年》第 1 卷,第 1 号。

④ 《东西民族根本思想之差异》,《新青年》第 1 卷,第 4 号。

食色以至道德、名誉都是欲望),是个人生存的根本理由,始终不变。"①陈独秀视儒家思想为民主的障碍,认为"所谓民为邦本,皆以君主之社稷(即君主祖遗之家产)为本位","而与由民主主义之民主政治,绝非一物"②。倡导"法律上之平等人权,伦理上之独立人格,学术上之破除迷信、思想自由"③。

2. 陈独秀认为民主不只是一种思想、一种理念,更是一种价值观和国家制度

陈独秀针对当时中国的军阀专制独裁政治,认为民主不只是一种思想、一种理念,更是一种价值观和国家制度,要以民主共和,改变丧权辱国、兵争民困的局面。"吾国欲图世界的生存,必弃数千年相传之官僚的专制的个人政治,而易以自由的自治的国民政治也。"④论证了若用代议制,更益以联邦制、责任内阁制,民主之制完全宜于现代中国。有了这些制度,便可排斥武力政治、一党势力,去除军人害、官僚害、政客害。

3. 陈独秀认为民主的实现,社会问题解决,关键在于实现真正民治

随着新文化运动深入,陈独秀认为民主的实现,社会问题解决,关键在于实现真正民治。我们所主张的民治,是把政治的民治主义与社会经济的民治主义当做社会生活向上的两大工具。他对政治的民治主义的解释是,由人民直接议定宪法,用宪法规定权限,用代议制照宪法的规定执行民意。"就是消极的不要人民处于被动的官治,积极的实行自动的人民自治。要在坚实的民治基础——人民的直接的实际的自治与联合上做工夫,这就是通过人民直接的、实际的自治与联合,通过地方自治和同业联合,从底下创造发达起来的人民自动的真民治。乡间的地方自治,从一村一镇着手;城市的地方自治,按街道、马路、警察的分区从这小区域着手;同业联合要从一个地方的一种职业着手。"⑤

不过到了五四运动后,陈独秀在民主认知方面发生较大转变,受十月革命的影响,接受马克思主义,逐渐抛弃了资产阶级民主而转向劳农专政。陈独秀一反往昔,尖锐地批判了工团主义、都市自治、议会主义、国家社会主义等主张,斥责世界上各资本主义国家的民主、自由,是利用国家、政治、法律等机关,把多数勤苦的生产的劳动阶级压在资本势力底下,强调只有被压迫的生产的劳动阶级自己造成新的强力,建立起劳动专政,把资产阶级完全征服,然后才可望将财产私有、雇佣劳动等制度除去,将过于不平等的经济状况除去。⑥ 在《国庆纪念底价

---

① 《人生之真义》,《新青年》第4卷,第2号。

② 《再质问〈东方杂志〉记者》,《新青年》第6卷,第2号。

③ 《袁世凯复活》,《新青年》第2卷,第4号。

④ 《吾人最后之觉悟》,《新青年》第1卷,第6号。

⑤ 《实行民治的基础》,《新青年》第7卷,第1号。

⑥ 《谈政治》,《新青年》第8卷,第1号。

值》一文中，陈独秀说："我们承认共和政治在人类进化史上有相当的价值，但是资本主义时代不过是次少数人得着幸福，多数人仍然被压在少数人势力底下，得不着自由与幸福；共和国里的教育、舆论、选举，都操在少数的资本家手里，表面上是共和政治，实际上是金力政治，所以必须以社会主义的政治起来代替共和政治"①。

陈独秀的民主观点在当时是有代表性的，并得到新文化运动主要领袖的支持和响应。比如，李大钊就强调："君与民不两立，自由与专制不并存，是故君主生则国民死，专制活则自由亡。"②他指出，全民普选是民主的主要内容和方式，是民主国家的根本标准，"没有全民普选，还配叫共和国么?"李大钊号召广大青年彻底解放自己的思想，"冲决过去历史之网罗，破坏陈腐学说之囹圄"，担负起"孕育青春中国之再生"的使命!③ 胡适则号召广大青年脱奴隶状态，负起公民责任，做一个为民主而奋斗的真正爱国者。

二、对"科学"思想的倡导

新文化运动的启蒙思想家们树立的另一面旗帜是"科学"，在当时被称为"赛先生"(Science)。陈独秀不但讴歌民主，而且也推崇科学。在他看来，民主可防止专制，科学可摆脱愚昧。"国人欲脱蒙昧时代，羞为浅化之民也，则急起直追，当以科学与人权并重。"要克服愚昧无知，破除迷信，解放思想，根治"无常识之思维，无理由之信仰"，"厥维科学"④。近世欧洲，之所以发展如此迅速，除了实行民主以外，推崇科学也是重大原因之一，而现实中国，鬼神迷信之风盛行。因此，提倡科学，更属急需。

陈独秀所说的科学，主要有三个方面的内容：一是指科学精神，二是指科学方法，三是指具体的部门科学。尤以科学精神和科学方法为重。陈独秀对科学作过这样的解释："科学者何? 吾人对于事物之概念，综合客观之现象，诉之主观理性而不矛盾之谓也。"⑤这就是说，科学是人们考察和综合客观事物的现象，形成对认识对象的概念，而且与主观理性相统一的认识。

陈独秀赋予科学和理性以至上权威，主张一切事物和现象都应该拿到科学和理性的法庭上去检验和判断。"举凡一事之兴，一物之细，罔无诉之科学法则，以定其得失从违，其效将使人间之思想云为，一遵理性，而迷信斩焉，无知妄

---

① 《国庆纪念底价值》，《新青年》第8卷，第3号。
② 《李大钊文集》(上)，人民出版社1984年版，第175页。
③ 《青春》，《新青年》，第2卷，第1号。
④ 《敬告青年》，《新青年》第1卷，第1号。
⑤ 《敬告青年》，《新青年》第1卷，第1号。

作之风息焉。”只要是经过科学和理性判定为不合现实的知识,那怕是祖宗的遗留,圣贤的垂教,政府的提倡,社会的崇尚,均应摒弃。在这里,陈独秀虽过于抬高了理性,但他主张用知识代替信仰,用逻辑论证取代盲目崇拜,这对反宗教神学和封建迷信是有积极意义的。

陈独秀认为,科学与迷信是水火不容的对立双方,要相信科学就必须破除迷信。中国历代封建统治者们都利用鬼神、迷信、宗教来维护和加强自己的统治,统治者把各种封建迷信人为地系统化、扩大化,成为随意愚弄百姓的工具和套在人们身上难以摆脱的思想枷锁。鬼神、迷信的存在和泛滥,既维护着历代封建政权,也严重阻碍了科学的发现、传播、交流与发展,影响了中国社会前进的步伐。陈独秀写出短文《有鬼论质疑》,向有鬼论者提出八个尖锐的问题,使这些信鬼的人无法作答。钱玄同和刘半农都撰写文章,列举和批判了“灵学”宣扬的谬论。刘半农列举了“灵学”的九条破绽,指出其实质是“奸民作伪,用以欺人谋利”。钱玄同向青年发出倡导:“如果你还想在二十世纪做一个人,你还想中国在二十世纪算一个国,你自己承认你有头脑,你自己还想研究学问;那么,赶紧鼓起你的勇气,奋发你的毅力,剿灭这种最野蛮的邪教和这班兴妖作怪胡说八道的妖魔!”鲁迅发表了《随想录》一文,对这场批判迷信、鬼神的斗争作了科学的总结。他指出:“现在有一班好讲鬼话的人,最恨科学,因为科学能教道理明白,能叫人思路清楚,不许鬼混,所以自然而然的成了讲鬼话的人的对头。”他还明确宣布,“据我看来,要救治这‘几至国亡灭种’的中国,那种‘孔圣人、张天师传言由山东来’的方法,是全不对症的”,“只有这鬼话的对头的科学!——不是皮毛的真正科学!”①

三、强调“民主”与“科学”并重

陈独秀既热情讴歌民主,又极力宣扬科学,主张以民主取代专制独裁,以科学取代宗教迷信。对于民主和科学的关系,陈独秀认为,如同“舟车之有两轮”,它们相辅相成,相得益彰。没有民主,就不可能有科学;没有科学,也无法保障民主。有了民主,就有人的解放和社会的发展;有了科学,才有人的文化的进步和素质的提高。中华民族要立于世界之林,要成为文明发达的民族,就要“以科学与人权并重”。

正是因为陈独秀以《新青年》为阵地,极力宣扬民主,推崇科学,对封建专制、封建道德、封建迷信、封建文化进行了全方位的批判,所以遭到了封建卫道士的发难。他们说《新青年》犯了“破坏孔教、破坏礼法、破坏国粹、破坏贞洁、破坏

---

① 《随想录》,《新青年》第5卷,第4号。

旧伦理(忠、孝、节)、破坏旧艺术(中国戏)、破坏旧宗教(鬼神)、破坏旧文学、破坏旧政治(特权人治)"等滔天罪行。对此,陈独秀公开答辩:"这几条罪状,本社同人当然直认不讳。但是追本溯源,本志同人本来无罪,只因拥护那德莫克拉西(Democracy)和赛因斯(Science)两位先生,才犯了这几条滔天的大罪。要拥护那德先生,便不得不反对孔教、礼法、贞节、旧伦礼、旧政治。要拥护那赛先生,便不得不反对旧艺术、旧宗教。要拥护德先生又拥护赛先生,便不得不反对旧国粹和旧文学。"陈独秀在文中表示,"我们现在认定只有这两位先生,才可以救治中国……若因为这两位先生,一切政府的压迫,社会的攻击笑骂,就是断头流血,都不推辞。"①这个答辩书代表了启蒙思想家们为在中国实现民主与科学而奋斗的决心和信心。

第四节　李大钊的平民主义与马克思主义观

李大钊(1889—1927),字守常,河北乐亭人,中国共产主义运动的先驱和最早的马克思主义者,中国共产党的主要创始人之一。他不仅具有崇高的革命情操,而且具有崇高的个人道德品质,即所谓"铁肩担道义,妙手著文章"。李大钊积极参加了反对袁世凯复辟卖国的斗争,后在《甲寅》、《新青年》等刊物上发表了不少宣传民主主义思想和社会进步的文章。十月社会主义革命后,率先接受和传播马克思主义,先后发表《法俄革命之比较观》、《庶民的胜利》等著名论文,并和陈独秀等创办《每周评论》,积极领导了五四新文化运动。

一、李大钊的平民主义思想

李大钊所说的"平民主义"或"平民政治"是Democracy(民主)的意译,而他对平民主义则有自己独特的主张和看法。

1. 平民主义是世界的潮流、时代的精神

李大钊的这一观点,既是基于西方民主政治的现实,也是对劳动者阶级政治前途的展望,所以他说,"现代有一绝大的潮流遍于社会生活的种种方面:政治、社会、产业、教育、美术、文学、风俗,乃至衣服、装饰等等,没有不著他的颜色的。这是什么?就是那风靡世界的'平民主义'"。"我们天天眼所见的,都是'平民主义'战胜的旗,耳所闻的,都是'平民主义'奏凯的歌,顺他的兴起,逆他的灭

① 《新青年罪案之答辩书》,《新青年》第6卷,第1号。

亡。一切前进的精神,都自己想象着是向'平民主义'移动着的。"①在他看来,平民主义是社会政治前进的巨大动力,将来的世界是平民主义的世界,从历史发展趋势来看它的力量是无敌的。

2. 平民主义不仅是一种政治制度,而且是一种人生哲学

李大钊认为,"现在的平民主义,是一个气质,是一个精神的风习,是一个生活的大观;不仅是一个具体的政治制度,实在是一个抽象的人生哲学;不仅是一个纯粹理解的产物,并且是深染了些感情、冲动、念望的色泽。我们如想限其飞翔的羽翮于一个狭隘的唯知论者公式的樊笼以内,我们不能得一正当的'平民主义'的概念。那有诗的心趣的平民主义者,想冲着太阳飞,想与谢勒和惠特曼抟扶摇而上腾九霄。"②因此,平民主义有极其广泛的内含,它不只是政治制度,而且是人生哲学。

3. 平民主义的真精神是"自由政治"

李大钊明确指出,"我尝说过,'多数政治'不一定是圆满的'平民主义'的政治,而'自由政治'(Free government)乃是真能与'平民主义'的精神一致的。'自由政治'的神髓,不在以多数强制少数,而在使一问题发生时,人人得以自由公平的态度,为充分的讨论,详确的商榷,求一个公同的认可。商量讨论到了详尽的程度,乃依多数表决的方法,以验其结果。在商议讨论中,多数宜有容纳少数方面意见的精神;在依法表决后,少数宜有服从全体决议的道义。'自由政治'的真谛,不是仗着多数的强力,乃是靠着公同的认可。取决多数不过是表示公同认可的一种方法罢了。"③

4. 工人政治是"真实的平民政治、纯正的平民政治"

李大钊认为:"从实质上说,这无产阶级的平民政治,虽亦是平民政治的一种,但共产主义者的政治学者,因为此语在资本主义时代已为中产阶级用烂了,乃别立一新名词以代平民政治而开一新纪元。这新名词就是'工人政治'"。"只有无产阶级的平民政治才是纯化的平民政治,真实的平民政治,纯正的平民政治"④。他又说:"纯正的'平民主义',就是把政治上、经济上、社会上一切特权阶级,完全打破,使人民全体,都是为社会国家作有益的工作的人,不须用政治机关以统治人身,政治机关只是为全体人民,属于全体人民,而由全体人民执行的事务管理的工具"⑤。这些观点,既是指无产阶级专政所要达到的理想政治境界,也指出了这种专政的达到途径和制度雏形。

---

① 《李大钊文集》(下),人民出版社 1984 年版,第 588 页。
② 《李大钊文集》(下),人民出版社 1984 年版,第 594 页。
③ 《李大钊文集》(下),人民出版社 1984 年版,第 592 页。
④ 《李大钊文集》(下),人民出版社 1984 年版,第 571 页。
⑤ 《李大钊文集》(下),人民出版社 1984 年版,第 609 页。

简括说来，李大钊的平民主义政治有两个核心的基本点。第一，他是就平民主义政治的根本精神立论的，是从民主政治的普遍原理立论的。第二，他所说的平民主义政治往往是一种理想的、最完善的政治，是经过无产阶级专政和经济组织的社会主义改造后的那种高级的政治。在他看来，只有这种政治“才是真正的工人政治”，而这种政治的实现就是“纯正的‘平民主义’”。

二、拥护并介绍十月革命和马克思主义

事实上，李大钊的平民主义思想也表现出了他对于马克思主义的认识和自己独特的见解。正因为如此，当十月革命爆发后，他的第一篇宣传十月革命的文字，就确信俄国应该作为“世界的新文明”的榜样，俄国革命将成为“二十世纪全世界人类普遍心理变动之显兆”。

1. 关于民彝政治

李大钊在法政学校读书期间就勤于思考问题，发表政论，认为自己“造意树义”，就“一以民生为念”，而这或许与他早年受到儒家经书中民本思想的影响有关。稍后，他接触了俄国托尔斯泰的泛劳动主义和民众史观，并把它们和传统儒家的爱民、保民思想及道家的无为思想联系起来，结合卢梭、约翰·穆勒等人的平等自由思想，形成了独特的“民彝政治”观念。这种观念强调，“国法与民彝之间之联络愈益疏通”，民彝就能够、并且应当充分体现于政治。李大钊对政治形式的假设虽不同于苏维埃政权，在精神实质上的要求却与“以民众为基础的劳农政府”一致。

2. 关于青春观念

他从传统变易哲学出发，认同达尔文的进化论，形成了朴素的唯物进化观念，又从传统文化的刚健有为、关注人生的思想出发，认同于美国学者爱默生关于把握今日的观念，从而形成了独特的青春观念。这个观念一方面主张唯物的进化论，另一方面更强调自觉改造世界的革命能动性。因此，这两方面相结合的思想，为他接受马克思的唯物史观和注重实践的精神提供了有利条件。

3. 关于“调和”

他从传统儒家的“中庸”与“和”的观念出发，认同章士钊介绍的斯宾塞的调和论思想，而又有所发挥，形成了他自己独特的内容丰富的调和观。由此，李大钊接受了那种把俄国文明看作具有调和东西方文明资格的观点，并进而确认其为一种世界的新文明，而这也是他迅速接受十月革命道路的重要思想基础。

4. 教育与宣传

李大钊十分重视思想理论的宣传，尤其是以学校为阵地教育和培养年轻人。在多年探索中国政治出路的过程中，李大钊与旧党派要人的关系比较密切，所以

经历失望的体验也多。经过《晨钟报》时期与汤化龙、孙洪伊的纠葛，张勋复辟被粉碎后与拥护段祺瑞的梁启超、汤化龙彻底决裂，他已觉悟到，与旧派势力合作、在旧政治的基础上决不可能实现建立青春中华的理想。这种认识甚至也决定了他不愿意加入以孙中山为首的国民党，而是选择了进入文化教育界。由此，李大钊著述讲授，宣传马克思主义，力图探索一种全新的改造社会的方法。

最后，从现有资料来看，李大钊是五四时期第一位宣称“喜欢谈谈布尔扎维主义”的人，也是第一位在理论上为马克思主义进行辩护的人。他赞成在改造社会问题上“依马克思的唯物史观”进行“根本解决”的态度，肯定“这最后的阶级竞争，是阶级社会自灭的途辙，必须经过的，必不能避免的”认识，从而实际上第一个宣称了自己是马克思主义的信仰者。的确，李大钊是当时第一位把马克思主义引进、信仰、宣传和实践四方面结合起来的人，在此意义上讲，他不仅是中国第一位马克思主义的举旗人，而且是使马克思主义旗帜在中国得以树立的第一位奠基人。

三、对马克思主义的研究和宣传

李大钊是马克思主义的系统传播者，是使马克思主义成为中国近代社会主流思潮的第一人，而他在传播马克思主义过程中也表现出自己独特的思维方式和见解。

1. 强调马克思主义是一门科学理论

李大钊十分强调马克思主义是一门科学理论，特别注重马克思主义的学理上的严密性和在科学研究方面的普遍指导意义。在《我的马克思主义观》中，李大钊认为马克思的学说是深奥的理论，“卷帙浩繁，学理深晦”，拼上半生工夫研究，也不过得个要领。他把马克思与著名的经济学家相提并论，肯定马克思是社会主义经济学的鼻祖，第一个“用科学的论式，把社会主义的经济组织的可能性与必然性，证明与从来的个人主义经济学截然分立，而别树一帜，社会主义经济学才成一个独立的系统”。他强调指出，马克思主义“是完全自成一个有系统的组织”，是“不容分裂的”。他第一次用“社会组织进化论”、“资本主义的经济论”、“社会主义运动论”的名称，将马克思主义的哲学、政治经济学和科学社会主义原理作为一个整体，较系统地介绍到国内，并认为这三个组成部分“有不可分的关系，而阶级竞争说恰好一条金线，把这三大原理从根本上联络起来”。李大钊用这种整体的观点和方法，简略却不失精要地逐一阐明，马克思主义为什么是科学的，它是怎样的一套科学理论。

2. 对非马克思主义者和非马克思主义思想和理论态度宽容

李大钊在宣传马克思主义的过程中，在思想上采取以理服人的态度，对非马克思主义者和非马克思主义思想和理论也表现出宽容态度。在对人的方面，李大钊与自由主义者、空想社会主义者、无政府主义者、基尔特社会主义者等许多持有不同政治理想的人保持着良好关系。例如，与少年中国学会同人一起探讨改造中国的问题，同胡适、高一涵、蔡元培等一起发表《争自由的宣言》、《我们的政治主张》，争取无政府主义者加入共产主义小组，参加北京大学社会主义研究会，同基尔特主义者徐六几、费觉天等一起讨论社会主义问题等。在思想方面，李大钊广采各家之长，为我所用，甚至在他接受马克思主义以后，仍不时用民主主义、互助主义、人道主义等观点分析问题。李大钊将这种平和的学术风范与他政治观点的鲜明坚定结合得相得益彰，这种特征，在他后期写作的两篇重要著作《平民主义》和《史学要论》，以及他在北京大学开设《社会主义与社会运动》和《史学思想史》两门课程中都有典型的体现。李大钊的这种表现，反映了历史发生重大转变时期人们思想发展的曲折性和复杂性，然而就当时马克思主义处于引进和讨论阶段来讲，他这种作风对于马克思主义旗帜在中国的树立却起到了特殊的促进作用。

3. 利用特有条件引进马克思主义的书籍资料

李大钊长期在北京大学担任图书馆主任、教授等职务，这是当时其他马克思主义者不具备的条件。他利用在图书馆工作之便，较早注意引进马克思主义的书籍资料，又利用在学生中的广泛影响组织马克思学说研究会。特别是他率先在北京大学开设了“唯物史观”、“社会主义史”、“社会主义与社会运动”等课程，使马克思主义引进后不久，即在中国知识界的最高学府的讲台上占据了一席地位。李大钊的一系列工作，使北京大学这所聚集了全国各地优秀青年学子的地方，成为马克思主义最早发生影响和向全国各地广泛传播的发源地之一，这是李大钊在引进阶段对马克思主义旗帜在中国的树立所做出的任何人都无法替代的贡献。

四、马克思主义与中国革命

李大钊明确表示，引进马克思主义的目的在于运用，也就是指导中国革命。在如何运用的问题上有两种倾向，一种是教条主义倾向，或者一切以书本为准，或者以中国不同于西方为借口而否定马克思主义的指导意义；另一种就是主张把马克思主义与中国社会和革命实际结合，创造性地发展马克思主义。这两种倾向在引进阶段就已出现，随着革命的进程越来越突出，并形成各种各样和反复多次的思想和路线斗争。

李大钊从选择马克思主义之初，就自觉意识到，在主义的运用过程中，要“因时、因所、因事的性质情形”的不同而作相应的调整。他反复指出，“一个社会主义者，为使他的主义在世界上发生一些影响，必须要研究怎样可以把他的理想尽量应用于环绕着他的实境"；"我们批评或采用一个人的学说，不要忘了他的时代环境和我们的时代环境"；"应该细细的研考马克思的唯物史观，怎样应用于中国今日的政治经济情形"①。李大钊是这样说的，也是这样做的。在写作《我的马克思主义观》的时候，他针对人们对马克思学说的非难，做出了解释。其中关于唯物史观的生产力为社会发展的原动力的学说与阶级斗争学说矛盾的问题，他承认二者的确"有些牵强矛盾的地方"，但同时也指出，按马克思的意思，"生产力一有变动，这社会关系也跟着变动。可是社会关系的变动，就有赖于当时在经济上站不利地位的阶级的活动"。在这里，他忽视了自己在前面介绍唯物史观时已经指出的生产力在一定的"社会组织"里只有发展到"无可再容的程度"时，"社会组织"才能被打破的观点，而且似乎把生产关系、社会关系和"社会组织"看成是同一概念。如此，笼统地说，"生产力一有变动，这社会关系也跟着变动"，后者又有赖于阶级斗争。这样，生产关系的相对稳定就不存在了，阶级斗争便随时都有变革生产关系，使其适应生产力发展的作用了。如果从理论上细究，李大钊的这一解释显然没有说明马克思的原意，因而也就没有达到解决问题的目的。但是，从应用上考虑，他的这一解释却有着现实针对的考虑，即是说，他主张在中国这个生产力还没有发展到可以进行社会主义革命的国度里，同样也可以模仿俄国走"根本解决"道路。因此，李大钊是从为革命提供理由的角度来理解马克思主义的指导意义的，并结合中国的现实加以运用。

对于把马克思主义运用于中国实际，李大钊还提出了中国"实立于将为世界的无产阶级的地位"的观点。1920 年 1 月，他在《由经济上解释中国近代思想变动的原因》一文中指出，近代"中国的经济变动，乃是由于外力压迫的结果"。他列举了人口不能自由移动、华侨到处受排斥、关税受不平等条约的束缚、国内家庭和手工产业被外国工厂机械产业压倒等许多现象，说明随着外来压迫的步步加深，中国受到资本主义列强的压迫，从而揭示了近代中国由外力入侵带来的两个社会基本矛盾，并且强调了帝国主义与中华民族的矛盾是其主要矛盾这一真理。李大钊的这一认识最早指出了科学制定革命目标的根据。1920 年 7、8 月间，共产国际二大提出民族与殖民地问题理论，又经 1922 年 1 月远东各国共产党及民族革命团体代表大会将此理论传达给中共代表。之后，中共二大制定了民主革命纲领。时隔两年半之后，中共二大制定的民主革命纲领在对中国国情和社会矛盾的分析方面，得出了与李大钊看法相同的结论。

李大钊一方面通过进一步了解马克思、列宁的有关思想，使自己的民族革命的看法更为准确、丰富；一方面又对中国当时面临的民主与社会主义、民主与无

① 《李大钊文集》(下)，人民出版社 1984 年版，第 34、69、711 页。

产阶级专政的关系做出了有意义的独立探讨。

思考题

1. 为什么说新文化运动是中国近现代思想启蒙运动？

2. 五四新文化运动是如何反击封建专制主义的？

3. 陈独秀所倡导的“民主”与“科学”的关系？

4. 李大钊的平民主义内涵及其实质。

5. 为什么说李大钊是当时第一位把马克思主义的引进、信仰、宣传和实践四者结合起来的人？

7

第七章

五四运动与马克思主义的传播

作为思想启蒙，新文化运动使得西方各种思潮大量传入中国，其中夹杂着零星的社会主义学说。随着十月革命的影响、五四运动的爆发，经过关于“主义与问题”、关于无政府主义、关于社会主义等几次大论战，马克思主义在中国广泛传播，逐渐成为中国社会的主要思潮。这段时期政治思想的突出特征，就是在“主义”这个最高思想层面的各种政治论争，论争的旨向和核心问题，就是哪个“主义”的理论更加科学、更能够指导中国的革命实践。出于理论指导实践并与实践相结合的需要，加上俄国十月革命的鼓舞，一批激进的民主主义者接受了马克思主义，成立了中国共产党。在此后的艰难探索中，共产党逐步确立了把马克思普遍原理与中国革命具体实际相结合、使马克思主义中国化的政治思想导向。

第一节　五四运动的爆发与社会主义思想的传入

早在清末民初，一些来华的外国传教士、中国资产阶级知识分子和无政府主义者就在报刊上对马克思恩格斯及其理论作过零星的介绍。受俄国十月革命的影响，新文化运动开始更多关注社会主义思潮。在五四运动的影响下，各种各样的社会主义学说作为新思潮传入中国，并使中国知识分子发生了分化，一批激进的民主主义者选择了马克思主义。

一、五四运动的爆发及其新的政治特征

1919年的五四运动是中国近代史上的一个划时代的事件，其爆发的原因，除在上一章提到的国内外政治、经济、文化、社会等各方面矛盾之外，更有一些新的历史原因和条件。

首先是思想解放潮流的推动。新文化运动高举民主、科学大旗，通过反帝制复辟、打倒孔家店、文学革命等运动，使中国民众得到了极大的思想启蒙。受过新文化运动熏陶的年青一代知识分子，尤其是具有初步共产主义思想的知识分子，为五四运动准备了最初的群众队伍和领导骨干。正是新的社会历史条件，使得五四运动能够具有以辛亥革命为代表的旧民主主义革命所不曾具备的特点。

其次是俄国十月革命对中国的影响。十月革命不仅对激进民主主义者产生影响，促使马克思主义在中国的传播，而且对资产阶级、小资产阶级的代表人物如康有为、梁启超、孙中山及其革命党人产生巨大影响，促进各种社会主义思潮的传播。在这种影响中，甚至普通民众的革命意识也开始高涨，"公理战胜强权"、"劳农阶级万岁"的口号震天响。正如当时的青年毛泽东所说，俄罗斯以民众大联合打倒贵族、驱逐富人这个事实，使"全世界为之震动"。革命浪潮由此风起云涌，"异军特起，更有中华长城渤海之间，发生了五四'运动'"。这个群众运动向全国推广，使"天地为之昭苏，奸邪为之辟易"①。

1914年第一次世界大战爆发，日本借口对德宣战，攻占青岛和胶济铁路全线，控制了山东省，夺去德国在山东强占的各种权益。1919年1月，包括中国在内的战胜国在巴黎召开"和平会议"。在帝国主义列强操纵下，和会不仅拒绝中国的要求，而且在对德和约上，明文规定把德国在山东的特权，全部转让给日本。消息传到国内，激起全民愤恨。1919年5月4日，北京各校学生3 000余人在天安门广场举行示威游行，他们高呼"外争国权，内惩国贼"、"废除二十一条"等口号，五四运动于是爆发。学生的爱国行动立即得到全国各界爱国人士的支持，各地民众也纷纷响应，特别是上海工人的罢工，表明工人阶级以独立的政治姿态登上了历史政治舞台。迫于人民群众的压力，北洋政府不得不于6月10日释放被捕学生，并宣布罢免亲日派官僚曹汝霖、章宗祥、陆宗舆的职务。6月28日，中国政府代表拒绝在《凡尔赛和约》上签字。五四运动的直接斗争目标得到了实现，而五四运动也以其与以往不同的政治特征，成为中国革命由旧民主主义革命向新民主主义革命转变的转折点。

第一，五四运动表现了反帝反封建的彻底性。五四运动提出了改造强盗世

① 《民众的大联合(三)》，《湘江评论》第4号，1919年8月4日。

界，不承认秘密外交，实行民族自决和另起炉灶，组织新政府等口号，表明中国人民对帝国主义的认识从感性认识上升到理性认识，看出了帝国主义内部和外部的各种矛盾，以及帝国主义联合中国封建统治阶级压榨中国人民大众的实质，标志着中国人民反帝反封建的斗争发展到了一个新的阶段。

第二，五四运动是一次真正的群众运动。虽然学生起了先锋作用，但运动超出了知识分子的范围，中国工人阶级开始登上政治舞台，形成了以工人阶级为主力，包括城市小资产阶级和民族资产阶级在内的广泛的群众爱国运动。

第三，五四运动促进了马克思主义在中国的传播及其与中国工人运动的结合。一方面，工人运动促进知识分子寻找同其结合的方式；另一方面，具有初步共产主义思想的知识分子在实际斗争中逐步转变成为马克思主义者，在思想和干部方面为中国共产党的成立作了准备。

第四，五四运动发生在俄国十月革命之后，发生在无产阶级社会主义革命的新时代。十月革命改变了整个世界历史的方向，划分了整个世界历史的时代，因此，殖民地半殖民地国家反对帝国主义的革命客观上就成为无产阶级社会主义世界革命的一部分。事实上，中国此后的民族民主革命正是属于世界无产阶级社会主义革命的一部分。

第五，五四运动标志着中国民主革命的政治思想从此进入了一个全新的历史阶段。五四运动，使新文化运动走向与工农相结合的政治运动，从单一的思想启蒙走向全面的社会改造，从追求西方民主政治转向社会主义，是一个不断解放思想、艰苦探索的历史过程。

二、社会主义思想的传入

社会主义是几代中国人共同追求的政治理想。"社会主义"一词传入东方，一般认为是日本学者用日文片假名译英文(society)和法文(societe)而创造的新词汇，最早见诸1870年加藤弘之的《真政大意》，而它在中国思想界的确定也历经了一段时间的变迁。起初，《万国公报》将此译为"安民新学"、"养民学"、"安民之学"；后有康有为的"人群之说"、"合群之说"等译名；随后，梁启超兼采中、日文之意，把"社会主义"移植为中文，并在《进化论革命者与颉德之学说》的注释中说"社会主义即人群主义"。与此同时，中国资产阶级革命派对社会主义的译名还有"民胞物与之主义"、"太平大同之主义"、"民生主义"等，但在思想上，多数人仍然倾向将日文中的"社会主义"、"共产主义"移植过来。大约在1905年前后，这两个词在中文书刊中约定俗成，逐渐通用下来。

近代以来，在一个较长时间里，中国先进分子曾经虔诚而热烈地向西方学习，希望把中国建设成为一个独立、富强的资本主义国家。如果说第一次世界大战引起先进的中国知识分子开始怀疑资本主义社会，怀疑一味学习西方的正确性，那么，与此同时发生的俄国十月革命，则使他们产生新的觉醒；而巴黎和会上中国的外交失败，给他们上了更为严峻的一课，使他们对于资本主义的幻想急速地趋于破灭。五四运动促使中国先进分子的思想方向发生了根本性的改变，使他们的目光开始从欧美转向俄国，从资本主义转向社会主义，对列宁领导的俄国、对社会主义和马克思主义产生了强烈的兴趣，开始研究并接受俄国十月革命的道路。

社会主义思潮在中国的传播大致可以五四运动为界分为两个阶段。五四运动前以对各种社会主义流派介绍为主，如康有为、梁启超等的介绍、以孙中山为代表的资产阶级革命派的介绍等。在这些介绍过程中，不仅出现了马克思、恩格斯的名字，科学社会主义也混杂在各种社会主义学说中被传入中国，关于社会主义的宣传介绍也逐渐提高到了一个新水平，推动了近代中国的思想启蒙和社会进步，为五四运动以后科学社会主义成为思想界的主流作了准备。

五四运动后则逐渐转向以科学社会主义为主。五四运动的亲历者瞿秋白在运动过后不久就讲过，对于五四运动，“绝不能望文生义地去解释他。中国民族几十年来受剥削，到今日才感受殖民地的况味。帝国主义压迫的切骨的痛苦，触醒了空泛的民主主义的噩梦。学生运动的引子，山东问题，本来就包括在里边。工业先进国的现代问题是资本主义，在殖民地上就是帝国主义，所以学生运动倏然一变而倾向于社会主义。”①正如当年如饥似渴地学习和研究资本主义一样，五四以后，中国的先进分子开始如饥似渴地学习和研究社会主义。如果说，五四运动开始时，中国的马克思主义者还只是李大钊等这样极少数的人物，那么，五四运动以后，中国先进分子中就有一批人经过对于各种社会主义思潮的比较研究，逐步地在马克思主义的旗帜下集合起来了。

三、与工农群众相结合

五四运动后，在各种新思想和“劳工神圣”呼声影响下出现的工读思潮，推动了发端于辛亥革命时期的留法勤工俭学运动的发展。工读主义思想影响很大，它把劳力与劳心的分离看做是社会不良的根源，因此，主张实行工读结合、人人劳力、人人劳心、劳动互助的新生活，以谋社会的改造，实现没有剥削、没有压迫的自由平等的新社会。

在出国留学工读方面，1919—1920 年间就有先后共 20 批 1 600 多人到达法国。在法国，他们一面做工，一面求学，通过勤工俭学掌握欧洲先进的科学技术

① 《瞿秋白诗文选》，人民出版社 1982 年版，第 34、35 页。

和文化知识，立志归国后用“实业救国”、“教育救国”、“科学救国”的办法，使中国富强起来。蔡和森、赵世炎、周恩来、王若飞、陈延年、邓小平等就是其中的光辉典范，他们在斗争实践中走上与劳动群众相结合的革命道路，逐渐接受马克思主义科学社会主义思想，克服工读主义局限，抵制无政府主义影响，成长为无产阶级的革命战士。

在国内，李大钊接受了人民群众是历史创造者的马克思主义观点，寄希望于新兴的无产阶级和广大人民群众，号召知识分子走与工农群众相结合的革命道路。在李大钊等人的倡导下，一批批先进的知识分子深入工农群众，投身实践斗争，到农村去、到工厂去、到民间去，促使马克思主义与中国工农运动实践相结合。五四运动的学生领袖许德珩说，五四运动发展到了六月三日，就已经形成了一个全国性的政治运动，已是一个革命运动了。六三以后，知识分子的学生运动，便与工人阶级结合起来了，这一结合，五四运动的意义就与以前不同了，它指示了政治运动的路线，增加了运动的力量，同时也使工人阶级觉悟了。以前，反帝爱国运动只限于知识分子群体中的学生和部分教师，现在扩大到了工人、商人、甚至农民，成为各阶层共同的任务，结成各阶层的统一战线了。中国的早期马克思主义者就是这样，经过反复的摸索、实践，从工农群众中找到了可以依赖的革命力量。

知识分子与工农群众的结合不仅关系到政治思想的性质，更直接决定了革命实践的成败。对此毛泽东精辟地指出，“知识分子如果不和工农民众相结合，则将一事无成。革命的或不革命的或反革命的知识分子的最后的分界，看其是否愿意并且实行和工农民众相结合。”①五四运动促成了马克思主义在中国传播并与工人运动相结合，促成思想武器和物质力量相结合，为无产阶级政党成立做了思想理论、阶级力量和干部队伍的准备，“自从有了中国共产党，中国革命的面目就焕然一新了。”②

四、知识分子的分野

中国近代知识分子思想的演变尽管在 19 世纪 60 年代洋务运动时期就开始了，但真正发生质的变化、从根本上接受资本主义思想文化，还是在辛亥革命以后。中国先进的知识分子从辛亥革命的失败中得到深刻的启示，认识到辛亥革命时期的社会变革具有不彻底的一面，封建的传统文化没有受到根本的触动，仍然束缚着广大国民的思想。因此，必须在思想文化领域实行变革，切实引入新的

---

① 《毛泽东选集》第 2 卷，人民出版社 1991 年版，第 559 页。

② 《毛泽东选集》第 4 卷，人民出版社 1991 年版，第 1357 页。

思想文化成分。于是，在五四运动前，一场旨在传播资产阶级新文化的文化革命——新文化运动便应运而生。这场运动，使得中国知识分子的思想发生了近代以来最大的变动。

对于选择改造中国的方案，知识分子不约而同地也都把目光集中到西方。一批批留学生奔赴欧洲、美国和日本，大量的西方自然科学和社会科学书籍被译成中文。五四时期的知识分子从西方文化宝库中，选择解决中国问题的方案，由此出现了思想文化价值标准的多元化和救国方案的多样化。与西方各种思潮的涌入相适应，知识分子在探索追求中，分化组合，大致形成了不同文化价值取向的三个群体。第一个群体是以胡适、吴稚晖和后来的陈序经为代表，他们主张抛弃传统，使中国文化彻底脱胎换骨，接受西方文明，被称为“全盘西化派”。第二个群体是以梁启超、张君劢、章士钊、梁漱溟为代表，他们试图以儒学（宋明理学）为框架来吸收西方文化，在重建传统与复兴儒学的基础上，开辟一条近代化的道路。第三个群体是以陈独秀、李大钊、毛泽东、蔡和森等为代表，他们与前两个知识群体不同，把文化的重建和社会的改造密切结合起来，使思想启蒙运动走向广大工农群众，使文化重建的努力不停留在书斋中。他们摒弃了空言侈谈，文字游戏，主张实践，学用结合。当实践证明他们选择的各种西方思想文化都不行时，又能从无数学派和“主义”中摆脱出来，去选择新的思想。

社会主义在俄国从书本上的学说变为活生生的现实，并且在历经种种饥馑、内战、外国干涉的严重磨难后，依然站稳了脚跟，过去处于社会底层的工人和农民破天荒第一次成了社会的主人，这一切使正在黑暗中摸索的中国先进知识分子看到了新的希望和出路。李大钊以“桐叶落而天下惊秋，听鹃声而知气运”来比喻俄国革命与世界文明新潮流的到来。先进的知识分子以积极的态度去了解俄国革命的真相，认真思索俄国革命的真谛，其思想认识也日益深刻和正确。从1918年7月到1919年2月，李大钊先后发表了《法俄革命之比较观》、《庶民的胜利》、《Bolshevism 的胜利》、《新纪元》和《战后之世界潮流》等文章，代表了中国知识分子的新觉醒。他指出：“俄罗斯之革命是20世纪初期之革命，是立于社会主义上之革命”，它将是“影响于未来世纪文明之绝大变动”①。

俄国十月革命后，特别是五四运动之后，曾信仰资产阶级民主主义的陈独秀，开始转向社会主义，他关于改造中国的方案，也由原来的选择法兰西政治革命，转移到俄罗斯的社会主义革命。1920年，陈独秀相继发表了《劳动者的觉悟》、《谈政治》、《关于社会主义的讨论》等一系列文章。这些文章表明，他接受了马克思主义哲学、政治经济学和科学社会主义的基本观点，并运用这些基本观点，阐明了一些极其重要的革命问题。与此同时，在思想上发生转变的知识分子

---

① 《李大钊文集》（上），人民出版社1984年版，第572~575页。

越来越多，十月革命和五四运动使中国先进知识分子的思想认识发生了质的变化，开始接受科学社会主义的思想。五四运动的意义在于，它宣告了资产阶级领导的旧民主主义革命的结束和工人阶级领导的新民主主义革命的开始，从此中国近代历史展开了新的篇章。正如毛泽东所指出的，"五四运动的杰出的历史意义，在于它带着为辛亥革命还不曾有的姿态，这就是彻底地不妥协地反帝国主义和彻底地不妥协地反封建主义。"①

第二节　资产阶级知识分子对社会主义学说的介绍

资产阶级知识分子对于西方各种社会主义学说的介绍最早可以追溯到洋务运动时期，不过那时还只是一些片言只语。五四运动前后，社会主义及其一些代表人物逐渐被介绍到中国，以康有为和梁启超等为代表的资产阶级改良派、以孙中山为代表的资产阶级革命派、激进的民主主义者，都对社会主义进行了鼓吹和宣扬。

一、资产阶级早期知识分子对社会主义学说的最初介绍

洋务运动的爆发，中国人向西方学习先进技术过程中，也开始翻译一些西方的人文社科著作，有关巴黎公社描述性介绍和社会主义学说的片言只语传入中国，而张德彝、王韬等就是受其影响的中国知识分子代表人物。

1870 年 6 月，爆发了天津教案。清政府被迫派出三口通商大臣、兵部左侍郎崇厚为首的使团，赴法赔礼道歉，作为英语翻译的兵部候补员外郎张德彝随行。他们在法国滞留了近一年时间，正好目睹耳闻法国历史上最重大事件之一的巴黎人民起义和巴黎公社的建立。张德彝在他的《三述奇》中，对普法战争中的法国投降、巴黎人民起义、反动军队进攻巴黎和巴黎公社失败后革命者惨遭屠戮的历史场景，都有过绘声绘色的描述："盖虽被擒，以示无忧惧者"，"女皆载以大车，男皆携手而行，有俯而泣者，有仰而笑者"，"中有女子两行，虽衣履残破，面带灰尘，其雄伟之气溢于眉宇"。

法国爆发无产阶级革命的消息，在当时也通过新闻传媒零星片断地传到中国。王韬根据美国邮传电报中对普法战争的报道，随见随译，连载于《华字日报》，并在此基础上收采中外资料，于次年充实补充成纪事本末体《普法战纪》，描述了巴黎公社从起事到被镇压的发展梗概："普法和议既成，方谓自此可以息

① 《毛泽东选集》第 2 卷，人民出版社 1991 年版，第 699 页。

兵安民,画疆自守,为善后计,而不意外难甫悉,内患忽作,法乱蔓之起,如蜂屯蚁聚也。……官军破城而入,火焰烛天,所擒贼党,不及一次诛谬,尽驱之入火中。擒得妇女,有不肯行者,即倒曳之,或即击之以枪。死亡之惨,目不忍睹。"

在19世纪七八十年代,有关共产主义、社会主义的只言片语在中国报刊、译著中时有反映。比如,傅兰雅的《佐治刍言》、《万国史记》、《富国策》、《时事新论》、《泰西新史揽要》等译著中,对共产主义、社会主义有一些解释,主要局限于平均、平等之类的意义。与此同时,江南机器制造总局在1873年到1882年初编译介绍西方的《西国近事汇编》,成为中国人窥视世界动态的一个重要窗口。在这份刊物上,最早出现了"共产主义者"的音译"康密尼党"、"康密尼人",并把社会主义学说概括为"主欧罗巴大国"、"贫富适均"和"贫富均财之说"。

二、资产阶级改良派对社会主义学说的介绍和宣传

从西方传来的社会主义思潮与工人运动情况尽管零碎片面,但已经给探索真理的维新改良派知识分子以很大的思想震动。以康有为、梁启超等为代表,在向西方学习过程中,进一步介绍社会主义学说,并在一定程度上理解社会主义的一些主张,甚至接受某些社会主义的某些观点。

在出版方面,通过《万国公报》、《时务报》、《新民丛报》等刊物,中国人不仅知道了马克思恩格斯的名字,而且也了解了当时各种社会主义学说的一些主张。1899年2月至5月《万国公报》连续登载了李提摩太节译、蔡尔康撰述的《大同学》。文中指出马克思为"百工领袖",马克思的主张办"纠股办事之人","其权笼罩五洲","若任其获延","诚恐遍地球的财币都将尽入其手",这种"富家权尽之时,便是穷黎既至其时",用以"安民救世"。1899年5月,广学会校刊出版了《大同学》一书的单行本,其中提到:"恩格斯有言,贫民联合以制多人,是人之能自别禽兽,而不任人簸弄也"。在20世纪之初,改良派以《时务报》和《新民丛报》为阵地,发表了译介社会主义的大量文章,对这一历史时期的社会主义思潮起到了推波助澜的作用。《东方杂志》是具有改良主义倾向的刊物,但在时代潮流的影响下,它在辛亥革命前后,也刊载了不少涉及马克思和社会主义的文章,据不完全统计从1911年至俄国十月革命前有15篇以上。

在翻译方面,主要是通过大量翻译日本的社会主义书籍,中国人开始了解各式各样的社会主义学说,其中也夹杂着科学社会主义的介绍。1901年至1905年之间,中国留日学生中形成了研习和翻译社会主义著作的热潮。其中主要有幸德秋水的《二十世纪之怪物帝国主义》、《广长舌》、《社会主义神髓》,乌井满都夫的《社会改良论》,福井准造的《近世社会主义》,持地六三郎的《东亚将来大势论》,村井知至的《社会主义》,太原祥一的《社会问题》,西川光次郎的《社会

党》，岛田三郎的《社会主义概评》，久松义典的《近世社会主义评论》和英国人克喀伯的《俄罗斯大风潮》等许多种著作。

在代表人物方面，通过康有为、梁启超等介绍，中国人不仅进一步了解了社会主义学说的内容，而且也开始出现用社会主义来造就一个大同世界的政治思想。康有为1902年撰写的《大同书》，兼承中国传统的大同思想和西来的社会主义思想，论证了实行"太平大同"社会的途径在于"破除九界"（国界、级界、种界、形界、家界、产界、乱界、类界、苦界），并把"九界"的破除归结为"男女皆平等独立，婚姻之事，不复名为夫妇"等。[①] 梁启超第一个使用了"社会主义"一词，并被后来者所接受。他在《新民丛报》第17号发表的《干涉与放任》一文，对社会主义作了解释："二十世纪又将成为干涉全盛时代。……自由竞争之趋势，乃至兼并盛行，富者益富，贫者益贫，于是近世所谓社会主义者出而代之。社会主义者，其外形若纯主放任，其内质则实主干涉也。将合人群使如一机器然，有总机以纽结而旋掣之，而于不平等中求平等。社会主义，其必将磅礴于二十世纪也明矣"。1904年梁启超又写成一篇专论社会主义的文章《中国之社会主义》在《新民丛报》第46—48号合本上发表，他认为"社会主义者，近百年来世界之特产物也，概括其最要意义，不过曰：土地归公，资本归公，专以劳力为百物价值之源泉。麦喀士（马克思）曰：'现今之经济社会，实少数人掠夺多数人之土地而组成之者也。'"

三、资产阶级革命派对社会主义学说的介绍和传播

以孙中山为代表的资产阶级革命派，一方面为了从理论上战胜立宪派、保皇派，另一方面为了赢得更多的人对革命支持，对社会主义进行了积极倡导，认为三民主义之民生主义可以通向社会主义，社会主义是中国最终的归途。资产阶级革命派对社会主义学说的介绍和宣传，大致可以分三个阶段。

第一个阶段为辛亥革命爆发之前。资产阶级革命派在与立宪法、保皇派论战中，阐述了革命的必要性，同时介绍欧洲的社会主义，宣传三民主义之民生主义，形成了一次介绍社会主义的热潮。

以孙中山为代表的资产阶级革命派，早在19世纪末和20世纪初，在向西方寻求救国救民真理的过程中，就接触到了社会主义思潮和马克思学说，并将其当做解决社会不平等的新学理而予以关注和介绍。1905年孙中山在《民报》创刊号中第一次明确提出并论证了民族、民权、民生三大主义。他认为"欧美社会之祸，伏之数十年，及今而后发见之，又不能使之遽去；吾国治民生主义者，发达最

① 康有为：《大同书》，中华书局1959年版，第51～53页。

先，睹其祸害于未萌，诚可举政治革命、社会革命毕其功于一役。”①其后《民报》发表三民主义尤其是民生主义等的精彩文章，并以此为阵地与立宪派、保皇派进行争论，大量刊登朱执信、胡汉民等介绍欧洲社会主义的文章，使社会主义学说介绍的热潮出现了一个新的顶峰。如《民报》第2号上刊载发表了朱执信的《德意志社会革命家小传》。在这篇文章中，朱执信不仅向中国人民介绍了马克思和恩格斯的生平和学说，尤其是重点介绍了《共产党宣言》的基本内容，全译了十大纲领的条文，还概述了《资本论》的主要观点。作者以赞许的态度谈及马克思主义关于唯物史观、资本积累、剩余价值、无产阶级贫困化、阶级斗争、暴力革命、夺取政权、生产资料国有化、高度发展生产力、消灭阶级实现共产主义等各个原理。

第二阶段是辛亥武昌起义之后。革命的胜利鼓舞了革命党人，认为民族民权革命业已告成，今后乃一心致力民生主义之建设，实现社会主义，形成了又一次宣传和介绍社会主义高潮。

当时，涌现出不少鼓吹社会主义的报纸杂志，如《社会》、《社会世界》、《新世界》等，刊出了《社会主义大家马儿克之学说》、《万国社会党史》等文。欧游归来的江亢虎，辛亥革命后立即将他们的社会主义研究会改为中国社会党，宣布要在中国实行“二十世纪最流行之主义”、“纯粹的社会主义”。最为突出的是孙中山，他在辞去临时大总统后，到南京、上海、广州等地宣讲民生主义，非常明确地提出要以“社会主义之精神，而和平解决贫富之激战”②。孙中山说，“本党所标揭之民生主义，即各国今日活泼进行之社会主义也。”③1912年10月，孙中山应中国社会党本部的邀请，在上海中华大戏院连续三天演说社会主义。他在演说中简要地介绍了社会主义发展的历史及其主要流派，认为“社会主义不独为国家政策之一种，其影响于人类世界者，既重且大。循进化之理，由天演而至人为，社会主义实为之关键。”④而共产主义则是社会主义之上乘。

第三阶段为五四运动前后。受新文化运动和五四运动影响，资产阶级革命派对社会主义学说作了进一步宣传，并介绍与宣传了马克思主义的一些理论观点，客观上有助于马克思主义在中国的进一步传播，亦为日后第一次国共合作准备了思想基础。

当时，中国国民党依托自己的宣传阵地，集合了自己的队伍，成为社会主义学说介绍和马克思主义在中国传播的一支重要力量。《民国日报》是国民党中

① 《孙中山全集》第1卷，中华书局1981年版，第288～289页。

② 《孙中山全集》第2卷，中华书局1982年版，第420页。

③ 《孙中山全集》第5卷，中华书局1985年版，第135页。

④ 《孙中山全集》第2卷，中华书局1982年版，第507～508页。

央机关报，著名的国民党右派理论家叶楚伧担任总编辑，国民党著名左派人士邵力子任总经理和《觉悟》副刊主编。《觉悟》副刊发表的宣传马克思主义的政论性文章有50篇左右。孙中山指示戴季陶、沈玄庐、孙棣三创办《星期评论》，在登载的各类文章455篇中，很多都涉及马克思主义，而专门宣传马克思主义的文章就有50篇左右，占其总数1/9。《建设》杂志是孙中山指示胡汉民、戴季陶、汪精卫、廖仲恺、朱执信五人合办的，属于国民党人主办的理论刊物。在办刊一年多时间里，共发表各类文章110篇，其中宣传马克思主义的文章有20篇，约占文章总数近1/5，是当时宣扬马克思主义颇有影响的杂志。国民党人在这些文章里，主要传播马克思主义的唯物史观、政治经济学、社会主义思想以及阶级斗争理论、劳工问题等理论，并对马克思、恩格斯等马克思主义的创始人表示称赞。比如，胡汉民在《建设》上撰文指出，“溯他的来源（指唯物史观的来源——作者释，后同）古代哲学者已透露多少意思。在社会主义中，更有圣西门、布鲁东等以经济事情及于政治的影响。但到马克思，才努力说明人类历史的进动的原因……以此立经济一元论的历史观。所以，创设这个学说的名誉究竟归于马克思和他友人恩格斯”；“这个学说出，而社会学、经济学、历史学、社会主义，同时有绝大的改革，差不多划一个新纪元”①。

戴季陶运用经济基础决定上层建筑、“社会生活决定精神”等原理来考察中国的历史与社会问题，认为“造成战争的原故，一定有很大的社会的生活问题，横在他的根底上”。戴季陶阅读了《资本论》、《雇佣劳动与资本》等经典著作，宣传了马克思主义经济学中的一些原理，指出：“经济是决定人类社会构成形体的，工具是决定经济的组织的。一旦工具发生了大变化，于是生产、分配、交换、交通，一切社会之经济的条件都要随着变化。”②国民党人多次提到“专制阶级”、“治者阶级”、“有识无产者阶级”等概念，表明他们对“阶级”有一定的认识。他们指出：“恩格斯曾于《共产党宣言》之序文有言曰：‘此阶级斗争之历史，已成为一种进化之程序。’由此观之，可以演绎而为数解说：（一）阶级分等与阶级斗争是由社会之经济生活产出。（二）自原始共产时代之后，人类已自分为经济阶级，所有一切历史已成为阶级斗争之历史。（三）人类进化之各期历史，不啻皆为治人阶级之现形。（四）被治与被压等人如欲为自己解放起见，社会上断不容有阶级之区别，故阶级斗争必时继续。总而言之，阶级斗争者，起于私有财产之存在，终于私有财产之破灭。社会主义之进行，人人皆能自食其力，或受社会之供养，无蓄私产之必要。阶级斗争自消灭于无形”③。

---

① 《唯物史观批评之批评》，《建设》第1卷，第5号。

② 《戴季陶集》（1909—1920），华中师范大学出版社1990年版，第975、1213页。

③ 《阶级斗争之研究》，《建设》第2卷，第6号。

四、“五四”新青年知识分子对社会主义学说的传播和选择

经受了五四爱国运动洗礼的中国知识分子，思想获得了极大的解放，对扑面而来的新思想，怀着极大的热忱和兴趣；对于改造中国社会，有着强烈的期盼和要求。由于十月革命的胜利和第一次世界大战中资本主义国家种种弊端的暴露，资本主义已不像“五四”前那样，为人们所向往，社会主义成为了时髦的“福音”。知识界中许多人，开始改变了走资本主义道路的旧思想、旧观念，社会上出现了介绍和宣传社会主义的热潮。

这个时候介绍和宣传的社会主义，内容极其纷繁。除了科学社会主义之外，还有其他社会主义的各种流派，包括施蒂纳、普鲁东、巴枯宁、克鲁泡特金的种种无政府主义，武者小路实笃的“新村主义”，欧文等人的“合作主义”，托尔斯泰的“泛劳动主义”，柯尔等人的“基尔特社会主义”，还有伯恩斯坦、考茨基的“议会主义的社会主义”或“社会民主主义”，等等。为了求得社会的改造，为了追求真理，在这五花八门的“新思潮”面前，青年知识分子们不得不左顾右盼，对其进行比较、推敲、争辩和探索，亟欲从各色各样的新思想中，扬长避短，提取其理想的合理因素，用取得的真理来改造当时中国的黑暗社会。由于社会经济地位的差异、个人经历的不同，以及思想认识上的参差不齐，知识界提出的改造中国社会的方案也是众说纷纭，名目繁多，五花八门的主张包括“工读互助”、“新村主义”、“教育万能”、“科学救国”、“儿童公育”、“工人储金”、有的主张“批评至上”、甚至“改造人种”等。

1920 年 5 月以后，马克思主义的传播日盛一日，到 1922 年止，先后有近 30 种马列主义经典著作被译成中文，社会上以《新青年》、《星期评论》、《晨报》、《民国日报》等为首，几乎所有社会科学的刊物，都不同程度地介绍或谈论马克思主义。宣传和研究马克思主义的团体也在全国各地陆续出现，而且传播马克思主义的先进知识分子越来越多。经过 1919—1921 年持续一年多的马克思主义同非马克思主义的三次论战以后，大批激进青年划清了马克思主义与非马克思主义的界限，很多原来信仰非马克思主义的人转向马克思主义，科学社会主义成为越来越多人的选择。

第三节 “五四”时期的空想社会主义

在社会主义思想史中，马克思主义产生之前的社会主义被称为空想社会主义，而其“空想”之名，则来自于最早的社会主义思想文献——托马斯·莫尔的

《乌托邦》。"乌托邦"一词出自希腊文,意为"子虚乌有"的地方,因而早期的社会主义也被称为"乌托邦"的社会主义。空想社会主义在欧洲的发展经历了三个多世纪(16世纪—19世纪),随着19世纪40年代工人运动的发展,1848年《共产党宣言》的发表标志着科学社会主义的诞生。空想社会主义自19世纪七八十年代传入中国以来,经历资产阶级改良派、资产阶级革命派和激进民主主义者的宣传和介绍,在五四新文化运动时期成为中国社会的最具影响的社会思潮之一。

一、"五四"时期的空想社会主义思潮

鸦片战争后,先进的中国人在探索救国救民的路程中,不约而同地将眼光放在当时最先进的资本主义制度上。在康有为的资产阶级改良运动失败后,孙中山又举起了革命的大旗,但辛亥革命只是给中国挂上了一块共和的招牌,社会黑暗依然如故。无奈之下,陈独秀请出了"德先生"和"赛先生",想把中国变成名副其实的资产阶级共和国。但是,没有多久,第一次世界大战对西方各国的巨大破坏,使资本主义制度的种种弊端暴露无遗,"国家主义与资本主义已到了末日,不可再维持下去了"①。中国对资本主义从向往走向绝望。于是,急于寻求"改造社会"方法的大多数先进知识分子抛弃了对资本主义的幻想,将目光转向了正在西欧各国风起云涌的社会主义运动和新生的苏维埃俄国。

五四时期,中国思想界极为活跃,学说流派,五花八门,可以说是百家争鸣、百派齐流,人们的观点、看法、世界观以至阶级立场,都在经受前所未有的冲击和考验。这个时期,各种关于社会主义的介绍、讨论和身体力行的实践风行一时,正如瞿秋白在《俄乡纪程》中所说:"社会主义的讨论,常常引起我们无限的兴味",但情况是"隔着纱窗看晓雾",朦朦胧胧,模模糊糊,"社会主义流派,社会主义意义都是纷乱,不十分清晰的。正如久奎的水闸,一旦开放,旁流杂出,虽是喷沫鸣溅,究不曾定出流的方向。其实一般的社会思想大半都是如此"②。这些社会主义思潮虽然很庞杂,但都打着"改造社会"旗号而来;尽管潮来潮去,改造社会成为一场美梦,但还是在许多先进知识分子的心灵上烙下了痕迹,同时也体现了当时空想社会主义思潮共同的一些特点。

首先,为未来的理想社会设计了周密的、美妙的蓝图。中国新村主义和工读互助主义的大力鼓吹者王光祈设计了一个类似的"菜园"新村,将菜园设置得相当具体,连球场、厕所的位置都布置好了,并安排了每日工读时间。后来的北京

---

① 张东荪:《第三种文明》,《解放与改造》第1卷,第1号。

② 《瞿秋白文集》第1卷,人民文学出版社1953年版,第23~24页。

工读互助团不仅工读时间规定得很具体，而且营业项目连糨糊、墨水都想到了，团员的供给连配眼镜、皮鞋油等都包括在内。

其次，主张运用和平方式达到改造旧社会和建立新社会的目的。"五四"时期中国的空想社会主义者主张用和平、示范手段来扩大影响。比如，新村主义代表人物周作人就从阶级调和论出发，企图通过说服、宣传、示范等方式使不劳而获的特殊阶层加入到劳动人民中去，以泯灭社会的阶级差别和斗争。他认为，新村生活"这种'人的'理想生活，实行起来，对于世上的人，无一不利。富贵的人虽然觉得不免失了他的所谓尊严，但他们因此得从非人的生活里救出，成为完全的人，岂不是绝大的幸福么？"①

再次，设想消灭脑力劳动与体力劳动之间的分离与对立，促使新社会的人得到全面的发展。五四时期的空想论者极力试图打破劳心与劳力的界限，他们倡导的新村运动和工读互相运动，就是为了实现"一面工作，一面读书，终身工作，终身读书"的理想社会。② 在新村里，人人可以培养其健全的人格，使德、智、体诸方面一无偏枯，施展其各方面的才能。

最后，大多思潮都主张实施财产公有，各尽所能，按需分配的原则。五四时期中国的空想社会主义者在要求理想组织的同时，提出要贯彻公有制原则。比如，北京工读互助团规定工作所得必须归团员公有，团体的盈虚利害，便是团员的盈虚利益。因为"社会一切罪恶都由私有制度产生，要免除这种罪恶，唯有打破私有制度，实行生产。"③工读互助团的简章中还规定了按需分配的原则："团员所必要的生活费由团体供给。现在团体对于团员所供给的各种费用，尚略有限制。将来办理久了，已养成互助的习惯，便可由团员自由取用，以实行'各取所需'的原则。"

二、互助论及其对中国先进知识分子的影响

互助论是五四时期在中国广为流传的社会主义流派，其创立者是俄国的克鲁泡特金。克鲁泡特金在其代表作《互助论》（原名《互助：一个进化的因素》）中宣称，"根据许多事实，反复申明：动物同种里没有自相残杀的情形，只有互助维持的趋势，各各相助，合力抵抗环境的严刻。互助的利于生存，则因少费能力而能保持极大的公益。因此，大概能互助的动物多繁衍，强盛。……所以动物的

① 《人的文学》，《新青年》第5卷，第6号。

② 王若愚：《学生与劳动》，《晨报》，1919年2月27日。

③ 施存统：《工学互助团底失败与教训》，《星期评论·劳动纪念号》，1920年5月1日。

互助，也正是进化的公例。”[①]在此基础上，克鲁泡特金断言：达尔文说的生存竞争、自然选择，不是生物进化的根本原因，互助才是一切生物进化的真正因素。“不论是在动物界还是在人类中，竞争都不是规律。”恰恰相反，不要竞争、避免竞争才是“自然的倾向”[②]。因此，克鲁泡特金用生物界的互助进化规律来考察人类社会，认为互助不仅是动物界、而且也是人类社会发展的普遍规律。人类依靠互助的本能，毋须借助权威和强制，就能够建立和谐的社会生活，并在人类互助进化中实现正义、平等、自由等“永恒”的原则和“各尽所能、各取所需”的共产主义社会。

在辛亥革命时期，以孙中山为代表的资产阶级革命派已接触到“互助论”，并作为“天演论”的一个补充向国人介绍。由此，“互助论”流入中国。1919 年 1 月，无政府主义团体进化社成立，并创办了《进化》月刊。《进化》登刊了许多介绍和讨论“互助论”的文章，对“互助论”进行宣扬，使“互助论”在中国传播开来。互助理论在五四时期可以说是最重要的空想社会主义思潮。它既是盛极一时的工读互助主义的理论支撑，又对新村主义产生重要影响，同时它与无政府主义有着密切的关系。互助论实质是混淆阶级界限，反对阶级斗争，反对暴力革命，反对无产阶级专政，主张社会改良。当然，不可否认，互助论在一定程度上揭示了资本主义的矛盾，对资本主义制度作了尖锐的批判，其中有一些合理的成分。正因为如此，互助论对李大钊、恽代英、毛泽东等中国先进知识分子也产生了多方面的影响。

首先，中国先进知识分子把“互助”作为改造社会的手段和创造新社会的发端。他们希望在互助进化中改造社会，建立相爱互助、和谐平等的理想社会，并真诚地为之进行各种实验。恽代英是较早就受到互助论影响的先进知识分子之一。1917 年 10 月 8 日，恽代英团结一部分进步青年倡导成立了“互助社”。他曾真诚地说道：“有志之人，必使互助，且使预备奋斗之力量。果一般学生卒业后，能仍如今日之尚气节，敦品行，仍如今日之爱同类，相扶持，三五年后，社会即将发生一种切实能力，此或为救人类根本之法欤。”“我信只要自己将自由、平等、博爱、劳动、互助的真理，一一实践起来，勉强自己莫勉强人家，自然人家要感动的，自然社会要改变的。”[③]1920 年 2 月，恽代英又以互助社为基础，创办了利群书社，社内实行半工半读的共同生活，作为新生活的起点。

其次，中国先进知识分子把“互助”看作是改造精神的手段，把“互助”思想放在与阶级斗争同等的位置上，看作是相互补充。1919 年 9 月，李大钊发表了

① 周建人：《生存竞争与互助》，《新青年》第 8 卷，第 2 号。

② ［俄］克鲁泡特金：《互助论》，商务印书馆 1963 年版，第 76 ~ 77 页。

③ 《恽代英文集》（上），人民出版社 1984 年版，第 68、109 页。

《“少年中国”的“少年运动”》一文。在谈到理想中的“少年中国”时，他强调物心两面改造，认为理想中的“少年中国”，是由物质和精神两面改造而成的“少年中国”，是灵肉一致的“少年中国”。至于如何进行精神改造运动，李大钊把“互助”放在突出的位置，强调指出：“精神改造的运动，就是本着人道主义的精神，宣传‘互助’、‘博爱’的道理，改造现代堕落的人心，使人人都把‘人’的面目拿出来对他的同胞。”①李大钊深受互助论的影响，以“互助”为“信条”的精神改造运动，把它作为改造整个社会的重要途径之一。

最后，中国先进知识分子接受互助论，是撷取其中可供利用的思想，对其赋予新意，以此作为战斗武器。五四时期，帝国主义的侵略和封建军阀的连年混战，使广大人民处于水深火热之中。中国先进知识分子利用“互助”思想作为武器，来反对当时流行的社会达尔文主义，从理论上对其散布的战争谬论予以揭露与批驳。1918 年 11 月，即十月革命胜利一周年之际，李大钊明确批驳战争的各种所谓“‘大……主义’就是专制的隐语，就是仗着自己的强力蹂躏他人欺压他人的主义。有了这种主义，人类社会就不安宁了。大家为抵抗这种强暴势力的横行，乃靠着互助的精神，提倡一种平等自由的道理。”②

三、新村主义及其对“五四”青年知识分子的影响

新村主义是“五四”时期广泛影响中国思想界的一股空想社会主义思潮，它的创立者和系统阐述者是日本的武者小路实笃。他主张通过建立新村，使全人类过上“人的生活”，实现人人平等、劳动互助、友爱、幸福的理想社会。1919 年 3 月，周作人在《新青年》6 卷 3 号上发表了《日本的新村》一文，介绍了日本学者武者小路实笃倡导的“新村主义”思想。同年 7 月，他实地考察了日本实验基地新村，并在《新潮》2 卷 1 期上发表了《访日本新村记》。周作人对新村主义的系统介绍和宣传，对于渴望建立全新社会的中国进步青年来说，无疑提供了一种新模式。在五四时期众多的刊物中，《新青年》、《少年中国》、《东方杂志》、《新潮》、《国民》、《批评》、《新》、《每周评论》、《晨报》、《劳动》、《新生命》、《闽星》、《工学》、《时事》、《民国日报》等都发表了不少宣传和讨论新村主义的文章。这些文章主要可分为三类，一是介绍和翻译武者小路实笃的有关新村主义方的文章，二是从各个不同角度来阐明新村运动的意义的文章，三是关于新村主义的讨论，主要围绕如何发展新村、如何克服新村运动中的缺陷等问题。

“五四”时期新村主义思想来源呈多样化特点，既有无政府主义者的互助

① 《李大钊文集》（下），人民出版社 1984 年版，第 43 页。

② 《庶民的胜利》，《新青年》第 5 卷，第 5 号。

论、无政府主义，又有托尔斯泰的泛劳动主义、欧文的合作主义，还有工读主义。由于新村主义从平民视角出发，关注底层社会的劳动人民，注意培养和健全人的天性，主张共同劳动，提倡协力的共同生活，所以，它的盛行也反映出当时的中国正处在巨大的社会转型时期，各种思潮激荡，一些青年知识分子在救亡图存的洪流中探索着中国的出路，试图进行和平改造社会的实践。新村主义在理论上体现了以下三个特点。一是在处理个人与人类的关系上，新村主义强调个人与人类、个体与集体的统一，二者相辅相成，互相促进；在说明人类是个总体的同时，更强调个体作用的发挥，反对忽略个体。二是在实现的手段上，新村主义主张用自然的、和平的、互助的方式，实现“新村的理想”。首创者武者小路实笃“很抱和平革命的思想，不想拿暴力去抵抗暴力，只想拿建设去代替破坏”①，周作人认为“新村主义是想和平的得到革命的结果”，反对“翻天覆地，唯铁与血”的暴力方式。② 三是新村主义充满了浪漫的空想社会主义色彩，“照新村的理想，人应该有生存权，无代价的取得健康生活上必要的衣食住，但一面应该尽劳动的义务，制造这生活的资料。人又应该利用它的生存，创造幸福的生活，使世间更为人类的，又更为个人的，他须尽了对于人类的义务，一面也完全发展自己的个性，这样是正当的人的生活”③，新村主义主张的平等互助社会不是局限于一县一国，还想渐渐推广，打破国界造成世界大同的社会，“无论到于何处，只要劳动或是持有劳动义务期满的证据，便可以不要金钱可以生活，可以随意旅行，随意游览，随意学习”④。

新村主义对“五四”时期青年知识分子的影响很大，受其影响的不仅有资产阶级、小资产阶级知识分子和青年学生，而且还有具有初步共产主义思想的知识分子。他们受新村主义影响的程度并不相同，有的是在理论上完全接受了新村主义的新村主义者，比如周作人、郭绍虞、王光祈等人，不仅热衷于新村运动，还亲自创办了新村。1920 年春，墨西哥归国华侨余毅魂、陈视明等人向往新村运动，在江苏昆山县子红村盖了一间砖屋，购置了 25 亩地和一头耕牛，建立“知行新村”；1920 年，青年王拱璧在河南西华县孝武营建“青年村”；王光祈更是别出心裁地设计出了一个“菜园新村”。这些实验最后都失败了。

另一些人则是在一定程度上接受了新村主义的某些主张和形式，并试图用其改造社会，如李大钊、毛泽东、恽代英等人。1920 年 1 月，李大钊在《星期评论》第 31 号（“新年号”）发表了《美利坚之宗教新村运动》，目的在于“把乌托邦

---

① 涵庐：《武者小路理想的新村》，《民国日报·觉悟》，1919 年 8 月 2 日。

② 《新村的讨论》，《批评》第 5 卷。

③ 周作人：《新村的精神》，《民国日报·觉悟》，1919 年 11 月 23—24 日。

④ 涵庐：《武者小路理想的新村》，《民国日报·觉悟》，1919 年 8 月 2 日。

在美利坚所为新村运动的历史和成绩,略为介绍,以供今日热心新村运动者的参考。"毛泽东在湖南省立第一师范学校求学期间,也梦想过一种"新社会生活",但感到没办法实行。1919 年春,毛泽东自北京归来后,再次提出这个设想,并拟了创办新村的计划书,随后将其中的《学生之工作》一章发表在《湖南教育》月刊第 1 卷第 2 号上。他设想"此新村以新家庭新学校及旁的社会连成一块为根本理想。"首先是建设新学校,学生在学校里半工半读,学生为创造新家庭之成员。"含若干之新家庭,即可创造一种新社会","含此等之新学校、新社会,而为一新村"。他对理想中的新村设计甚为周密,"新社会之种类……举其著者:公共育儿院,公共蒙养院,公共学校,公共图书馆,公共银行,公共农场,公共工作厂,公共消费社,公共剧院,公共病院,公园,博物馆,自治会。"1920 年 10 月,恽代英在《未来之梦》中提出要以新村为模型,组织共同生活,"靠这种共同生活的扩张,把全世界变为社会主义的天国。"①但是,当他们发现这些设想和做法的不足和缺陷时,特别是轰轰烈烈的新村运动实验计划逐渐失败后,就都转向了科学社会主义。

四、无政府主义及其破产

无政府主义以其独特的魅力,成为五四时期颇具影响的一股社会思潮。无政府主义旧译作"安那其主义",是一种小资产阶级的社会政治思潮,盛行于 19 世纪后半期的欧洲,其代表人物有德国的施蒂纳尔、法国的蒲鲁东和俄国的巴枯宁、克鲁泡特金等人。蒲鲁东在其所著的《什么是财产》一书中首先提出"无政府主义"的概念;施蒂纳尔和蒲鲁东提出了无政府主义的主要原则;巴枯宁使无政府主义成为一种政治思潮;克鲁泡特金则主张所谓的共产主义的无政府主义思想,把无政府主义发展到一个新阶段。综合起来看,无政府主义的基本主张是反对一切权力和权威,否认一切国家政权和社会组织形式;主张绝对的个人自由,要求建立无命令、无权利、无服从与无制裁的"无政府"社会。

无政府主义从 20 世纪初开始在中国传播,其活动大致可分为四个阶段。第一阶段为辛亥革命以前,无政府主义主要在中国的留学生中传播。1905 年,《民报》和《新民丛报》曾经报道和讨论过欧洲的无政府主义。在中国首先打出无政府主义旗号的是吴稚晖、刘师培等人。1907 年 6 月,中国留学生刘师培、张继、何震等人模仿日本无政府党,组织了"以无政府主义为目的"的"社会主义讲习所",出版了《天义报》和《衡报》。与此同时,在巴黎的吴稚晖、张静江、李石曾等人则组织了"新世纪社",出版《新世纪》周刊介绍巴枯宁、克鲁泡特金、蒲鲁东等

① 《恽代英文集》(上),人民出版社 1984 年版,第 244 页。

人的学说，报道社会党和无政府党的活动情况，提倡颠覆一切强权的“社会革命”。至此，无政府主义在中国形成独立的政治派别。第二阶段为辛亥革命至十月革命前，是无政府主义在国内较为系统的理论传播阶段。1912 年，刘师复在广州进行了颇有影响的两项组织活动。一是成立“晦鸣学社”，出版了《晦鸣录》（后改为《民声》），发表了《无政府共产主义同志社宣言书》，制订了无政府主义的行动纲领——《无政府共产党之目的和手段》。另一项组织活动则是聚约同人成立了取名为“心社”的组织，制定了“不婚姻”、“不入政党”、“不做官吏”等戒规，这些戒律显然已超出了中国传统知识分子修身养性的说教，具有鲜明的政治倾向。刘师复也因在中国无政府主义传播史上的突出地位，被后来的信徒们奉为楷模，视其为“中国的蒲鲁东”。第三阶段为辛亥革命后至国共两党第一次合作，是无政府主义在中国传播比较广泛及分化的阶段。全国各地都有无政府主义的团体和刊物，据不完全统计，先后出现 90 多个团体，70 多种刊物，其中最有影响的刊物是《进化》、《奋斗》、《工人宝鉴》、《互助》等。马克思主义者与无政府主义者展开了论争，而随着无政府主义本质的逐步暴露，无政府主义则分化为三派，即无政府共产主义派（正统派）、无政府个人主义派（虚无派）、无政府工团主义派。第四阶段为国民革命时期，是无政府主义者彻底分化瓦解的阶段。在这一时期，特别是在 1927 年四一二政变后，无政府主义队伍严重分化，无政府主义作为中国政治思想史上的一个重要思想流派，在理论上、实践上和组织上彻底破产。1927 年后，中国虽仍有无政府主义者在活动，但已属个别现象。

无政府主义在中国得以广泛传播的原因，可以归纳为以下几个方面。第一，传统的农业社会环境、汪洋大海般的小生产者、小资产者的基础，是适宜无政府主义传播的肥沃土壤。第二，中国历史袭传的某些思想，提供了无政府主义流行中国的文化认同背景。比如，老庄的“无为而治”主张、儒家的“人性本善”说、墨家的“兼爱”思想，以及令人迷恋不已的“大同理想”，均被以不同方式牵强附会地混同于西方近代的无政府主义。第三，中国社会改革的要求、革命的急剧变动、各种不尽如人意的梗阻，构成无政府主义影响中国的特殊历史氛围。无政府主义闯入中国人的眼帘之际，正值中国处于一个目标混乱、方向迷失的特殊时期，厌倦政治、藐视国家、仇恨政权的情绪油然而生。无政府主义那种“国家乃万恶之源”、“政府之罪诚上通于天”的反强权主张，自然很容易在这种氛围下产生思想共鸣。第四，中国社会知识分子主体力量的更新换代，造就了一批热衷无政府主义的传播者。20 世纪初的中国，教育体制正处于巨大变动之中。1905 年科举制度的废除，断绝了知识分子的传统仕途，新兴学堂的设立和西学课程的逐步渗透，又改变了历来知识分子承儒传经的习惯思维，更加上海外留学生队伍的扩张，为近代中国社会知识分子主体力量的脱胎换骨提供了条件。于是，无政府主义那种向强权宣战的勇敢、对平等社会的遐想、“二十四小时实现无政府”的誓言，最能够迎合一般进步知识分子的口味和脾性，并顺利地在中国找到媒介人和追随者。第五，中国时代潮流演进的轨迹与无政府主义某些思想内容的契合，增添了无政府主义的诱惑魅力。在从传统社会向近代社会转型过程中，反封建的一层重要含义就是解除人身依附，因此呼唤个性解放成了时代潮流发展的轴心。从戊戌时代谭嗣同“冲决网罗”的呐喊，到五四时期的陈独秀高举“民主”和“科学”的大旗，发现和实现人的自身社会价值汇成近代中国时代潮流的主旋律。无政府主义主张所涉及的思想层面很多都属于这一主旋律。这种迎合时代潮流的因素使无政府主义的思想和主张，在近代中国比较早地起到了启蒙的作用。

无政府主义是一种超越现实的理想主义，而当人们把它作为现实目标来追求时必然陷入幻想。但是，当人们把它看作对现实社会的反动时，它又富有诱人的存在价值。由此，在中国近代政治思想史上，无政府主义对近代中国社会也曾发挥过某些积极的启示作用。首先，从其对传统思想尤其对儒家思想的态度看，在20世纪初激荡的革命思潮中，无政府主义的政治文化主张可以说是最为激进的，而且它将政治激进与文化激进集于一身，更具冲击力。他们公开打出“排孔”口号，提倡反孔的“孔丘之革命”，更有甚者主张“杀尽孔孟之徒，使人人各现其真性，无复有伪道德者之迹”。他们不仅将孔教视为造成专制社会的罪魁祸首，而且将其与道德革命紧密联系在一起，破天荒地发出“孔丘之革命”的启蒙呐喊，实为“五四”打倒孔家店进行伦理革命的先声。其次，无政府主义的主张所涉及的思想层面也几乎囊括了陈独秀、李大钊等“五四”先驱们所关注的全部问题。他们将“三纲”喻为“三网”，言其“实乃后世专制帝王之所以网民也”，他们提倡科学，指出“科学者，进化之利器也，迷信者，思想之桎梏也”，这种提倡科学反对迷信，强调思想自由与社会进化之精神几乎与五四启蒙运动的思想如出一辙。这种情况充分体现出，时代潮流的思想因素对后来的影响是不可低估的。最后，民国初年的无政府知识分子还有一个明显特点，即他们普遍注重对下层民众的宣传，具有强烈的启蒙意识。与此同时，他们还集思想家、宣传家、实践家于一身，既进行思想启蒙，又为此理想奔走呼号，将其落实到行动上。这些做法也为后来的马克思主义传播提供了宝贵的借鉴意义。

如果说，在民国初年这个特殊时期无政府主义历史地起到了思想解放的启蒙作用，那么到了五四时期，当更多的思潮尤其是马克思主义传入国门并吸引了更多的知识分子后，无政府主义理论上的肤浅空想就日益暴露出来。像所有的乌托邦一样，无政府主义坚持自己的不妥协性，拒绝一切过渡性的选择，这在道德上也许是“福地乐土”，而在实践上的确就是“乌有之乡”了。因此，经过马克思主义与无政府主义论战，和它在实践中的挫折和恶劣表现，最终被中国的先进分子抛弃了。

第四节　马克思主义在中国广泛传播

社会主义由空想到科学的发展是与当时的中国社会实际相适应的。空想社会主义的实践宣告失败；十月革命建立的苏维埃政权在1920年上半年巩固下来了；科学社会主义在苏俄已表现出的无限生命力，坚定了人们对科学社会主义的信仰；六三运动及其以后中国工人阶级表现出来的力量进一步引起了知识分子的重视；共产国际代表维经斯基来到中国，帮助中国共产主义和民族解放运动的开展；马克思主义经典著作的翻译出版也是在1920年前后。正是如此，马克思主义开始在中国广泛传播，并逐步在思想文化领域中发挥着指导作用。

一、马克思主义广泛传播的表现

“改造社会”是五四时期青年知识分子救亡图存的主题，但以什么样的理论来指导对社会的改造却经历了艰苦的探索。当空想社会主义在中国思想界、教育界被宣传、实践的同时，马克思主义也在中国传播着。空想社会主义在中国破产之后，更多的具有初步共产主义思想的知识分子才致力于马克思主义的宣传，致力于对科学社会主义的追求，并因此而转变成马克思主义者。

首先是大量宣传马克思主义的文章和马克思主义著作在中国的出版。在“五四”后马克思主义的广泛传播中，《新青年》成为宣传马克思主义的重要阵地，它连续不断地发表介绍马克思主义、十月革命和各国工人阶级斗争的文章。1919年9月，《新青年》专门出版了一期由李大钊主编的《马克思研究专号》，该号刊登了《马克思学说》、《马克思传略》、《俄国革命之哲学的基础》等一系列重要文章，特别是刊载了李大钊《我的马克思主义观》一文。它对马克思主义的唯物史观、政治经济学和科学社会主义，作了相当全面的介绍，并指出这三部分“都有不可分割的关系，而阶级斗争说，恰如一条金线，把这三大原理从根本上联络起来。”这是在中国人著作中，对马克思主义所作的第一次较系统和较完整的介绍。《新青年》继后又开辟《俄罗斯研究》专栏，不断介绍马克思主义和俄国革命。北京《晨报》副刊从1919年8月开始的半年内也连续开辟《马克思研究》专栏，先后刊载马克思著作《雇佣劳动与资本》，考茨基的《马氏资本论释义》，河上肇的《马克思的唯物史观》等译文，以及马克思、列宁、李卜克内西等人的传记等。一些马克思主义经典著作，如《共产党宣言》、《社会主义从空想到科学的发展》、《国家与革命》、《无产阶级专政时代的经济与政治》等，也都陆续翻译出版。

马克思主义的宣传已经形成较大声势。

其次是宣传和研究社会主义的进步社团如雨后春笋般大量涌现。在中国早期的马克思主义思想运动中,李大钊起着主导作用,我国第一个“马克思学说研究会”,就是由李大钊1920年3月在北京大学组织的。该会团结了一批进步青年,学习马克思主义,研究中国社会问题,还深入工人群众,进行实际的宣传和组织工作。同年,李大钊又在北大发起组织了《社会主义研究会》,从事编译社会主义丛书和举办各种演讲活动等工作。被誉为五四运动“总司令”的陈独秀,1920年5月在上海也发起组织了“马克思主义研究会”,研究会成员李达、李汉俊、陈望道等主要从事翻译和介绍马克思主义著作的工作。这个时期,毛泽东等在湖南长沙,以新民学会的成员为骨干创办“文化书社”,经销《马克思资本论入门》、《社会主义史》、《新俄国之研究》、《新青年》、《劳动界》等新思潮的书刊,进行马克思主义的传播。与此同时,周恩来、郭隆真、马骏、邓颖超等在天津组织“觉悟社”;恽代英、林育南等在武汉组织“利群书社”;王尽美、邓恩铭等在山东组织“励新书社”;阮啸先、杨匏安等在广州组织“新学生社”;彭湃等也在广东组织“社会主义研究社”,它们成为了各地区学习、研究和宣传马克思主义的重要场所。

在马克思主义的传播同时,一批革命知识分子逐步完成由民主主义者到共产主义者的转变,马克思主义者的队伍不断壮大。李大钊是中国最早的马克思主义者,是宣传马克思主义的旗手和先驱,1919年10月发表的《我的马克思主义观》,是他转变为马克思主义者的标志。李大钊发表了大量宣传马克思主义和以马克思主义观点来分析中国革命问题的文章,教育了一代青年,在五四时期的青年中有着极高的声誉和巨大的影响。陈独秀的思想在“五四”之后开始转向社会主义,特别是1920年发表的《谈政治》一文,明确宣告承认无产阶级革命和无产阶级专政,表明他已接受了马克思主义。毛泽东在他1919年底第二次到北京期间,搜寻和阅读了大量有关马克思主义和俄国革命的书籍,开始建立起对马克思主义的信仰。后来他回忆说:“到了1920年夏天,在理论上,而且在某种程度的行动上我已成为一个马克思主义者了。”①周恩来早在日本留学时期就接触过马克思主义,1919年9月,他在天津发起组织了“觉悟社”,遂把学习马克思主义、探讨改造中国社会作为一项重要任务。次年的1月,他因从事学生爱国斗争被捕入狱,其间他给难友们系统讲解马克思传、唯物史观、阶级斗争和剩余价值学说,这说明他已完成向马克思主义者的转变。与此同时或稍后,一大批在五四运动中的活跃人物和初步具有共产主义思想的知识分子,如邓中夏、蔡和森、恽代英、瞿秋白、赵世炎、李达等人,也陆续成为马克思主义者。此外,“五四”以

① [美]埃德加·斯诺:《西行漫记》,三联书店1979年版,第131页。

后，李大钊在北京大学、北京师大先后开设过“唯物史观”、“社会主义与社会运动”、“社会主义的将来”等多门课程，向青年学生们讲授和宣传马克思主义，标志着马克思主义在高等学校的讲坛上也占据了一席之地。

二、三次大论战与马克思主义传播

随着新文化运动的深入和马克思主义的广泛传播，新文化运动的阵营逐渐发生分化，马克思主义者同资产阶级改良主义者、无政府主义者就怎样改造中国社会的问题发生了激烈交锋。在交锋过程中，早期马克思主义者以坚定不移的信念，勇敢地拿起马克思主义这一理论武器，批驳资产阶级和小资产阶级的种种反马克思主义思潮，一步一步地扩大了马克思主义的思想阵地。

关于“问题”和“主义”之争。1919 年 7 月，胡适在《每周评论》发表《多研究些问题，少谈些“主义”》一文，挑起了“五四”以来马克思主义与反马克思主义之间的第一次论战。文章认为空谈外来的主义不仅无用，而且极其危险，认为马克思主义根本不能解决中国的问题，要求中国的理论家把一切主义抛到脑后去。针对胡适表现出来的改良主义、实用主义和自由主义思想，李大钊 1919 年 8 月在《每周评论》发表《再论问题与主义》一文，针对胡适的主张一一进行了批判。李大钊认为问题与主义交相为用、并行不悖，认为要用“主义”即马克思主义解决中国的问题，通过阶级斗争的方式走俄国十月革命的道路。这场论战的实质是中国革命要不要马克思主义指导的问题。虽然论战规模不大，参加的人不多，时间也不长，但对于当时的中国思想世界来说，“问题”与“主义”之间的选择，意味着渐进与激进、改良与革命、自由主义与马克思主义之间的选择。因此，这场论争包含了很深刻的历史意义，通过论战，坚定了中国工人阶级用马克思主义指导革命实践的信念，扩大了马克思主义在中国的影响。

关于资本主义和社会主义的论战。1920 年 9 月，英国著名哲学家罗素应邀来华讲学，在听众广泛的多次演讲中，他认为中国的当务之急是发展资本主义以“增加富力”，并给中国指出了一条发展实业、兴办教育的改良道路。罗素的主张得到了张东荪等人的支持。1920 年 11 月，张东荪在《时事新报》上发表《由内地旅行而得之又一教训》一文，认为中国唯一病症是贫乏，而既然这样穷，就没有资格谈论什么主义，所以救中国只有一条路，就是增加富力、开发实业，“中国除了开发实业以外无以自立”。因此，社会主义对中国尚属遥远的未来，只有资本主义道路才是现实可行的。这篇文章在中国舆论界引起了轩然大波，进而引发五四运动后中国政治思想界一场参加人数最多、历时最长的大辩论。针对张东荪等人主张在中国发展资本主义的观点，当时的马克思主义者给予了坚决驳斥。李大钊、陈独秀、李达等人，通过对资本主义本质及中国社会贫穷落后原因的剖析，认为资本主义制度有其自身无法克服的矛盾，所以应当无条件地消灭它，而且推翻资本主义的世界革命已经兴起，中国理所当然要顺应世界发展的趋势。因此，走向社会主义是中国社会最现实的选择，应该走俄国式的发展道路。尽管当时的马克思主义者由于理论方面的局限，对于社会主义建立的物质条件、跨越“卡夫丁峡谷”的方式等方面论述不够，但论战还是促使中国的马克思主义者开始注重对社会发展规律的探索，也使中国的马克思主义者开始了对无产阶级的关注。这场论战的结果颇具戏剧性，即作为张东荪等人理论渊源的罗素本人改变了看法，认为“俄国式的方法”即实行“国家社会主义”，不仅适合中国国情，而且还是中国避免资本主义而发展实业的“唯一的道路”，马克思主义再次显示了伟大的魅力，社会主义方向成为主流。

关于马克思主义与无政府主义的论战。1919 年 5 月，黄凌霜在《新青年》第 6 卷第 5 号发表《马克思学说的批评》一文，引发了无政府主义者与马克思主义者之间的论战。在要不要国家和政权、要不要组织和纪律、实行怎样的生产和分配等方面，中国的马克思主义者通过对契约与法律及自由与纪律的关系的阐释、无产阶级专政国家学说的论述、以及对按劳分配方式的合理性解释，系统批判了无政府主义者的错误。马克思主义者指出，必须用革命手段夺取政权，建立无产阶级专政，才能保护劳动者的利益，最终消灭阶级和阶级差别，从而使国家消亡；主张个人绝对自由，会使得工人阶级不能集中为强大力量，从而有利于资产阶级瓦解工人运动；在社会生产力高度发达之前，要实现各尽所能、各取所需的原则，“社会的经济秩序就要弄糟了”。在对无政府主义的批驳中，尽管许多问题还没有深入，但却使中国的马克思主义者进一步明确了无产阶级革命的使命，进一步弄清了马克思的科学社会主义与无政府主义的区别，从而在理论上进一步掌握了马克思主义阶级斗争学说和无产阶级专政学说。这不仅使大批拥护马克思主义的知识分子脱颖而出，自觉投身中国革命，而且使原来将无政府主义误认为是马克思主义的人放弃了错误的主张，从而走上了马克思主义道路。

经过三次典型的理论论战，以辩论为手段，以理论鉴别为基本目标，中国社会对马克思主义与形形色色的非马克思主义进行了甄别，从蜂拥而至的诸多理论中选择了马克思主义作为改造中国社会的理论武器，从而为马克思主义中国化打下较为坚实的理论基础。

三、马克思主义在中国传播的意义

“五四”时期，中国知识分子不仅对祖国的命运充满着忧患意识，并且勇敢地进行理论探索，积极地参与革命实践。他们不断地学习与借鉴，批判与否定，比较与甄别，最后选择和接受了马克思主义，改变了中国社会历史发展的轨迹。

由于中国知识分子这种强烈的社会和历史责任感，这种积极执著的探索精神，使这段历史在中国近现代政治思想中更显得凝重而光彩。

把马克思主义、科学社会主义、十月革命的经验引进中国，推动了马克思主义和科学社会主义在中国的传播。毛泽东同志指出："十月革命一声炮响，给我们送来了马克思列宁主义。十月革命帮助了全世界的也帮助了中国的先进分子，用无产阶级的宇宙观作为观察国家命运的工具，重新考虑自己的问题。走俄国人的路——这就是结论。"①五四运动是一个重大的历史事件，其发生和发展是世界历史和中国社会矛盾发展趋势的必然结果，是中国人民大众同帝国主义、封建主义的社会主要矛盾激化的必然结果，它的产生和发展趋向受到处于十月革命爆发和社会主义革命前夜的世界局势的深刻影响。十月革命的成功对中国先进知识分子产生巨大的震撼和影响，使他们开阔了眼界，认识到决定中国人民命运的不是资产阶级，不是资本主义，也不是资产阶级思想武器，而是工人阶级、科学社会主义和马克思主义。辛亥革命为什么失败，救中国的目的为什么达不到，中国先进知识分子通过十月革命接受了马克思主义，开始在马克思主义中寻找答案，他们冲破了资产阶级民主思想的藩篱，冲破了旧民主主义民主、科学、爱国主义的精神界限，把马克思主义作为思想工具，选择社会主义为中国的唯一出路。

五四运动用马克思主义科学社会主义启发了中国人民的觉悟，解放了中国人民的思想，其意义远远超出了辛亥革命。五四运动作为反帝反封建的爱国主义运动，代表了中华民族的觉醒，是一次深刻的反帝反封建专制的、马克思主义科学社会主义的、工人阶级走上政治舞台的思想解放运动。五四运动最突出的政治思想贡献，就是引进了马克思主义和俄国十月社会主义革命经验，使中国先进知识分子探索中国民主民族解放之路的政治思想方向发生了根本转折。选择科学社会主义、马克思主义、十月革命道路，是五四运动标示的根本方向，也是新文化运动的政治思想主流。

中国先进知识分子在接受马克思主义、科学社会主义以后，并没有抛弃民主、科学与爱国主义精神，而是在马克思主义的指导下，赋予它们新的更加深刻的时代、历史和革命内容，使它们在更高的层次上得到发扬。民主不再是指狭隘的资产阶级民主，而是强调铲除封建专制和少数人阶级特权的，以多数劳动阶级为主体的最广泛的人民民主；科学从此成为在马克思主义世界观和方法论指导下，对社会发展规律和中国社会发展趋势的科学认识；爱国主义成为建设新民主主义的、人民大众的、走社会主义道路的新中国的具体目标。中国先进知识分子在接受马克思主义的同时，并没有取消反帝反封建的思想斗争，而是掌握了比资

① 《毛泽东选集》第4卷，人民出版社1991年版，第1471页。

产阶级政治理论更为强有力的马克思主义思想武器；没有放弃民主、科学和爱国主义，而是有了马克思主义科学世界观的指导，有了马克思主义指导的人民民主，有了建立社会主义方向的人民共和国的奋斗目标。

思考题

1. 五四新文化运动在中国近现代政治思想史上的处于怎样的历史地位？
2. 资产阶级知识分子如何介绍和传播社会主义学说？
3. 为什么空想社会主义思潮成为“五四”时期中国社会的最具影响的社会思潮？
4. 中国的先进分子为什么和怎样选择了马克思主义？

8

第八章

民国时期国民党的政治思想

中华民国从1912年1月1日孙中山在南京建立临时政府起，到1949年10月1日中华人民共和国成立止，总共不到38年，但就主政的国民党来看，其政治思想却经历了孙中山的三民主义和蒋介石背叛三民主义走向独裁专制的变化。这一变化不仅反映了民国时期中国政治思想的特性，也是了解和认识中华民国历史发展脉络的一个重要视角。民国一直处于中国社会剧烈动荡的时期，出现了多位重要历史人物，本章力求通过对其主要和代表人物政治思想的客观介绍，简明、准确地指出当时各种政治活动和政治关系及其由传统向现代渐变的总体面貌，并分析说明这些政治思想在民国史上的地位和影响。

第一节　孙中山的新三民主义与国共合作

辛亥革命后，在共产国际和中国共产党的支持下，孙中山在旧三民主义“民族、民权、民生”的基础上，提出了“联俄、联共、扶助农工”的新三民主义。新三民主义是对旧三民主义的继承和发展，更加合乎人民大众的意愿，更加顺应时代发展的需要，成为国共合作的政治基础，对推动中国新民主主义革命发挥了重要的作用。

一、孙中山三民主义的发展

孙中山三民主义对当时的中国社会政治思想的变化产生了巨大的影响，

毛泽东指出："将来我们的力量越大，我们就越要孙中山，就越有好处，没有坏处。我们应该有清醒的头脑来举起孙中山这面旗帜。"①通过梳理孙中山先生三民主义的发展过程，可以更准确地理解三民主义以及中国共产党对待三民主义的政治态度。

1. 从旧三民主义到新三民主义

俄国十月革命开辟了世界革命的新纪元，也极大地触动了孙中山的政治思想，使他认识到"像这样的国家，就是我要造成的新世界"②。在十月革命的影响下，经过多次与共产国际代表的接触，孙中山的思想开始发生变化。与此同时，中国共产党的成立以及中国工农革命运动的蓬勃发展，为中国革命事业带来新的希望和动力。在与中国共产党接触交流的过程中，孙中山逐步接受了共产党人关于反对帝国主义和支持工农运动等建议，并将其融入三民主义思想中。孙中山把旧三民主义发展为新三民主义，确定了"联俄、联共、扶助农工"的三大政策，从而促成了第一次国共合作的实现。

中国共产党是孙中山革命的三民主义的忠实执行者和创新实践者，孙中山新三民主义的形成既是苏俄革命和中国共产党影响的结果，也是顺应历史潮流和不断总结革命斗争经验教训的产物。关于什么是新三民主义，毛泽东称之为革命的三民主义："革命的民族主义叫我们反抗帝国主义，使中国民族得到解放。革命的民权主义叫我们反抗军阀，使中国人民自立于统治地位。革命的民生主义叫我们反抗大商买办阶级，尤其是那封建宗法性一切反动势力根本源泉之地主阶级，使中国大多数穷苦人民得享有经济幸福。"③随着革命的向前发展，新形势也对三民主义提出了新的要求。毛泽东认为："这种新时期的革命的三民主义，新三民主义或真三民主义，是联俄、联共、扶助农工三大政策的三民主义。"④"联俄、联共、扶助农工"三大政策的提出，标志着旧三民主义到新三民主义的转变，同时也为国共合作奠定了基础，从而使得中国革命向前迈出了坚实的一步。

2. 新三民主义与新民主主义

从政治思想的角度来讲，新三民主义也为共产党领导的新民主主义革命提供了重要的理论根据，而新三民主义的基本原则和中国共产党的最低纲领也是基本一致的。因此，在党成立初期，坚持新三民主义理论就是在为实现党的最低纲领而奋斗。"一九二四年孙中山重新解释的三民主义中的革命的民族主义、

① 《毛泽东文集》第3卷，人民出版社1996年版，第322页。

② 胡汉民编：《总理全集》第2集，上海民智书局1930年版，第409、411页。

③ 《毛泽东文集》第1卷，人民出版社1993年版，第16页。

④ 《毛泽东选集》第2卷，人民出版社1991年版，第690页。

民权主义和民生主义这三个政治原则，同共产主义在中国民主革命阶段的政纲，基本上是相同的。”①孙中山也认为：“民生主义就是共产主义，就是社会主义”②。同时，共产党也看到、并明确指出了三民主义与共产主义的差异。一方面，两者在主义坚持、政治思想和理论体系上都是不同的，因为新民主主义是以社会主义为方向的；另一方面，两者在资产阶级民主革命阶段有着相同的政治目标和纲领，即革命任务。共产党在坚持新三民主义的同时创立了新民主主义理论，并将新三民主义反帝反封建的民主思想融入新民主主义的科学体系之中。

新民主主义理论是马克思主义理论与中国实际相结合的产物，不仅克服了新三民主义发展资本主义的空想性，而且政治更进步、理论更完整、效能更优越。历史证明，新三民主义不可能通过资本主义发展道路来实现中国的复兴和振兴，只有将中国革命转入社会主义方向的新民主主义革命的道路才能实现这一点。总的说来，新三民主义由于其自身的历史局限性，很难独立、彻底地完成中国的民主革命和社会革命任务，而其思想中的革命进步内容却在新民主主义思想中得到了延续和发展。

二、新三民主义“联俄、联共、扶助农工”的三大政策

1922年6月的陈炯明事件后，孙中山被迫离开广州，并陷入极大的苦闷中。经历了多次革命的挫折后，孙中山决定采取联共容共的政策，将旧三民主义发展为以“联俄、联共、扶助农工”三大政策为核心的新三民主义。通过接纳共产党员以个人身份加入国民党这样一种特殊形式进行党内合作，实现了他一生中最大的转变。

1. 联俄——三大政策的发端

孙中山转向联俄不是偶然的，而是有一定的思想基础的。正当列宁所领导的十月社会主义革命胜利之时，孙中山所领导的中国革命正一次次遭到失败。因此，孙中山对俄国革命成功的经验就特别关心和重视，试图通过对俄国革命经验的学习找到中国革命的正确道路。孙中山认为，“若俄国现在之革命政府能稳固，则我可以于彼方期大发展也”③。他还在1918年夏致电列宁祝贺十月革命成功，并表示：“中国革命党对贵国革命党所进行的艰苦斗争表示十分钦佩，并愿中俄两党共同斗争”④。

---

① 《毛泽东选集》第2卷，人民出版社1991年版，第687～688页。

② 《孙中山全集》第9卷，中华书局1986年版，第386页。

③ 邵元冲：《广州护法日志》，《建国月刊》第12卷，第6期。

④ 《孙中山年谱》，中华书局1980年版，第230页。

列宁对孙中山的表态非常重视，回电表示感谢，并号召两国人民共同奋斗。在帝国主义列强阻挠中国革命，支持中国军阀反动势力的时候，只有苏俄向中国革命伸出了真诚的援助之手。1919 年和 1920 年，苏俄政府两次对华宣布废除沙皇俄国对华签订的一切不平等条约，放弃在华一切特权，这使孙中山对苏俄更加向往。1920 年 4 月，孙中山在福建会见苏俄海军中将路博，路博带来了列宁的亲笔信，信中表明了列宁对中国革命的关心和支持，愿意帮助中国完成革命。1920 年秋，孙中山在上海会见共产国际代表维经斯基，希望将“华南斗争与遥远的俄国的斗争结合起来”①，这是孙中山关于联俄的首次具体建议。1923 年 1 月，孙中山同苏联政府特使面商中俄合作大计，发表联合声明，标志着孙中山联俄政策的日趋成熟。

2. 联共——三大政策的核心环节

在“联俄、联共、扶助农工”作为统一整体的三大政策中，联共是一个核心环节。“以俄为师”要具体落实到国民党的改组上，必须依靠联共；要同广大工农群众发生密切联系，大大推进工农群众运动，同样必须依靠联共。孙中山在长期革命实践基础上提出的联共政策，是为中国革命的新发展而做出的一项最为重要的决策。

出于对国民党现状的强烈不满，孙中山决计改组国民党。1920 年，共产国际代表荷兰人马林来到中国，帮助中国共产党建党，次年召开了第一次代表大会。他刚到中国时，由于对中国的情况还不了解，所以没有提出与孙中山的国民党联合的问题。在对国民党有了初步了解后，马林在桂林与孙中山会晤时提出了三条建议：“（一）改组国民党，联合社会各阶层，尤其是工农大众；（二）创办军官学校，为建立革命武装之基础；（三）与中国共产党合作。”②在孙中山急于寻找依靠力量的时候，已显示出巨大政治潜力的中国共产党成立了。共产党明确表示，要推翻帝国主义和封建主义的强固统治，必须建立最广泛的统一战线、团结一切爱国民主力量，而中国革命的民主主义性质，以及国民党自身的革命历史与现状，都为国共两党的合作提供了良好基础。

当时，国内几乎所有的政治势力都与孙中山相对立，而共产国际、苏联政府和中国共产党向孙中山伸出了援助之手。中国共产党公开宣布同孙中山合作，并在共产国际的积极促进下，向孙中山提出了国共两党建立“民主的联合战线”的建议。中国共产党的机关刊物还发表了许多文章，帮助孙中山深刻总结了过去的经验教训，探讨今后革命的新道路。

西湖会议后，中共的一些主要负责人根据会议决定，要求以个人身份加入国

① ［苏］维经斯基：《我与孙中山的会见》，《真理报》1925 年 3 月 15 日。

② 《蒋总统秘录》第 5 册，台湾“中央”日报社 1976 年版，第 251 页。

民党，孙中山当即表示同意。1922 年 8 月，由孙中山在上海亲自主盟，李大钊加入了国民党，孙中山对李大钊说："你尽管一面做第三国际党员，一面加入本党帮助我。"①此后，陈独秀、张太雷、蔡和森、张国焘等相继以个人身份加入国民党。孙中山和他们经常在一起"讨论振兴国民党以振兴中国之问题"②。孙中山对李大钊等共产党人产生了很好的印象，"他认为这些人是他的真正的革命同志，他知道，在斗争中，他能够依靠他们明确的思想和无畏的勇气。"③9 月 4 日，孙中山在上海召开国民党改进党务会议，6 月，即指定包括共产党员陈独秀在内的九人为中国国民党章程起草委员。1923 年 1 月 1 日，国民党发表改组宣言，2 日，发布中国国民党章程草案，紧接着，孙中山又指定了一批包括共产党人在内的干部担任国民党本部及某些地方支部的负责人。10 月 10 日，国民党在广州召开恳亲大会，决定实施改组国民党并设立党务讨论会。19 日，孙中山正式委派廖仲恺、李大钊等五人为国民党改组委员，负责国民党本部改组事宜。

3. 扶助农工——三大政策的必然产物

"联俄、联共"政策的确立，扶助农工的政策就成为孙中山革命思想与革命实践发展的必然产物。孙中山所倡导的三民主义的基本出发点，就是为了改善广大民众的社会政治地位和经济地位。但是，他在相当长的一段时间里并没有依靠工农民众进行革命，也看不到在广大工农民众中蕴藏着的巨大的革命潜力与历史首创精神，相反，却把他们看作是完全听命于"先知先觉者"和"后知后觉者"的"不知不觉者"④。这种对广大工农民众力量的褊狭认识，也是他领导多次斗争都不能成功的一个关键原因。

五四运动的爆发和上海工人的罢工表明，中国工人阶级已经作为一支新生力量登上了历史舞台，并积极开展政治斗争。由此，孙中山终于认识到，以往革命斗争屡遭失败的原因，就是没有依靠广大民众的力量，没有发动他们参加革命斗争，而共产党领导的工农运动和香港大罢工取得的胜利更使他明白，仅靠资产阶级和军队是难以完成中国革命的。他说："兵力虽成功，而革命仍未成功，因为吾党尚欠缺力量之故。是何种力量？就是人民心力"。"革命行动，欠缺人民心力，无异无源之水，无根之木。"因此，他认定，"此次吾党改组唯一之目的，在乎不单独倚靠兵力，要倚靠吾党本身力量。所谓吾党本身力量者，即人民之心力是也……要国内人民与吾党同一个志愿，要使国内人民皆与吾党合作，同为革命奋斗，必如此方可以成功。"⑤

① 汪精卫：《在国民党第二次全国代表大会的政治报告》，《汪精卫先生文集》第 3 编，第 133 页。
② 李大钊：《狱中自述》，《二大和三大》，中国社会科学出版社 1985 年版，第 506 页。
③ 宋庆龄：《孙中山和他同中国共产党的合作》，《人民日报》1962 年 11 月 12 日。
④ 《孙中山选集》，人民出版社 1981 年版，第 164、162 页。
⑤ 胡汉民编：《总理全集》第 2 集，上海民智书局 1930 年版，第 314 ~ 315 页。

在同共产国际和中国共产党的多次接触中，孙中山认识到了农民阶级与工人阶级在中国革命中的重要作用。在阐述农民阶级的地位和作用时，他说："农民是我们中国人民之中的最大多数，如果农民不来参加革命，就是我们革命没有基础。国民党这次改组，要加入农民运动，就是要用农民来做基础，要农民来做本党革命的基础。"①在论述工人阶级的地位和作用时，他说："工人既有了团体，要废除中外不平等的条约，便可以做全国的指导，作国民的先锋，在最前的阵线上去奋斗。""质言之，即为农夫、工人而奋斗，亦即农夫、工人为自身而奋斗也"②。

鉴于上述认识，孙中山坚定了扶助农工、依靠农工的政治思想，同时还采取了实现扶助农工的许多切实步骤。在他亲自审定的《中国国民党第一次全国代表大会宣言》中，明确规定，国家权力必须"为一般平民所共有，非少数人所得而私也"，也就是农民、工人、商人及知识分子联合起来"享有自由及权利"③。国民党"一大"后组建的机构中，设立了工人部和农民部，专门负责领导工农运动。对于当时在广州开设的工人运动讲习所、农民运动讲习所、广东工人代表会和许多农民协会、武装工农的工团军和农民自卫军等，孙中山都积极给予大力支持。

三、孙中山的国民党改组与国共合作的政治基础

1. 改组前的国民党与国共合作的筹备

辛亥革命后，同盟会改组为中国国民党，吸纳了大量封建官僚和政治投机分子，组织成分复杂，实际上成了一个具有改良主义色彩的政治团体和具有资产阶级性质的政党。1913 年反袁斗争失败，袁世凯下令解散国民党，使国民党分崩离析，只有孙中山领导的国民党左派还在坚持革命，以其不屈的革命精神领导了二次革命和护法运动。孙中山誓言，"要将辛亥革命未了的事业做个成功，中国革命还没有成功，所以革命要一直下去，到成功然后止，因为革命力量是不能压抑的"④。但在如何"以成这非常大业"问题上，他仍未能克服资产阶级轻视人民群众的弱点。他只是从资产阶级本身去强调"非有革命精神不为功"，以及"主义之坚定与人心之固结"，却未能根据当时中国的国情，分析当时中国社会变乱的根本原因，寻找革命的依靠力量，所以不可能正确解决半殖民地半封建中

---

① 《孙中山选集》，人民出版社 1981 年版，第 935 页。

② 《孙中山选集》，人民出版社 1981 年版，第 593、594 页。

③ 胡汉民编：《总理全集》第 2 集，上海民智书局 1930 年版，第 480 页。

④ 《孙中山全集》第 8 卷，中华书局 1986 年版，第 115 页。

国革命的一系列根本问题。实际上，在与共产党合作之前，孙中山仍然对资产阶级和封建军阀抱有幻想，直到十月革命爆发，才使他的思想发生了由学习西方向寻求苏俄革命经验的转变。

1920年7月，共产国际召开了第二次代表大会，通过了列宁起草的《关于民族与殖民地问题的决议》。《决议》指出："共产国际应当同殖民地和落后国家的资产阶级民主派暂时合作，甚至当无产阶级运动还处于萌芽状态时，也绝对要保持这一运动的独立性"，"各国共产党应以实际行动帮助这些国家的革命解放运动，而帮助的形式应与各该国共产党（如果有共产党）讨论。"①1921年9月，陈独秀来到上海与共产国际的代表马林探讨国共合作的可能性问题，决定由马林同孙中山商谈，并由张太雷陪同引见。孙中山会见马林和张太雷时认为，苏俄实行的新经济政策与他的民生主义"不谋而合"，马林建议孙中山要有一个好的政党联合各界人民，特别是工农群众，要办革命的军校，建立革命武装。1922年，孙中山接受了马林关于改组国民党的建议并一起讨论了改组国民党、国共合作、建立革命军队以及苏俄和共产国际援助中国等问题。

2. 孙中山的容共思想以及国共合作政策的确立

1922年四五月间，准备参加第一次全国劳动大会和社会主义青年团代表大会的共产党和青年团的领导人及各地负责干部齐聚广州，讨论两个大会的方针和对国民党的态度问题。在会上，林伯渠主张支持孙中山："孙先生的三民主义和北伐主张都是值得钦佩的。国共合作应与孙中山合作为中心。"但也有不同意见，陈独秀在作总结时说："主张中共与国民党所有革命分子合作，国民党内部既有斗争，我们现在应先观察清楚，再做决定"②。广州会议没有对共产党加入国民党的问题做出最后的决定，但大多数参会者都同意国共合作的基本方针。之后不久，共产党发表了《对于时局的主张》，公开表示愿意和革命的民主派建立联合战线。文件指出："中共现存的各政党，只有国民党是比较革命的民主派，比较是真正的民主派"，"中国共产党的方法，是要邀请国民党等革命民主派及革命的社会主义各团体，开一个联席会议……共同建立一个民主主义的联合阵线，向封建式的军阀继续战争"③。

中国共产党从建党初期就认识到民主革命中工人阶级是伟大的领导力量，农民阶级是反封建"革命运动中的最大要素"。在1921年的建党纲领中就宣布，"要把工人、农民和士兵组织起来，并以社会革命为自己政策的主要目的"④。

---

① 中国社会科学院近代史研究所翻译室：《共产国际有关中国革命的文献资料》第1辑，中国社会科学出版社1981年版，第44~45页。

② 张国焘：《我的回忆》第1册，东方出版社1998年版，第222、223页。

③ 《二大和三大》，中国社会科学出版社1985年版，第40~47页。

④ 魏宏运等编：《中国现代史资料选编》，黑龙江人民出版社1981年版，第310页。

不久，即在上海成立中国劳动组合书记部，作为共产党领导全国职工运动的组织领导机构。1922年7月，中国共产党召开第二次全国代表大会，正确地分析了当时的基本国情，以及中国革命的性质、任务和对象，正式制定了党的民主革命纲领。但是，关于国共合作的具体问题，比如是否坚持两党平行联合的方式等，并没有彻底解决，于是中共中央于又1922年8月在杭州西湖专门开会讨论。马林在会上传达了共产国际《关于中国共产党与国民党的关系问题的决议》，中共党内大多数党员都同意决议的原则，但在具体如何执行等问题上仍然出现了两种对立的意见。因此，中共中央决定提前召开第三次全国代表大会，解决这些分歧，确定党的统一战线方针和政策问题。

1923年6月12日至20日，中共第三次全国代表大会在广州举行。大会正式确定了国共合作的统一战线方针、共产党员加入国民党的方式，推动了国共合作的实现。

3. 新三民主义——国共两党合作的政治基础

1923年11月28日，共产国际执委会主席团通过了《关于中国民族解放运动和国民党问题的决议》。这个决议对孙中山的三民主义进行了新的解释，肯定了孙中山领导的国民党的历史地位和历史功绩，指出了国民党革命派在接近劳动群众，同群众保持密切联系方面的可喜进步。

《决议》指出：中国民族解放运动“目前已经历着建立组织和集聚力量的阶段”，“必须接近劳动群众，必须通过广泛的宣传和组织工作同他们保持最密切的联系，从而巩固和扩大中国革命运动的基础”。“民族主义”意味着“依靠广大人民群众，为反对世界帝国主义及其走卒，为争取中国独立而斗争。”“民权主义”应解释为“只有那些真正拥护反帝斗争纲领的分子和组织，才能广泛享有这些权利和自由”。“民生主义”应当“把外国商行、企业、铁路和水路交通收归国有，那才对群众具有革命化意义，才能在群众中得到广泛的反响”；“应当把土地直接分给在这块土地上耕耘的劳动者”，废除土地所有制度，提出土地归劳动者所有的口号。中国工人阶级应该“在统一国家和争取中国独立的反帝运动中，起到自己一份重大的作用。”应该“放手发动工人阶级的力量，全力支持它的经济组织及其阶级的政治组织——中国共产党”。要求“中国共产党、中国工人阶级和劳动农民，必须全力支持国民党”①。

这个决议对于孙中山把旧三民主义发展为新三民主义，起到了重要的理论指导和实践推动作用。孙中山的新三民主义采纳了这个决议的基本原则，并增加和明确了反帝的内容，即民族主义对外主张反对帝国主义，对内主张各民族一

① 中国社会科学院近代史研究所翻译室：《共产国际有关中国革命的文献资料》(1919—1928)第1辑，中国社会科学出版社1981年版，第183、76页。

律平等。根据这种新的政治思想，1924 年 1 月下旬，孙中山在广州召开的国民党第一次全国代表大会上，对三民主义“民族、民生、民权”进行了适应时代潮流的新解释，并把“联俄、联共、扶助农工”的三大政策作为国民党的指导思想和行动纲领。

新三民主义的政治纲领同中国共产党的民主革命纲领在主要原则上是一致的，因而成为国共合作的共同纲领，新三民主义就成为中国共产党和孙中山领导的国民党合作的政治基础。国共合作使国民党的组织发生了重大的变化，变成了有工人、农民、小资产阶级和民族资产阶级参加的革命营垒，显示出新的革命力量。1924 年 5 月，黄埔军校建立，而在建立革命武装的整个过程中，共产党都发挥了积极重要作用，输送了周恩来、恽代英、萧楚女、叶剑英等一批杰出的政治和军事领导人，并为北伐的胜利打下了基础。毛泽东同志在谈到新三民主义时，反复强调指出：“这种新时期的革命的三民主义，新三民主义或真三民主义，是联俄、联共、扶助农工三大政策的三民主义。没有三大政策，或三大政策缺一，在新时期中，就都是伪三民主义，或半三民主义。”①

国共合作的建立是中国革命的需要，是辛亥革命后半殖民地半封建中国社会基本矛盾及其发展变化的必然结果，国共两党既有合作的愿望，也有阶级、政治、思想等方面的合作基础，而新三民主义也由此成为第一次国共合作的政治思想基石。

第二节　戴季陶主义

戴季陶（1891—1949），名传贤，字季陶，晚号孝园，笔名天仇，浙江吴兴人，生于四川广汉，是中国国民党的早期理论家。早年留学日本，追随孙中山，辛亥革命失败后，随孙中山流亡日本。在十月革命和世界社会主义思潮的推动下，介绍过社会主义思想和劳工运动，参与过共产党的筹建工作。国民党一届三中全会后，专门从事反共反革命的理论研究，1925 年 6 月和 7 月先后发表了《孙文主义之哲学基础》和《国民革命与中国国民党》。这两本小册子标志着戴季陶主义已经形成，它从思想、政治、组织等方面提出了一整套反共反人民的理论和主张，攻击马克思主义的阶级斗争理论，成为资产阶级右翼和国民党新老右派反共的思想武器。

① 《毛泽东选集》第 2 卷，人民出版社 1991 年版，第 690 页。

一、戴季陶主义形成的历史背景

1. 戴季陶主义形成的前提条件

简括说来,这个前提条件就是20世纪二三十年代中国动乱的社会环境。在当时的社会大动荡中,马克思主义、自由主义、无政府主义等各种理论相互碰撞,各种政治力量也不断进行着各种错综复杂的分化和组合,各阶级的代言人都在鼓吹自己阶级的主张,而戴季陶主义所反映和代表的,正是当时最为反动的阶级和政治势力的立场、思想和主张。

在这一时期,中国近代史上空前未有的大革命风暴从上海迅速席卷全国,革命高潮空前高涨,五卅运动和省港大罢工等显示了中共领导的工人阶级强大革命威力,广东、湖南等地农民运动也有了很大发展。尤其是孙中山改组国民党,提出反帝、反封建的新三民主义和实行"联俄、联共、扶助农工"的政策,引起了国民党新老右派的坚决抵制和反对。在征求国民党本部诸人的意见时,戴季陶当即就表示了反对意见,反对共产党人加入国民党,并以共产党员不得担任中央职务和不得出席代表大会为托词,以釜底抽薪的办法反对两党合作。他认为,改组国民党"殊非适当,盖一党有一党之中心,亦有一党之历史地位,若失却独立之地位与组织之中心,必招他日无穷之纷扰,此乃集团之原则,绝不能违背者也"①。明确提出反对共产党以个人身份加入国民党,反对孙中山先生提出的联俄、联共、扶助农工的政策。迫于孙中山的权威和坚定的立场,以及国民党左派对于右派言论的不断回击,国民党内的右派势力才不敢轻举妄动,而戴季陶在国民党"一大"后也不得不在口头上同意国共合作。但是,他的反共思想并未改变,于是就转入理论著述,并等待时机进行反共活动。

2. 国民党右派反动政治的需要

在国民党第一次全国代表大会上,孙中山宣布了以对外联俄联共,对内进行党务革新的国民党改组决定。但是,由于各自阶级利益和对革命态度的不同,国民党内部就自然形成了左、中、右三个不同的政治派别。他们围绕坚持还是反对国民党"一大"所确定的革命纲领以及联俄、联共、扶助农工的三大政策,分歧越来越严重,斗争越来越激烈。

五卅运动后,在全国反帝反封建的斗争中,共产党的主张日益深入人心,地位也大大提高。这是对帝国主义、封建主义的沉重打击,引起了他们的极大恐慌和仇恨。资产阶级看到,无产阶级的努力有望领导国民革命取得胜利,而资产阶级恰恰要在国民革命的进程中牺牲自己的私利,于是资产阶级、尤其是其中的右

① 《中国现代思想史资料简编》第2卷,浙江人民出版社1982年版,第612页。

派分子开始要求争回革命的领导权，进而扭转革命的方向以实施反动。这样，国民党在新的分化中出现了以蒋介石、戴季陶为首领的新右派。作为反动势力的政治代表，国民党的新右派同代表地主买办阶级利益的老右派互相呼应，排斥共产党，加紧了反共反人民和篡夺革命领导权的活动。为了适应国民党右派的反动政治需要，急迫地需要反革命的理论纲领为之服务，戴季陶主义也就是在这种背景下出笼了。

3. 中外反动势力破坏工农革命的需要

1925年3月，孙中山病逝，国民党领导内部失去了控制，给了国民党右派势力活动的机会。国民党左派和右派的斗争不断激化，右派开始了公开反共反人民的活动，企图阻挠革命的深入发展，他们刺杀左派领袖廖仲恺，搞组织分裂，破坏人民群众的革命运动。1925年11月23日，戴季陶等一批国民党中央执行委员和中央监察委员，在北京西山碧云寺孙中山的灵前，召开了所谓的“国民党一届四中全会”。西山会议宣布反对“联俄联共”，并通过了一系列反对联俄联共的决议案，而与会者则被称为西山会议派。1926年4月1日，广州国民党中央召开了第二次全国代表大会，汪精卫在会上说，西山会议派打出反对联俄联共的旗帜，就是打出反对孙中山先生的旗帜，所以成为总理的叛徒，革命的蟊贼。但是，戴季陶一意孤行，决定建立一个纯粹的国民党和一个纯粹的三民主义国家，而与此相应的戴季陶主义也就成了国民党右派的代表性理论。

二、戴季陶主义及其核心内容

1. 歪曲孙中山的“三民主义”思想是以“仁爱”为核心的“道统论”

戴季陶打着孙中山的旗帜，肆意篡改、歪曲孙中山的三民主义。1925年5月，戴季陶在广州召开的国民党一届三中全会上提出，要建立“纯正的三民主义”，并以此作为国民党的“最高原则”。他说：“中国国民党的最高原则，是信奉中华民国创造者孙中山所主倡的三民主义。”“我们信仰三民主义，一定要信仰孙先生的三民主义，如果不是信仰孙先生的三民主义，那就是不是信仰三民主义”①。戴季陶在《孙文主义之哲学的基础》的小册子中大肆鼓吹说，孙中山的思想和孙中山的三民主义“是以中国固有之伦理哲学和政治哲学为基础”的。“三民主义所以不同于共产主义的缘故，并不是要妥协、要调和，也不是故意的排斥共产主义，而实在是三民主义本身，具有更深刻而博大精深的思想基础”。这个思想基础就是“继尧舜以至孔孟而中绝的仁义道德的思想”，就是智、仁、勇三德贯穿的所谓“诚”。不仅如此，民生主义也要“以中国固有之伦理哲学的和

① 戴季陶：《国民革命与中国国民党》，1925年7月。

政治哲学的思想为基础”，因为中国自古就有一个道统，从尧舜开始，而孙中山就是要把被埋没了几千年的孔子民生哲学理论“重新发扬光大起来！”①戴季陶在《民生哲学系统说明》中说：“先生的基本思想，完全渊于中国正统思想的中庸之道。先生实在是孔子以后中国道德文化上继往开来的大圣。”②戴季陶不宣传三民主义中的革命内容，而是大谈三民主义的道德基础及其以仁爱为核心的道统，对孙中山的革命思想进行歪曲。

2. 否认阶级对立，反对马克思主义阶级斗争学说

戴季陶不仅歪曲孙中山的三民主义，更极力反对马克思主义的阶级斗争学说。他说：“共产主义是很单纯的以马克思的唯物史观为理论的基础”③，“马克思主义的唯物史观，能够说明阶级斗争的社会革命，不能说明各阶级为革命而联合的国民革命”，“共产主义不适合于中国国情”，不能指导中国革命。他攻击中国共产党人“为农民工人而奋斗，绝不须用唯物史观作最高原则，争得一个唯物史观，打破了一个国民革命，绝不是革命者所应取的途径”④。

戴季陶宣称，中国只有民族和国家的需要，国民党所进行的革命是各阶级的联合，中国没有阶级对立，所以不需要斗争。他说：“阶级的对立是社会的病态，并不是社会的常态，既不是各国都一样，所以治病的方法，各国也不同”。“中国的社会就全国来说，既不是很清楚的两阶级对立，就不能完全取两阶级对立的革命方式，更不能等到有了很清楚的两阶级对立，才来革命。中国的革命与反革命势力的对立，是觉悟者与不觉悟者的对立，不是阶级的对立，所以我们是要促起国民全体的觉悟，不是促起一个阶级的觉悟。”他认为，“仁爱是人类的生性”，即使存在“阶级的差别，并不是能够绝对消灭人类的仁爱性的”，更况且中国并没有阶级的对立。他攻击共产党“制造”阶级斗争，“不把中国国家和民族的真实需要认清楚，单是一味的盲进”，而马克思的唯物史观“能够说明阶级斗争的社会革命，不能说明各阶级为革命而联合的国民革命”。戴季陶主张用“仁爱性”来代替马克思主义的阶级斗争理论，所以“各阶级的人，要抛弃了他的阶级性，恢复他的国民性，抛弃他的兽性，恢复他的人性”⑤。

3. 反对国共合作，主张建立纯粹的国民党

戴季陶为其所谓“纯正三民主义”寻找理论根据，故意撇开西方社会民主制度和苏联社会主义制度对孙中山革命思想形成所发生的作用，反对联共政策，主张建立一个单纯的国民党。他认为，“国民党内有了一个共产党，就有了两个中

① 戴季陶：《孙文主义之哲学的基础》，1925 年 8 月。

② 《中国现代思想史资料简编》第 2 卷，浙江人民出版社 1982 年版，第 609 页。

③ 戴季陶：《孙文主义之哲学的基础》，1925 年 8 月。

④ 戴季陶：《国民革命与中国国民党》，1925 年 7 月。

⑤ 戴季陶：《孙文主义之哲学的基础》，1925 年 8 月。

心,再好的人也搅昏了”,所以,为了中华民国的生存,“必要图中国国民党的生存,一定要充分发挥三民主义的中国国民党之生存欲望所必须具备的排他性独占性统一性支配性”,把共产党从统一战线中“清理”出去。他提出,加入国民党的共产党员,要么退出国民党,要么退出共产党,作单纯的国民党员,绝“不可跨党”。“没有参加共产党的青年千万不要参加,参加进去的要回头是岸,跟着国民党建设心口如一、公正的三民主义的国家社会”①。

戴季陶认为,国民党信奉的是三民主义,共产党却信奉共产主义,“理论和政策不同,决不能成为真正的同志”。由此,他极力鼓吹“共信不立,互信不生;互信不生,团结不固;团结不固,不能生存”的反动理论。孙中山逝世不久,他就迫不及待地公开跳出来,说共产党“只借中国国民党的躯壳,发展他自己的组织”,“只单纯的利用国民党政治的保护力和经济的维持力,扩展自己的生命”,极力主张对共产党采取断然措施。他号召孙文主义信徒团结起来,把三民主义的革命党恢复起来。他向国民党右派们呼吁,一切“真实的三民主义信徒,很勇敢精进的团结起来!”②

戴季陶主义的思想,既说明他对国民党左翼的不满,更表露了他对共产党革命行为的恐惧。这两个方面集中反映了他作为资产阶级右翼代表的政治思想特征,因此,反对马克思主义和排斥中国共产党,试图建立纯粹的国民党既是他反动思想的核心,也是戴季陶主义的一个根本支点。

三、中国共产党人对戴季陶主义的批判

面对戴季陶代表资产阶级右翼从思想和理论上对革命的进攻,中共中央发表通告,号召共产党人联合国民党左派同它作坚决的斗争,陈独秀、瞿秋白、毛泽东、萧楚女、恽代英等纷纷发表文章,对戴季陶主义展开全面的批驳。

1. 对戴季陶歪曲三民主义哲学基础的批判

瞿秋白的《中国国民革命与戴季陶主义》矛头直指戴季陶,揭露他对孙中山三民主义的歪曲:“戴季陶等这种思想的观点,便是一种唯心论的道统说,所谓孙中山三民主义的哲学基础,竟是仁慈忠孝的伟大人格,竟只是继承尧舜禹汤周孔的道统——戴季陶又继承孙中山的道统,这算是中国的特别文化。国民党三民主义的责任,竟只是‘发扬光大这种中国文化’。这完全是想把革命当做慈善事业,当做孙中山戴季陶等一些君子爱民的仁政”。“其实国民革命的三民主义,只是很浅显,一般农工民众所切身感觉的政治经济要求,用不着什么道统、什

---

① 戴季陶:《国民革命与中国国民党》,1925 年 7 月。

② 戴季陶:《国民革命与中国国民党》,1925 年 7 月。

么哲学思想做基础"①。萧楚女也撰文指出，戴季陶"要把一个死了不能自白的唯物的孙文主义，活捉了来硬栽在一个'金克木，水克火'式的东方的什么'谬仁'的基础之上"②，实在是荒谬之极的。这些文章都从不同角度、在不同程度上指出，孙中山三民主义的哲学基础只能是马克思主义的唯物史观，所以他才会接受共产党的帮助，自觉把旧三民主义发展为新三民主义。

2. 对戴季陶关于国民革命与阶级斗争观点的批判

在争取民族独立的革命中，中国需要联合包括国民党在内的各阶级组成统一战线，但是，必须坚持工农群作为主要力量的原则，因为这关系到革命的成败。"中国工人农民的阶级斗争，是中国革命的先锋队，领导者"③。只有发动工农群众对封建地主、资本家进行斗争，保护工农的利益，才能调动他们的积极性，国民革命也才有成功的希望。陈独秀在《给戴季陶的一封信》指出，戴季陶主义的"根本错误，乃是只看见民族争斗的需要，而看不见阶级争斗的需要。""若因为要完成国家和民族的需要，便抹杀阶级争斗的需要，以为这是'一味的盲进'，那是一个极大的错误。"④

共产党人在批判戴季陶主义的同时，阐明了当时中国阶级斗争和民族斗争的关系。陈独秀在说明工农群众在中国革命中的作用时指出，"在殖民地半殖民地主张停止阶级争斗，便是破坏民族争斗之主要的力量。"⑤戴季陶攻击唯物史观，宣扬"纯正的三民主义"，其实质是反对用马克思主义指导中国革命，"反对以阶级斗争学说解释国民党的民生主义"⑥，而这实质上"是上等阶级要利用农工群众的力量来达到他们的目的，却不准农工群众自己有阶级的觉悟"⑦。针对戴季陶所为"诱发地主资本家的仁爱性能"，"以仁爱之心感动资本家，使之尊重工农群众利益"的论调，陈独秀直接批判说，"这简直是欺骗工农群众的鬼话！"⑧

3. 对戴季陶所谓建立纯粹国民党的批判

戴季陶所谓建立"纯粹的国民党"，就是把国民党变成资产阶级垄断的政党。针对戴季陶宣扬国共两党没有"共信"、不能实行党内合作的谬论，陈独秀针锋相对地批判说，所谓国共两党都能接受的"共信"，应该是"对外谋民族解

---

① 瞿秋白：《中国国民革命与戴季陶主义》，1925 年 9 月。

② 萧楚女：《国民革命与中国共产党》，1925 年 8 月。

③ 瞿秋白：《中国国民革命与戴季陶主义》，1925 年 9 月。

④ 陈独秀：《给戴季陶的一封信》，《六大以前》，人民出版社 1980 年版，第 346 页。

⑤ 陈独秀：《给戴季陶的一封信》，《六大以前》，人民出版社 1980 年版，第 347 页。

⑥ 《毛泽东选集》第 1 卷，人民出版社 1991 年版，第 4 页。

⑦ 瞿秋白：《中国国民革命与戴季陶主义》，1925 年 9 月。

⑧ 陈独秀：《给戴季陶的一封信》，《六大以前》，人民出版社 1980 年版，第 348 页。

放，对内谋政治自由，换句话说，就是打倒帝国主义打倒军阀”。这种“共信”才是两党合作的政治基础，但是，由于“中国国民党既非一阶级的党，而是各阶级联合的党，那么，于共信（即共同利害所产生的政治理想共同点）之外，便应该有别信（即各别阶级利害所产生的政治理想各别点）存在”，戴季陶主张全党只许有一个共信，不许有别信存在，“这分明是想把全党各阶级的分子成为某一阶级化”①。事实上，戴季陶建立“纯粹的国民党”的目的，就是企图使无产阶级成为资产阶级的政治附庸，所以他避而不谈新三民主义，只谈抽象和空洞的“共信”，其目的就是歪曲孙中山的新三民主义，并以此作为排斥打击共产党的根据。

瞿秋白在批驳戴季陶主义的反动本质时说，戴季陶所谓“团体是有‘排拒性’的”说法，就是要共产党员退出国民党，“事实上是资产阶级排拒无产阶级，资产阶级要求政治思想‘独立’，不受无产阶级的‘牵制’，要鲜明自己的阶级旗帜”。因此，所谓“戴季陶式的国民党”绝不可能成为革命的政党，也“决不能引导国民革命”走向胜利，而其实质就是要拒绝无产阶级和共产党，要共产党完全退出国民党，消灭共产党。② 但是，历史已经表明，戴季陶排斥无产阶级及其政党，企图以资产阶级为主体“独立”进行国民革命以建立资产阶级国家的主张是完全行不通的。

第三节　以汪精卫为代表的改组派的思想

汪精卫（1883—1944），字季新，浙江山阴人（今绍兴）人，在中国的政治舞台上扮演了多个重要角色，如国民党左派领导人、改组派精神领袖、南京政府行政长官、国民党副总裁等。他的政治生涯既有追求革命的愿望，积极从事反清、反北洋军阀及反帝国主义的革命，也有复杂多变的政治行为。同盟会时期他民族民主意识体现为强烈的排满主张，孙中山逝世后又积极宣传三民主义，比较系统地提出了自己的政治思想，但后来却叛国投日做了汉奸。因此，汪精卫又是中国近现代政治思想史上的一个特殊人物。

一、汪精卫政治思想的演变过程

1. 汪精卫政治思想的萌发

1905 年，汪精卫加入中国同盟会以后，他的人生就开始与政治结缘。在这

① 陈独秀：《给戴季陶的一封信》，《六大以前》，人民出版社 1980 年版，第 349 页。
② 瞿秋白：《中国国民革命与戴季陶主义》，1925 年 9 月。

一时期，他是同盟会机关报《民报》的主要撰稿人，在《民报》和同盟会新加坡分会机关报《中兴日报》上发表了一系列有着广泛影响力的文章。在积极阐述孙中山三民主义的同时，汪精卫也提出了自己的政治主张。他在《民报》上发表的第一篇文章《民族的国民》长达两万字，从法理上、历史上阐述了“民族”、“国家”、“政府”、“国民”等概念，揭露了清政府的封建专制统治以及满汉两族在政治、经济、文化上的不平等现象，批驳了康有为、梁启超提出的关于国内民族关系的“满汉不分、君民同体”思想，提出了一系列政治主张，如“排满”、“立国”、“自由”、“平等”、“博爱”、“民权”、“立宪”等。① 在他后来发表的《革命横议》、《希望满洲立宪者之勘查》、《申论革命决不致召瓜分之祸》、《革命可以杜绝瓜分之实据》、《论革命之趋势》等文章，详细地阐述了清廷立宪的实质，与保皇派的改良主张展开论战，宣传暴力革命，明确提出了他的排满革命思想。②

2. 由激烈冲动转向妥协调和的政治思想

1907 年到 1908 年期间，革命党人组织了多次武装起义，但均以失败而告终，同盟会内部也由此出现了分裂，革命的形势出现低落的情况。于是，年轻气盛的汪精卫决心以暗杀明其志向，用鲜血来证明同盟会的领袖不是贪生怕死的“远距离革命家”。早在 1909 年在日本的时候，汪精卫就组织了暗杀团，“藉炸弹之力，以为激动之方”，以此挽救革命形势。1909 年 10 月，暗杀团潜回北京，伺机暗杀清廷要员。1910 年 4 月 6 日，暗杀摄政王载沣失败，随后，汪精卫被捕入狱。鉴于当时全国革命形势，清廷为了稳定局势，没有按清律处斩这些人，而是判了终身监禁，汪精卫则因此成为名扬全国的英雄人物。此时的汪精卫还是一个激进的革命党人。

辛亥革命后的 1911 年 11 月，汪精卫等人获释，此次暗杀行动和监狱生活对汪精卫的政治思想产生了一定的影响，尽管他的政治信仰没有改变，但他的政治行为开始由激烈冲动转向妥协调和，寻找更为实际的出路。于是，他主动结交被满族亲贵们视为危险人物的实权派代表袁世凯。作为同盟会的骨干，汪精卫和当时许多革命党人都把推翻清王朝统治、实现民主共和的希望寄托于袁世凯。汪精卫宣称：“中国非共和不可，共和非公促成不可，且非公担任不可。”③黎元洪、黄兴等人也力挺袁世凯走共和之路，并同意推举袁世凯为第一任总统。1911 年武昌起义后，出现了同盟会领导下的南方诸省和袁世凯控制下的北方各省之间的对抗，为了调和这种南北对峙的局面，汪精卫和袁世凯的幕僚杨度以君主立

---

① 恂如：《汪精卫集》第 1 卷，光明书局 1930 年版。

② 参见谢晓鹏：《汪精卫政治思想的演变及特点》，《郑州大学学报》（哲学社会科学版）2005 年第 1 期。

③ 张国淦编：《辛亥革命史料》，龙门联合书局 1958 年版，第 11 页。

宪党人的名义联合发起成立国事共济会,“以保持全国领土(各省及各藩属)之统一为宗旨”,“要求两方停战,鼓吹组织临时国民会议,解决君主民主问题,以免全国战争之祸。”①1912 年 1 月,南京临时政府成立,人们期盼的南北统一在表面上看实现了。但是,同盟会希望通过地方革命政权保存和发展革命势力,而袁世凯北洋集团则企图利用中央权力消灭革命力量,所以汪精卫的这种妥协调和做法必然受到革命党人的反对。汪精卫实践了他“革命成功后,一不做官,二不做议员,功成身退”的诺言,没有在临时政府担任职务,他携妻赴法留学,过起了悠闲的生活,他的政治思想也开始趋于消极。

1913—1922 年,孙中山先后领导了二次革命、护国运动和护法运动,汪精卫也应孙中山之召紧急从法国回国参加革命。但是,这三次反对北洋军阀独裁统治的斗争均以失败结束。“二次革命”失败后,孙中山流亡日本,汪精卫去了法国。由此,汪精卫的人生观发生了根本性的变化,开始感叹自己把最宝贵的生命都交给了革命,换来的却是一次又一次的失败。残酷的现实使汪精卫的革命理想彻底消失了,他也从一个狂热的革命青年变成一个多疑的政治人物。

3. 作为孙中山的主要追随者并参与改组国民党

1922 年 5 月,孙中山由广东进攻江西北伐直系,6 月,陈炯明炮轰总统府,第二次护法运动失败,这是孙中山一生中最惨重的一次失败,标志着中国资产阶级领导的旧民主主义革命的没落。在苏联的建议和帮助下,孙中山决定和刚成立不久的中国共产党进行合作,不仅实行联俄联共的政策,而且邀请中共和他一起进行国民党改组。汪精卫作为孙中山的主要亲信参与了这些活动,但在改组之初,汪精卫和其他国民党元老一样,对孙中山的联俄联共政策也不满意,对孙中山“以俄为师”、联俄革命的政策,“不能降心相从”②。他认为:“共产党如果羼入本党(国民党),本党的生命定要危险”。国民党的联共政策基本上是靠孙中山个人的威信强行实施的,其他国民党元老包括汪精卫也不得不接受联俄联共政策,并配合实施。但是,允许共产党员以个人身份加入国民党的做法还是在国民党内引起了激烈的反对。由于孙中山的坚持,汪精卫决定服从大局,并在国民党“一大”期间多次驳斥反对共产党员加入国民党的言行。此时的汪精卫,言论和行动都很拥护国民党改组和联俄、联共、扶助农工政策,并撰文严厉批驳敌对势力的谬论。③

在国民党改组时期,汪精卫还阐述了一些政治思想和主张。对于“联省自

---

① 闻少华:《汪精卫传》,吉林文史出版社 1988 年版,第 29 页。

② 《孙中山全集》第 11 卷,中华书局 1986 年版,第 145 页。

③ 《中山负责之宣言》,《大公报》1924 年 12 月 15 日。

治”的观点，他认为这只能使中央集权变为各省集权，所以主张实行“各县自治”①。关于“问题与主义”之争，他认为主义与问题都是政治性的，两者密切关联、不可偏废，而要拿主义来研究各项问题，尤必先研究主义。② 关于实行民生主义的方法和步骤，他认为“第一步是联合全民实行政治革命。以打破军阀及国际帝国主义；第二步是联合全民镇压反革命者以实现人民的国家人民的政府；第三步是以人民的国家人民的政府为根据以实行民生主义。”③在国民党改组时期，这些带有过渡时期性质的思想是汪精卫的政治思想的基本框架。1925 年 3 月孙中山逝世，7 月，国民政府正式成立，汪精卫被选为国民政府主席，他遵守孙中山“联俄、联共、扶助农工”的三大政策，勉励执行。廖仲恺被国民党右派暗杀后，国民党内部出现两个对立的派别，即支持孙中山“三大政策”的左派和反对孙中山“三大政策”的右派，汪精卫采取了中间偏左的立场。

4. “和平反共建国”思想的出笼

1937 年卢沟桥事变后，在日益严峻的形势下，国民党内部主张不一，有要求全面抗战的主战派，也有的认为应该寻求第三国出面调停，还有一些人组成了所谓“低调俱乐部”，以区别于那些唱抗战高调的人。汪精卫在这个俱乐部提出了悲观的抗日论，主张和平救国，于是无形中就有了松散的“和平救国”派，并形成了以汪精卫为中心的“和平运动”。

1937 年 12 月 6 日，汪精卫在汉口主持召开了国防最高会议常委会，对担任调停的德国大使陶德曼转达的日方停战条件进行讨论。汪精卫说，“民众尽管可以唱高调，而政府则必须把握现实，不得不战则战，可以议和则和，时时刻刻小心在意，为国家找出一条生路，才是合理的办法。”④汪精卫对牺牲人民和国土的抗战感到疑虑，他不仅认为为了抗战牺牲平民百姓不值得，而且对这场战争要经过多少年才能结束也没有信心。在国民党内主战派占压倒多数的情况下，汪精卫却越来越觉得他的“和平救国”理念是正确的，而当他觉得不可能说服蒋介石等人之后，就开始独自走他的“和平道路”了。汪精卫悲观的抗日论调所引发的民族失败主义，成为他叛国投日的思想根源，并演变成了他后来所鼓吹的“和平反共建国”政治思想的理论基础。

1938 年 12 月 29 日，汪精卫在河内发表了电报代号为“艳”字的所谓“艳电”，公开向国民党中央党部、国民党总裁蒋介石、国民党中央执监委员会提出建议，希望蒋介石和国民政府以近卫声明为谈判基础，与日本政府交换诚意，以

---

① 《汪精卫集权与分治》，《民国日报》（上海）1923 年 5 月 1 日。

② 《汪精卫主义与问题》，《民国日报》（上海）1923 年 12 月 30 日。

③ 恂如：《汪精卫集》第 3 卷，光明书局 1930 年版，第 46 页。

④ 汪精卫：《在汉口国防最高会议常委会上的讲话》，1937 年 12 月 6 日。

期“恢复和平”。“艳电”说:“抗战年余,创巨痛深,倘犹能以合于正义之和平而结束战争,则国家之生存独立可保,即抗战之目的已达。”①随后,他在日本的支持下成立了南京伪国民政府。汪精卫叛国投日后倒行逆施,与日本签订了多个卖国条约。南京政府成立后的第一大任务,就是配合日本的“大东亚战争”,诱招军政要人加入他们的“曲线救国”。第二大任务是建军,汪精卫深感只要有了军队,就会拥有实力,他的政府也才能摆脱傀儡政权的地位。汪精卫成立政府后比较成功的一件事是所谓“清乡运动”,即清除国民党残军、共产党新四军在乡村中的抗日力量,建立汪精卫政府的各级统治机构。

1940 年 3 月 20 日,汪伪政府在南京宣布成立,按照汪精卫的要求,在伪国民政府国旗下增加了一个写有“和平、反共、建国”字样的黄色三角巾。他在总结自己所谓“和平反共建国”的政治思想和主张时强调,“非和平不能建国,非反共不能和平”②。汪精卫亲自起草的伪国民党“六大”宣言指出:“自今以后,当易抗战建国之口号为和平建国,且鉴于共匪之死灰复燃,为祸未已,特再郑重宣布,以反共为和平建国之必要工作。盖和平所以顺利建国之进行,反共则所以扫除建国之障碍。”

二、汪精卫政治思想的主要特点

汪精卫早年追随孙中山,是同盟会资格最老的会员之一,也是孙中山三民主义的主要阐释者。他先是为了革命不惜牺牲生命,进而又反对蒋介石独裁统治,最后竟投日卖国。这样的复杂多变似乎就是汪精卫政治思想的主要特点,但这一特点恰恰反映了他政治思想不变的阶级本质和一贯的政治导向,即大资产阶级利益和民主共和理想的混合体。

1. 民族主义与民主共和的融合

在早期的革命过程中,汪精卫的政治思想主要是反清排满的民族主义。留学海外使汪精卫接受了许多西方民主政治思想,于是他的民族主义开始发生变化,逐步增加了推翻封建专制王朝的自觉意识,树立起建立西方式民主共和国的政治理想。1905 年 7 月孙中山到日本,主要目的就是联合各派的革命党,组成一个统一的革命党。汪精卫主动拜访孙中山,加入了孙中山领导的“兴中会”。1905 年 8 月 20 日,各革命党派大联合的“中国同盟会”在日本东京成立,汪精卫成为同盟会的发起人之一。同盟会主张用暴力方式推翻清王朝,但组织和发动的六次武装起义都相继失败。为了挽救革命、挽救同盟会,汪精卫主动提出自己

① 《中国近代对外关系史资料选辑》,上海人民出版社 1977 年版。

② 黄美真、张云:《汪精卫集团投敌》,上海人民出版社 1984 年版,第 328 ~ 331 页。

去北京刺杀清政府高官，使党内党外人士重新树立起革命的信心。汪精卫在《致南洋同志书》中写到："此行无论事之成败，皆无生还之望。即流血于菜市街头，犹张目以望革命军之入都门也。"①

汪精卫在《民报》发表的《满洲立宪与国民革命》、《驳革命可以召瓜分说》、《驳革命可以生内乱说》等一系列文章，逻辑严密，笔锋锐利，从经济、政治、文化等方面揭露和抨击了清王朝的腐败无能，指出清王朝是以满族贵族为主建立起来的封建专制王朝，推行的是民族歧视、民族压迫政策。在这些著述中，汪精卫的"排满"民族主义直指封建专制制度，并结合民主共和的理想提出了种族革命与政治革命的思想。

2. 从支持孙中山联俄联共政策到反共

在对待共产党的政策上，汪精卫先是反对孙中山联俄联共政策，继而又大力支持孙中山的主张，最后公开反对和绞杀共产党。这个变化过程表明，汪精卫的政治思想其实从一开始就是资产阶级性质的，其反对社会主义和共产主义的重要性远大于反对封建主义。在大革命时期，出于反帝反军阀的需要，汪精卫支持实行联俄联共。孙中山逝世后，汪精卫遵守孙中山"联俄、联共、扶助农工"的三大政策，积极任命了一批共产党员在国民政府任职，并帮助处理、甚至主持国民党中央常务委员会的工作，比如，谭平山为国民党中央组织部长，毛泽东为宣传部代理部长，林伯渠为秘书长等。蒋介石发动四一二政变后，汪精卫并不同情共产党，而是不满蒋介石的武力清党行为，所以才发表演讲痛斥"蒋介石的反共，只是一种借口。"汪精卫看到《五月指示》②后，认为共产党加入国民党是为了从内部颠覆瓦解国民党，根本没有和国民党一心合作的诚意，于是就由主张联共转为反共，并成为一个坚决的反共人士，反动了七一五政变，实行分共"清党"。九一八事变和一二八事变后，在内忧外患并存的形势下，汪精卫仍主张"剿共"为先，直至1938年发表"艳电"，把反共作为建设共和的前提。

3. 对蒋介石的重用与斗争

蒋介石是由汪精卫提拔重用的，但后来汪精卫却极力反对蒋介石的独裁统治。这种情况表明，汪精卫和蒋介石在政治思想上有着本质的一致，包括日寇大敌当前蒋仍然要搞"攘外必先安内"、汪则把反共放在第一位。但是，反对蒋介石独裁确实表明汪精卫是真主张民主共和的，只是没有实施的条件和机会，而汪对蒋的提拔重用也是为了互相利用。

汪精卫通过靠近鲍罗廷、拉拢许崇智、联合蒋介石的策略，夺取了国民党的

① 汪精卫：《致南洋同志书》，1908年。

② 《五月指示》是指共产国际密令中共自己组织"工农革命军"，改组国民党武汉政府，没收地主的土地实行公有制。

最高领导权。汪精卫开始很看重蒋介石,但蒋介石1924年5月出任黄埔军校校长后,成为国民党军队实际掌权者,并凭借手中掌握的军权,在国民党中的地位飞速上升。1926年3月18日,发生"中山舰事件",蒋介石认定共产党要搞暴动,将第一军中的党代表全体免职,并逮捕了中山舰舰长李之龙。汪精卫对蒋介石的行为非常气愤,但考虑到国民党的整体利益,汪精卫决定以主动辞职的方式,把政权交给了蒋介石。孙中山逝世后,1925年7月,国民政府正式成立,汪精卫被选为主席。

汪精卫提倡的是"均权"与"共治"的民主思想,当然与蒋介石"专权"与"独裁"的政治信条相冲突,但汪精卫一系列的"反蒋"和"讨蒋"活动,目的还是要求自己掌权。"汪要者,不过做官而已,若不把官给他做,必然对你反对到底。他虽然没有什么不得了的实力,但有举国青年的拥护,有社会仰望的积久声誉,力量不可侮,资望更不可侮。与之斗争,则天下将乱无已时。但若高官与他,则他办法无多,力量自失,处事无轨,人望自消。"①不过,汪精卫的民主思想确实得到国民党内知识分子的拥护,更有社会舆论和部分青年学生的支持,所以当他反蒋失败,被逼无奈出国时,国内就会因反对蒋介石独裁而出现"拥护汪主席,请汪主席回国复职"的呼声。这样,蒋介石也只好再把汪精卫请回来,而汪精卫也继续和他争权夺利。国民党"三大"召开后,汪精卫认为该会议是"伪三代大会,在党的形式方面,破坏了纪律与制度,在党的精神方面,违反了主义与政策。"②因此,他拒绝承认该会议。蒋汪就这样既合作又斗争,直至1938年底,两人一为抗日领袖、一为汉奸主席,只能彻底决裂。

4. 从主战到主和直至叛国投日

九一八事变后,汪精卫领导的广州政府一方面反对专制独裁、主张民主政治,另一方面也主张积极抗日,于是,部分青年学生把汪精卫奉为他们的政治领袖,标语和口号也是"欢迎主张实现民主政治的汪先生"、"欢迎反对不抵抗主义的汪先生"。于是,汪精卫接见学生代表团,一方面批评蒋介石动用武力镇压学生,另一方面发表了他的政治主张。"应付目前局势的方法,兄弟认为有八个字,就是一面抵抗,一面交涉。军事上要抵抗,外交上要交涉,不失领土,不丧主权。最低限度之下不退让,最低限度上不唱高调,这便是我们共赴国难的方法"③。在抗战初期,汪精卫是持积极抗战态度的,并称中国政府"决非威武所能屈,决不以尺土寸地授人"。1932年2月1日,汪精卫主持召开了最高军事会议,摆出了进行积极抵抗的姿态。1933年长城抗战失利后,他则力主交涉,很少

① 杨永泰:《革命旧人:汪精卫的全貌》,桂林旦华出版社1939年版,第36页。

② 《汪精卫先生最近言论集》,国民革命军第二十四军政治训练部1930年,第55页。

③ 《汪精卫在汉口接受海通社代表的采访时的谈话》,《申报》1931年12月7日。

再谈抵抗。

1933 年 5 月 31 日,中日双方在塘沽签订了停战协定,即汪精卫和蒋介石主持批准的《塘沽协定》。民众认为这是一个卖国条约,社会舆论也对此提出的强烈批评,而汪精卫却认为政府签订这个条约是正确的。他在签订《塘沽协定》时认为,以现在中国的国力,无论进行怎样的抵抗,都没有取得胜利的可能。卢沟桥事变爆发后,他更积极地鼓吹对日"和平"论。"艳电"发表后,他彻底走上了叛国投日的绝路,实际上也抛弃了以前的民族主义思想。

从上述及各方面的历史过程可以看出,汪精卫的政治思想一直与他政治活动紧密联系,而其复杂多变的特点除了历史背景和各种社会因素,也和他自己的政治个性有一定关系。对此,汪精卫自己也并不讳言:"弟素鲜恒德,故不愿为釜而愿为薪。"①他还说:"民国以后,我对人对事的态度,却不免时有改变。"②与他长期共事的吴稚晖对他的评价则是,"从极左变到极右,从极高变到极低,从极香变到极臭,他都无所谓。"③熟悉他的谭平山也说:"汪精卫系水性杨花,毫无骨格,至危难时每易动摇变节。"④

三、汪精卫对孙中山三民主义的歪曲和肢解

作为民主革命先驱孙中山的追随者,汪精卫信奉三民主义是最自然不过的事了,他自己也一直认为他所信奉的就是三民主义,而且为捍卫三民主义和推行三民主义付出了巨大的努力和代价,但从他的政治思想演变的过程来看,他的政治实践已经背离了孙中山三民主义的最本质的内涵。从 1905 年汪精卫在《民报》发表文章至全面抗战时期,他对三民主义及三大政策的认识也经历了一个复杂的演变过程,但其政治思想的实质则是对孙中山三民主义的歪曲和肢解。

1. 由贯彻新三民主义到反共"清党"

孙中山逝世后,汪精卫根据他对孙中山三民主义的理解,结合国民革命的新情况,主张由国民党领导、打倒帝国主义及封建军阀以实现三民主义,他还坚持联合苏俄、容纳中共以共同革命。汪精卫虽曾积极宣传过民生主义,也大力推行过扶助农工政策,但他反复强调民生主义与社会主义、共产主义的区别,反对中共的阶级斗争和土地革命,对农工运动也由提倡到反对,再到武力镇压。1927 年,随着北伐的顺利进行、工农运动的日益高涨和中共力量的迅速发展,汪精卫

---

① 吴玉章:《辛亥革命》,人民出版社 1978 年版,第 105 页。

② 《汪精卫自述》,《东方杂志》第 31 卷,1933 年第 1 期。

③ 秦孝仪主编:《中华民国重要史料初编——对时日抗战时期》第 6 编,中国国民党中央委员会党史委员会 1981 年版,第 92 页。

④ 杨玉清:《我所知道的汪精卫》,《春秋》1987 年第 3 期。

的政治思想发生重大变化，逐渐由坚持联俄联共发展到主张分共“清党”，还说“治标莫急于清除共匪。”①对国民党内部的纠纷和地方实力派，他主张实行“和平统一”和“均权制度”。他由联共走向反共，是出于维护大资产阶级利益和国民党统治，争夺国家命运主导权的需要。西安事变前后，中国政局发生了重大变化，汪精卫对西安事变始终持反对态度，对中共继续坚持顽固的反共立场，更不赞同国共合作。汪精卫说：“我们分共是与张作霖的讨赤，帝国主义的反赤不同，我们是为国民党而分共，是为三民主义而分共的！”②

2. 蒋汪对峙时期对三民主义的工具主义歪曲

汪精卫把三民主义奉为“党义”、“党统”，并以此工具，使其政治思想具有相当大的可变性。1927年6月22日，他在第四次全国劳动大会上报告时曾说：“我们要明白，讨蒋并不是人与人的关系，或是党威党权的问题，而是党义的问题。”③7月24日，他在致冯玉祥电中又称，“弟与蒋只有公愤，别无私仇。”1928—1931年是汪、蒋对立时期，这一时期，汪精卫主张维护党义、严肃党纪以“保持十三年改组精神”④。按照孙中山创建国民党时的设想，核心的内容就是三民主义，把建立民主政治作为中国革命的三大目标之一。在推翻封建专制统治之后，实现“军政，训政，宪政”的“三段论”民主化设想。孙中山的民权主义主张民权的直接性、平民性和革命性。汪精卫则打着“党义”、“党统”的旗号，虽也提出过民主、民权的主张，但实际上是以权力斗争为中心，服务于他的政治野心。他与蒋介石的分分合合，也是出于争夺国民党最高领导权的需要。

3. 抗日战争时期实行亲日卖国的所谓“三民主义”

为了掩饰投降卖国，汪精卫用“党义”、“党统”来为自己找出借口，认为这正是为了“和平建国”，同样符合三民主义原则。在作为其叛国投日重要标志的“艳电”中，他还特意指出：“三民主义为中华民国立国之最高原则，一切违背此最高原则之组织与宣传，吾人必自动的积极的加以制裁，以尽其维护中华民国之责任。”后来，他又主持召开了伪国民党“六大”，把在日本人扶持下建立的伪政府仍然叫做“国民政府”，把建都南京叫做“还都”，使用的还是“中华民国”国号和“青天白日满地红”国旗。

孙中山的民族主义对外反对帝国主义，对内主张民族平等和民族自决。汪精卫虽曾参加过反帝反侵略活动，也曾高喊过“打倒帝国主义”的口号，但当他面对日本帝国主义的侵略时，却主张应有和、战两手准备。汪精卫所谓的“一面

---

① 林伯生编：《汪精卫先生最近言论集》上编，上海中华日报馆1937年版，第81页。

② 汪精卫：《武汉分共的经过》，汪精卫在广州中山大学的演讲稿，1927年11月5日。

③ 《汪精卫同志军事政治报告》，《汉口民国日报》1927年6月24日。

④ 高军等编：《中国现代政治思想史资料选辑》上册，四川人民出版社1983年版，第719页

抵抗,一面交涉”,已经完全肢解了孙中山的民族主义,实质是推行对日妥协外交,直至投降卖国。汪精卫对日妥协、搞“亲善”外交或许有与共产党及与蒋介石争夺权力的因素,但本质上却是对三民主义的彻底背叛。

第四节 以蒋介石为代表的国民党的政治思想

蒋介石(1887—1975),名中正,字介石,浙江奉化人,蒋介石利用自己的地位窃取了孙中山三民主义的解释权,从而获得了掌控全党的合法性。抗战时期,蒋介石通过削弱、瓦解地方实力派,利用政治体制的变化,集党、政、军大权于一身,登上权力巅峰,实行全面独裁统治政策。为了表述方便,可分阶段对以蒋介石为代表的国民党的政治思想进行介绍。

一、儒化作为国民党思想统治主流的孙中山三民主义

孙中山逝世后,国民党内部各种势力对孙中山的三民主义进行了各自的解释,而他们利用孙中山的三民主义,也是为了在国民党内部争夺政治权力。在一系列复杂的斗争中,蒋介石逐渐稳固了自己的政治地位,而儒化三民主义是他的斗争策略之一,同时也是他强硬地排斥当时日益上升的共产党力量和共产主义思想的手法之一。

1. 确立孙中山三民主义为国家最高根本法

1928 年 2 月,国民党召开了二届四中全会,但取得了正统地位的蒋介石并没有真正使国民党统一起来,而二届五中全会以后,国民党内部以及各政治派别和地方军事力量更是不断掀起反蒋浪潮。为了遏制各种异己力量,蒋介石利用了孙中山的三民主义。1929 年 3 月 21 日,在国民党第三次全国代表大会上,蒋介石把孙中山的政治遗产确定为训政时期中华民国最高根本法。“确立总理所著三民主义,五权宪法,建国方略,建国大纲及地方自治开始实行法,为训政时期中华民国最高之根本法。”①从此,遵从蒋介石所理解的三民主义成为对国民党一切成员的要求,而孙中山主要政治遗产则成为蒋介石政治统治的合法性基础、巩固自己政治地位的理论武器。

2. 独揽孙中山三民主义的解释权

由于孙中山三民主义在国民党内具有崇高的地位,蒋介石非常重视掌控与

① 中国第二历史档案馆编:《中华民国史档案资料汇编》第 5 辑,江苏古籍出版社 1994 年版,第 91 页。

垄断对孙中山三民主义的解释权，并以此作为其获得思想控制的有力武器。蒋介石试图通过谋求思想上的一致而促使国民党内部的团结，并以此与共产党争夺思想阵地，排斥共产主义，规定全国民众停止罢工、罢课、游行，停止一切反抗，以求其政权的巩固。因此，凡是被蒋介石列为异端并加以禁止的言论与行为，都被他说成是与三民主义不一致的。在确立三民主义是国家最高根本法，而蒋介石对三民主义的解释又是唯一正确的前提之下，全党忠实服从和履行蒋介石的意志便成为理所当然，他也因此获得了思想上统摄全党的合法性。对于这一点，蒋介石1933年9月20日在星子县对合作人员训练班的讲话时表露无遗："今天所讲的话虽不多，但是只要大家能照我所讲的实实在在做到，就是一个好的革命的干部，民众的导师和社会的核心，也就是父母的一个孝子，总理的一个信徒"①。

3. 对孙中山三民主义的儒化

蒋介石在不同场合大谈孙中山三民主义，主要是将孙中山三民主义具体化为心理建设、物质建设、政治建设和社会建设，而其实质内容则是三民主义的儒化。"民族主义为心理与政治建设的原则；民权主义为政治与社会建设的原则；民生主义则为政治与物质建设的原则。综而言之，三民主义即为统摄心理、物质、政治、社会四大建设，以完成国家建设，即整个国民革命之最高指导原则"②。

蒋介石把作为封建统治工具的儒家伦理道德与三民主义联系起来，意在通过恢复封建伦理道德来实现君权至上思想，把国家的权力集中于自己手中，达到在国民党一党专政的前提下实行个人独裁统治的政治目的。从蒋介石在这一时期的言论与著述来看，他将孙中山的三民主义上升为中国儒家道德的巅峰之作，并将儒家伦理道德融入三民主义之中，达到了儒化三民主义的目的。与此同时，他还在文化上提倡尊孔复古，以图在思想上巩固他统领国民党的政治地位。蒋介石的三民主义儒化是为了满足其政治的需要，因此不仅没有发展和创新孙中山的三民主义，而且还弱化和歪曲了孙中山三民主义当中的民族民主革命的内涵。

二、抗日战争前的蒋介石

相比戴季陶和汪精卫，蒋介石的独裁政治思想并无多少理论著述，更多的是其实践的体现，在抗日战争之前，这一实践就是如何登达合法权力的顶峰。

---

① 张其昀主编：《蒋总统集》第1册，台北中华大典编印会1968年版，第720页。

② 张其昀主编：《蒋总统集》第1册，台北中华大典编印会1968年版，第2页。

1. 训政初期实权的获得

1927 年,国民党在南京建立政权后,于次年 10 月颁布了训政纲领,从此便由军政时期进人训政时期。在“以党治国”的原则下,国民党将自己立于最高决策地位,代表所谓的“人民”行使选举、罢免、创制、复决四种政权;国民政府则为综理全国政务的执行机关,行使立法、行政、司法、考试、监察五种治权。国民党的最高权力机构为全国代表大会,全代会闭会期间,其权力由中央执行委员会行使。

国民党的训政体制是一党专制的政治体制,政府是国民党的政府,国家是国民党的国家,国家统治权完全掌握在国民党手中。因此,蒋介石身兼数职,包括国民党中央执行委员会常委、国民政府主席、陆海空军总司令,行政院长等,其权能已远远高于党和政府中的其他任何委员。但是,一党专制并不等于个人独裁,因为按国民党的相关规定,无论在党内还是在政府内,都要实行委员合议制。为了彻底独揽大权,蒋介石想出一个办法,把政治思想的工具主义发挥到了极致,这就是在中央执行委员会特设政治会议(1935 年 12 月后改称政治委员会),作为国民党的最高政治指导机关,简称中政会,由他担任中政会主席。从此,国民党的一切大政方针,都必须通过中政会形成决议后,再由政府公布执行,而且国民政府不对议会和选民负责,却对中政会负责。通过蒋桂战争、蒋冯战争、第二次蒋桂战争、蒋唐战争,特别是 1930 年 5 月的中原大战等一系列战争,蒋介石先后打败了地方实力派,接着就急于召开国民会议,企图通过约法当上“总统”,实现他的独裁统治。然而,蒋介石的这一企图却遭到了国民党元老胡汉民的坚决反对,于是便发生了蒋与胡的“约法之争”。结果,蒋介石于 1931 年 2 月扣押并软禁了胡汉民,逼迫胡汉民辞去全部党政职务。但是,蒋介石因顾及舆论的指责,不再提当“总统”的事,而是召开由他控制的国民会议,利用会议通过的扩大国民政府主席权力的相关决议,使自己成为事实上的国家元首和行政首脑。

2. 国民党内部的反蒋独裁

事实上,在国民党内部一直存在反对使蒋介石独裁统治的观点和行动,这也国民党政治思想的另一个重要方面。“约法之争”是蒋介石妄图实现独裁野心的大暴露,而扣押胡汉民一事不仅引起国民党内外以及社会各种政治力量的极大关注,甚至对蒋介石的权力地位构成了威胁。先是国民党中央四监委邓泽如、林森、萧佛成、古应芬通电弹劾蒋介石,后是胡汉民派、汪精卫派、西山会议派、粤系、桂系等召开非常会议,在广州成立国民政府,出现宁粤两个政府对峙的局面,并爆发了战争。恰在此时,九一八事变发生,在全国人民强烈要求抗日的压力下,宁粤双方进行谈判,粤方提出蒋介石下野并改组南京政府作为谈判条件。1931 年 12 月,蒋介石辞去国民政府主席、行政院长及陆海空军总司令等职,而改制后的国民政府主席由林森担任,行政院长由孙科担任。这次争斗当然是对蒋介石个人独裁的沉重打击，但蒋介石随后又操纵修改了《国民政府组织法》，使国民政府主席成为不负实际政治责任的虚位元首。

1932年春，蒋介石在黄埔系军人的支持下，经过与汪精卫秘密交易，对权力重新瓜分，即汪精卫担任行政院长，蒋介石担任军事委员会委员长并兼任参谋总长，形成了汪主政、蒋主军的新格局。此后一段时间，蒋介石的权力范围仅限于党和军队两方面，但1935年汪精卫因遇刺而辞职，蒋介石重又担任行政院长，集党政军大权于一身。1936年6月，粤系、桂系的陈济棠、李宗仁等又以抗日救国为号召，起兵反蒋，"两广事变"于是爆发。事变最后虽然和平解决，但却是对蒋介石权威的又一次严重挑战。

三、蒋介石独裁政治的实现过程

在抗日战争前，蒋介石通过种种手段，将党政军大权逐渐集中到自己手中，但他也意识到，要想真正确立个人的独裁地位，必须创设相应的政治体制，取得法律和制度层面的保障，以便合法地削弱和瓦解各方实力派，形成独裁运作机制。从这个意义上讲，蒋介石实现独裁统治的过程，真实体现了国民党政治思想的独裁内容及特点。历史的巧合在于，七七事变给蒋介石带来了"时运"。在国内，不仅共产党率先明确提出了团结起来坚决抗日的号召，全国民众强烈要求抗战的呼声也不断高涨；在国际上，英、美等西方国家考虑到各自在中国的利益，调整了他们的在华政策，而苏联的抗日主张以及对中国的具体援助，使得蒋介石不得不考虑如何联合共产党共同抗战。这样，蒋介石把随着局势发展对其政治态度和内外政策的调整，与他实现大权独揽的独裁统治目的结合起来，而这一过程也就集中体现了他政治思想的实质和特征。

1. 通过抗战和加入国际反法西斯联盟提高国际国内的声望

七七事变后，中日民族矛盾成为中国社会的主要矛盾，在全国抗日浪潮的推动下，蒋介石由过去推行"攘外必先安内"的政策逐渐转移到抗日的立场上，并率领国民党、国民政府和军队参加了抗战。这一符合中华民族利益的主张和行动，得到了全国各党派、各阶层人民的拥护和支持。中国共产党从团结抗日的大局出发，不止一次地提出过"拥护蒋委员长"领导中国政府抗战的口号。各民主党派也纷纷表示支持和拥护蒋介石领导中国抗战，中华职业教育社和乡村建设派等组织和人士甚至把拥护三民主义、拥护政府、拥护领袖视为坚持抗战的必要条件。蒋介石不失时机，借着民族危机，授意他的亲信和御用文人，利用中国封建传统的"家天下"意识，对蒋介石所谓"一个主义，一个政党，一个领袖"的思想大肆鼓吹、宣传造势。

中国人民的浴血奋战、英勇斗争赢得了世界人民的普遍赞扬，中国的国际地位和形象大为改善。自 1942 年元旦《联合国家共同宣言》和 1943 年 10 月的《莫斯科宣言》后，中国的大国地位已经确立；作为国民党和国民政府乃至中国代表的蒋介石，于 1943 年参加开罗会议，跻身于四大国领袖行列；随后，中国成为联合国的创始国和五个常任理事国之一。所有这些，不仅为蒋介石实现个人独裁提供了有利条件，而战时对权威的特殊要求，也掩盖了蒋介石政治思想的独裁本质。

2. 利用战时需要维护执政党地位及其领袖权威

当一个国家、民族在遭受外国入侵的时候，国家的一切权力都必须围绕如何进行战争以及如何取得胜利来运作。为此，一个必要而又自然的举措，就是集中力量一致对外，为此往往有需要采取超常规的组织措施，确保一切资源的统一调动、一切政令的统一发出、一切行动的统一指挥。事实上，蒋介石就是这样做的，而且打着抗战的旗帜，但他实施独裁政治真正要解决的是两大现实问题，一个是瓦解、安抚和整肃党内的反对派和各地的实力派，另一个就是限制、削弱、甚至消灭共产党的实力。

抗战前，国民党内派系林立，李宗仁、阎锡山、冯玉祥等地方实力派拥兵自重，中央方面的胡汉民派、汪精卫派、西山会议派则相互倾轧。国民党新军阀之间的混战，蒋、胡的约法之争，蒋、汪的钩心斗角，都闹得尘嚣甚上。抗战时期，由于国民党需要代表本集团利益的人物维护其执政党地位，国民党内的派系斗争趋于缓和。胡汉民于 1936 年去世，而西山会议派在中原大战后已逐渐瓦解，李宗仁等地方实力派在民族大义面前都拥护抗战，国民党内唯一能与蒋介石相抗衡的汪精卫又于 1938 年叛国投敌，因此，蒋介石独揽大权已无障碍。

随着抗日民族统一战线的建立，中国共产党及其他民主党派获得了合法的政治地位。这样，尽管蒋介石反对共产党和民主党派的政治立场并没有实质上的改变，甚至在抗战中也不忘限制和消灭共产党的军队，但为了民族的整体利益，共产党和民主党派也都表示认可蒋介石的领袖地位。

3. 设置并确立与独裁统治相一致的政治体制

全面抗战爆发以后，国民党政治体制由平时转向战时。1938 年 3 月，国民党临时全国代表大会召开，国民党中央由委员合议制改为领袖制。大会通过的《改进党务及调整党政关系案》中规定，“中央党部应在制度上明确规定全党之领袖”，“授权蒋中正同志统一党政军之指挥，负抗战建国之大任。”①1939 年 1 月，国民党五届五中全会在重庆召开，决定设置国防最高委员会，设委员长一人，蒋介石以国民党总裁的身份担当此任，统一指挥党政军，并代行中政会之职权。

① 荣孟源主编：《中国国民党历次代表大会及中央全会资料》（下），光明日报出版社 1985 年版，第 475 页。

国防最高委员会是抗战期间国民党中央政治系统中的最高决策和执行机关,它的设置及权限的规定从法理上确立了蒋介石独裁统治的合法化,确保他集中央党政军大权于一身。

国防最高委员会的核心是战时军事委员会,其组织和职权涉及全国的党务、政治、外交、经济、甚至文化等各个方面,成为权力的中心,其下属的侍从室掌握着军事、政治、党务、人事等权力,“俨然是皇帝的内廷”。它名义上直属国民政府,但其权力远在国民政府之上。

1943 年,不掌实权的国民政府主席林森去世,蒋介石当选为主席兼行政院长。同时,国民政府再次修改了《国民政府组织法》,规定国民政府主席为中华民国元首、陆海空军大元帅。为了强化党的绝对领导,规定五院院长对国民政府主席负责,而国民政府主席却对国民党中央执行委员会负责。这样,改变后的政治体制通过“合法”形式形成了党、政、军三位一体的集中,而集中的结果就是蒋介石个人全面独裁的确立。

4. 通过削弱瓦解地方实力派巩固独裁实力

所谓地方实力派,是指除了蒋介石嫡系以外的地方军队和地方军事政治集团,包括有地盘的实力派和无地盘的杂牌军。抗战前主要的地方实力派有以宋哲元为首的冀察实力派,以韩复榘为首的山东实力派,以阎锡山为首的晋绥实力派,原张学良统帅的东北军各部,原杨虎城统帅的西北军,以刘湘为首的川系,以李宗仁为首的桂系,以余汉谋为首的粤系,以龙云为首的滇系,以及还有宁夏、青海、新疆的马鸿逵、马步芳、盛世才等地方实力派。在日本帝国主义的侵略危及中华民族生存的时刻,各地方实力派与蒋介石集团的矛盾有所缓和,形成一致抗日的新局面。

然而,抗日只是一个客观需要,从政治思想上讲,削平地方势力是蒋介石独裁政治一贯主张、甚至是独裁本身的理论根据。因此,蒋介石借抗日之名把地方实力派的军队分别派到各个战区,不仅在战役部署中对保存他们的有生力量不作考虑,而且还借着他们的消耗来收编、扩充和壮大自己的嫡系部队,并扩大其势力范围。从全面抗战开始到结束,国民党军队从 90 多个军发展到 120 多个军。抗战刚爆发时,地方实力派部队在人数上多于蒋介石的嫡系部队,而抗战结束时,国民党军中的嫡系部队已经超过了地方实力派部队,约占国民党军总兵力的 3/4。

事实上,地方实力派是军阀割据的产物,军事首领往往也就是当地的政府首脑。经过抗战,蒋介石不仅消灭了地方实力派的大部分军事力量,收归了他们的部分地盘,而且还剥夺了相应的治权和财权。对于蒋介石的独裁统治来讲,这种状况在抗战胜利后也成为他谋求事实上统一全国的一个有利条件。1948 年,“行宪国民大会”在南京召开,蒋介石终于如愿当上了中华民国总统,不过就其政治思想来看，除了更加露骨明显的独裁特征之外，并没有新的变化。

思考题

1. 结合新三民主义的形成与发展过程说明为什么新三民主义是国共合作的政治基础。
2. 简述戴季陶主义的产生、主要内容及影响。
3. 简述汪精卫政治思想的特点、实质和演变过程。
4. 简述蒋介石抗战前的政治思想、个人独裁的原因及其过程。

9

第九章

五四运动以来资产阶级诸派别的政治思想

五四运动以后，资产阶级、尤其是民族资产阶级在新文化运动思想启蒙的感召下自觉反省，从自身的阶级立场及利益出发，理性地探索危难中的中国前途，试图做出有益的改良。在中国近现代政治思想中，他们的思考独具一格，尽管在实践上有不合时宜的缺陷，但毕竟留下了宝贵的精神财富和对于后人的种种思想启迪。

第一节　自由主义代表人物的政治思想

五四运动以后，中国政治思想基本形成了四大派系，除了国民党的三民主义、共产党的新民主主义，形形色色的保守主义外，各种各样的自由主义成为这一时期的重要思想，在中国近现代社会中产生过一定的影响。

一、梁启超、张东荪、张君劢自由主义思想的演变与分化

前文述及，梁启超作为"言论界之骄子"，在思想传播上引领了中国舆论，开启了中国自由主义思想的先河，成为中国近代自由主义思想的先驱。

在梁启超的思想言论上，最具有自由主义色彩的论述如"思想自由，为凡百自由之母"。他认为人的本质就在于生命和权利，把自由看作是生命和权力的

最重要内容,“自由者,权利之表证也。凡人之所以为人者有二大要件:一曰生命,二曰权利。二者缺一,时乃非人。故自由者,亦精神界之生命也。”①梁启超的自由主义和个人主义思想源于西方,“欧洲现代文化,不论物质方面、精神方面,都是从自由批评产生出来”。自由主义和个人主义是西方社会的主流精神和根基,也是西方社会能够繁荣和强大的由来。所以,梁启超在中国极力倡导自由,“故今日欲救精神界之中国,舍自由美德外,其道无由”②。

1918 年底,梁启超以巴黎和会观察员的身份赴欧考察,此时正值战后欧洲社会和思想的激烈变革时期,梁启超的思想发生了重大转折,由自由主义转向了欧洲的社会主义和文化保守主义。这与梁启超早期介绍社会主义思想有关,1902 年 10 月 16 日,《新民丛报》18 号发表了梁启超的文章《进化论革命者颉德之学说》,他把马克思的社会主义归为当今德国最有影响的两大思想之一,并表示同意马克思关于现代社会之弊在于多数弱者为少数强者所压迫的观点。③ 同年,梁启超在《自由书・干涉与放任》一文中说:“资本主义采行放任主义的自由竞争,而导致富者愈富,贫者愈贫,于是社会主义出而代之。社会主义注重干涉,它将像机器一样集合和控制人群,而于不平等中求平等。社会主义必将磅礴于20 世纪,20 世纪为干涉主义全胜的时代。”④1920 年春,梁启超从欧洲回国之后,发表了《欧游心影录》;记录了他旅欧思想变化的经过,此时的梁启超已经由思想启蒙先驱转变为西方现代文明的批判者。在书中,他分析了当时西方的社会问题和弊端,陈述了西方资本主义的危机和社会主义兴起的趋势。在他看来,“社会革命,恐怕是二十世纪史唯一的特色,没有一国能免,不过早晚罢了。”⑤梁启超既确信社会主义的发展趋势,又不接受马克思激进的革命社会主义,不赞同苏俄式的社会主义道路和制度,“革命都出于不得已,而本非吉祥善事。”⑥他主张中国的社会主义是在工业化中采行西方式的社会化政策,通过劳资利益的调和来消除阶级矛盾,避免发生社会革命。这种调和式的改良社会主义,显然在中国行不通。

梁启超自由主义思想发生转变以后,把主要精力投入文化教育和学术研究活动,写下了《中国近三百年学术史》、《中国历史研究法》、《中国文化史》等重要著作和大量文章,思想逐渐趋向文化保守主义。但是,在早期自由主义在中国的传播过程中,梁启超扮演了核心角色,起到了重要的作用,对中国的自由主义、

① 梁启超:《饮冰室合集》文集五,中华书局 1988 年版,第 45 页。

② 梁启超:《饮冰室合集》文集五,中华书局 1988 年版,第 46 页。

③ 《梁启超全集》第 2 册,北京出版社 1999 年版,第 1029 页。

④ 《梁启超全集》第 1 册,北京出版社 1999 年版,第 384 页。

⑤ 葛懋春等编:《梁启超哲学思想论文选》,北京大学出版社 1984 年版,第 258 页。

⑥ 《梁启超哲学思想论文选》,北京大学出版社 1984 年版,第 306 页。

个人主义思想的传播都产生了重要影响。

张东荪(1886—1973),原名万田,字东荪,浙江杭县(今杭州市)人。张东荪是梁启超研究系的盟友,民初曾是宣扬西方式自由民主的思想斗士。1915年,新文化运动开始时期,张东荪发表了《中国之将来与近世文明国立国之原则》,倡言自由竞争,反对国家干涉;主张中国的复兴之道,“不在有万能之政府,而在有健全自由之社会。”①五四运动后期,张东荪在社会主义思潮的影响下,思想渐趋左倾。1919年9月,张东荪创办《解放与改造》半月刊,发表文章,热情讴歌社会主义。与梁启超一样,张东荪相信“资本主义必倒而社会主义必兴”,但他对现时的社会主义并不满意,他认为新兴的基尔特社会主义更为适合中国实现社会主义,他希望用和平的方式使中国社会从封建社会进入社会主义社会,不一定非得采取暴力革命的方式,“废除地主及豪门官僚亦不限于流血”②。主张兼容资本主义与社会主义的改良式的基尔特社会主义,先利用资本主义中的合理因素,为社会主义创造一定的物质条件。张东荪宣称:中国没有经过个人主义文化的陶养而来到20世纪,是一个遗憾。“为了补救这个遗憾,我们一方面必须学习社会主义,一方面更要加紧补习自由主义”③。他的思想游离于自由主义与社会主义之间,他本人也从自由主义者转变为基尔特社会主义者。五四运动后期,梁启超、张东荪相继发表了《第三种文明》、《罗赛尔的“政治思想”》、《基尔特(Guild)社会主义》、《基尔特社会主义的哲学原理》等文章,成为基尔特社会主义的主要倡导者。

张君劢(1887—1968),原名嘉森,字士林,号立斋,江苏宝山(今上海市宝山区)人。张君劢是梁启超研究系的另一位盟友,曾随其游历欧洲,后滞留德国游学,亦开始疏离自由主义,转而同情社会主义,开始向中国介绍和宣传社会民主主义。

在五四运动后期,出现了形形色色的社会主义思潮,张君劢的德国式的民主社会主义主张尊重社会公道,限制个人自由;废除私有财产,收归社会所有;变私人经营为国有化。④ 社会民主主义旨在调和自由主义的个人自由、民主宪政原则和社会主义的经济平等、社会公正原则,这些内容体现了20世纪欧美社会主义与自由主义的结合。张君劢特别强调“人权为宪政基本”。他所说的人权包括了人身自由、居住迁徙自由、集会结社自由、思想言论自由、信仰出版自由等种种自由。“人权运动实在是民主政治最重要的基础,因为没有人权,就没有民主

① 《梁启超全集》第1册,北京出版社1999年版,第384页。

② 张东荪:《增产与革命》,《观察》第4卷,1948年第24期,第27页。

③ 张东荪:《政治上的自由主义与文化上的自由主义》,《观察》第4卷,1948年第1期,第5页。

④ 张君劢:《社会所有之意义及德国煤矿社会所有法草案》,《改造》第3卷,第11号。

政治了”。张君劢说：“吾以直截了当之语告国人：一国之生计组织，以公道为根本，此大原则也。社会公道与个人自由如鸟之两翼，车之两轮，缺一不可者也。”①个人自由与社会公道表征了五四运动以后中国新自由主义思潮的两大主流。

梁启超、张东荪、张君劢等人从自由主义转向改良的社会主义的演变和分化，表明五四运动后期的社会主义对自由主义思想的巨大冲击。他们的调和自由主义和改良社会主义代表了资产阶级思想家们探寻兼容自由主义和社会主义的中国现代化道路的社会理想，由此而成现代中国社会民主主义思潮的发端。

二、胡适、罗隆基反对思想专制，倡导“思想言论自由”

胡适、罗隆基作为新月派的代表，反对思想专制，主张“思想言论自由”。人权论者最不能接受的，就是国民党《训政纲领》规定的“人民之集会、结社、言论、出版等自由权，在法律范围内加以限制。”对此，人权派实在是“看不过，忍不住”了。胡适说：“现在我国人民只有暗中的不平，只有匿名的谩骂，却没有负责任的个人或团体正式表示我们人民究竟要什么自由。”②对于什么是言论自由？人权论者认为：“言论自由，就是‘有什么言’，出什么言；‘有什么论’，发什么论。”“言论自由这名词，就是指法律不得干涉的自由。是指国会不得制定法律，取缔人民的言论而言。”“‘自由’是绝对的，是整个的。‘自由’二字不能有什么度数，不能分什么多少。假使说‘言论自由’应有度量或多少的限制……结果，天下事没有绝对的自由，就成为绝对的没有自由。”“无事不可言，无事不可论。天下事没有绝对的自由，就成为绝对的不自由。”③“中国现在令人不满的现状之一，便是人民没有思想自由”。“要有思想自由，先要使人民有充分的安然的研究的机会，压力要不得，引诱也要不得”，必须“赞成各种主义的信仰者有充分的出版言论自由”④。“言论的本身是绝对不受法律限制的”⑤。对政府的批评，可能使当权者尴尬，但这只是暂时的，从长远的观点来看，对政权的稳定、国家的繁荣与进步是有利的。相反，对思想言论自由的钳制，带来的却是亡国之祸。所以说，“压迫言论自由的危险，比言论自由的危险更危险”⑥。

胡适还批评国民党政府强调的思想统一，认为这是“党化教育”，是在实行

---

① 许纪霖编：《二十世纪中国思想史论》上册，东方出版中心2000年版，第10页。

② 《胡适文集》第5卷，北京大学出版社1998年版，第532页。

③ 罗隆基：《告压迫言论自由者》，《新月》第2卷，第6、7期合刊。

④ 梁实秋：《思想自由》，《新月》第2卷，第11期。

⑤ 《胡适文集》第5卷，北京大学出版社1998年版，第568页。

⑥ 罗隆基：《告压迫言论自由者》，《新月》第2卷，第6、7期合刊。

不允许其他思想出现的文化专制主义。“天天摧残思想自由,压迫言论自由,妄想做到思想的统一。殊不知统一的思想只是思想的僵化,不是谋思想的变化”。因此,应该“废止一切钳制思想言论自由的命令、制度、机关”,“取消统一思想与党化教育的迷梦。”①思想言论自由是人权派争取人权的一个重要手段,因为言论自由对于人的重要性在于思想是人的本能,是实现个人价值与尊严的必要条件,是人类的发展与进步、国家与民族富强振兴的原动力。从人权派在论战中所发表的一系列文章中可以看出,他们将表达自由看作为一项最重要的人权而置于极其重要的地位。

中国自由主义最有代表性、标志性的人物、著作、观点大都出现在20世纪二三十年代,从新文化运动到抗日战争之前,国内各种政治力量并存,国共斗争不断,自由主义作为中间力量得到了发展,到抗战爆发和国共第二次合作,自由主义作为一个流派、一种思想观念就失去了存在和发展的空间。

第二节　联省自治派的政治思想

作为一种宪政思潮,“联省自治”的主要目的是通过省宪法和省自治,消除军阀割据,最终实现国家的统一。但是,联省自治运动很快就沦为军阀巩固割据势力的借口和实行割据的自卫手段。一方面,地方军阀假借民意以摆脱中央的控制;另一方面,则支配地方经济。一时间,自治成了地方军阀粉饰门面的工具,而联省也成了善良国民的“南柯一梦”。这样,“联省自治”运动在发展中逐步变质,脱离了人民大众追求民主的最初目的,同时又与当时主政的直系军阀武力统一全国的政策互不相容,至1923年底,“联省自治”运动以失败告终。

一、“联省自治”兴起的背景

中国幅员辽阔,中央与地方的关系自古以来就是社会政治生活中很难解决的问题。辛亥革命以后,皇权即君主制被推翻了,但封建思想远没有退出意识形态,而且各方实力派政见不一。因此,中央权力处于混乱状态,国家陷入了军阀割据的局面。这时,一些有识之士认为,可以由地方政制的变革来促成国家政体的变革,于是就提出了“联省自治”的政治主张,并在1920—1923年间形成了联省自治思潮。

---

① 《胡适文集》第5卷,北京大学出版社1998年版,第587、588页。

1. “联省自治”兴起的历史根源

大一统是中国政治思想的传统，自秦始皇以来历代统治者也一直努力巩固中央集权、谋求版图统一。但是，中国幅员辽阔，民族众多，山川阻隔，交通不畅，游牧部落的逐利征战和农耕社会的自给自足，更使得地方政治和社会心态往往游离于中央统治之外。在皇权实际统治的地域，“农村安定又少变化，加上宗法制度和儒家鼓励墨守成规，使基层的社会几乎停顿在与中央朝廷无关的半独立状态，中央政治的权力与地方基层社会永远有着一段距离，除非发生大型的战乱或灾难，中央政府的权力与影响力，很难有效地发挥而深入地方”①。19 世纪西方列强侵入中国后，清政府在外交、军事和经济上的一连串挫折，使君主的独尊地位开始动摇，中央政府的凝聚力也逐渐弱化，一批革命团体纷纷诞生。但是，革命势力不仅力量弱小，而且地方色彩浓厚，其团体大多也采用“同乡会”的形式，加之地区经济社会发展的明显不平衡，所以不仅革命势力难以形成统一规模，反对清政府的斗争也混杂着各种地方观念和利益。传统的地方意识、革命力量的弱小、对西方民主的误解，种种因素使清末民初产生出地方分权主义思想，而“地方自治”就是在此基础上提出的，主张从地方开始促成中央改革的政治思潮。

在中国近代，最早提出“自治”思想的是资产阶级维新派和革命派。康有为曾明确指出：“欧美之强，在于推行其地方自治；中国富强之道，亦在听地方自治而已。”②孙中山也认为地方自治是“建国的基石、社会进步的根基”。他认为政府有政府的责任，人民有人民的责任，而人民所负责的事，当先从地方自治入手。革命党人曾提出，“完成行政统一，促进地方自治”③，不过，从政治思想的直接影响来看，联省自治运动其实是由联邦制的理论发展而来的。1920 年，张继最早提出了“联省自治”的概念。④ 1921 年，孙中山在广州就任临时大总统发表宣言时，也对省宪运动表示赞许，而且地方自治也的确一度在孙中山的民权主义思想中占有重要地位。

2. 联邦主义的萌芽与兴起

如果说地方主义思想中国自古有之，那么所谓的联邦主义学说则完全是舶来品。19 世纪中叶魏源在其《海国图志》中首次对美国的联邦制作了介绍，西方的宪政理论和联邦体制等相关学说陆续被介绍到中国，而随着中国民族危机的日益深重，部分有识之士逐渐认为美国式的联邦制可以作为解决危机的方案，并

---

① 胡春惠：《民初的地方主义与联省自治》，中国社会科学出版社 2001 年版。

② 康有为：《辛亥革命前十年时论选集》第 1 卷，三联书店 1977 年版。

③ 谢彬：《民国政党史》，四川人民出版社 1987 年版，第 26 页。

④ 徐矛：《中华民国政治制度史》，上海人民出版社 1992 年版，第 438 页。

将此思想大为宣扬。1894年，孙中山在美国檀香山创建兴中会，提出了“驱除鞑虏，恢复中华，建立合众政府”的政治纲领，其中的“建立合众政府”就明确宣示了把未来中国建立为美国式联邦制国家的理想。1901年，梁启超曾向康有为表示，中国太大，不如分成十八国治理，并于1902年在《新民丛报》上发表《卢梭学案》一文中宣传此见解，认为中国“民间自治之风最盛焉，诚能博采文明各国地方之制，因其地宜以立法律。”①不过总的说来，这些言论仅仅是只言片语，缺乏系统性，思想也还稚嫩，而清政府更是怕“联邦制”会削弱其封建王朝的中央集权，避之唯恐不及。因此，联邦论在一段时间内还只是“少数人的时髦玩意”②。

辛亥革命爆发后，清政府垮台，各省纷纷宣布独立，但各方一致拥护的中央领导却未出现，于是又有人针对建立新政权提出要实行联邦制。山东省在宣布独立之前，各界联合会曾向巡抚孙宝琦提出八条要求，其中一条便是“宪法须注明中国为联邦政体”。江浙两省也提出“美利坚合众国之制度，当为吾国他日之模范”。同时，南京临时政府起草的政府组织大纲也以美国的联邦宪法为蓝本，“临时政府组织之基础，在精神上，既然出之于各省之联合，所以其组织形态也就趋向于美利坚合众国之制”③。但是，由于中国自古以来就是单一制国家，普遍的社会心理都希望国家能够早日统一。因此，这种联邦制思想在民国建立之初，并无实际影响。

3. 资产阶级学者们关于“联省自治”的政治理想

资产阶级学者们关于“联省自治”的政治理想有两方面的含义：一是各省自行制定省宪，依照省宪自组省政府，统治本省；二是由各自治省派代表，组成联省会议，共同制定联省宪法，创设联省政府，再由各省联合组成联邦国。他们认为，这样既可以解决南北护法的争议，又可将国家事权划清界限，藉此把军事权收归中央，免去军阀割据的弊端。这种主张本质上属于资产阶级改良性质，但缺乏实现联省自治的有效手段；而生存在帝国主义、封建主义夹缝中的资产阶级具有两面性，更害怕流血革命和武装斗争。因此，他们在寻找救国之路时，把全部希望寄予制定新宪法，陷入了实用主义的误区，不可能站在历史的高度，提出彻底的反帝反封建主张。他们虽然提出废止督军，但又与北洋军阀统治者妥协，不敢主张建立维护自己利益的革命军队。

陈独秀的批判揭露了资产阶级联省自治思想充满矛盾的本质。所谓实行联省制，扩大地方自治权，并不是从维护广大民众的利益出发，只是因“华南诸省领袖一致赞成，既共华南的民意不相背驰，复共华北的情形无所抵触，对于自治

---

① 梁启超：《饮冰室合集》，中华书局1936年版，第63页。
② 李剑农：《戊戌以后中国三十年政治史》，中华书局1965年版，第63页。
③ 胡春惠：《民初的地方主义与联省自治》，中国社会科学出版社2001年版。

的省,任他自治,对于官治诸省依旧行他信仰的官治”。事实上,这些所谓的“领袖”不过是华南实力弱小的军阀,或地方都督总司令。因此,“他们的联省论,完全建设在武人割据的欲望上,绝不是建设在人民实际生活的需要上面,所以他们这种主张,在人民政治能力的事实上,无人敢说这样大的自治权马上就能够归到人民手里,不过‘联省自治’其名,联督割据其实,不啻明目张胆提倡武人割据,替武人割据的现状加上一层宪法保障”。而“武人割据是中国政象纷乱的源泉,建设在武人割据的欲望上面之联省论不过冒用‘联省自治’的招牌,实行‘分省割据’、‘联督割据’罢了”①。

从思想逻辑来讲,“联省自治”和“省宪运动”都是为了达到联邦制的过渡步骤,但是,当时的资产阶级学者始终对北洋军阀政府抱有幻想,却没有实力让这些军阀真正推行自治。事实上,产生联省自治以达到联邦制的思想和主张的政治和社会背景,就是当时的军阀割据和战乱。资产阶级改良派的思想尽管包含了反对军阀独裁集权政治的积极因素,以及实现国家统一的政治目的,但因为资产阶级的妥协性,联省自治不仅没有取得他们预期的效果,反而成为了地方军阀实行武装割据的法律依据。

二、“联省自治”政治思想之辩

1.“联省自治”与集权专制之争

1912 年,南京临时政府成立后,帝国主义列强一直未予承认,却扶持手握兵权的袁世凯。袁世凯在北京建立政府后,极力推行中央集权,进行独裁集权统治,压制了建立联邦制共和国的设想。但是,反对袁世凯专制的声音并没消失,“联省自治”的要求也此起彼伏,而且多了些说法。张东荪主张采取联邦自治,而不用“联邦”之名。“联邦制之精神在自治,吾人但求自治,不必有联邦之名”。因此,在形式上不必先分邦,然后再联成国,“以自治精神为今日解决‘地方制之终极问题’之匙,徒争制度之形式,则失之矣。简而言之,今日解决地方制问题,当绝对采取能发展自治精神之制度,故存废皆非所问。特省制既存,则不必更张,徒增纷扰耳”②。戴季陶在《中华民国与联邦组织》一文中表明了国民党多数人的想法,认为“中华民国非组织为联邦不可”③。

针对张东荪的“先邦后国之论”等联邦制主张,章士钊提出了“联省理论”。两派观点激烈论战,针锋相对。当时,除了章士钊、张东荪等人外,像胡适、梁启

---

① 陈独秀:《联省自治与中国现象》,《东方杂志》第 19 卷,第 17 号。

② 张东荪:《地方制之终极观》,《中华杂志》第 1 卷,第 7 号。

③ 殷啸虎:《近代中国宪政史》,上海人民出版社 1997 年版,第 203 页。

超、蔡元培、章太炎、丁燮林、王世杰等人也都是联邦制的拥护者，其目的都是为了扩大省自治权，反对集权专制。但是，帝制既已推翻，军阀又不理睬学者的争论，关于联邦制的争论也就不了了之了。①

2. 集权统一与经由“联省自治”而统一之争

关于联省自治思想的第二次争论发生在南北政府对峙时期，中央集权统一国家是否可行，引发了是依靠武力统一国家，还是通过联省自治解决国家统一问题的争论。

民国以来，北洋军阀一直奉行集权统治和武力统一。当时，无论中央的政权，还是地方的政权都由军人掌握，派系林立，相互对抗，彼此之间，战争不断，造成了民国初年动荡不安的政治局面，也使资产阶级民主政治体制难以建立。在这种时局下，资产阶级民主派对国家的统一缺乏信心，更对军人政治表示极大的不信任和反对态度。

主张联省自治的民主派反对用武力解决统一问题。他们认为，各军阀派系势均力敌，相互争斗也毫无结果，即使有一方能够打败其他各方，其结果仍然是军阀专制，对民国造成更大的危害。因此，他们认为“联省自治实在是打破军阀割据，促成真正统一的唯一妙法”②。有人将“联省自治”的实行分为两个步骤，第一，各省脱离中央实行自治；第二，自治各省联合起来组织联省政府，认为各省自治的实现有两方面的意义：从积极方面看，可使地方上树立起自治的基础，让各省人民能自行整顿本省的政事，这样才能确实巩固民国的国基，才能实现真正的民治主义；从消极方面看，可藉省民自决主义来发动民众，共同打破武人在地方上的势力。③ 主张联省自治的民主派的出发点和动机，在于既要国家统一，又要从根本上清除军阀统治的危害。他们认为，依靠武力解决国家统一问题，就有可能演变成永无休止的军阀混战。

为了彻底打破这种混沌的局面，使时局问题获得根本解决，资产阶级认为还是用比较和平的联省自治方法最好。为此，有人提出“废督裁兵”的主张。

但是，把联省自治作为解决时局的唯一途径的思想不仅遭到坚持武力统一国家的北方军阀反对，而且南方各地方势力也并不真心支持，这场运动终告失败。

---

① 朱秀蓉：《试论北洋政府时期的联省自治思想》，《云南大学学报》（法学版）2004 年第 4 期。

② 蒋百里：《联省自治辨惑》，《改造杂志》第 4 卷，第 10 号。

③ 李达嘉：《民国初年的联省自治运动》，弘文馆出版社 1986 年版。

三、"联省自治"运动的评价

1. 对中国国情的认识存在明显的片面性

"联省自治"思想争论的核心问题，主要是在军阀割据的情况下，中国应该采用什么样的国体来实现国家统一。资产阶级思想家们提出了几种方案，围绕着联省自治的设想，从各自的角度提出了他们的理论依据。但是，他们之间的种种争议，正好说明他们对中国国情认识的局限性和片面性。

中国虽为多民族国家，但自古以来大一统的思想观念已经成了根深蒂固的普遍的政治导向和社会意识，因此，在辛亥革命后的军阀割据和政局动荡状况下，联省自治运动实际上只能导致新的军阀割据。的确，"在我国历史演进上，有一个从无例外之定律，就是凡中央权力强固，各地惟命是遵的时候，国家必强盛治平；凡中枢无统御能力，各地首长自由行动的时候，国家必祸乱相寻，民不聊生。故天下分久必合，合久必分，合则治，分则乱，差不多成为我国历史演进上公认的定律。"①尤其是在民族危机深重、地方势力割据的近代中国，内忧外患，南北分裂，人心思定。此时，推行联省运动，只能导致更深重的民族危机和更严重的地方割据。

2. 实行联省运动方案的手段不切合实际

联省自治运动的舆论声势很大，但除湖南以外，其他各省并没有实际实施，联省自治最终也没有联动起来。1922 年，直奉战争后，控制了北京政权的吴佩孚极力推行武力统一政策，以恢复法统名义想把联省自治纳入直系的法统之下，最终达到武力统一全国的目的。

主张联省自治的各派势力在目的和出发点上都不一致，也是导致这一运动失败的关键。资产阶级联省自治派从其政治改良主义的角度出发，期望在军阀割据的政治局势下，通过不流血的、和平的方式结束军阀专制和割据的分裂格局面，把资产阶级民主宪政纳入中国的政治体制运行当中。手握兵权的地方实力派之所以赞成联省自治，并不是按照资产阶级联省自治派的政治设想来支持联省自治运动，而是希望割据分治，脱离北京政府的管辖，扩大地方与中央的离心倾向。资产阶级联省自治派只是想利用宪政的手段夺取政权，他们既缺乏实力，又不可能反映民意，得到民众的支持和参与，所以，他们的思想必然要受到各派势力的牵制，他们的主张只能是盲目乐观主义的主观愿望而已，虽然其中具有较强的民主进步的思想，但不可能从根本上改变当时中国的社会面貌，既不可能建立联邦制，也不可能实现民主政治。

---

① 田炯锦：《联邦制与中国》，《时代公论》，1933 年第 62 号。

3. 联省运动的理论准备不足

“联省自治”运动的兴起并不是因为民众的要求，而是军阀、政客为了各自的目的相互呼应的结果。自辛亥革命以来，军阀割据混战的状况日益加剧，广大民众迫切希望结束国家的分裂状态，实现国家统一。但是，在没有理论准备和广泛宣传的情况下，实行联邦制只会给地方割据提供借口。联省自治派忽视了中国的社会环境和历史传统等因素，不仅使理论缺失了前提，而且流于空想，缺乏社会的理解和有效的支持。在具体措施方面，比如联邦政府行政组织形式、联邦(省)政府与地方政府在组织关系、怎么样联省、如何自治等都没有具体实际的设想，而理论问题上纷争更反映出资产阶级联省自治派的政见不一。从本质上看，联省自治理论存在的落后性及其阶级的局限性，使其自身的理论基础就必然存在许多相互矛盾之处。

从积极的方面讲，“联省自治”思想运动引发了关于如何实现中国政治现代化的讨论，尽管它不可能真正起到推动中国宪政发展的作用，但毕竟是中国知识分子对民主政治认真探索，并在政治思想史上留下了相应的理论遗产。

第三节　人权派的政治思想

1929 年至 1931 年间，一部分资产阶级知识分子赞美西方资产阶级民主制度，以“保障人权”为旗帜，阐释人权的价值和真谛，揭露当时中国的人权状况，向政府提出了保障人权，思想言论自由，实行民主政治等要求，发动了一场时间不长但规模较大的人权运动，在当时产生了较大影响，被称为“人权派”。其代表人物为胡适、罗隆基、梁实秋等人。

一、人权运动兴起的历史背景和原因

1. 蒋介石政府的专制独裁统治

北伐战争结束后的 1928 年，蒋介石的国民党政权基本处于稳定状态。国民政府开始实行一党专政的军事独裁统治，国民政府颁布了一系列法律法规。1928 年 2 月通过《暂行反革命治罪法》，规定对“宣传与三民主义不相容之主义及不利于国民革命之主张者，处二等四等有期徒刑”①；1928 年 8 月《民众运动

① 《中国国民党中央政治会议第 130 次会议记录》，1928 年 2 月 29 日。

案》规定组织团体"必须受党部之指导与政府之监督"①;1930 年 12 月通过《出版法》对报纸、杂志、书籍严加控制,实行文化专制,剥夺人民的言论自由等权利。1931 年 5 月"通过《训政时期约法》,以国家根本法的形式确认了国民党一党专政的统治。"②这一系列的法规,为蒋介石推行专制独裁统治并以党代政、把军权凌驾于党权之上,创造了法制依据和保障条件。

早在 1929 年 3 月,国民党召开第三次全国代表大会,通过了《训政纲领追认案》,确定了以蒋介石为首的国民党一党"训政"。《训政纲领》规定:"中国国民党最高权力机关"于必要时"得就于人民之集会、结社、言论、出版等自由权,在法律范围内加以限制"。这实际上等于取消了人民的集会、结社、言论与出版的自由权利。1929 年 4 月 20 日国民政府颁布了《保障人权命令》,但该命令并非为切实保护人权,而是以"训政"为名,限制人权。向往现代民主政治的自由主义知识分子很难接受这一命令,对国民政府以人权为幌子压制民主和自由的做法非常失望,痛感"这个时期,'中国要算是全世界最悲惨的白色恐怖的国家了'"③。

命令颁布后,胡适随即在《新月》杂志第 2 卷第 5 期上发表了《人权与约法》一文,用大量事实揭露了国民党政权侵犯人权,剥夺人权的罪行。"在这个人权被剥夺几乎没有丝毫剩余的时候,忽然有命令保障人权的盛举,我们老百姓自然是喜出望外",然而"仔细重读这道命令,便不能不感到大失望"。首先,"这道命令以人权为身体,自由,财产三大项,现在这三大项都没有明确规定,如'自由'是哪几种自由?'财产'怎样保障?"。其次,"明令禁止的只是个人或团体而不总提及政府机关。个人或团体固然不得以非法行为侵害他人身体、自由及财产,而今日我们最感觉痛苦的是种种政府机关或假借政府与党派的机关侵害身体、自由及财产。如今日言论出版自由之受干涉,如各地财产之没收。""这岂不是只许州官放火,不许百姓点灯吗?"再者,"我们就不知道今日有何种法律可以保障人民的人权。"因为"若以政府或党部名义行之,人民便完全没有保障了。"④胡适的文章一经发表就引起了知识分子的广泛关注,并成为发动人权运动的标志性事件。

2. 平社的活动与人权运动的兴起

人权派是由一些留学英美的资产阶级知识分子构成的松散政治派别,它从"新月社"中产生出来,但并不等于新月人权派。新月社是胡适、徐志摩等人于

---

① 荣孟源编:《中国国民党历次代表大会及中央全会资历料》上册,光明日报出版社 1985 年版,第 534 页。

② 中共中央党史研究室:《中国共产党历史》第 1 卷,中共党史出版社 2002 年版,第 289 页。

③ 黄修荣:《国共关系七十年》上卷,广东教育出版社 1998 年版,第 701 页。

④ 《胡适文集》第 5 卷,北京大学出版社 1998 年版,第 524 页。

1924 年成立的一个俱乐部，标榜自己不谈政治，只谈文艺。后来，胡适、罗隆基、梁实秋、潘光旦等“新月社”的一部分人共同组成“平社”，创办了《新月》杂志。他们反对国民党的一党专政，崇拜西方资产阶级民主政治，追崇个人的思想自由，更不满知识分子没有参政议政的机会，于是就主张讨论和批评政治是每一个国民的权利，呼吁每一个国民“把自己的政治思想公开地、诚实地、负责任地贡献给国家”①。通过这些活动，他们就从文学同仁转而成为要求落实人权的政治派别，并针对蒋介石集团和南京国民政府种种排斥异己、压制思想自由、剥夺人权的政策和做法，发起一场以争约法、要人权为主要内容的政治运动。

胡适在发表《人权与约法》后不久，又写了《我们什么时候才有宪法》、《知难、行亦不易》等文章；罗隆基也先后写了《论人权》、《我们要什么样的政治制度》、《对训政时期约法的批评》；潘光旦写了《优生的出路》、《论才丁两旺》。这些文章都认为“人权破产”是目前中国不可争辩的事实，从思想和理论上全面阐述了人权派的政治主张，呼吁全国的知识分子努力争回人权。大体上说，这些文章系统表达了中国自由主义者的人权理想，支持和推动了人权运动的兴起和展开。1930 年 1 月，胡适将这些文章编辑成《人权论集》一书，并由新月书店出版。

3. 国民党对人权派的策略及人权派的抗争与妥协

人权派反对蒋介石的专制统治显然为国民党所不容，尽管人权派声明这是“为党国计”，但仍遭到国民党的打击。国民党一方面采用围攻甚至逮捕等手段，对人权论者进行“围剿”，施加压力；另一方面，为了欺骗舆论、笼络人心，又做出一副欢迎批评、虚心纳谏的姿态。1929 年 12 月 27 日，蒋介石通电全国各报馆称，“凡党务政治军事财政外交司法诸端咸望于十九年一月一日起，以真确之见闻，作翔实之贡献。其弊病所在，能确见事实症结非攻讦私人者，亦请敬请批评……凡属嘉言，咸当拜纳。”与此同时，国民党还罗织和授意潘公展等御用文人，或在《民国日报》、《新生命》等报刊上发表文章，或在“纪念周”上演讲，劝说人权派应该多说真实民意代表的正当言论，另一方面则对人权派展开攻击和批判。

1929 年 11 月，由国民党中央宣传部出版《评胡适反党义近著》一书，给胡适和新月派戴上“违反党义”、“诋毁党义”的帽子，攻击它“反对革命的哲学理论”、“反对革命的政法理论”、“是信着欧美民治主义的谬说”，警告人权派要“即行鸣金收兵”，否则，“声名扫地，陷入文人末日之悲境”②。接着，国民党当局便搜查新月书店，逮捕店员，而国民党中央教育部则对胡适“加以警告”和申斥。不久，蒋介石发表讲话，指责有些人所谓的推动思想自由事业实为“传布谣

① 罗隆基：《政治论文序》，新月书店 1932 年版，第 6 页。

② 国民党中央宣传部编：《评胡适反党义近著》，光明书局 1929 年版，第 87 页。

言和制造混乱”，并告诫人们要防止这些人的机会主义。1930年5月，国民党政府撤销了胡适上海中国公学校长的职务。① 1930年11月4日，罗隆基在上海吴淞公学被上海警察局以“言论反动，侮辱总理”，“有共产的嫌疑”等罪名拘捕，并于1931年春撤销了其上海光华大学教授职务。②

在国民党的威逼利诱和双重打击下，资产阶级的人权派由辩解、抗争到妥协，纷纷“卷旗息鼓，重做故纸生涯”③，充分暴露了中国资产阶级在政治上的软弱性。胡适承认了他发表的《人权与约法》一文是由于“热病所致”，后悔自己感情用事，“自恨‘养气不到家’”。1931年1月18日，胡适还表示期望与蒋介石在“共同认识”之上达到一个“互相认识”④。1931年10月，胡适等人受到蒋介石召见并被委以重任，最后成为南京政府的附庸。

1931年九一八事变后，国内的民族矛盾和阶级矛盾发生了新的变化，在抗日问题上，人权派内部出现了几种截然不同的主张。罗隆基最先表态说，“在国事危机存亡的时候，我们决不愿拿言论自由做幌子来与当局为难”，并主张全民抗战。⑤ 胡适主张妥协退让，而梁实秋则又回到不谈政治的老路上去。人权派一个突出的特点，就是它没有自己的政治宣言、行动纲领和组织形式，这一松散的政治联盟的瓦解是不可避免的，而在当时的情况下，人权运动流于形式也是必然的。

二、人权派的主要政治思想和主张

1. 提倡保障人权，反对以国家和法律名义践踏人权

争取人权是人权运动的一项重要内容。人权派较为系统地提出了关于人权的政治主张。1929年4月，胡适发表《人权与约法》，揭露国民政府的假人权，指出人民完全没有人权保障的事实；罗隆基发表《论人权》，对西方资产阶级人权思想作了阐述，并把人权的意义概括为：“（一）维持生命；（二）发展个性，培养人格；（三）达到人群最大多数的最大幸福的目的”。在人权与国家的关系上，罗隆基认为，国家存在的价值完全以功用的大小为标准，而国家的功用就“在于保障人权，保障人民生命上那些必要的条件”。“国家的权威是有限制的，人民对国家服从的义务是相对的。什么时候国家担当不了我付托给他的责任，在国家失去了命令的权利，在我没有服从的义务。”国家的优劣，在任何时候都以个

① ［美］格里德：《胡适与中国的文艺复兴》，鲁奇译，江苏人民出版社1996年版，第262、265页。

② 《胡适往来书信选》（中册），中华书局1979年版，第574页。

③ 《胡适往来书信选》（中册），中华书局1979年版，第574页。

④ 《胡适往来书信选》（中册），中华书局1979年版，第94页。

⑤ 罗隆基：《告日本的国民和中国的当局》，《新月》第3卷，第12期。

人权利得到承认的程度为标准；人权是国家存在的前提，国家的功用在保障人权。罗隆基还引用英国政治学者纳斯克的话说，“国家，简单地说，不能产生人权，只能承认人权。它的优劣，在任何时期，即以人权得到承认的标准为标准。”在人权与法律的关系上，罗隆基认为法律是因为保护人权而产生的，亦依赖于人权保障。“只有人民自己制定的法律，人民才有服从的责任”，“人民制定的法律就是人权”。因此，必须以宪法的形式保障“人民在法律上一律平等”，“对国家政治上一切权利，应有平等享受的机会”①。

人权派共同的一个重要主张，就是要求法治，建立作为根本大法的宪法来规定人权和政府各机关的权限，切实保障人权。只有这样，宪法或法治才可能作为保障人权、走上民主政治的根本手段。② 由此，人权论者对国民党《训政时期约法》的虚伪性进行了激烈的批评。罗隆基说：“我辈要约法，我辈要约法来保障人权，我们所指的人权，是在我们中国今日的环境里，有切身利害关系的一切人权而言的。在这条上，人民权利章，又有极重要的遗漏。”对这个约法的批判主要包括以下几个方面。首先，约法“条文上规定的‘主权在民’四字，是绝无意义的虚文”。其次，约法虽然规定了人民有言论、出版、集会、结社的自由，有通信、通电、迁徙的自由，但究其实质，这“一切一切的自由”，都可以“依法律停止之或限制之”。再次，照约法上的规定，国民政府主席的“权力已经包罗万象，法律上又绝无监督机关”③。罗隆基还根据资本主义国家的人权理论，针对当时中国社会的实际情况，提出了三十五条“必争的人权”，其内容涉及国家主权，法律作用，政府组织，官吏权限，军队，司法，经济及人民对国家的义务与教育等各种问题。

2. 反对国民党独裁专制，主张专家政治

人权派争取自由表达思想的权利，就是为了反对国民党对思想自由的禁锢以及一党专政的独裁统治。胡适认为“政府对于知识分子的唯一责任是提供钱、和平和他们自己思想的自由”，但是国民党却“很快便把已故‘总理’那些通常很含糊、有时甚至是互相矛盾的观点变成了一种思想体系，对这种体系他们要求教条式的忠诚，而不容忍任何异议”④。人权派指出，“治国是一件最复杂最繁难又最重要的技术”，而国民政府却“以一班没有现代学术训练的人，统治一个没有现代物质基础的大国家”⑤。“中国目前政治上紊乱的状况，根本的罪孽，是在不懂政治的人，把持国家的政权，不懂行政的人，包办国家的行政”，而究其原

① 罗隆基：《论人权》，《人权论集》，新月书店 1930 年版。

② 《胡适文集》第 5 卷，北京大学出版社 1998 年版，第 548、553 页。

③ 罗隆基：《对训政时期约法的批评》，《新月》第 3 卷，第 8 期。

④ [美]格里德：《胡适与中国的文艺复兴》，鲁奇译，江苏人民出版社 1996 年版，第 258 页。

⑤ 《胡适文集》第 5 卷，北京大学出版社 1998 年版，第 599 页。

因，主要是“从中央政府的政权，一直到各省政府的政权，从国的行政，一直到党的行政，都受武人的支配。”这种政治是“武人政治”和“分赃政治”。至于怎样管理国家，人权派援引英美资产阶级那一套政治运作程序，认为“二十世纪的政治行政，已成为专门科学，二十世纪的行政人员，要有专门知识。”要懂“科学的管理法。”因此，人权派提出所谓专家政治的思想，认为要把治理国家这件事办好，只有充分请教专家，并断言说，“只有正当的选举和公开的考试，才能产生真正的专家政治。只有专家政治，才能挽救中国”①。

他们的专家政治主张，似乎在为中国资本主义的发展设计具体可行的方案。他们并不反对党治，甚至认为党治也是可以的，但必须反对“一党独裁”，“党治与一党独裁似不可混为一谈”。但是，如今国民党的党治不仅在于“党权高于一切”，更是“党外无党”，所以就是一党独裁。② 实际上，他们强调的还是专家政治，反对“武人政治”和“分赃政治”。罗隆基说：“‘党治’亦可以，我们先问问谈‘党治’的人，是否先能‘治党’。‘训政’亦可以，我们先问问训练我们的人，他们政治上的知识，是否可以为训。换言之，我们要问问管理众人的事的人，是否管理上的专家。”③因此，反对一党独裁的一个可行的办法就是专家政治，只要是以人权派为代表的资产阶级及其知识分子主持，党治、训政亦无不可。由此可以看出，人权派不切实际的要求与其思想的空想性是互为因果的，而他们的约法主张和分权目的显然都不可能为国民党所接受，他们的逻辑推理也不可能落到实处。

三、人权派政治思想分析与评价

1. 人权派不满国民党独裁统治的政治主张具有空想性

国民党大力推行一党专制，人民毫无民主自由可言，生命财产毫无保障，各项人权被剥夺殆尽。人权派针锋相对，公开声称反对国民党的一党专制，实行民治，对国民党的独裁统治进行了无情的揭露，并明确要求充分保障最基本的人权，主张实行民主法治，倡导言论自由的价值，这些无疑都具有一定的进步意义和合理因素。

人权派的人权思想显然受到了西方功利主义法哲学思想的影响，其主要体现关于超国家、超法律的人权主张。罗隆基根据资本主义国家的人权理论，通过反对国民党独裁统治、保障人权、争取思想言论自由、专家政治等主张，表达了对

---

① 《胡适文集》第 5 卷，北京大学出版社 1998 年版，第 600、604、605、608 页。

② 罗隆基：《我们对党务上的“尽情批评”》，《新月》第 2 卷，第 8 期。

③ 罗隆基：《我们要什么样的政治制度》，《新月》第 2 卷，第 12 期。

国民党独裁统治的不满，并针对当时中国社会的具体情况，提出了资产阶级的人权观，反映了民族资产阶级争取政权，发展资本主义愿望和要求。但是，人权派所鼓吹的自由、平等不过是资产阶级的欺人之谈，他们所高举的人权也只能是资产阶级的人权。虽然反对独裁和要求法治等主张本身具有进步性和积极意义，但他们把争取宪法或法治作为保障人权、走上民主政治的根本手段，却是一种典型的和空想特征明显的改良主义。事实上，人权论者所理解和要求的那种超时期、越阶级、超法律的绝对自由是根本不存在的，所以即使是再善良的愿望也不可能实现。

2. 人权派的政治主张反映了民族资产阶级的政治软弱性和阶级局限性

人权派标榜人权的实际目的是维护资产阶级权益，而把人权概念抽象化的做法，则反映民族资产阶级的政治软弱性和阶级局限性，企望用保障所谓抽象的人权来代替国家的职能本身就是不客观的。

人权派主张"用自觉的改革代替盲动的所谓'革命'"，号召"集合全国的人才智力，充分采用世界的科学知识与方法，一步一步地作自觉的改革，在自觉的指导之下，一点一滴收不断的改革之全功。不断的改革收功之日，就是我们的目的到达之时。"①在中国人民进行新民主主义革命之际，人权派幻想不经过流血斗争，就可以从国民党政府中得到人权，用点滴的改良建立自己所追求的理想王国，谋取那虚伪的、为少数"精英分子"所享用的"民主政治"，显然是落后于时代要求的，对于中国革命的发展也起着一定的阻碍作用。人权派虽然提倡"法治"和"人权"，但并没有真正从当时占中国人口绝大多数的贫苦大众出发，关心他们衣、食、住等方面的最基本人权。人权派所提出的政治主张，深刻地反映了民族资产阶级知识分子在政治上的软弱性，暴露了民族资产阶级的阶级局限性。

3. 人权派对马克思主义和中国共产党的诋毁

因为人权派对中国社会的性质缺乏正确的认识，一味强调西方的民主宪政理论，使他们既反对国民党独裁统治，又反对中国共产党的政治主张，认为中国不需要用革命，而是应该通过和平、改良的途径实现中国资产阶级专政。大革命失败后，中国仍然是半殖民地半封建社会，反对帝国主义和进行土地革命是中国革命的两大任务，但人权派却歪曲说，革命是造成国家动乱不安、互相仇杀的根源。他们由此认为，中国"真正的敌人"不是帝国主义和封建势力，而"是贫穷，是疾病，是愚昧，是贪污，是扰乱。这五大恶魔是我们革命的真正对象。"他们攻击中国共产党领导的"那用暴力推翻暴力的革命"是一种"悬空捏造革命对象因而用来鼓吹革命的革命"，这种革命只能"浪费精力，煽动盲动残忍的劣根性，扰乱社会国家的安宁，种下相残相害相屠杀的根苗，而对于我们的真正敌人，反让

---

① 胡适：《我们走哪条路》，《胡适论学近著》第1辑。

他们逍遥自在，气焰更凶，而对于我们所应该建立的国家，反越走越远”①。

他们还攻击中国共产党领导下的工农群众“大部分是市井的流氓，乡村的土匪”，说共产党内缺乏“领袖人才”和“建设上的干部人才”。“做宣传，喊口号，甚至于攻城略地，杀人放火，有他们的勇气。打倒一个旧的国家，建设一个新的社会”，“一定是‘心有余而力不足’的。”罗隆基还说，“共产在某个国家的成功，有赖于共产在其他各国进展的形势”，现在不可能出现国际革命的形势，因此，即使中共打倒了国内的资产阶级，却打不倒国外的资产阶级，结果造成“中国的内部，流氓共产；中国的南部，洋人共管”的局面。“设不幸，中国共产主义不能完全成功，中国共产革命不能立时消灭”，那么，等待中国的前途将会是“经济上破产”和“政治上的亡国”②。

人权派站在自由资产阶级的立场上，把国民党独裁专制同中国共产党的政治主张相提并论，攻击共产党把国家看作是阶级斗争的工具。他们断定，“在社会改造上，暴力革命的功用是有限的”，而对于马克思主义关于阶级斗争和暴力革命的学说，他们更是深恶痛绝，攻击不遗余力。③ 人权派对于中国社会革命的基本观点是主张改良，反对暴力革命，反对马克思主义的斗争学说，还故意混淆国共两党的本质区别，甚至认为由于共产党的存在才导致了国民党的党治和独裁。因此，人权派希望国民党“剿共”尽快成功，并为此积极替国民党的“剿共”出谋划策，充分暴露了他们反马克思主义、反人民的反动性一面。事实上，也正是人权派的反共立场，使他们在与蒋介石妥协后能够继续受到重用。

第四节　第三党的政治思想

第三党是中国农工民主党的前身，也是成立最早的民主党派之一，它的创建是中国民主党派产生的主要标志。第三党在历史上四易其名，开始是以“中华革命党”的名义和“科学的三民主义”的主张进行活动，但外界并不清楚这个组织的具体名称，只是知道这个组织既反对国民党，又不支持共产党，而是独立于两党之外的组织，因此将其称为“第三党”。

一、第三党的创建

1. 第三党创建的经过

① 胡适：《我们走哪条路》，《胡适论学近著》第 1 辑。

② 罗隆基：《论中国的共产》，《新月》第 3 卷，第 10 期。

③ 罗隆基：《论共产主义》，《新月》第 3 卷，第 1 期。

1927年大革命失败以后，蒋介石背叛孙中山先生的三民主义，建立了南京政府，实行法西斯独裁统治，对内镇压人民，对外投靠帝国主义，引起了民众的强烈不满，使国内阶级矛盾进一步尖锐化。同时，帝国主义对中国的侵略和掠夺，使国内各种矛盾更加激化。面对复杂的国内外形势，各阶级、各阶层的人们开始思考中国的前途问题，寻求解救中国的革命道路。从国民党内部分化出来的国民党左派在孙中山三民主义的影响下，坚决捍卫孙中山的三民主义和三大政策，对蒋介石的背叛行为进行了坚决的斗争。同时，从武汉分离出来的和曾参加南昌起义的一部分国民党左派，以及共产党中一些和党失去联系的人士以各种形式逐步联合起来，为推翻帝国主义和蒋介石的反动统治，遵循孙中山的三民主义，积极探索复兴中国的革命道路。

1927年5月，宋庆龄同邓演达等人交换意见，表示要“相约集合同志，为继承孙中山的遗教而奋斗到底”；同时，邓演达和谭平山就组党问题多次商谈，拟建立一个新党，继续领导国民革命。1927年11月1日，宋庆龄、邓演达、陈友仁以“中国国民党临时行动委员会”的名义，在莫斯科联名发表了《对中国及世界革命民众宣言》（简称《莫斯科宣言》）。宣言声明，这个党是独立于国民党和共产党之外的组织。考虑到“中国国民党临时行动委员会”还没有完全脱离国民党，还不是一个新的政党，而只是一个临时性的革命团体，这个组织以中华革命党的名义于1928年开始在上海活动。1930年8月，在邓演达的主持下召开了第一次全国干部会议，正式成立了国民党临时行动委员会，并将中华革命党改组为中国国民党临时行动委员会。1935年11月，临时行动委员会在香港召开了全国干部会议，正式决定把国民党临时行动委员会改组为中华民族解放行动委员会。1947年2月，中华民族解放行动委员会在上海召开第四次干部会议，易名为中国农工民主党。

2. 第三党创建过程中来自资产阶级和国民党方面的原因

由于蒋介石等人背叛革命，国民党成了代表大地主大资产阶级利益的政党，对国民党左派、民族资产阶级和小资产阶级进行打压，这种反动行为使得一些进步人士纷纷退出国民党。国民党反动派对共产党人和爱国进步人士大肆屠杀的白色恐怖，迫使共产党只能离开国民党阵营，发动工农武装暴动。当南昌起义等军事斗争均告以失败之后，相当一批爱国反蒋的进步人士和知识分子相继来到上海，他们既反对国民党反动派对于他们的迫害，又不想跟着共产党闹革命，认为国民党是不行了，但共产党也不行。在这种情况下，邓演达挺身而出，毅然退出国民党，重新寻找中国的出路问题，并揭露指出，“国民党的矛盾，不是‘中国国民党与中国共产党的问题，而是国民党自身的矛盾问题’，由于很多出身于大地主、大资产阶级的党员投靠帝国主义和军阀势力，违背人民的意志，使党‘达到绝路'"①。

一方面，尽管资产阶级知识分子整体处于彷徨和观望状态之中，但其中的进步人士不仅忧国忧民，而且积极探索中国的出路；另一方面，国民党左派本来就同情、甚至认同共产党的革命主张，所以其中一些人继续坚持革命并寻找相应的途径和方式。《莫斯科宣言》发表以后，这些人受其影响，得到鼓舞，觉得看到了希望，认为应该团结和组织起来，积极行动，于是第三党就在这样的情况下产生了。

3. 第三党创建过程中来自中国共产党方面的原因

南昌起义失败后，中国革命暂时处于低潮，由于错误指导思想的原因，在革命阵营内部也出现了分化的问题。第三党主要发起人之一的谭平山在参加"八一"南昌起义后，途经香港来到上海。在此之前的 1927 年 11 月 8 日，中共中央召开临时政治局扩大会议，谭平山被当作为右倾机会主义分子开除出党。谭平山当时认为，"四一二"蒋介石叛变革命以后，国民党已不能领导中国革命，它这块反动招牌已经不行了；共产党的做法过火，在中国这样干也行不通，不能领导中国革命。他在《申报》上登出启事说，"共产党的政策对中国革命是超时代的"，声明脱离共产党。他主张建立一个没有"国际"关系的、纯粹中国式的马克思主义政党。

1927 年 7 月，斯大林提出了中国革命的"三阶段论"，认为国共合作的大革命失败后，中国革命进入苏维埃时期，无产阶级的同盟者只剩下农民和城市平民，认定中国民族资产阶级及其知识分子已经成为革命的对象。中国共产党受李立三"左"倾机会主义错误路线影响，对待民族资产阶级采取了错误的态度，认为"中国民族资产阶级背叛革命，走到帝国主义地主豪绅反革命营垒"②，"民族资产阶级是阻碍革命胜利的敌人之一。"③这个错误论断改变了中国共产党对待民族资产阶级和小资产阶级的政策，在此意义上讲，中国共产党对革命对象和革命同盟问题上的指导思想，也是促使和共产党看法不尽一致的革命者组建第三党的一个原因。对此谭平山认为，脱离共产党的人半数以上都是被党内右倾和"左"倾机会主义逼的，因此，作为过渡，可以暂时还用武汉政府时期的政治纲领，以便把脱离共产党的同志和有关系的人都重新组织起来，团结在中华革命党内。随后，谭平山按照他对社会主义性质政党的理解，草拟了中华革命党的《党纲》和《政纲》。

第三党的组成成员主要来自三个方面。一是一部分坚定的国民党左派；二

① 张磊主编：《中国农工民主党卷》（中国民主党派史丛书），河北人民出版社 2001 年版，第 21 页。

② 中央档案馆编：《中共中央文献选集》第 4 册，中共中央党校出版社 1983 年版，第 171 页。

③ 中共中央书记处编：《六大以来》（上），人民出版社 1980 年版。

是被中国共产党错误开除党籍的党员，以及与中国共产党失掉组织关系后对革命产生的动摇的人；三是一部分失意青年。这些人都对国民党的反动统治坚决反对，但又认为中国共产党“不是客观的社会要求所产生”，而是共产国际人为培植的结果，这种认识使得他们既不可能与国民党合流，也不可能与共产党携手，只能重新组织一个新党来阐释他们的政治主张和政治理想。

二、第三党的政治主张及思想

1. 对当时中国革命基本问题的认识

在对中国社会性质的认识上，《中华革命党党纲》论述了中国革命与世界的关系，认为“中国问题已成为世界政治问题中的重要部分”，并在分析了中国的现状时指出，“中国目前是一个农业手工业社会，它的政治是反动的封建势力与帝国主义的联合统治。”《党纲》规定，在革命成功之后“即建设起平民的政权，向着新的经济政策建设”，而“这个新的建设的路向，是政治上的新的平民政治与经济上的超资本主义。”第三党认为，中国社会既不是封建社会，也不是近代资本主义社会，而是受封建势力和帝国主义势力双重支配的半殖民地、半封建的“前资本主义社会”。对于中国共产党，《党纲》认为，“最近共产党建立中国苏维埃政府。主张推翻孙中山先生的三民主义的革命纲领，完全不顾中国客观上的可能性，一味以主观的意识去盲动，所以要批评反对它的纲领和行动。”①最后，《党纲》号召党员一定要韧强的奋斗，要联合起来奋斗，去创造幸福的生活。

该《党纲》还认为，从经济结构来看，中国社会经济的“主体之农民手工业生产”，“因政治的掠夺及帝国主义经济竞争而日益崩溃”。从社会方面来看，当时的农村，特别是南方的农村中，还带着“浓厚的民族社会的色彩”，差不多在全国，“血缘关系是支配社会生活的中心”。所以，“整个的中国社会，还滞留在封建势力支配的阶段，还是前资本主义的时代”，但“又无法过渡到一个近代资本主义生产的新阶段。”基于这一认识，第三党的主张，在经济政策方面，主要的目的是建设超资本主义的经济基础，同时极力促进中小企业的发展。从政治结构来看，“现时中国的政治组织是封建官僚主义”；在政治制度上，提出“反对阶级独裁及以党专政的变相的官僚主义”。因此，应该在经济平等的原则上，构成真正能代表各生产部门的人民利益并促进民族全体利益的政治制度，用职业联合

① 陈竹筠、陈起城主编：《中国民主党派历史资料选编》下册，华东师范大学出版社 1985 年版，第166～167 页。

会议制，组织全国最高的政治机关。①

2．对中国革命的对象、动力、领导阶级及现阶段任务的认识

第三党认为，当时中国形成了两个对立的阶级，一个是在帝国主义支配下的新旧军阀和封建资产阶级、豪绅地主联合的反动统治阶级，一个是在政治上受压迫、经济上受剥削、无法维持生活的革命阶级。前者是革命的对象，后者是革命的动力，其成员包括产业工人、手工业工人、雇农、店员与小贩。革命阶级要联合小手工业者、小自耕农、小商人和劳动平民化的教员、学生及自由职业者等知识分子以及无产者士兵，但必须以平民劳动者为中心，进行民族革命、土地革命和社会革命。

对于中国革命的前途，第三党认为是向着“社会主义”前进。他们把经济状况看作是革命前途的基础，而“中国的社会经济现时主要的还是停留在封建残余的前资本主义阶段”，所以从各阶级的力量方面来考察，“资产阶级在政治经济上是暗昧的”，大多数的平民阶级特别是农工阶级则“十二分的需要解放的斗争”，因此，中国革命必须建立“国家资本主义”，为达到社会主义铺平道路。②

3．对孙中山“三民主义”的继承与扬弃

孙中山的新三民主义是大革命时期国共合作的政治基础，也是国民革命的一面旗帜，但是三民主义被后来怀有不同政治阴谋的国民党右派所歪曲和篡改。第三党认为，现在的国民党背叛了孙中山先生的革命主张，所以既要本着孙中山先生过去行动的准绳，始终坚持新三民主义的原则，又要对孙中山的“三民主义”进行创新性的扬弃。

《中华革命党党纲》指出，孙中山先生的革命主张是三民主义，它的民族主义，是彻底地反对帝国主义的。在民族问题上，第三党经过详细地分析认为，“大战以后的世界显然区分为四种力量”，“第一种——帝国主义——是我们的敌人”，“第二种——苏联力量——客观上可以做我们的朋友”，“第三种——各国的社会党——在它的纲领上应该可以做成我们的朋友，但是在实际对外政策上是反对我们要求的”，“第四种——被压迫民族们——是我们真实的朋友”，呼吁全世界被压迫民族和全世界被压迫阶级联合起来。“一定要联合以平等待我们的革命势力及民族，而排斥及抵抗不以平等待我，蔑视中国民族要求的势力及民族”，并呼吁建立“反帝国主义的联盟”③。

---

① 陈竹筠、陈起城主编：《中国民主党派历史资料选编》下册，华东师范大学出版社 1985 年版，第 137、138、166 页。

② 陈竹筠、陈起城主编：《中国民主党派历史资料选编》下册，华东师范大学出版社 1985 年版，第 168、170 页。

③ 陈竹筠、陈起城主编：《中国民主党派历史资料选编》下册，华东师范大学出版社 1985 年版，第 181 页。

《党纲》在继承孙中山政治思想的同时提出了新的政治主张。首先是对外政策的总原则,即取消一切不平等条约,凡以平等待我之民族,尤其是现实被压迫的民族,皆与之结成特别亲密的关系,在行动上互相援助。这个思想是对孙中山"联合世界上以平等待我之民族"中不分压迫民族思想的扬弃。其次,《党纲》认为,实现孙中山先生的民权主义就需要扫除封建政治余毒。第三党承认阶级斗争和人民创造历史的马克思主义观点,认为"阶级斗争的事实,自从人类社会发生阶级以后,即已存在"①。这种思想是对孙中山英雄史观的扬弃。最后,《党纲》指出,孙中山先生的民生主义,是要防止资本主义的流毒,发展国民生产,而向着超资本主义前进。在民生问题上,第三党制定了详细的对内对外经济政策,并规划了运用过渡期的经济政策,建立国家资本主义,进行大规模国营工业建设,为进入社会主义奠定丰厚的物质条件的宏伟计划。显然,这些思想和主张与孙中山的"平均地权"和"节制资本"的民生政策是有本质区别的。

三、对第三党创建的历史评价

1. 在当时中国白色恐怖的社会中起到了特殊的历史作用

首先,第三党的活动打击并威胁到国民党的反动统治。第三党以《突击》、《灯塔》等周刊作为革命的宣传阵地,由丘学训主编的理论性的刊物《突击》,是向国民党、改组派和再造派开战的主要阵地,而由曹霄青、孙靖华主编的《灯塔》寓有"革命青年的灯塔"之意,所以在宣传自己的政治主张的同时,负有团结和争取青年的任务。在军事上,第三党与蒋介石嫡系军队建立了密切联系,分化和瓦解蒋介石的军队实力,动摇了其统治基础。

第三党的革命活动,在客观上支持了共产党的革命斗争。第三党初期的工作主要包括:(1) 建立中国革命的理论以指导革命行动;(2) 在地方建立据点,恢复各地原有国民党左派的组织;(3) 向文教界发展,建立和扩大组织,联络青年学生,造成反蒋声势,推动反蒋斗争;(4) 利用军阀混战,联络反蒋军队,策动反蒋运动。当时共产党正处于国民党的大"围剿"之中,处境十分困难,第三党的活动无疑为其反"围剿"的胜利提供了契机和助力,更重要的是给共产党的反帝反封建运动增加了一支可以联合的革命力量。

2. 代表小资产阶级利益的政党,不免有其阶级的局限性

第三党不能用马克思主义阶级分析的方法来讨论其本身的阶级构成问题。如前所述,第三党对当时中国社会性质、革命对象、革命任务等问题的分析和认

① 陈竹筠、陈起城主编:《中国民主党派历史资料选编》下册,华东师范大学出版社 1985 年版,第 136 页。

识是正确的，但是在分析阶级构成问题上却出现了矛盾。第三党认为“平民阶级”包括产业工人、手工业工人、雇农、佃农、店员、小贩、商业制度下的军事投机组织、劳动平民化的教员、学生、自由职业者、无产者士兵。这当中的军事投机组织、自由职业者缺乏严格的阶级划分。中国革命须联合一切革命势力，扩大革命战线，作带有极浓厚的社会革命色彩的平民革命，就是以工农及其他小资产阶级的联合，作阶级斗争的联盟，以达到社会、政治、经济的解放，以求民族的自由独立。在经济落后的中国革命，是以工农为基础，而以小资产阶级作革命同盟。它的对象不仅是要打倒帝国主义，还要摧毁根深蒂固的封建势力，建立一个以工农为中心的平民政权，用非资本主义的方法，发展生产，到达社会主义，这是中国革命唯一的出路。

由此可见，第三党虽然运用了马克思主义阶级分析方法正确分析了中国的阶级斗争，但却不能正确地划分阶级，而是把各阶级拼凑在一起，这决定了第三党不能制定出一套正确的代表其阶级意志的纲领，注定了第三党所制定的在小资产阶级领导下经过平民革命建立平民政权再过渡到社会主义道路的失败。由于第三党是小资产阶级性质的政党，它的政治主张有着自身的阶级局限性，革命也不够彻底，所以它的革命道路不符合中国的发展规律，最终历史证明这条道路在中国是行不通的。

3. 第三党不能认识到无产阶级的领导地位

第三党不同意中国共产党的政策，认为中国共产党的政策是超时代的政策，但并非不赞成中国实行无产阶级革命。第三党认为共产主义只能发生在西方资本主义发达国家，认为中国的无产阶级革命客观条件还没有具备，因为中国社会还处于前资本主义状态，中国共产党“不是中国客观的社会要求所产生”，而是第三国际培植起来的。并且认为共产党过分估计了主观力量，认为其所代表的无产阶级，“依其数量和质量，也只可在广大的革命群众中发生积极的作用，不能单独的，自树一帜的领导中国革命。”①认为“中国社会只有广大的劳动平民阶级是革命领导的阶级”②，所以认为只有该党领导的平民革命才能取得中国革命的胜利，否定了无产阶级的领导地位。

第三党的平民革命道路是小资产阶级政党在大革命失败以后，为寻求一条解救中国的出路而进行的努力探索，它通过对当时中国国情的分析，希望走一条既不同于国民党也不同于共产党的中间道路。但是我们也应当看到，在当时的历史条件下，第三党的纲领在许多方面超越了孙中山三民主义，接近了中国共产党的新民主主义理论，这是非常难能可贵的，这是中外资产阶级革命派难以达到

---

① 《谭平山文集》，人民出版社 1986 年版，第 471 页。

② 张磊主编：《中国农工民主党卷》（中国民主党派史丛书），河北人民出版社 2001 年版，第 494 页。

的理论高度。

第五节　乡村建设派的政治思想

20 世纪初，一些知识分子到农村办教育和自治的实验，各地采取的方式方法各不相同，但其关心的一个相同目标，都是实现乡村政治的自治化和民主化。20 年代初，晏阳初从美国回来后，针对如何解决中国农村经济政治的衰败，提出了“乡村建设”这一概念，主要内容包括乡村自治、合作社和平民教育活动等。由此，先后有很多团体参与了乡村建设运动，其实验的区域主要在河南、河北、山东等省区。就其在国内外产生较大影响、有明确建设方案并长期坚持等方面来看，具有典型意义的是晏阳初领导的中华平民教育促进会（以下简称平教会）和梁漱溟领导的乡村建设派开展的活动。

一、乡村建设运动的缘起

1. 中国农村经济政治的衰落与“以农立国”

自古以来，中国就是一个农业国家，农村经济的状况直接影响着整个国家经济、政治的状况。20 世纪二三十年代，由于世界经济危机的爆发，使以小农经济为主的中国经济更加举步维艰，军阀之间的混战也造成了中国农村“遍地烽火，满目疮痍”的凄凉景象。农民生活状况的日趋恶化，大量农民流离失所，农村经济的衰落已成为不争的事实。一些爱国人士开始意识到农村问题的严重性，因此，掀起了“救济乡村”，“复兴乡村”等乡村建设运动。

从理论上讲，乡村建设运动的出现与乡村治理这一思想有直接的关系，它体现了五四运动以后民主思想的主流。1917 年，山西的“村治”实验就倡导从“安民政治”向“用民政治”的转变；1922 年以后的“村政”时期，又提出民治主义的口号，主张政治要与人民一体，要人民加入政治，开创了一条具有民治主义的自治之路。1929 年，王鸿一等人在河南建立了村治学院，目的在于“研究乡村自治及一切乡村问题，并培养乡村自治及其他服务人才，以期指导本省乡村自治之完成。”①他们提出了实行乡村自治的理念，形成所谓的“村治派”，认为中国“以农立国”已有数千年之久，人民绝大多数住在农村，因此中国的政治、经济和文化都应该以农村为基础和重心。相继出现的知识分子团体“中华报派”也和“村治派”一样，极力宣传乡村自治的主张，认为村治是国家与社会的基石，主张建设

① 郑大华：《民国乡村建设运动》，社会科学文献出版社 2000 年版，第 93 页。

"村本政治",使"一切权利,根本在民,政权操纵于民众,治权始于乡村"①,这些思想强调乡村自治中的人民性和民主性,在乡村自治组织的设计中贯彻了民主制度的理念,体现了教养利民、有中国特色的乡村自治精神。由此也可以看出,乡村建设运动对乡村政治现代化的建设已经有了较为深入的思考。

2. 乡村建设运动的主要内容

乡村建设运动的内容,几乎囊括了中国农村的经济、政治、文化、教育等各个领域,包括社会调查、行政改革、基层自治、发展教育、推广科技、移风易俗、提倡合作、自卫保安、卫生保健等诸多方面。

乡村自治应该是一个政治、经济、文化等多体合一的改造,这一点在 20 世纪 30 年代后的乡村建设事业中体现更为明显。梁漱溟在山东邹平推行的地方自治就是实行以村学、乡学为组织的"政教合一"自治制度,乡学、村学是邹平的文化教育组织,更是行政自治组织。梁漱溟认为,民主政治的建设与真正实现必须从基层乡村、农村做起,无此则不能有真正的民主。他高度重视对农民政治素养和参政议政意识的训练与培养,强调通过教育来启发、引导、鼓励村民参与政治的主动精神和民主意识,最终达到乡村自治的目的。这是他对二三十年代以来乡村自治思想的延续和实践,也是民国乡村建设运动中对于乡村政治现代化目标的具体实践。就整个乡村建设事业来看,乡村自治的民治主义政治主张追求一种现代民主管理模式,强调培养农民的民主意识,一时间也算是轰轰烈烈,给传统乡村社会带来了新的气象,参与乡村建设的地方的确也潜移默化地发生着观念上的革新和相应的社会变化。②

二、晏阳初领导的中华平民教育促进会

晏阳初领导的"平教会"在河北、湖南、四川等地进行的乡村建设历时最长、范围最广,在国内外的影响也最大。

1. 现代"民本"政治观是晏阳初从事乡村改造的思想理论基础

晏阳初(1893—1990),四川巴中人,是接受过西方教育的知识分子。在教学和研究实践中,他逐步确立了自己的平民教育思想,认为民本主义思想的精髓就在于"民为邦本,本固邦宁",因此,要把教育力量的发挥与平民所蕴含的建造一个民主国家的能量结合起来。晏阳初是从社会现代化的角度提出平民教育思想的,因此平民教育的实践也就包含了相应的政治内容。他说,"使人民有知识,有文化是重要的一步,但仅仅是第一步,教育中国人民的真正任务才刚刚开

① 王鸿一:《建设村本政治》,村治月刊社 1930 年版。

② 参见虞和平:《民国时期乡村建设运动的农村改造模式》,《近代史研究》2006 年第 4 期。

始”,“运动的根本目的不仅是教成千上万个文盲去读书,而是把他们训练成为现代的公民”,“为改变四千年的帝王统治,建成现代共和国而奠定基础。”①通过教育培养平民的素质,巩固民主共和国家,使国家成为一个“民有、民治、民享”的现代国家,是晏阳初领导平民教育的初衷,而平民教育只是他实现民族再造的手段。“平民教育运动、乡村建设运动,不论在中国,或是在海外,都是民本思想的实践,而以天下一家为最高宗旨。”②晏阳初认为“民为邦本,本固邦宁”是“历千年而不朽的真理”,世界上从来没有哪个国家是国势强大而人民衰弱的。③ 他在青年时期留学美国和在法国为战地华工服务时亲身感受到,欧美由于国民素质普遍较高,所以人的个性得以充分展现。晏阳初继承了传统儒家民本主义思想,并在内涵和精神方面赋予其时代意义和实践价值。从理论上讲,核心内容就是民强则国盛的“民本”教育政治观;实践上看,主要是进行平民教育,走乡村整体教育和系统改造的道路。

当时的中国,虽然已经建立了资产阶级性质的国民政府,但实际上依然是军阀混战、政客当道,国家屡受列强欺凌,百姓苦难有增无减。国民中 80% 是文盲,精神钝滞、迷信盲从,“偌大的中国,简直弄成有‘民国’而无‘国民’了。”④因此,晏阳初认为,“所谓根本的解决法,在将欲从各种问题的事上去求的时节,先从发生问题的‘人’上去求”⑤。只有通过教育,才能挽救中华民族的危机。“中国不必亡,亡不亡全在教育界。教育界可以支配中国,支配前途,改造社会”⑥。基于这些认识,晏阳初回国后开展了以“除文盲、做新民”为主旨的平民教育运动,先是在长沙、烟台等城市推行城市平民教育运动,而后又针对中国农民占人口绝大多数的现实又将工作重心移到了乡村。

2. 晏阳初的“定县模式”

1929 年,晏阳初将平教会总会机关迁到河北定县,他和一些同仁也举家迁往,开始对定县进行全面的乡村建设实验,形成一时传为美谈的“博士下乡”。到 1931 年,平教会就在定县的 476 个村庄里开办了 3 844 个识字班,平民学校毕业人数总计在 10 万人以上,扫除文盲成绩居全国 1 900 多个县之冠;农业科技改良使实验区农产品获得了较大的增产;全县初步建立了村区县三级卫生保健系统,天花已经绝迹。⑦ 晏阳初始终坚持平教会是“私人创设的教育学术团”

① 《晏阳初文集》,教育科学出版社 1989 年版,第 45、47 页。

② 《晏阳初文集》,教育科学出版社 1989 年版,第 259 页。

③ 《晏阳初全集》第 2 卷,湖南教育出版社 1992 年版,第 557 页。

④ 《晏阳初全集》第 2 卷,湖南教育出版社 1992 年版,第 557 页。

⑤ 《晏阳初全集》第 2 卷,湖南教育出版社 1992 年版,第 114 页。

⑥ 《晏阳初文集》,教育科学出版社 1989 年版,第 5 页。

⑦ 宋恩荣、熊贤君:《晏阳初教育思想研究》,辽宁教育出版社 1994 年版,第 374 页。

这一“学术性质”，主张不依靠政权，走独立发展的道路。① 其实，这种做法之所以能够有所成效，一个重要原因在于他们的经费主来源是晏阳初在美国的募捐，因而受到政府的牵制较少。

对于晏阳初乡村建设的目标来讲，“民有、民治、民享”是最重要的内容，而定县平民教育的主要目的，也就是使平民成为“有聪明才智和进取心的中华民国公民”。晏阳初坚信，“乡村平民教育如果成功的话，它将为改变四千年的帝王统制，建成现代共和国而奠定基础”②。晏阳初根据自己多年的乡村建设经验，认为在一个健全的民主国度，“为民所治”比“为民所享”更强大有力。晏阳初提出新的县政机构必须注意县政府对于新政治要求的适应，更要注意全县人民的政治组织与政治动员。在乡村建设活动中，晏阳初始终把培养农民的自治能力、自治精神作为自己的重任，把实现农民的“自治”看成乡村建设实践的最后结果，因此，自治化和民主化也是晏阳初在河北定县的乡村政治现代化建设的具体目标。

3. 晏阳初的乡村建设方案

经过在定县的调查研究，平教会更加认识到，在中国农村从事乡村改造的核心目标是救治“愚”、“穷”、“弱”、“私”这“四大病症”，“非同时谋整个的建设不可”③。于是，晏阳初将平民教育与乡村的系统改造结合起来，进行对应的文艺教育、生计教育、卫生教育和公民教育的四大教育，以及乡村文化、经济、卫生、政治的四大建设，并采取学校式、家庭式、社会式等三大方式连环推行的基本措施。他们认为，这样才能将平民教育与乡村改造融为一体，以此来培养农民的知识力、生产力、强健力与团结力，从而实现改造乡村、造就“新民”的目的。事实上，乡村改造思想是晏阳初平民教育思想的自然延伸，所以他强调指出，“平民教育是在人民生活的要求之下，以四大教育为内容，用学校式、社会式、家庭式三种方法，因时因地分工合作，连锁进行，整个的改进国民生活的教育运动”；而“定县实验是在统一规划下的乡村教育与乡村建设合流的社会改革工程——也可称为广义的教育工程”④。

晏阳初强调平民教育“不是救济，而是发扬”。“整个乡村改造工作的目的是发扬平民的潜伏力”⑤，“中国有为数众多未进过学校，没有文化的普通民众，他们无论直接地或间接地在地区级或国家级的政府里，都没有能力完全地享有现代共和国政府的公民权……为民主制度去教育中国千百万无知民众是我们义

① 《晏阳初全集》第1卷，湖南教育出版社1992年版，第344页。

② 《晏阳初文集》，教育科学出版社1989年版，第46页。

③ 《晏阳初全集》第2卷，湖南教育出版社1992年版，第246页。

④ 《晏阳初全集》第1卷，湖南教育出版社1992年版，第251页。

⑤ 《晏阳初全集》第2卷，湖南教育出版社1992年版，第562页。

不容辞的责任。”①要对农民进行教育，就需要知识分子“走出象牙塔、跨进泥巴墙”，这个见识超过了其他许多以单纯救济为目标的乡建团体，所以才倡导知识分子下乡，与乡村居民结合，指导并帮助乡村居民进行乡村建设。

晏阳初及平教会探索出的“定县模式”较为成型，此后他在湖南、四川短暂的乡村改造中都推广这一模式；20世纪50年代后，他在广大亚、非、拉国家推行的乡村改造，依据的基本上也是所谓“定县哲学”。晏阳初在总结自己的教育经历时说，“国际乡村改造运动，溯其历史，源于第一次世界大战时期法国战区的华工教育，后来演变为中国的平民教育运动，成熟于定县实验时期。”②“平教会的实在贡献在把科学和农村连合起来”③，“平民教育之转向农民身上，并扩充其内容意义，当然是一大进步，我们不能不赞颂的。”④可以说，“定县模式”具有相当的科学性和有效性，其理论根据和原则更是超出了政治思想史的特定领域而具有普遍的意义。

三、梁漱溟领导的乡村建设派

1. 现代新儒学政治观及其梁漱溟从事乡村建设的出发点

梁漱溟是现代新儒学的开创者。他在20世纪20年代初撰写的《东西文化及其哲学》中，提出了西、中、印“文化三期重现说”，并认为中国人现在应持的态度是：“对于西方文化是全盘承受，而根本改过”，“批评地把中国原来态度重新拿出来”⑤。他说，“八年以来闹得天翻地覆，乃看出这种活剥生吞的改革的无功又贻祸，而后晓得既不是什么坚甲利兵的问题，也不是什么政治态度的问题，实实在在是两文化根本不同的问题”⑥。他强调指出中国的问题主要不是学习西方，关键在于如何复兴中国的理性文化传统。他认为，孔子之“礼乐制度”是早已为我们设定好了的“生活完全理性化的社会”，即乡村自治的社会。⑦ 梁漱溟将复兴中国固有的理性文化传统，作为解决中国现实问题的根本途径，甚至认为新儒学是中国乃至世界文化发展的必然目标。

梁漱溟基于他的文化理性观，逐渐从关注社会问题转向关注农村问题。他认为，中国问题的产生是由于中国固有的“伦理本位、职业分途”的社会组织，所

---

① 《晏阳初文集》，教育科学出版社1989年版，第38页。

② 《晏阳初文集》，教育科学出版社1989年版，第322页。

③ 蒋廷黻：《平教会的实在贡献》，《大公报》1934年5月13日。

④ 《梁漱溟教育文集》，江苏教育出版社1987年版，第377页。

⑤ 《梁漱溟全集》第1卷，山东人民出版社1990年版，第528页。

⑥ 《梁漱溟全集》第1卷，山东人民出版社1990年版，第256页。

⑦ 《梁漱溟全集》第5卷，山东人民出版社1990年版，第108页。

以中国人无法养成西洋式的“习惯”。他在论述文化根本的时候，把这种“习惯”归结为“民族精神”，即“其一是渐渐凝固的传统习惯，其二是从中国文化而开出来的一种较高之精神。”由此，梁漱溟说他“深悟到制度是依靠于习惯”①的道理，所以西洋制度在中国根本就实现不了。中国问题的实质是由外部引发的极严重的文化失调，“中国问题根本不是对谁革命，而是改造文化，民族自救”②。由此，他否定中国走西方民主政治道路和走阶级革命道路的现实可能性，断定“我们政治上第一个不通的路——欧洲近代民主政治的路”；“我们政治上的第二个不通的路——俄国共产党发明的路”③。同时，他认为乡村不仅是中国的“国命”所在，是解决中国一切问题的关键和根本前提，而且还是复兴中国文化的基地和必由途径。

从革命的角度看，梁漱溟的文化理性主义明显具有保守性质，但这在他却是一种建立现代新儒学的立场。因此，他从中国儒学文化复兴与重建的思想角度，提出了“乡村建设理论”，并身体力行乡村建设实践运动，并把走“乡治”之路看作“中国民族自救运动之最后觉悟”。

2. 梁漱溟从事乡村建设的褊狭之处

梁漱溟在河南、山东进行的乡村建设内涵丰富，影响深远。从思想上讲，这一方面得益于他的哲学底蕴和新儒学政治，另一方面则在于他对中国基本国情、社会性质和改造中国的道路等问题在理论上的深入探索。但是，梁漱溟在强调文化的因素的同时过分夸大文化的作用，致使文化成了与政治和经济相脱离的空中楼阁。他说：“我们如果要在政治问题上找出路子的话，那决不能离开自己的固有文化，即使去找经济的出路，其条件亦必须适合其文化。”④他所谓“中国民族自救运动之最后觉悟”就是“改造文化”，就是要把一个以“乡村”为本的农业国进行改造，而这“与其说是政治问题、经济问题，毋宁说是整个文化问题”⑤。这些观点表明，梁漱溟所坚持的实际上是一条文化决定经济和政治的唯心主义思想路线。

在梁漱溟看来，中国的命脉寄托在农业和乡村，“乡下人的痛苦，就是全中国人的痛苦；乡下人的好处，也就是全中国人的好处。”⑥农民与乡村状况能否得到改善是中国社会与中国现代化的核心问题，所以“乡村建设的办法，较之欧洲则更进一步。”梁漱溟并不一般地反对社会主义，他从反对资本主义的角度，或

---

① 《梁漱溟全集》第2卷，山东人民出版社1990年版，第30、22页。
② 《梁漱溟全集》第1卷，山东人民出版社1990年版，第219页。
③ 《梁漱溟全集》第5卷，山东人民出版社1990年版，第111、261页。
④ 《梁漱溟全集》第1卷，山东人民出版社1990年版，第219页。
⑤ 《梁漱溟全集》第1卷，山东人民出版社1990年版，第375页。
⑥ 《梁漱溟全集》第2卷，山东人民出版社1990年版，第96页。

者说要完成人类社会的一体性的角度说，“我们的乡村建设原是一种社会主义”，“但不同于一般的社会主义”，因为这种社会主义既要承袭中国固有文化传统，又需要把西方的“民主精神”接受过来。① 梁漱溟的乡建理论较为宏观化、系统化，是站在重塑中华民族文化的高度上来立论的。他不仅有政治上的考虑，还提出了经济上“从农业引发工业”的“方针路线”。但是，由于他乡村建设的实际步骤是企图建立一个新的社会组织构，即使撇开当时政权的好坏不谈，这种事业仅依靠自己而没有政府的授权和支持是根本无法实现的。

3. 梁漱溟乡村建设方案的政治设想

在梁漱溟的理论设计和具体实践中，着眼点和目标都不是救济和改良，而是为建设一个新国家奠定基础。他说，乡村建设“实是建国运动”，“它为自己创造出它在政治上所需的前提条件——统一、稳定的国权于先，又随着经济和文化的建设而推进政治民主化，以至奠立完全的民主政治制度于后”②。因此，在乡村建设的具体方案上，梁漱溟认为“不是建设旁的，是建设一种新的社会组织构造”，即“中国固有精神与西洋文化的长处，二者具体事实的沟通调和”，而这就必须坚持两个原则，即“一是从理性求组织，一是从乡村入手”。具体来说，就是“根据伦理本位的特点，在伦理情谊的精神基础上，引进西方的团体组织和科学技术”。这种新的社会组织构造的具体组织形式，应该是“中国古人所谓‘乡约’的补充改造”，即“乡农学校”③。因而，在乡村建设的具体实践中，梁漱溟始终把乡学、村学的建设放在首要位置。

梁漱溟认为，“乡村建设最重要的就是乡村教育”，对于“走民众教育的途径，完成乡村建设”应“毫不含糊、清清楚楚”。他强调，村学乡学主要是一种教育机关，而不是一个行政机关，它设立的目的是在于以教育引进自治。“中国问题之解决，其发动以至于完成，全在其社会中知识分子与乡村居民打并一起，所构成之力量。”④他号召知识分子下乡与农民打成一片，并最终“使乡间人磨砺变化革命知识分子，使革命知识分子转移变化乡间人”⑤。在乡村建设的规划中，注重以县为单位，实验出可行性方案，再作为示范加以推广。

在近代中国的现实社会条件下，“乡村建设运动”历经近七年的实验最终还是失败了，知识分子忧国忧民的精神虽然可嘉，但他们没有一个强有力的团体组织作为基础，同时又缺乏从事乡村建设的经济实力和政府支持，乡村改良主义运动不可能取得成功。不可否认的是，晏阳初、梁漱溟“不是为了个人的金钱或地

---

① 《梁漱溟全集》第1卷，山东人民出版社1990年版，第653页。
② 《梁漱溟全集》第2卷，山东人民出版社1990年版，第365页。
③ 《梁漱溟全集》第2卷，山东人民出版社1990年版，第320页。
④ 《梁漱溟全集》第1卷，山东人民出版社1990年版，第210页。
⑤ 《梁漱溟全集》第1卷，山东人民出版社1990年版，第218页。

位，而是为着追求光明，追求自己空洞的理想而在这里艰苦工作着”①。但是从总体上看，晏阳初和梁漱溟的乡村建设在性质上都是改良主义的。1938 年 6 月，毛泽东就曾表示，对晏阳初及其同仁“以宗教家的精神努力于平教运动，深致敬佩”②。到了晚年，晏阳初和梁漱溟都对中国共产党所取得的成绩表示由衷敬佩，并实事求是地反省了改良主义运动的局限性，充分体现了两人终生不渝的爱国主义情操。

思考题

1. 分析梁启超、张东荪、张君劢自由主义思想的演变与分化。
2. 简述资产阶级学者们关于“联省自治”的政治理想。
3. 试从历史与现实结合的角度，分析人权派关于思想言论自由的政治主张的局限和偏向。
4. 如何看待民族资产阶级关于人权问题的政治妥协性和阶级局限性。
5. 分析第三党创建过程中来自资产阶级和国共两党的原因。
6. 比较分析晏阳初与梁漱溟关于乡村建设的思想。

---

① 薛暮桥：《关于中国农村经济研究会及白区工作问题——给少奇同志的报告》，《中国农村》1935 年，第 23 页。

② 堵述初：《毛泽东先生会见记》，教育科学出版社 1989 年版，第 400 页。

10

第十章

抗日战争时期的民族主义思潮及救亡思想

民族意识和民族问题是政治思想中的一个重要内容,在特定的情况下,它可能形成以民族主义为内容和特征的思潮。中国的抗日战争就是这样一个特定的历史时期。与思想史上正常的学理探讨和演进不同,这一时期的特点是民族主义思潮和全民抗战行动的紧密结合,所以它的政治内容主要体现为针对抗战行动的情感要求、战略思想、政策策略等,在形式上更多是各种集体的思潮表现,而不是某个学者或学派的具体观点。

民族主义是社会不同阶级和群体,在观察和处理民族问题、民族关系时所体现出的指导原则和思想观念。压迫民族的民族主义,通常表现为一种帝国主义、殖民主义、大国沙文主义和法西斯主义;而被压迫民族的民族主义,则表现为对本民族强烈的自尊心、自豪感和认同感,为维护民族独立而不断进行反对帝国主义、殖民主义和霸权主义的斗争。从历史上看,中华民族一直就有着深厚的民族主义传统和民族文化认同感,也存在"内夏外夷"、"夷夏之辨"等思想,但是,现代意义上以建立独立民族国家为核心的民族主义思潮,却是在帝国主义列强入侵的情势压力下才兴起的,并随着抗日战争的进展不断高涨。大致说来,从19世纪末到20世纪中期,民族主义思潮在中国有过三次高涨。第一次是由甲午战败和八国联军侵华引发的,第二次是由"二十一条"和巴黎和会激起的,第三次则是由在中国持续了14年之久的抗日战争掀起的。

第一节　九一八事变后民族主义思潮的高涨

七七事变被作为全面抗战的开始，但九一八事变已经是中国抗日战争的起点了。日本军国主义的侵略，再次激发了中华民族优良的民族文化认同感，面临民族存亡，各阶级、阶层和社会群体，纷纷为抗击日本帝国主义、维护民族独立而奔走呼号。这样，以九一八事变为起点，民族主义思潮日益空前高涨，成为整个抗战期间政治思想的核心内容和突出特征。

一、九一八事变与民族主义思潮高涨的背景

日本侵略中国东北蓄谋已久，早在1927年六七月间，田中内阁在召开的“东方会议”上，便提出了所谓的“满蒙政策”，确立了把“满蒙”与“中国本土分离开来”的方针。1931年上半年，日本为侵略中国东北，在国内大造舆论，扩军备战。同时，日本按照不平等条约，将驻扎在南满铁路和旅大租借地的关东军，由1.04万人扩充到2.77万人。① 一切准备就绪后，1931年9月18日晚，日本关东军主动挑衅，炸毁了沈阳北郊柳条湖附近的南满铁路，并诬称是中国军队所为，随即向中国东北驻军地北大营发起猛烈攻击，并于次日凌晨完全占领了沈阳，制造了震惊中外的“九一八”事变。

九一八事变后，国民党采取不抵抗政策，致使日军长驱直入，相继攻占安东、营口、长春、锦州等，到1932年2月占领哈尔滨，整个东北完全沦陷。

1932年1月28日深夜，驻上海日军兵分数路，由租界向闸北进攻。上海驻军将领蔡廷锴、蒋光鼐率领十九路军同上海人民一道奋起抵抗，这就是一二八事变。

日本帝国主义的侵华政策，既具有一贯性，同时又呈现出若干阶段性特征。他们第一步的目标集中在东北和内蒙古，也就是长城以北地区。当伪满政权成立和热河沦陷后，他们感到“后方”已稳定下来，便开始越过长城南下，华北成为了他们又一个新的侵略目标。1935年5月，日本制造了华北事变，通过《何梅协定》和《秦土协定》，实际控制了冀、察两省，随即又策划华北五省（河北、山东、山西、察哈尔、绥远）“自治运动”。日本对中国领土和主权的这种蚕食鲸吞，极大地加深了中国广大民众的危机意识，激发出激烈的爱国热情，及至1937年卢沟桥事变，中华民族的抗日战争全面展开。

① 郭绪印主编：《新编中国现代史》，上海人民出版社1996年版，第151页。

日本帝国主义的上述侵华步伐,使中国社会的主要矛盾发生了变化,中华民族同日本帝国主义之间的民族矛盾,已上升为主要矛盾。由这一主要矛盾引发的广大爱国民众的抗日救亡运动,是这一时期历史发展的主题。在这种"亡国灭种"的危机面前,广大民众的民族意识、爱国精神和救亡觉悟,被最大限度地激发出来,广大爱国民众从思想到行为,开始积极地投入到抗日救亡的政治运动中,民族主义思潮也由此转化为抗敌救国的实际行动。

二、民族主义思潮影响下的各界抗日救亡运动

九一八事变后,日益高涨的民族主义思潮不仅表现在各种挽救民族危亡的呼吁中,而且很快落实为社会各界不同形式的抗日言行。东北沦陷后,在中国共产党的领导下,先是成立了南满、东满、北满、吉东等抗日游击队,随后又建立了东北人民革命军和东北抗日同盟军,1935 年后,东北各地抗日武装又陆续改编为东北抗日联军。在南方,一二八事变后,上海军民顽强抗战,全国人民上至官员、将领,下自贫农、乞丐,都踊跃捐钱捐物。1933 年日本侵占热河后,十九路军将领蔡廷锴又从各师抽调志愿官兵,组成援热先遣队北上抗日。北平、南京、天津等地的工人、学生纷纷集会和发表通电,宣誓抗日主张。

"华北事变"后,抗日救亡的怒潮逐渐转变为风暴,学界首先将爱国精神和抗日宣传结合起来,明确提出了民族主义在当时的核心主题和奋斗目标。1935 年 12 月 9 日,北平城内参加抗日救亡请愿的青年学生纷纷走上街头游行,他们高呼"打倒日本帝国主义"、"反对华北五省自治"、"恢复东北失地"、"武装保卫华北"等口号,随后在全市举行了总罢课。国民党政府在日本的压力下,对学生运动进行了打压。这就是著名的一二九运动,它进一步点燃了全国抗日救亡运动的烈火。很快,天津、上海、南京、河南、武汉、广州等地的学生纷纷走上街头,开展了轰轰烈烈的请愿游行示威活动。虽然各地学生运动都不同程度地受到军警的严密监视和镇压,但学生们的抗日宣传极大地唤起了全国民众和海外爱国华侨的爱国热情和抗日决心,民族主义思潮的影响进一步扩大。

在学生运动的影响下,上海和全国许多城市纷纷成立了各界救国联合会。1936 年 5 月,各地救国会代表在上海召开全国各界救国联合会成立大会,发表了宣言和政治纲领。

面对全国轰轰烈烈的抗日怒潮,强烈的民族自尊心使得国民党一些高级将领在抗日问题上与蒋介石的政见分歧日益尖锐。1936 年 12 月,由张学良、杨虎城领导发动了西安事变,以"兵谏"的形式,迫使蒋介石答应停止内战,共同抗日。在中国共产党的调解下,西安事变最后得以和平解决。西安事变是在民族主义思潮影响下的一场抗日反帝的革命行动,对民族危亡关键时刻扭转局势,促

成抗日民族统一战线的最后形成,都具有进步意义。

九一八事变后,文艺界在民族主义思潮的影响下,也用自己的笔锋来参加这一斗争。"左联"在九一八事变后第八天,就发表了《告国际无产阶级及劳动民众的文化组织书》,呼吁全世界劳动人民共同反对日本帝国主义。接着,又发表了《告无产阶级作家革命作家及一切爱好文艺的青年》的公开信,号召革命文艺工作者以自己手中的笔墨为武器来打击侵略者。1931 年 12 月,沈起予在《抗战声中的文学》一文中,正式提出了"抗日文学"的口号。一二八事变后,鲁迅、矛盾等 120 多位作家联合发表了《为日军进攻上海告民众书》,号召全国民众行动起来,反对日本帝国主义的侵略。随着日本侵华步伐的加速,中国左翼文艺工作者感到必须抛弃宗派主义和关门主义,投身到抗日统一战线的洪流中去。1934 年,"左联"的领导人周扬介绍了苏联的"国防文学",认为在中华民族"生死存亡的今日","国防文学"就是"目前中国最需要的"。为了进一步在组织上团结一切主张抗日救亡的文艺工作者,文艺界开始酝酿成立中国文艺家协会。在协会筹备过程中,作为建立文艺抗日统一战线的口号,周扬、夏衍等提出了"国防文学",而胡风在鲁迅等人的支持下,认为应该叫"民族革命战争的大众文学"。"两个口号"之争并未影响到双方的抗日救亡的热情。1936 年 9 月,随着鲁迅、巴金、郭沫若等 21 位著名作家关于《文艺界同人为团结御侮与言论自由宣言》的发表,文艺界在抗日民族统一战线的旗帜下,进一步紧密团结起来了。

三、九一八事变后民族主义思潮的特点

与近代以来中国的前两次民族主义思潮的高涨相比,九一八事变后民族主义思潮的高涨,具有如下明显特点。

1. 持续时间长,影响范围广

近代以来,中国民族主义的第一次高涨,肇始于 1895 年甲午战败和《马关条约》的签订,在 1905 年日俄战争期间正式形成,以 1911 年辛亥革命的爆发为标志,达致高涨,前后延续了十多年。民国初年,随着新政权的建立,清末持续高涨的民族主义思潮曾一度消退。第一次世界大战爆发后,日本帝国主义 1914 年出兵山东,1915 年提出"二十一条",再度激发了中国社会的民族危机感,民族主义思潮也逐步高涨。1919 年的五四运动是民族主义思潮第二次高涨新的临界点,而在 1925 年的五卅运动达到顶峰,前后持续了十年左右。从 1931 年九一八事变到 1945 年日本投降,抗日战争持续了 14 年之久。在这一时期,中国的民族主义思潮不仅一直持续高涨,而且由于中国在抗日战争中第一次取得了反侵略斗争的彻底胜利,民族主义也明确而巩固地成为中华民族图强奋进以自立于世界民族之林的普遍意识形态和价值认同。因此,从意义的确立和延续来讲,抗日战

争的民族主义思潮远远超出了历史时段的范畴,其影响和作用更是直至当今并指向将来。

就影响范围而言,抗战时期的民族主义思潮席卷了世界上每一个有中国人的地方。在国内,抗击日本侵略、维护民族独立的呼声,响遍大江南北、长城内外,各大中城市都掀起了声势浩大的抗日救亡运动。九一八事变之后十天,上海、南京的学生就自动前往国民政府和国民党中央党部所在地,要求即刻对日宣战,愤怒的学生还痛打了时任外交部长王正廷。淞沪抗战期间,除上海大学生和市民组成义勇军踊跃参战外,还有来自全国各地的义勇军,如有来自北平冯庸大学、南京中央大学的义勇军,有湖南青年铁血救国团,四川抗日救国义勇军敢死队,广东妇女救护队,等等。据统计,当时仅在十九路军登记参战的义勇军就有2万人左右,几乎占十九路军作战部队总兵力的一半。①

九一八事变的消息传到海外,为挽救祖国,抵抗外辱,华侨们迅速行动起来,开始了对国内斗争的声援和支持活动。9月22日,新加坡中华总商会召开紧急大会,通电要求国民党政府全力抗日,呼吁国际联盟及英国主持公道,将9月23日定为"国耻日",一切娱乐活动停止,华侨商店降半旗,每个华侨佩戴黑纱致哀。在菲律宾、缅甸、泰国、越南等国,华侨都以不同形式表达了他们的爱国情怀,有些华侨团体还以月捐、义卖、献金等形式,为国内的抗日斗争筹集捐款和物资。在印度尼西亚,雅加达成立了包括50多个华侨团体在内的"救国后援会",菲律宾、缅甸等国的华侨还发起了抵制日货运动,声援和支持国内的抗日斗争。淞沪抗战期间,东南亚华侨还捐献了大批战略物资,比如,为了抗击日军的空中优势,菲律宾华侨掀起了声势浩大的献机运动,捐购了15架飞机赠予十九路军,并命名为"菲律宾华侨飞行队"。献机运动中,妇女和中小学生都积极参加,他们捐献的飞机被命名为"学生号"、"妇女号"。在新加坡,同德书报社开设了救伤训练班,以培养救护人员回国效力,参加受训者达200余人。此外,还有一支由约200名华侨组成的抗日救国义勇军开赴上海,被编入十九路军61师,参加保卫上海的战斗。抗战期间,海外华人华侨抗日救亡、英勇爱国的事迹举不胜举,包括出版刊物宣传抗日、回国参军、组织技工团队参加国内的抗战运输等,这些都是民族主义思潮高涨的具体体现。

2. 各界齐心协力,群众基础广泛

抗日战争期间,中国的民族主义思潮在工、农、商、学、兵各界有着广泛的群众基础。九一八事变后,上海工人阶级立即行动起来,以罢工、抵制日货、成立抗日救亡组织,以及从日资企业退职退业等行动,支持和开展抗日救亡斗争。在东北,沈阳兵工厂3万多名工人拒绝为日军制造武器,弃职离厂而去;长春、哈尔滨

① 沙健孙主编:《中国共产党与抗日战争》(上),中央文献出版社2005年版,第22页。

等地的工人还成立了各种反日组织。各地农民在进行抗捐、抗税、反对抢占土地的斗争时，还纷纷成立救国军、红枪会、大刀会等组织，同日军展开殊死搏斗。在各地成立的抗日义勇军中，多数都是农民。

各地工商金融界在九一八事变后开始出现抵制日货、对日经济绝交等做法，进而发展为成立抗日组织和参与维护地方秩序。一二八事变后第三天，上海商会会长王晓籁等人，发起成立了上海市民地方维持会，统一领导工商金融界支援前线，维持市面金融秩序，安置难民。天津、南京等地工商金融界，也都开展了对日经济绝交和抵制日货行动，给日本的经济侵略以迎头痛击。据 1932 年 8 月 2 日的《申报》统计，日本对华输出 1931 年 9 月比 1930 年 9 月减少 34.7%，10 月减少 59.7%，11 月减少 68%，12 月减少 63.8%。① 一二九运动以后，在中国共产党的领导下，学生们纷纷深入农村，开展抗日宣传。这种宣传活动，不仅加速了民众民族觉醒的意识，而且也使广大青年学生初步了解到劳动人民的苦难，对中国国情和抗战形势有了进一步的认识。

文艺界抗日救亡的热潮也一浪高过一浪，其中最具影响力的，是 1935 年开拍上映的电影《风云儿女》。这部以反映知识青年民族意识觉醒为主题的抗战电影，由著名剧作家田汉创作，由田汉作词、聂耳谱曲的电影主题歌《义勇军进行曲》，更是以奔放的革命热情和激昂的旋律，唱出了时代的声音，吹响了英勇抗战的号角。曹聚仁说道："从敌人进攻沈阳那天起，中国民众心理就燃起了一种不可遏止的抵抗暴力的情绪；这情绪也就寄托在这样一首流行歌曲上。""这歌曲曾流行于印度河上，也曾洋溢于旧金山的一角；有着中国人的踪迹，就流行着这首悲愤的歌曲。"②新中国成立后，《义勇军进行曲》被确定为国歌。

3. 以抗日救亡为主题的多样化表现形式

对于抗日救亡的主题，其表达方式既有间接的反抗呼吁，如罢工、罢课、罢市、游行、请愿、示威、发宣言、贴标语等，同时也有直接的抗击侵略，如各地民众拿起武器，成立义勇军，开展游击战，等等。在这些理念和行为中，既有理性的民族主义，也有偏激的、保守的、狭隘的民族主义，但抗日救亡的主题都是明确突出的。就理性的民族主义而言，当时的《独立评论》和《大公报》是两个代表性阵地。《独立评论》代表的是胡适等自由主义文人的观点，但在日益严重的民族危机背景下，他们将关注焦点从个人主义转向救亡图存的民族主义，并提出了自以为从国家民族根本利益出发的理性对日观。(1) 支持国民党政府提出的"攘外必先安内"政策；(2) 反对青年学生非理性的爱国激情；(3) 寄希望于国际公法，

① 沙健孙主编：《中国共产党与抗日战争》(上)，中央文献出版社 2005 年版，第 20 页。

② 曹聚仁、舒宗侨：《中国抗战画史》，联合画报社 1947 年版，第 56 页。

反对排外民族主义;(4) 主张妥协自强,韬光养晦,以实现国家的现代化。[①]《大公报》理性主义主要包括以下一些的主张:在自卫的前提下坚决抵抗日本的侵略;认识到国联的作用有限,不能一味地依赖国联,但不反对国联介入中日争端,更不反对国民政府利用国联和国际舆论与日本进行外交斗争;要求废止一切内战,其中也包括国共之间的内战,不赞成国民党提出的"剿共抗日"口号,主张建立包括各阶级各党派在内的"巩固的"抗日民族"统一战线"[②]。在当时情况下,这些主张被认为是最符合中华民族的根本利益,因而被看作是一种理性的选择。在非理性的思想中,偏激狭隘的如以"战国策派"为代表的法西斯式民族主义,保守的民族主义则以冯友兰、贺麟、钱穆等为代表,但他们都坚持要"抗战到底"。

4. 与爱国主义和民主主义相互交织

民族主义与爱国主义在内涵上的差异,与民族和国家这两个概念的差别紧密相关。民族主要体现的是一种种族、心理和文化方面的特征,而国家则更多是一个地域、法律和政治上的概念。通常情况下,当一个国家由单一民族构成时,爱本民族就是爱这个国家。此时,民族主义与爱国主义在内涵上就是重合的。抗日战争时期,虽然中国仍然是一个多民族国家,但由于各民族都表达出反抗日本侵略的呼声,而且在反抗侵略的斗争中,各民族对"中华民族"这一共同体概念的认同大大增强,所以此时的民族主义思潮在反帝、反抗日本侵略问题上,具有高度的一致性。这是抗战时期民族主义与爱国主义相互交织的历史原因。

抗日战争是在新民主主义革命时期进行的,反封建和反独裁的主题始终急迫彰显,所以民族主义与民主主义的交织也就成为必然。但是,从无论理念还是实践上讲,民主主义在中国对于共产党和国民党都具有不同的含义。这一点连日本学者也看得很清楚,即共产党及各民主党派在抗日战争时期所要求的,是切实保障民众权利的民主主义,而国民党所说的,是与所谓"国家的统一"理论相适应、并在国民党一党专政框架内的民主主义。"抗日战争是在国民党的民族主义与全民的民主主义相互对抗中进行的",其结果是"国民党的民族主义在吸引民众的民族思想,并把它纳入国家的统一的具体过程中,没有取得明显的成果;与此相反,中共的全民的民族主义将民众的民族思想组织起来,并在实行人民统一的过程中使之具体化,最后取得了胜利"[③]。由于国共两党的性质不同,民族主义与民主主义相结合的目的也就不同,并由此产生了不同的结果。

---

① 张连国:《论理性民族主义——〈独立评论〉派自由主义者对日观剖析》,《江苏社会科学》1999 年第 1 期。

② 郑大华:《理性民族主义之一例:九一八事变后的天津〈大公报〉》,《浙江学刊》2009 年第 4 期。

③ [日]池田诚:《抗日战争与中国民众——中国的民族主义与民主主义》,杜世伟、梁作新译,求实出版社 1989 年版,第 32 页。

第二节　中国国民党的抗战主张

中国国民党的抗战主张，是随着抗战形势的发展和国内社会矛盾的变化而不断变化的。九一八事变后，国民党提出了“攘外必先安内”的不抵抗主张。华北事变后，随着日本帝国主义侵略的扩大，国民党的对日主张开始向局部抵抗并谋求政治解决方面转变。七七事变和八一三事变后，随着日本侵略的加剧、尤其是对国民政府的军事打击，国民党又提出了抗战与建国并行的方针。直到抗战相持阶段之后，国民党虽然提出了动员国民精神进行抗战的主张，但仍不放弃积极反共。

一、所谓“攘外必先安内”

20 世纪 30 年代初，在世界性经济危机的打击下，日本国内阶级矛盾激化，为了转嫁矛盾，日本帝国主义加速了侵华步伐。1931 年 7、8 月间，日本关东军相继制造了“万宝山事件”和“中村大尉事件”，并以此作为武装进攻中国的借口。但是，蒋介石却在 8 月 22 日的南昌讲话中明确表示：“中国亡于帝国主义，我们还能当亡国奴，尚可苟延残喘。若亡于共产党，则纵肯为奴隶，亦不可”。9 月 11 日，他又通令东北军，“遇有日军寻衅，务必慎重，避免冲突”；16 日再致电张学良，“无论日本军队此后如何在东北寻衅，我应予不抵抗，力避冲突。吾兄万勿逞一朝之愤，置国家民族予不顾。”①这些言论和做法表明，蒋介石的民族主义完全是从属于大地主、大资产阶级阶级利益的。

九一八事变的炮声未停，蒋介石就于 9 月 22 日在南京市国民党党员大会说：“此刻必须上下一致，先以公理对强权，以和平对野蛮，忍痛含愤。暂取逆来顺受态度，以待国际公理之判析。”②23 日，在国民党中央执委会的指示下，国民政府发表了《告全国国民书》，进一步阐述了国民党的不抵抗主张。这一公告除将日本侵华行为定性为“严重”事件外，主要表达了要诉诸国联和不准抵抗的主张。文告指出：“政府现时既以此次案件诉之于国联行政会，以待公理之解决，故希望我全国军队，对日军避免冲突，对于国民，亦一致告诫，务须维持严肃镇静之态度……吾人应以文明对野蛮，以合理态度显露无理暴行之罪恶，以期公理之

① 王成斌等主编：《民国高级将领列传》第 1 集，解放军出版社 1988 年版，第 475 页。

② 宋春主编：《中国国民党史》，吉林文史出版社 1990 年版，第 353 页。

必伸。”①“逆来顺受”和“对日军避免冲突”，这就是不抵抗政策的公开表白。1931年11月30日，蒋介石在顾维钧就任外交部长的训辞中，更是和盘托出了他“攘外必先安内”的政策主张：“攘外必先安内，统一方能御侮，未有国不统一而能取胜于外者。故今日之对外，无论用军事方式解决，或用外交方式解决，皆非先求国内统一，不能为功……是以不能战，固不能言和，而不统一，更不能言和与言战也。”②国民党这种自欺欺人的主张，招致了全国民众抗日反蒋的怒潮，蒋介石也被迫于1931年12月下野。

1932年一二八事变后，国民党政府与日本签订了屈辱的《淞沪停战协定》。紧接着，国民党的积极“剿共”把“攘外必先安内”的主张推向新的高潮。1932年6月，国民党政府对红军发起第四次“围剿”。1933年5月8日，蒋介石发表“剿共”演说时声称：“现在我们国家正是内忧外患相逼之时，一方面国内有狂暴的土匪，天天拼命地杀人放火；一方面国外有日本帝国主义，天天向我们猛烈地侵略。日寇敢来侵略我们的土地……就是因为我们国内有土匪扰乱，不能统一……只要能够正本清源，先将这个心腹之患彻底消除，那末外面皮肤小病，一定不成问题，现在剿匪就是要来治疗心腹之患……总之我们就客观的情形与主观的战略看来，今日救国的途径，只有照着古人‘攘外必先安内’这句话来力行；我们必须先把后方与内部安定起来，然后攘外才有办法，才不致处于内外夹攻的危急。”“我们应当坚定确认革命军当前的责任，第一个乃是剿匪来安内，第二个才是抗日来攘外。要晓得剿匪的工作，实是抗日的前提，要抗日就先要剿匪，能剿匪就一定能够抗日。”③表面上看，“安内攘外”是蒋介石重兵“围剿”红军的政策依据，实质上却表明，即使是抗日战争这种民族存亡的时刻，不同的民族主义也是以阶级意识和利益为划分依据的。因此，当日军侵华范围不断扩大，进而日益损害国民党所代表的大地主大资产阶级的利益和英、美等帝国主义的在华利益时，国民党政府“攘外必先安内”的政策就不得不发生变化了。

1935年11月19日，在国民党第五次全国代表大会上，蒋介石就对外关系发表演讲时指出：“苟国际演变不斩绝我国家生存民族复兴之路，一切枝节问题当为最大之忍耐；复以不侵犯主权为限度，谋各友邦之政治协调，以互惠平等原则，谋各友邦之经济合作。否则即听命党国，下最后之决心。”他在阐述国民党的外交方针时说：“和平未到完全绝望时期，决不放弃和平；牺牲未到最后关头，亦不轻言牺牲”。同时又强调，“和平有和平之限度，牺牲有牺牲之决心”④。一

① 姜念东主编：《历史教训（九一八纪实）》，吉林人民出版社1991年版，第204页。

② 彭明主编：《中国现代史资料选辑》第3、4册补编，中国人民大学出版社1992年版，第412页。

③ 彭明主编：《中国现代史资料选辑》第3、4册补编，中国人民大学出版社1992年版，第412～413页。

④ 宋春主编：《中国国民党史》，吉林文史出版社1990年版，第377页。

方面，国民党仍然将共产党及其红军看作是“心腹之患”，在“抗日”与“剿共”问题的权衡上，后者仍然放在第一位，而在对外关系上，对日本侵略者仍然抱有希望，所以要“绝不放弃和平”和“绝不轻言牺牲”。另一方面，国民党也提出了“和平之限度”问题，若真到了牺牲的最后关头，国民党也会进行抗战。

对于何谓“最后关头”，1936 年 7 月 10 日，蒋介石在国民党五届二中全会的讲话对此作了解释。他说：“中央对外交所抱的最低限度，就是保持领土主权的完整，任何国家要来侵扰我们领土主权，我们绝对不能容忍，我们绝对不能订立任何侵害我们领土主权的协定，并绝对不容忍任何侵害我们领土主权的实事。再明白些说，假如有人强迫我们签订承认伪国等损害领土主权的时候，就是我们不能容忍的时候，就是我们最后牺牲的时候。这是一点。其次，从去年十一月全国代表大会以后，我们如遇有领土主权再被人侵害，如果用尽政治外交方法而不能排除这个侵害，就是要危害到我们国家民族之根本的生存，这就是为我们不能容忍的时候，到这时候我们一定作最后之牺牲，所谓我们的最低限度，就是如此。”①这段话清楚地表明了国民党政权对日本侵华行为的“底线”，这就是不能损害领土主权的完整，不签订承认“伪国”的协定。到 1937 年国民党五届三中全会上，蒋介石首次提出了当蒙受损害“超过忍耐之限度”时，就要“决然出于抗战”的主张。这些表态说明，国民党的民族主义包括主权独立和领土完整，但其对日态度和抗日主张都是随着民族矛盾的重要性和紧迫性而调整的。

二、抗战与建国并行

卢沟桥事变后，国民党在抗日上的主张又更进了一步。1937 年 7 月 17 日，蒋介石在庐山对卢沟桥事变发表了《庐山谈话》，他认为卢沟桥事变“不是偶然的”，如果任由事件发展，北平将会变为沈阳第二，如果北平变为沈阳，南京也就会变成北平。显然，这种情况是国民党政府所代表的大地主大资产阶级所不能允许的，所以蒋介石明确表示：“卢沟桥事变的推演，是关系中国国家整个的问题，此事能否结束，就是最后关头的境界。”在《庐山谈话》中，蒋介石还提出了解决卢沟桥事件的四项最低要求：第一，任何解决不得侵害中国主权与领土之完整；第二，冀察行政组织不得有任何不合法之改变；第三，中央政府所派地方官吏，不能任人要求撤换；第四，第二十九军现在所驻地区，不能受任何约束。蒋介石最后表示：“我们希望和平而不求苟安，准备应战而决不求战……如果战端一开，就是地无分南北，年无分老幼，无论何人，皆有守土抗战之责任，皆应抱定牺

① 中国国民党中央委员会党史史料编纂委员会：《革命文献》第 69 辑，台北“中央”文物供应社 1976 年版，第 300 页。

牲一切之决心。”①八一三事变的第二天,国民党政府发表了《国民政府自卫抗战声明书》,对自九一八事变以来,日本侵略中国领土、损害中国主权完整的各种罪行进行了控诉,对日本发动卢沟桥事变的起因和日本想进一步扩大侵略的图谋进行了揭露。《声明》最后强调:“中国之领土主权,已横受日本之侵略”,为此,“中国以责任所在,自应尽其能力,以维护其领土主权及维护上述各种条约之尊严。中国决不放弃领土之任何部分,遇有侵略,惟有实行天赋之自卫权以应之”②。这一声明表明,国民党寄希望以外交手段与和平方式制止日本侵略的希望已经破灭,国民政府正式走上了抗战的道路。

全面抗战就有领导权的问题,包括建立什么样的国家、由谁执掌政权。1938年3月29日至4月1日,国民党在武昌召开了临时全国代表大会,通过了《抗战建国纲领》,对全面抗战阶段国民党抗战与建国并举的方针和主张,进行了充分的表述,并要求全国民众树立“抗战必胜,建国必成”的信念。《纲领》包括前言及总则、外交、军事、政治、经济、民众运动、教育7项,共32条。前言部分提出了“抗战必胜,建国必成”的口号。外交方面提出了“独立自主”和“和平与正义”的原则,要求“联合一切反对日本帝国主义侵略之势力,制止日本侵略”,并否认和取消日本在中国用武力炮制的“一切伪政治组织”。军事方面提出要加紧军队政治训练和民众武力训练,并“援助各地武装人民”,在敌后开展游击战争。政治方面声称要改善政治机构以适合战时需要,严惩贪官污吏,以军法处治“不忠职守,贻误抗战者”,并组织国民参政机关和“加速完成地方自治条件”。经济方面,提出了“以军事为中心”和推行战时税制等举措。民众运动方面强调要在有限范围内发动民众抗日,组织群众团体。《纲领》虽然口头上强调“对于言论出版集会结社,当予以合法之充分保障”等,但对民众在这些方面的实际权利,都作了种种限制和规定。总体上看,这个《纲领》具有鲜明的两面性。一方面,国民党对抗日表现出了一定的积极性,从不抵抗政策转向片面抗战,承诺实行第二次国共合作,并在一定范围内对人民的民主权利要求给予了回应;但另一方面,《纲领》对于抗战既没有明确的目标,也没有具体的规定,对人民在民权和民生方面的要求,更多是一些空头支票,许多规定并没有真正实施。

三、动员国民精神抗战

1938年10月,抗日战争进入到相持阶段后,在日本帝国主义的诱降下,国

① 宋春主编:《中国国民党史》,吉林文史出版社1990年版,第408页。

② 彭明主编:《中国现代史资料选辑(1937—1945)》第5册,中国人民大学出版社1989年版,第129页。

民党的抗战主张和政策又发生了变化。1939 年 1 月,国民党五届五中全会将政策的重心由对外转向对内,而消极抗日和积极反共则成为此后一段时期内国民党政策的主调。为了使这个变化看起来仍在坚持民族主义,国民党提出了所谓精神抗战,并将此作为意识形态的导向宣传。

1939 年 2 月,蒋介石在国民参政会一届三次大会开幕式上强调,"第二期抗战中,精神的重要,更过于物质。"要克敌制胜,"必先提高全国坚强奋发的精神"。3 月 12 日,国民政府国防最高委员会公布了《国民精神总动员纲领》及实施办法和《国民公约及誓词》,并成立国民精神总动员会,蒋介石自任会长,并通电全国,宣布实行国民精神总动员。《纲领》在"绪论"中首先强调:"非提高吾全国国民坚强不屈之精神,不足以克服艰危而打破敌人精神制胜之毒计……现代战争为全民动员之战争,故不仅应动员国内一切之物质与人力,亦必动员全国国民之精神。而动员全国国民之精神以充实抗战之国力,不仅在于发动,而由贵于组织。"①从继续抗日的主张来看,此次国民精神总动员具有坚定信心、鼓舞士气的意义,但这个精神本身仍过于空洞,如何转化为抗战的物质力量更是不得而知。

从国民精神总动员的目标来看,民族主义精神实际上是从属于、甚至服务于国民党一党统治的国家意志的。对此,《纲领》作了三条基本规定。第一,"国家至上民族至上";第二,"军事第一胜利第一";第三,"意志集中力量集中"。第一条规定通过把民族和国家合为一体来强调国家第一,因为"民族生活之最高体系为国家,无国家则民族生活不能维持与发展",所以"巩固国家尤应先于一切","国家民族之利益应等于一切,在国家民族之前,应牺牲一切私见,私心,私利,私益,乃至于牺牲个人之自由与生命亦非所恤"。第二条规定要求,"国民一切之思想行动,均应绝对受国家民族军事利益之支配"。至于"意志集中力量集中",就是"要求国民全体的思想,绝对统一集中于国家至上,民族至上,与军事第一,胜利第一两义之下,不容其分歧及怀疑,不容作其他之空想空论,更必须动员一切职业一切部门之国民,均专心一志为国家民族军事利益而奋斗"②。不难看出,这种精神抗战具有民族主义自身的正义性,但其规定和措施更有利于国民党管制人民、打击异己,限制和排斥共产党领导的抗日民主运动。事实也是如此。1939 年 5 月 1 日,重庆 3 000 余人举行国民月会,蒋介石亲自主持并致训辞,国民精神总动员开始在全国范围内实施,但直到 1941 年 12 月 8 日太平洋战

---

① 彭明主编:《中国现代史资料选辑(1937—1945)》第 5 册,中国人民大学出版社 1989 年版,第 115 页。

② 彭明主编:《中国现代史资料选辑(1937—1945)》第 5 册,中国人民大学出版社 1989 年版,第 116~117 页。

争爆发后，国民党政府才于9日正式对日宣战，其抗战主张也才以这种正式的形式公诸国际。

第三节　中间集团的抗战救亡思想

抗战时期的中间集团，主要指国民党和共产党之外的党派和政治团体，它们通常代表民族资产阶级、小资产阶级、开明绅士和一些地方实力派的利益。从全国范围来看，有较大影响的主要包括中华民族解放行动委员会、中国青年党、乡村建设派、中华职业教育社、救国会、中国国家社会党、中华民族革命同盟、中国民主政团同盟等。这些政治党派和团体的民族主义往往有着明确的政治主张，它们从本阶层、集团和群体的利益出发，号召国共两党团结合作，一致对外，对国民政府的不抵抗政策进行批判，并提出了反对国民党一党专制、要求改革政治机构和实行民主化的要求。

一、中华民族解放行动委员会的抗战救亡思想

中华民族解放行动委员会由第三党演变而来，曾一度改名为中国国民党临时行动委员会，主要领导人包括章伯钧、黄琪翔、彭泽民等。1935年11月10日，国民党临时行动委员会第二次全国干部会议（亦称全国第一次临时代表会议）在香港九龙召开，并决定将其组织改名为“中华民族解放行动委员会”。

中华民族解放行动委员会成立大会通过了彭泽民起草的《临时行动纲领》，提出了团结、民主、抗战的三大政治要求和基本方针。《纲领》指出，为了彻底完成抗战救国“这个神圣的任务，就必须全国人民合作，共同担负起来，如只依赖现政府或国民党单独来做，那是不可能的奢望，所以我们主张召集全国人民非常代表大会来担负这一任务。”①同时，《纲领》以宣言的形式表述了这个人民非常代表大会12条主张。1. 对日作战；2. 取消一切不平等条约；3. 没收日本在中国的一切财产，没收汉奸的财产充作对日作战的经费；4. 改编现在全国的一切军队为民族革命军；5. 武装全国工农劳苦大众；6. 没收大地主土地，平均分配给农民和对日作战的士兵；7. 国内少数民族有完全的自决权；8. 一切革命的人民有言论出版集会结社等自由；9. 战时一切重要企业和银行，均归国家管理和监督；10. 废除一切紧急治罪法，民众团体组织法，出版法等法令，否认一切卖国

① 陈竹筠、陈起城等主编：《中国民主党派历史资料选辑》下册，华东师范大学出版社1985年版，第202～203页。

的条约;11. 宣布联俄政策;12. 成立人民会议,非常大会休会期间,人民会议为全国政治最高指导机关。这 12 条主张,反映了当时中华民族解放行动委员会团结全国对日作战,和解决土地问题、实行民主的抗战救亡思想。

1936 年 2 月,中华民族解放行动委员会为响应中国共产党建立抗日民族统一战线的号召,发表了"组织反日阵线"提议宣言。《宣言》首先指出:"发动反日战争,实为全中国人民一致的要求,实为一切不愿当汉奸做亡国奴的人民的迫切需要,实为今日中国的'国是'。"国内各党派虽然仍存在一些原则性矛盾,"但是这种矛盾和分歧的存在,并不是真正地妨害反日战争的发生,只有轻视反日的这一共同点,才是反日战争发生的障碍。""国内任何矛盾,都大不过日本帝国主义者与中国的矛盾;各党派间的任何分歧,都不能否认集中力量反日的必要。我们认为集中全国一切力量,发动反日战争,不仅是绝对的必要,而且有完全的可能。"①《宣言》认为,全国绝大多数民众都是不愿意当亡国奴的。为此,中华民族行动委员会呼吁要以最快的速度,组成全国的"反日阵线",来反抗日本帝国主义的侵略。对于怎样组成"反日阵线",《宣言》提出了两点建议:一是国内各党派应公开承认,没有一个党派有能力单独进行抗战,所以"反日阵线"必须由各党派各社团共同集结而成;二是"反日阵线"必须快速实施,各党派各社团应尽快派负责人就此进行磋商,不能空谈,坐失事机。《宣言》的发表,与中国共产党的《八一宣言》相呼应,表明了迫切要求抗日的愿望和决心。

1937 年卢沟桥事变爆发后,民族危机日益加剧的情形下,中华民族解放行动委员会由其领导人彭泽民向南京国民政府提出了《八大政治主张》。这是旨在立即实行民主抗战的政治声明,包括八项主张。一是提前召集国民代表大会,制定全国一致遵守的政治纲领,融洽各方面政治力量,树立政府坚实抗战之基础;二是强调要实现最低限度的民主政治,以增强人民对政府的信赖,使人民发挥其抗战能力;三是建立特殊机关,统一全国各党派和民众的抗日活动,使全国在宣传、组织、训练等方面能够趋于一致;四是成立武装民众的指导机构,指导全国义勇军的活动;五是在全国各地成立在乡抗日志愿军,以备征兵制之调用;六是成立战时经济计划机关,保障抗战的经济基础;七是要救济抗战中的劳苦民众;八是要求在全国开释除汉奸之外的所有政治犯,并取消有碍民众运动的各项特殊条例。这八项政治主张表达了中华民族解放行动委员会要求抗日、推进民主和改善民生的愿望和要求。

1938 年 3 月 1 日,中华民族解放行动委员会在汉口召开了第三次全国干部会议,通过了《抗战时期的政治主张》,从 15 个方面阐述了抗战以来中华民族解

① 陈竹筠、陈起城等主编:《中国民主党派历史资料选辑》(下册),华东师范大学出版社 1985 年版,第 204 ~ 206 页。

放行动委员会的内外政纲。一是要举全国之力,“不分党派,无间朝野”,团结一致,共同抗战;二是强调集中全国人力物力,以己之长,攻击敌人之弱的重要性;三是强调国内要实行政治民主,以遏制“官僚群”“弄权舞弊、贪污残民”的现象,唯有如此,才能真正举全国之力来抗战;四是指出国民政府应尊重民权,关怀民生,“顾及全国人民的意志和情绪”;五是指出了政治上与军事上的不配合,是抗战前途的最大危机,要破解此危机,必须实行政治上的大改革;六是指出改革政治的内容,是切实实行民主;七是强调要树立民意机关,使人民有参政的机会;八是强调保障人民的言论、出版、集会及武装等自由权利,是实现政治民主的重要内容;九是指出取消现行保甲制度,是实现民主的前提;十是强调要注重民生,改善民生,培养新生力量,以保持抗战的持久力;十一是强调解决战时经济问题,增加战时生产,是坚持长期抗战的物质基础;十二是对战时的财政政策进行了阐述;十三是强调人民精神的集中,是保证抗战胜利的精神动力;十四是强调吸收少数民族民众参政,在国内实行各民族一律平等,是保证抗战胜利的重要条件;十五是强调尊重海外侨胞政治权利的重要性。

为了保证抗战的持久动力,《主张》对发动群众反对国民党的独裁统治,争取民主,实现民族的团结统一,也进行了具体表述,但对于工人阶级及其政党在民族战争和实现国内政治民主化进程中的作用缺乏认识。1938 年 3 月,中华民族解放行动委员会就国民党发表的《抗战建国纲领》发表了一个《意见》,对国民党表露出不切实际的幻想。1941 年 9 月 18 日,为纪念九一八事变爆发十周年,中华民族解放行动委员会在《中华论坛》第 10—11 期上发表了一个《对时局宣言》。这个《宣言》从分析国际国内形势出发,赞扬了中华民族坚忍不拔的抗战精神,重申了中华民族解放行动委员会建立平民政权的政治愿望。为达到“抗战必胜,建国必成”的目标,《宣言》提出了 5 个方面的政治主张,这些主张涉及集中全国抗战意见、改革政治机构和保障人民权利等方面。作为当时中间党派的左翼,中华民族解放行动委员会的这些抗战救亡思想,对坚持抗战、反对国民党独裁具有积极的进步意义。

二、中国青年党的抗战救亡思想

中国青年党的前身是所谓的国家主义派,代表大地主和大买办阶级的利益,主要领导人有曾琦、左舜生、李璜、陈启天等。青年党一贯反共反苏,但也不满国民党的一党专政,其抗战救国的思想也随着战局的变化有所不同。

一二八事变后,青年党于 1932 年 2 月 2 日发表了《为日军进攻上海告全国国民书》,表明了要“统筹全局,实行宣战”的重要性,并反对向敌人示弱的迁都举措。在这个文件中,青年党提出了“应付国难”的四项主张,即对日积极抵抗、国难会议应自动集会、取消一党专政、组织国防政府。① 这些主张都表达了积极抗战的要求。七七事变之后,青年党不仅没有放弃反共立场,而且积极向蒋介石政府靠拢。曾琦等人参加了蒋介石召开的庐山会议,并发表了拥蒋抗日的主张。曾琦、李璜、左舜生还被国民党政府聘请为国防参议会参议员。1938 年 4 月 21 日,左舜生代表青年党写信给蒋介石和汪精卫,对国民党发表的《临时全国代表大会宣言》及《抗战建国纲领》表示要"以极端之善意迎之"。信中同时强调:"国民政府为今日举国共认之政府,亦即抗战唯一之中心力量,同人等必本爱国赤忱,始终拥护。""同人等观目前之艰巨,念来日之大难,仅有与国民党共患难之一念,此外都非所计及,仅知国家不能不团结,以求共保,此外亦无所企图。"② 1938 年 9 月 1 日,中国青年党第九次全国代表大会通过的大会宣言再次表达了拥蒋抗日的政治主张。《宣言》首先强调了"中国人的问题只有靠中国人自己来解决"的独立思想,随后阐明了 6 点政治主张。一是拥护政府,以求最后胜利;二是促进民主政治,完成各级民意机关;三是厉行全民总动员,加强抗战力量;四是在不妨害国家独立与统一原则之下,联合各党共同奋斗;五是肃清贪污,解除人民痛苦;六是策动友邦,实行制裁暴日。③

中国青年党的上述主张和声明,一方面表达了要求抗日的愿望,另一方面也竭尽谄媚国民党之能事,对抗战时期全国人民的政治民主化要求,以及广大民众要求改善民生的迫切愿望不予理会,充分表明了资产阶级右翼的政治态度。

三、全国各界救国联合会的抗战救亡思想

在一二九运动的感召下,全国各地民众纷纷自发组织爱国团体,开展抗日救亡活动。为了将各地的抗日救亡团体组织起来,形成更强的战斗力,1936 年 5 月 31 日至 6 月 1 日,来自华北、华中、华南等地的 60 多个救亡团体的代表在上海聚集开会,正式成立了全国各界救国联合会(简称"全救会")。大会选举宋庆龄、何香凝、沈钧儒、章乃器、陶行知、李公朴等人为常委,讨论并通过了《大会宣言》、《抗日救国初步政治纲领》等重要文件,表达了积极要求抗日救亡的政治主张。《大会宣言》指出:"中华民族有力量反抗一切的侵略,争取民族解放的最后胜利"。对于华北事变,《大会宣言》提出了两条主张,一是以发动一个"举国之战"的决心去应付华北事件;二是立刻发动全国对日经济绝交,根本消灭走私,

① 《中国青年党暨国家主义青年团为日军进攻上海告全国国民书》,《民声周报》第 17 期,1932 年 2 月 13 日。

② 方庆秋:《中国青年党》,档案出版社 1988 年版,第 197 ~ 198 页。

③ 方庆秋:《中国青年党》,档案出版社 1988 年版,第 126 页。

同时表示抗战决心。① 为了团结全国的抗战力量,《大会宣言》还向各党派提出了5条建议,包括停止军事冲突,释放政治犯,建立统一的抗敌政权等内容。在《抗日救国初步政治纲领》中,全救会从基本认识、共同敌人、政治制度、外交、教育、工商业、士兵、劳工、农民、妇女、儿童、国内民族问题、侨胞、失业及灾荒等方面,对抗战时期的内政外交,进行了详尽的筹划,充分表明了其积极要求抗日的主张和要求。

1936年7月,"全救会"发表了《对国民党二中全会宣言》。《宣言》指出,中华民族正面临着一个空前的危机,要将这种危机变成转机,国民党二中全会就应该"接受人民的要求",实行以抗日求统一的国策。如此,"中华民族就可以得一个莫大的转机,国内政权就可以在人民的欢呼中得着自然的统一"②。为赢得这样的转机,"全救会"提出了6项主张。一是停止内战,一致对外;二是释放政治犯;三是给人民以抗日救国的言论、出版、集会、结社的自由;四是以武力制止日本在华北增兵;五是以武力制止日本武装走私;六是罢免并惩办亲日派官僚政客。7月15日,沈钧儒、章乃器、陶行知、邹韬奋又联合发布了《团结御侮的几个条件与最低要求》的文章,明确表达了"在抗日第一的旗帜下面团结起来"愿望和要求,还针对以"联合战线"来抗日救亡提出了5个方面的主张和希望。同时,文章还对国民党和中国共产党等国内各方面政治力量提出了希望和要求,并明确表示赞同中国共产党联合各党派共同抗日救国的主张。

对于"全救会"发动的抗日救国运动,国民党当局表示不满,并以极端手段对人民的救亡活动进行镇压。1936年11月22日,国民党政府在上海逮捕了"全救会"的领袖沈钧儒、章乃器、邹韬奋、李公朴、沙千里、王造时、史良,制造了"七君子事件",直到抗战全面爆发后,他们才被释放。

七七事变后,"全救会"坚持抗战、团结、进步的路线。7月10日,"全救会"发表了《为保卫北方紧急宣言》,认为七七事变"并不是宛平一隅的战事,更不是偶然发生的行动;而是日本帝国主义者眼看着我国和平统一与准备御侮的工作,已到达相当阶段,不得不趁着当前比较有利的国际情势,发动这个侵略北方的阴谋"③。《宣言》号召全国民众要举国一心,全力抗敌。为了将抗战的主张落实到行动上,"全救会"不仅号召和动员广大青年到前线和后方游击区去参加抗日工作,而且还创办《抗战》、《全民周刊》、《国民公论》等各种刊物,宣传抗战、团结和进步的思想和主张,鼓舞国民的抗战精神和士气。在七七事变爆发一周后,《抗战》三日刊和《全民周刊》合并为《全民抗战》,并在发刊词中号召"发动全中

① 中国社科院近代史所:《救国会》,中国社会科学出版社1981年版,第87~88页。

② 中国社科院近代史所:《救国会》,中国社会科学出版社1981年版,第110页。

③ 中国社科院近代史所:《救国会》,中国社会科学出版社1981年版,第344页。

国广大的民众支持当前战争，参加到战争中来”，为此刊物必须明确实践层面的两个任务。第一，巩固全国的团结，提高民族意识，灌输抗战知识，传达、解释政府的国策，剖析国内政治、军事、经济、文化以及国际之情势，为教育宣传的任务；第二，以使政府经常听到人民的声音、民间的疾苦、动员的状况、行动的优劣，使政府在领导抗战、实施庶政方面得到一种参考。发刊词认为这两项任务也是“全救会”的政治任务，并强调坚持民族独立自由、巩固统一战线的重要性。

1940 年之后，国民党掀起新一轮反共高潮，“全救会”的沈钧儒、邹韬奋等领导人也受到国民党的监视，《全民抗战》和《国民公论》都刊物都被迫停刊。邹韬奋等人出走香港，成立了救国会海外工作委员会，继续从事抗日工作。1941 年 5 月 29 日，邹韬奋、茅盾、范长江、于毅夫等 9 名救国会留港代表联名发表《我们对国事的主张》，痛斥国民党对日寇的妥协投降倾向和对进步文化事业的摧残。抗战胜利后，“全救会”的领导人开始为人民民主事业的胜利继续斗争。

四、中国民主政团同盟的抗战救亡思想

抗战进入相持阶段后，国民党消极抗日，积极反共，不仅制造了针对共产党的皖南事变，而且对民主党派和无党派人士也采取了高压政策，由此加速了中间集团的进一步联合。1941 年 3 月 19 日，三党（中国国家社会党、中国青年党、第三党）三派（全救会、中华职业教育社、乡村建设派）联合，在重庆正式成立中国民主政团同盟，针对时局表达共同的抗战救亡思想。

第一，主张坚持对日抗战，反对妥协投降。《中国民主政团同盟纲领》第一条指出：“贯彻抗日主张，恢复领土主权之完整，反对中途妥协。”第四条还提出，要“督促并协助中国国民党切实执行抗战建国纲领”①，反对国民党妥协投降，主张团结，反对分裂。第二，主张统一和团结全国力量进行抗战，但仍强调以执政的国民党为主体。《中国民主政团同盟成立宣言》分析认为，最近四五年的抗战形势可以为两个阶段，就中国抗战的国际形势而言，后一阶段好于前一阶段；而就国内形势而言，后一阶段则不如前一阶段。针对此种情况，《宣言》一方面强调全国要团结统一，“不能由吾人自丧其前途”，“中国之兴必兴于统一；中国之亡必亡于不统一，尽人可晓。”另一方面也认为，“今后领导国人，挽回大局，仍不能不以望于执政之国民党”②。整体说来，这个《宣言》代表的是民族资产阶级、小资产阶级及其知识分子的利益，所以不赞成中国共产党独立自主地建立抗日

① 邱钱牧：《中国民主党派史》，浙江教育出版社 1987 年版，第 99 页。

② 中国民主同盟中央文史资料委员会：《中国民主同盟历史文献（1941—1949）》，文史资料出版社 1983 年版，第 5 页。

民主政权、发展人民军队的政策和纲领。第三，主张实行民主以增强抗战力量。1941 年 11 月，在二届二次国民参政会上，张澜、罗隆基等依据同盟纲领的基本精神，提出了《实现民主以加强抗战力量树立建国基础案》。提案包括 10 项“实现民主以加强抗战力量”的要求，如要求国民党结束训政，实施宪政，成立战时民意机关，减轻民众负担，保障人民自由和权利，实行军队国家化等。董必武、邓颖超等 23 位参政员在该提案上联合签名，但由于蒋介石拒不接受，使提案最终未能提交参政会讨论。

中国民主政团同盟的上述抗战救亡思想，代表了当时中间势力的利益要求，它以实现民主来增强抗战力量的主张，为坚持抗战、增进团结、反对分裂作出了贡献，被中国共产党誉为“民主运动的生力军”。在中国民主政团同盟成立之前，乡村建设派、中华职业教育社、中国国家社会党、中华民族革命同盟等中间团体，也都为民族的独立和抗日统一战线的形成、为中华民族最终战胜日本帝国主义作出了各自的贡献。

第四节　中国共产党关于抗战的指导思想

中国共产党是抗日战争的中流砥柱。九一八事变后，随着民族矛盾不断上升，中国共产党代表中国工农群众的利益要求，召开了一系列会议，通过了许多重要文件和发表了相关宣言，对日本帝国主义猖狂和野蛮的侵略行径进行了强烈谴责，提出了一系列重要的抗战指导思想。

一、“抗日反蒋”

九一八事变后第三天，中共中央便发表了《中国共产党为日本帝国主义强暴占领东三省事件宣言》，认为日本帝国主义是压迫中国，屠杀中国民众的“万恶强盗”。《宣言》在分析国际形势的基础上，揭露了日本帝国主义的侵略本质，明确提出了“反对日本帝国主义强占东三省”的口号。同时，《宣言》还提出“打倒国民党，打破一切和平改良的欺骗”，认为“只有群众斗争的力量，只有工农苏维埃运动的胜利，才能解放中国”①。同时，中共中央还与日本共产党联合发表了《为日本强占东三省宣言》。9 月 22 日，《中共中央关于日本帝国主义强占满洲事变的决议》，从事件经过、国际政治经济形势、事件对中国的影响、党在此次事件中的中心任务 4 个方面，阐明了中国共产党的基本立场。《决议》指出：“必

① 《中共中央文件选集》第 7 册，中共中央党校出版社 1991 年版，第 399 页。

须加紧惊醒群众的民族自觉而引导到反帝的斗争上去……只有群众自己的力量能够战胜帝国主义的侵略和求得民族的解放"。《决议》又强调："只有推翻地主资产阶级的国民党政府，才能真正地进行革命的民族战争"①。30日，中共中央发表了《中国共产党为日本帝国主义强占东三省第二次宣言》；10月12日，又发表了《为反抗帝国主义国民党一致压迫与屠杀中国革命民众宣言》，号召广大民众"武装我们自己，坚决的起来打倒帝国主义国民党在中国的统治"②。12月11日，中华苏维埃共和国中央临时革命政府也发表了《为国民党政府出卖中华民族利益告全国民众书》。这个告书号召全国民众要武装起来，通过罢工、罢课、罢操等手段来反抗帝国主义，反抗国民党的压迫，要"推翻国民党反动统治，建立自己的政权，与帝国主义作决死的血战"③。

1932年一二八事变爆发后，中国共产党联合中华苏维埃共和国临时中央政府，连续发布了《中国共产党中央为上海事变第二次宣言》、《中国共产党关于上海事件的斗争纲领》、《中央致上海反帝大同盟党团的一封信》、《中央为上海事变给各地党部的信》、《中共中央关于"一二八"事变的决议》、《中华苏维埃共和国临时中央政府宣布对日战争宣言》、《中华苏维埃共和国临时中央政府为对日宣战告世界无产阶级及被压迫民族通电》和《关于动员对日宣战的训令》等文件。这些文件在指导思想上，与九一八事变后发表的文件一样，都突出了"抗日反蒋"的主题。例如，《中国共产党中央为上海事变第二次宣言》认为："国民党各派军阀及中国资产阶级都是日本帝国主义走狗，以血的屠杀镇压反日运动来献媚日本帝国主义"，所以"要救中国，要救上海，没有别的办法，只有劳苦群众在无产阶级领导之下，推翻国民党统治，建立民众自己的政权，与日本帝国主义及一切帝国主义进行坚决的革命战争"④；《中共中央关于"一二八"事变的决议》也指出："要取得民族革命战争的彻底胜利，必须推翻国民党军阀的这一领导，把领导权拿在民众自己手里。"⑤

1933年日军侵占山海关后，中共中央发表了《关于日本帝国主义进攻华北的决议》；1月17日，中华苏维埃临时中央政府和工农红军革命军事委员会发表了《为反对日本帝国主义侵入华北愿在三条件下与全国各军队共同抗日宣言》（简称《一一七宣言》）。"三条件"包括立即停止进攻苏维埃区域、立即保证民众的民主权利、立即武装民众，保卫中国及争取中国独立统一与领土完整，有此

---

① 彭明主编：《中国现代史资料选辑》第3、4册补编，中国人民大学出版社1992年版，第355页。

② 《中共中央文件选集》第7册，中共中央党校出版社1991年版，第433页。

③ 彭明主编：《中国现代史资料选辑（1931—1937）》第4册，中国人民大学出版社1989年版，第6页。

④ 《中共中央文件选集》第8册，中共中央党校出版社1991年版，第96～97页。

⑤ 彭明主编：《中国现代史资料选辑》第3、4册补编，中国人民大学出版社1992年版，第357页。

就可以“组成对日作战联合战线”。但是,由于当时中共党内的“左”倾思想,并没有采取落实上述意愿的行动。

1935年华北事变后,中国共产党发表了著名的《八一宣言》。《宣言》首先分析了九一八事变以来中国国内的政治形势,指出“我国家我民族已处在千钧一发的生死关头。抗日则生,不抗日则死,抗日救国,已成为每个同胞的神圣天职”。《宣言》呼吁,在亡国灭种大祸迫在眉睫之时,“无论各党派间在过去和现在有任何政见和利害的不同,无论各界同胞间有任何意见上或利益上的差异,无论各军队间过去和现在有任何敌对行动,大家都应当有‘兄弟阋于墙外御其侮’的真诚觉悟,首先大家都应当停止内战,以便集中一切国力(人力、物力、财力、武力等)去为抗日救国的神圣事业而奋斗”。《宣言》提出了停止内战、团结抗日的具体措施,即“组织全中国统一的国防政府”和“组织全中国统一的抗日联军”,并明确提出了国防政府抗日救国的10条行政方针。①《八一宣言》标志中国共产党在抗日救亡上的方针策略开始了一个新的转变,其政治思想的核心内容,就是抗日民族统一战线。

1935年11月,中共中央政治局召开了瓦窑堡会议,并于11月28日以中华苏维埃共和国中央政府和中国工农红军革命军事委员会的名义,发表了《抗日救国宣言》。《宣言》指出:“在亡国灭种的面前,中国人民决不能束手待毙”,全国人民应该“有力出力,有钱出钱,有枪出枪,有知识出知识”,组织抗日联军和国防政府,以十大纲领为依据,共同团结抗战。《宣言》仍认为蒋介石是“卖国头子”,是“中国有史以来最大的汉奸卖国贼”,只有消灭蒋介石政府,“中国民族才能得到最后的彻底的解放”②。会议通过了《中央关于目前政治形势与党的任务决议》,认为在国内,日军的侵略行径已惊醒了中国人民的民族觉醒,同时也加速了蒋介石反动统治的削弱与崩溃;在国际上,“世界是处在大革命和大战争的前夜”。在这种境况下,“中国革命有着光明灿烂的前途”,而“党的策略路线,是在发动,团聚与组织全中国全民族一切革命力量去反对当前主要的敌人:日本帝国主义与卖国贼子蒋介石。不论什么人,什么派别,什么武装队伍,什么阶级,只要是反对日本帝国主义与卖国贼蒋介石的,都应该联合起来,开展神圣的民族革命战争,驱逐日本帝国主义出中国,打倒日本帝国主义的走狗在中国的统治,取得中华民族的彻底解放,保持中国的独立与领土的完整。只有最广泛的反日民族统一战线(下层与上层的),才能战胜日本帝国主义及其走狗蒋介石”③。《决

---

① 彭明主编:《中国现代史资料选辑》第3、4册补编,中国人民大学出版社1992年版,第372~376页。

② 《中共中央文件选集》第10册,中共中央党校出版社1991年版,第580~581页。

③ 《中共中央文件选集》第10册,中共中央党校出版社1991年版,第604页。

议》还对中国革命的基本动力进行了分析，重申了“反日反卖国贼的民族统一战线之最广泛的与最高的形式，就是国防政府与抗日联军的组织”，且重申了这一组织的十项行动纲领。

12月27日，毛泽东在瓦窑堡党的活动分子会上作了《论反对日本帝国主义的策略》的报告。报告首先分析了当时的形势，随后又对国内各阶级对日抗战态度进行了逐一剖析，并举出了党在历史上的相关例子，目的是强调“敌人的营垒是会发生破裂的”；而在革命阵营内部，形势也由“局部性转变到全国性，由不平衡状态逐渐转变到某种平衡状态”。在此种形势下，毛泽东认为：“当着革命的形势已经改变的时候，革命的策略，革命的领导方式，也必须跟着改变。”所以中国共产党在当时的基本策略任务就是要“建立广泛的民族革命统一战线”，反对关门主义，“组织千千万万的民众，调动浩浩荡荡的革命军……只有这样的力量，才能把日本帝国主义和汉奸卖国贼打垮”①。

与《八一宣言》相比，瓦窑堡会议决议和毛泽东的报告向抗日民族统一战线的方向又迈进了一大步，由此也标志着中共抗日民族统一战线政策的正式形成。在蒋介石仍然坚持“攘外必先安内”政策和继续对红军进行“围剿”的情况下，会议的主题仍处于“抗日反蒋”的阶段，但是，由于及时批判和纠正了党内“左”倾错误和关门主义的做法，瓦窑堡会议还是根据时局的变化及时对政策进行了调整，尤其是为抗日民族统一战线的形成扫除了障碍。

二、“逼蒋抗日”

瓦窑堡会议后，形势发生了重大转变。在日本方面，侵华势力步步深入华北，以荒木陆相为首的一批少壮派军官，策动1936年2月的二二六军事政变，完成了日本国内政治体制向法西斯独裁体制的转变，为更大规模的侵华战争做好了准备。国内方面，国民党于1935年底开始调整其内外政策，南京国民政府在与日本进行谈判时也表示了较为强硬的立场。同时，中共在对张学良领导的东北军的统战工作中逐步认识到，继续打“反蒋”的旗号不利于统一战线的形成。还有一些事情表明，只要政策得当，逼迫蒋介石抗战是有可能的。一是在国共谈判中国民党表示了有条件合作抗日的意愿。二是1936年7、8月间共产国际在对中国共产党的指示中，强调中国共产党“不能左右开弓”，“要真正武装抗日，还必须有蒋介石或他的绝大部分军队参加”，认为中国共产党“应该采取的方针是：停止红军与蒋介石军队间的军事行动，同蒋军达成联合抗击日本侵略者的具

① 《毛泽东选集》第1卷，人民出版社1991年版，第142～155页。

体协议"[①]。三是1936年5月李宗仁、白崇禧联合反蒋的"两广事变",表明国民党阵营也并非铁板一块。由此,中共中央根据国内外形势的变化,为推动抗日民族统一战线的早日形成,决定将"抗日反蒋"转变为"逼蒋抗日",并大体在1936年完成这一方针转变。

1936年4月25日,中共中央发表了《为创立全国各党各派的抗日人民阵线宣言》,第一次把国民党列为抗日民族统一战线的对象,并明确指出:"在全中国亡国灭种的紧急关头……不管我们相互间有着怎样不相同的主张和信仰,不管我们相互间过去有着怎样的冲突与斗争,然而我们都是大中华民族的子孙,我们都是中国人,抗日救国是我们的共同要求。"[②]《宣言》提出的6条共同行动的纲领,强调以国防政府和抗日联军作为组织形式,没有再提推翻国民党政府等主张。5月5日,红军又发表了《停战议和一致抗日通电》,"号召全国不愿意做亡国奴的团体、人民、党派,赞助我们停战议和一致抗日的主张,组织停止内战的促进会"[③]。这个通电也不再称蒋介石为"卖国贼",呼吁国共双方派代表,磋商抗日救亡具体办法。

1936年8月10日,中共中央召开政治局会议,详细讨论对国民党的方针政策。毛泽东在会上首先发言,明确指出抗日民族统一战线的主要对象应该是国民党;周恩来则建议放弃过去"抗日必须反蒋"的方针;张闻天也认为,新形势下,国民党政府有转向参加抗日运动的可能,并建议将中华苏维埃人民共和国改为"民主共和国"。会议根据毛泽东的建议,决定给南京政府发一封秘密信和一封公开信,8月25日,由张闻天起草的公开信以《中国共产党致中国国民党书》为题正式发表。公开信再次疾呼"立即停止内战,组织全国的抗日统一战线,发动神圣的民族自卫战争。""全国人民现在热烈要求一个真正救国救民的政府,要求一个真正的民主共和国。全国人民要求一个为他们自己谋利益的民主共和政府。"[④]公开信最后表示:"我们愿意同你们(国民党)结成一个坚固的革命的统一战线,如象一九二五至二七年第一次中国大革命时两党结成反对民族压迫与封建压迫的伟大的统一战线一样,因为这是今日救亡图存的唯一正确的道路","我们方面是早已准备着在任何地方与任何时候派出自己的全权代表,同贵党的全权代表一道,开始具体实际的谈判,以期迅速订立抗日救国的具体协定"[⑤]。这封公开信是中国共产党实行"逼蒋抗日"的宣言书,对促成第二次国共合作具有重要意义。

---

① 转引自李新主编:《从内战到抗战》,上海人民出版社1995年版,第304页。

② 《中共中央文件选集》第11册,中共中央党校出版社1991年版,第18页。

③ 《中共中央文件选集》第11册,中共中央党校出版社1991年版,第21页。

④ 《中共中央文件选集》第11册,中共中央党校出版社1991年版,第82页。

⑤ 《中共中央文件选集》第11册,中共中央党校出版社1991年版,第86~87页。

9月1日，中共中央书记处在党内下达了《中央关于逼蒋抗日问题的指示》，认为“目前中国的主要敌人，是日帝，所以把日帝与蒋介石同等看待是错误的，‘抗日反蒋’的口号，也是不适当的”，“在日帝继续进攻，全国民族革命运动继续发展的条件之下蒋军全部或其大部有参加抗日的可能。我们的总方针，应是逼蒋抗日”①。但是，逼蒋抗日的重要前提和条件保证，就是共产党的独立性和力量壮大。9月17日，《中央关于抗日救亡运动的新形势与民主共和国的决议》认为，抗日斗争不仅需要广泛的民众力量，而且也需要统治阶层中一切可能的部分来参加抗战。《决议》还特别指出，“在建立抗日民族统一战线与实现民主共和国的斗争过程中，绝对不应该削弱苏维埃红军的力量”，而是要“扩大与巩固共产党，保障共产党政治上组织上完全独立性，和内部的团结一致性，是使抗日的民族统一战线与民主共和国得到彻底胜利的最基本的条件”②。

三、“联蒋抗日”

中共领导人第一次明确表达“联蒋抗日”的态度是在1936年1月29日，时任中华苏维埃政府主席毛泽东和人民外交委员长王稼祥在与红色中华社记者谈话时指出：“中国苏维埃政府对于蒋介石的态度非常率直明白，倘蒋能真正抗日，中华苏维埃政府当然可以在抗日战线上和他携手。”③1936年12月的西安事变和平解决后，面对新的对敌斗争形势，中国共产党的“逼蒋抗日”转变为“联蒋抗日”。

1937年2月10日，在国民党将要召开五届三中全会之际，中共中央发表了《中共中央给中国国民党三中全会电》，提出了“五项要求”和作出了“四项保证”。“五项要求”是：停止一切内战，集中国力，一致对外；保证言论、集会、结社之自由，释放一切政治犯；召集各党各派各界代表会议，集中全国人才，共同救国；迅速完成对日抗战之一切准备工作；改善人民生活。“四项保证”是：在全国范围内停止推翻国民党政府之武装暴动方针；苏维埃政府改名中华民国特区政府，红军改名为国民革命军，直接受南京政府与军事委员会之指导；在特区政府区域内，实施普选的彻底的民主制度；停止没收地主土地之政策，坚决实行抗日民族统一战线之共同纲领。④ 这“四项保证”和“五项要求”，是中共中央在民族矛盾上升为主要矛盾以及国共关系趋于缓和的情况下，第一次正式向国民党提

① 《中共中央文件选集》第11册，中共中央党校出版社1991年版，第89页。
② 《中共中央文件选集》第11册，中共中央党校出版社1991年版，第98页。
③ 张铁男等主编：《中国统一战线大事纪事本末》，吉林大学出版社1990年版，第190页。
④ 《中共中央文件选集》第11册，中共中央党校出版社1991年版，第157~158页。

出的合作基本条件。2月15日至22日，国民党五届三中全会召开，宋庆龄、何香凝等国民党左派同坚持反共的亲日派汪精卫等进行了尖锐斗争，最后否决了汪精卫等提出的“剿共”方针和议案，蒋介石也开始接受中共抗日民族统一战线的主张。会议还通过了实际上接受国共合作的决议。

第二次国共合作的谈判由此展开，从1937年2月9日周恩来在西安与顾祝同的谈判开始，至9月份国共双方的代表又在杭州、庐山、南京等地举行了6次公开直接谈判。卢沟桥事变的第二天发表的《中国共产党为日军进攻卢沟桥通电》再次呼吁，“国共两党亲密合作抵抗日寇的新进攻”，“全中国同胞，政府，与军队，团结起来，筑成民族统一战线的坚固长城，抵抗日寇的侵掠”①。7月15日，中共中央向国民党政府递送了《中国共产党为公布国共合作宣言》，以“奋斗目标”的名义提出国共合作的3项纲领：一是争取中华民族之独立自由与解放，须切实、迅速地准备和发动民族革命抗战，以收复失地和恢复领土主权之完整。二是实现民权政治，召开国民大会，以制定宪法与规定救国方针。三是实现中国人民之幸福与愉快的生活，须切实救济灾荒，安定民生，发展国防经济，解除人民痛苦，与改善人民生活。《宣言》还重申了在致国民党三中全会电中提出的四项保证。②

8月13日，日军大举进攻上海，南京受到直接威胁。14日，国民党政府发表《自卫抗战声明书》，被迫宣布抗战。9月22日，国民党中央通讯社正式公布了《中共中央为公布国共合作宣言》。23日，蒋介石发表了《对中国共产党宣言的谈话》，正式承认了中国共产党的合法地位。《宣言》的公布和蒋介石谈话的发表，标志着抗日民族统一战线正式形成。在民族危亡关头，中国共产党“联蒋抗日”的方针政策赢得了民心，对抗日民族统一战线的形成和抗日战争的最终胜利，都具有重要意义。

四、坚持全面抗战路线和持久抗战方针

第二次国共合作的实现和抗日民族统一战线的形成，拉开了全民族抗战的序幕。要否抗战已不成问题；而在怎样抗战的问题上，却存在着两种方针，两套策略。1937年7月23日，毛泽东发表《反对日本进攻的方针、办法和前途》，阐明中国共产党坚持的全面抗战路线和持久抗战方针，同时揭露国民党“不是军队总动员，而是军队不动员，或向后撤”，“不是给人民以自由，而是给人民以压

① 《中共中央文件选集》第11册，中共中央党校出版社1991年版，第275页。

② 彭明主编：《中国现代史资料选辑》第5册（上），中国人民大学出版社1989年版，第214～215页。

迫"，"不是抗日的外交，而是媚日的外交"，"不是筑成抗日民族统一战线的长城，而是拆毁这个长城，或是阳奉阴违、要做不做地讲一顿'团结'"的片面抗战路线。① 毛泽东将中国共产党的全面抗战路线概括为八方面。(一) 全国军队的总动员；(二) 全国人民的总动员；(三) 改革政治机构；(四) 抗日的外交；(五) 宣布改良人民生活的纲领，并立即开始实行；(六) 国防教育；(七) 抗日的财政经济政策；(八) 全中国人民、政府和军队团结起来，筑成民族统一战线的坚固的长城。② 毛泽东指出，坚持全面的抗战路线，中华民族就一定能驱逐日本帝国主义，实现中国自由解放的前途，若采取片面抗战的路线，必然会继续做亡国奴。

1937 年 8 月，中共中央在陕北召开了洛川会议，通过了《关于目前形势与党的任务的决定》和《中国共产党抗日救国十大纲领》两个重要文件，对中国共产党全面抗战路线进行了具体详细的阐述。会议《决定》明确指出："今天争取抗战胜利的中心关键，是在使国民党发动的抗战发展为全面的全民族的抗战。只有这种全面的全民族的抗战，才能使抗战得到最后胜利。""今天所发动的抗战，中间包含着极大的危险性。这主要的是由于国民党还不愿意发动全国人民参加抗战。"③在《抗日救国十大纲领》中，中国共产党将自己的全面抗战路线进一步细化为 10 个方面：一是打倒日本帝国主义，对日绝交，驱逐日本官吏，驱逐日本帝国主义出中国，反对任何的动摇妥协；二是全国军事的总动员，动员全国陆海空军实行全国抗战，反对单纯防御的消极作战方针，动员全民族参战；三是全国人民的总动员，废除一切束缚人民爱国运动的旧法令，释放一切爱国的革命的政治犯，全中国人民动员起来、武装起来，参加抗战；四是改革政治机构，召集真正人民代表的国民大会，通过真正的民主宪法，决定抗日救国方针，选举国防政府；五是抗日的外交政策，在不丧失领土主权的范围内，与一切反对日本侵略主义的国家订立反侵略的同盟，拥护和平阵线；六是战时的财政经济政策，财政政策以有钱出钱及没收汉奸财产作为抗日经费为原则，经济政策是整顿与扩大国防生产，发展农村经济，保证战时农产品的自给；七是改良人民生活，改良工人农民职员教员及抗日军人的待遇，减租减息，救济失业等；八是抗日的教育政策，改变教育的旧制度旧课程，实行全国学生的武装训练；九是肃清汉奸卖国贼亲日派，巩固后方；十是抗日的民族团结，建立全国各党各派各界各军的抗日民族统一战线，领导抗日战争等。洛川会议的这两个文件，以及毛泽东同时发表的《为动员一切力量争取抗战胜利而斗争》的文章，充分阐明了中国共产党全面抗战的路

① 《毛泽东选集》第 2 卷，人民出版社 1991 年版，第 349 页。

② 《毛泽东选集》第 2 卷，人民出版社 1991 年版，第 346 ~ 348 页。

③ 《中共中央文件选集》第 11 册，中共中央党校出版社 1991 年版，第 325 页。

线和方针政策，体现了当时中华民族的最高利益，深受全国各族人民的拥护和支持，同时也是对国民党片面抗战路线的有力纠偏。

抗战除了在路线上需要“全面”外，在战略上还需要“持久”。洛川会议之后，1937 年 9 月，张闻天在《解放》周刊上发表了《论抗日民族革命战争的持久性》一文，认为“全国性抗战的开始，即是中华民族新时代的开始”。通过对中日两国战争实力的对比分析，文章指出，“中日战争谁胜谁负的问题，是不能在短时期内最后解决的。中日两国的战争，将带有持久的性质”，而“中日战争愈持久，则日本国内的矛盾愈益尖锐化，日本方面的困难愈益增加。这就是造成了中国战胜日本的有利条件。”在此种情况下，中国在中日战争中有两个前途，一个是消极的，中国被战败；一个是积极的，中国战胜日本。为了争取积极的前途，应该使“政府与人民结合起来”，“军队与人民结合起来”，并“同民族失败主义作斗争”，“把中国共产党的十大纲领变为全民族的行动纲领”，才能取得中日战争的最后胜利。①

1938 年 1 月，周恩来在《群众》周刊上发表的《怎样进行持久抗战？》开宗明义：“只有持久抗战，才能争取最后胜利，这是抗战五个月中最主要的教训！”文章从八个方面总结了抗战五个月中最主要的经验和教训，提出了坚持持久抗战的具体办法。一是巩固前线；二是建设新的军备；三是建立军事工业；四是发展敌人占领地区的广大游击战争；五是进行广大的征募兵役运动；六是巩固后方；七是加强国防机构；八是运用国际的有利条件。文章认为，这八个方面的具体办法，“都为着实现一个目的——即是争取持久抗战的最后胜利的一个目的”②。

1938 年 5 月，毛泽东在延安抗日战争研究会上，作了著名的《论持久战》讲演，进一步详细地阐述了中国共产党持久抗战的战略方针。演讲对中日战争的过程究竟要怎么样，能胜利还是不能胜利，能速胜还是不能速胜，为什么是持久战，怎样进行持久战等问题，进行深入的剖析和解答，对中国必亡论和中国速胜论进行了一一驳斥，详细论述了中国坚持持久战的原因，并且对持久战的过程，进行了三个阶段的划分。演讲最后得出结论：“抗日战争是持久战，最后胜利是中国的”③。

全面抗战后，中国共产党持久抗战的战略方针，是根据当时中日两国的战争实力而制定的战略方针，对战胜敌人和保存实力具有重要意义。后来历史的发展，也证明了中国共产党持久战方针的正确性。

① 张闻天：《论抗日民族革命战争的持久性》，《解放》周刊第 1 卷，1937 年第 17 期。

② 周恩来：《怎样进行持久抗战？》，《群众》周刊第 1 卷，1938 年第 5 期。

③ 《毛泽东选集》第 2 卷，人民出版社 1991 年版，第 439 ~ 515 页。

五、坚持抗日民族统一战线的独立自主和无产阶级的领导权

抗日战争进入相持阶段后，国内外政治形势发生了极大变化。欧洲战场上，苏联红军处于艰苦抗击德军、争取反攻条件的阶段，英国等苦撑战局而美国尚未参战；在国内，日本方面对蒋介石政府加紧进行劝降和拉拢，而国民党内顽固派消极抗日和积极反共的呼声甚嚣尘上。在这种情况下，中国共产党何去何从成为一个严峻的问题。

1938 年 10 月，毛泽东在扩大的中共六届六中全会上作了《论新阶段》的报告。报告共分八个部分，在第三部分“抗日民族战争与抗日民族统一战线发展的新阶段”中，毛泽东分析指出：“抗日战争发展到了新的阶段之时，同时即是抗日民族统一战线发展到一个新的阶段之时。”①在统一战线发展的这个新阶段，一个必须思考的问题，就是中国共产党在民族战争中处于何种地位？毛泽东对这个问题给出了明确答案：“必须保持加入统一战线中的任何党派在思想上政治上与组织上的独立性”，在“统一战线中，独立性不能超过统一性，而是服从统一性”②。这次会议确定了坚持抗日民族统一战线的方针，同时指出了在统一战线中既有团结又有斗争的必然性，并对“一切经过统一战线”的提法进行了批判，认为“我们一定不要破裂统一战线，但又决不可自己束缚自己的手脚，因此不应提出‘一切经过统一战线’的口号……我们的方针是统一战线中的独立自主，既统一，又独立”③。毛泽东坚持抗日民族统一战线中的独立自主的思想，标志着统一战线理论作为中国共产党政治思想创新重要内容的臻于成熟。

1939 年 4 月，毛泽东在《〈共产党人〉发刊词》中对中国共产党成立 18 年来的经验进行了总结，提出了统一战线、武装斗争和党的建设是中国共产党战胜敌人的“三大法宝”的思想。对于统一战线，毛泽东进一步指出：“中国共产党的政治路线的重要一部分，就是同资产阶级联合又同它斗争的政治路线……这里所谓联合，就是同资产阶级的统一战线。所谓斗争，在同资产阶级联合时，就是在思想上、政治上、组织上的‘和平’的‘不流血’的斗争……如果我们党不知道在一定时期中同资产阶级联合，党就不能前进，革命就不能发展；如果我们党不知道在联合资产阶级时又同资产阶级进行坚决的、严肃的‘和平’斗争，党在思想上、政治上、组织上就会瓦解，革命就会失败”④。

---

① 《中共中央文件选集》第 11 册，中共中央党校出版社 1991 年版，第 595 页。

② 《中共中央文件选集》第 11 册，中共中央党校出版社 1991 年版，第 646 页。

③ 《毛泽东选集》第 2 卷，人民出版社 1991 年版，第 540 页。

④ 《毛泽东选集》第 2 卷，人民出版社 1991 年版，第 608 页。

在抗战进入相持阶段后，正是上述指导思想使中国共产党的“坚持抗战、反对投降，坚持团结、反对分裂，坚持进步、反对倒退”方针得以贯彻。在抗日民族统一战线中，中国共产党提出了发展进步势力、争取中间势力、反对顽固势力的方针政策，强调“以斗争求团结”，遵循着“有理、有利、有节”的斗争原则，以及“人不犯我，我不犯人，人若犯我，我必犯人”的自卫原则，既达到了坚持长期抗战、克服投降的目的，又坚持了无产阶级对抗日民族统一战线的领导权。

思考题

1. 九一八事变后中国民族主义思潮高涨的背景是什么？有何特点？
2. 中国国民党抗战主张的内容主要有哪些？
3. 抗战时期中间集团的抗战救亡思想有哪些基本特征？
4. 简述中国共产党从“抗日反蒋”到“联蒋抗日”方针的形成过程。
5. 中国共产党对抗日民族统一战线的形成有何贡献？

11

第十一章

解放战争时期的政治思想斗争

相对抗日战争时期，解放战争时期的政治思想延续了实践针对性的特征，但是，国内不同政治主张的矛盾和斗争更加明显激烈，而且对于政权的合法性、国家形态的选择、民主政体的设计等重大实践问题，也有了更多理论形态的关注和阐述。

第二次世界大战结束后，整个世界局势也发生了很大变化。德、意、日三个法西斯国家战败，英、法等老牌资本主义国家实力衰落，社会主义苏联在战争中经受了锻炼和考验，得到进一步的巩固。与此同时，一大批新兴的民族主义国家在世界范围内兴起，他们要求独立、和平、民主的呼声不断高涨。美国作为战胜国，其在政治、经济、文化等方面的实力进一步增强，与苏联争夺世界霸权的趋势在所难免。在国内，抗日战争的伟大胜利，是近代百余年来中国人民反对帝国主义侵略斗争的第一次彻底胜利。在长达十几年的战争中，中华民族争取解放的民族意识进一步觉醒，国内各党派和各种政治力量随着战争的胜利，也进一步活跃起来，国内政治形势趋于复杂，中国历史由此走到了一个重要的十字路口，不同政治思想之间的激烈斗争也随之展开。

第一节　解放战争时期国内的局势与政治格局

解放战争时期，国内政治局势变得更加复杂，中国将会走向何方，成为当时各阶级和各派政治力量关注的一个焦点。1945 年 8 月 13 日,毛泽东在《抗日战争胜利后的时局和我们的方针》中指出:"从整个形势看来,抗日战争的阶段过去了,新的情况和任务是国内斗争……是建立一个无产阶级领导的人民大众的新民主主义的国家呢,还是建立一个大地主大资产阶级专政的半殖民地半封建的国家?这将是一场很复杂的斗争。"①围绕着要独裁还是民主,要战争还是和平,各方政治力量都进行了认真的衡量。共产党、各民主党派和中间力量,以及全国人民都坚持和平民主团结的方针,反对国民党的独裁和内战方针,并为此进行了不懈的努力,积极地开展政治活动,但国民党的阶级本质最终还是导致了内战的全面爆发。

一、解放战争初期国内各方政治力量的消长

1945 年 8 月 15 日,日本政府正式宣布投降后,国民党政府就很快与日本侵略者进行勾结,并在美国政府的支持和帮助下,大肆掠取战争的胜利果实,来壮大其大地主大资产阶级和官僚资本的实力。8 月 23 日,国民党派何应钦与日军侵华总司令冈村宁次取得联系,要求日军在战败撤退时,对共产党领导的军队收复失地"作有效防卫"。8 月 27 日,国民政府受降代表再次面告冈村宁次:"在任何情况下,务请贵方设法维持交通安全","上海、南京、北平、天津、青岛、汉口、广州、香港等重要城市,另请特别注意!"②在国民党的要求下,日伪军与共产党领导军队摩擦不断。

与此同时,蒋介石政府还请美国政府出面帮助抢夺战争胜利果实。8 月 13 日,经美国总统杜鲁门批准,盟军最高统帅麦克阿瑟发布接受日本投降的命令,明确规定"中国、台湾和北纬 16°以北的印度支那地区由蒋介石受降"③。美国及其主导的盟军司令部,不承认中国共产党领导的人民军队有参与受降的权利。根据蒋介石政府的请求,美国政府加紧调动大批海空力量,运送国民党的军队,以"受降"的名义,控制重要的交通线,抢占战略要地。从 9 月 5 日至 10 月 15 日,美国空军帮助国民党运送了 3 个军的力量到达北平、天津、上海、南京地区。在此后的半年多时间内,美国不惜耗资 6 亿多美元,派军舰先后帮助蒋介石政府运送了 11 个军去华北、华中、东北和台湾地区。到 1945 年 10 月,在美国政府的帮助下,国民党的 80 万军队抢占了上海、南京等大城市,并抢夺了解放军从日军手中收复的 31 座城市,其军事实力得以空前增强。

---

① 《毛泽东选集》第 4 卷,人民出版社 1991 年版,第 1130 页。

② 郭绪印:《新编中国现代史》,上海人民出版社 1996 年版,第 394 页。

③ [美]杜鲁门:《杜鲁门回忆录》第 1 卷,李石译,世界知识出版社 1964 年版,第 341 页。

从1945年9月至1946年上半年,国民党的经济接收工作告一段落,国民党所代表的官僚资本也在接收中急剧膨胀。据国民党六届四中全会公布,这次接收敌伪物资价值6 200亿元。在财政金融方面,四大家族官僚资本通过所控制的四行二局,接收了日、德、意在华银行以及伪政府的金融机构的全部财产,仅就伪中央储备银行被接收的财产算,黄金55.35万两,白银763.93万两,银元37.2万枚,美金550万元。此外,包括上海在内的苏浙皖地区所接收的敌伪金融资产合计约1 730亿元。到1946年6月底,国统区3 489家银行中,由四大家族直接或间接控制的官营银行达852家,占全国银行总数的24.4%,存款总数达54 881万亿元,占全国银行存款总数的91.7%。[①] 此外,在商业、农业、工矿业等方面,国民党政府所代表的官僚资本的实力在接收过程中也大大增强。

抗战胜利后,共产党及其领导的人民军队的实力也得到了极大的发展。据统计,当时共产党已经拥有120多万党员,抗日根据地的面积近100万平方公里,人口近1亿,人民军队发展到120余万,民兵发展到220万人。[②] 与抗战初期相比,中国共产党在社会生活中的地位和影响力得到了极大提高。

抗日战争胜利后,随着国内政治形势的发展和国民党统治区人民民主运动的高涨,代表民族资产阶级和小资产阶级利益的中间势力和民主党派,也开始活跃起来。他们积极整顿和重建组织,成立新的政党,对中国的政治发展前途各抒己见。除了原有的民主党派组织外,新建的5个民主党派组织包括以民族工商业者为主体的中国民主建国会、以进步知识分子为主体的中国民主促进会、以科教界中高级知识分子为主体的九三学社、以国民党内一部分爱国民主人士为主体的三民主义同志联合会和中国国民党民主促进会。这些民主党派的建立和重组,进一步壮大了中间势力的力量,其与共产党和国民党都不相同的资产阶级民主政治思想也得到了充分的表现。

二、内战危机加深与争取和平民主的努力

抗战胜利后,国民党政府一方面大肆抢夺资源,调兵遣将,为全面内战做准备;另一方面为了争取时间,它又摆出要求和平谈判的姿态。为此,蒋介石在1945年8月3次电邀毛泽东到重庆谈判,共商国是。8月28日,毛泽东偕周恩来、王若飞,在国民党代表张治中、美国驻华大使赫尔利的陪同下,赴重庆开始国共谈判。经过43天的谈判,国共双方都作了让步,签署了《政府与中共代表会谈纪要》(通称《双十协定》),明确了中共提出的和平建国的方针,蒋介石政府也

---

① 郭绪印:《新编中国现代史》,上海人民出版社1996年版,第397页。

② 胡绳:《中国共产党的七十年》,中共党史出版社1991年版,第227页。

被迫同意人民的民主权利、释放政治犯和召开政治协商会议等要求。但是,蒋介石继续玩弄“假和谈,真内战”的伎俩,使得内战危机加深。在重庆谈判前后,蒋介石多次命令国民党军队加紧对解放区的围攻和推进;毛泽东到达重庆次日,何应钦就秘密命令各战区重印蒋介石1933年编写的《剿匪手本》。《双十协定》签订不到三天,蒋介石就下达了“剿匪密令”,要求各部将领努力“进剿”,加紧对解放区的围攻。

面对国民党政府加紧备战的危急局势,共产党争取和平民主团结的努力从来就没停止过。8月25日,中共中央发表《对目前时局宣言》,认为抗战胜利后,“一个新的时期,和平建设的时期,已经来临了!”在这个新的时期,共产党的任务是“巩固国内团结,保证国内和平,实现民主,改善民生,以便在和平民主团结的基础上,实现全国的统一,建设独立自主与富强的新中国。”①为奠定今后和平建设的基础,共产党提出了6项要求国民党政府立即实施的紧急措施,包括划定八路军、新四军的受降区域,严惩汉奸,承认各党派合法地位等。《宣言》最后明确提出:“我们必须坚持和平、民主、团结,为独立、自由与富强的新中国而奋斗!”②8月26日,中共中央在《关于同国民党进行和平谈判的通知》中,分析了日本投降后中国国内形势发展的新动向,认为“蒋介石垄断了受降权利”,“大城要道(一个阶段内)不能属于我们。但是华北方面,我们还要力争”。《通知》指出:“现在苏美英三国均不赞成中国内战,我党又提出和平、民主、团结三大口号”,再加上国民党“内部矛盾甚多,困难甚大。在内外压力下,可能在谈判后,有条件地承认我党地位,我党亦有条件地承认国民党的地位,造成两党合作(加上民主同盟等)、和平发展的新阶段”③。如果这个新阶段真的出现了,共产党应学会合法斗争的方法,来最大限度地争取民主和权利;“如果国民党还要发动内战,它就在全国全世界面前输了理,我党就有理由采取自卫战,击破其进攻。”同国民党斗争的基本原则是“又团结,又斗争,以斗争之手段,达团结之目的;有理有利有节;利用矛盾,争取多数,反对少数,各个击破。”④

面对国民党对解放区的不断进犯,中国共产党并没有放弃以武力方式争取和平的努力。1945年10月中旬,国民党军80万人分四路进犯华北,其中沿平汉线北进一路为敌军主力。10月24日至11月2日,晋冀豫鲁主力部队6万人在10万军民的配合下,取得了平汉战役的胜利。与此同时,山东野战军为阻止国民党军队沿津浦路北进,于1945年10月18日至1946年1月13日,发起了

① 《中共中央文件选集》第15册,中共中央党校出版社1991年版,第247页。

② 《中共中央文件选集》第15册,中共中央党校出版社1991年版,第249页。

③ 《毛泽东选集》第4卷,人民出版社1991年版,第1153页。

④ 《毛泽东选集》第4卷,人民出版社1991年版,第1154页。

津浦路徐(州)济(南)段战役,挫败了国民党的进攻意图。同时,太岳纵队阻止了胡宗南部队的北上,有效地遏制了国民党军队向华北的推进。

中国共产党以革命的两手(坚持和平方针和以斗争求和平的原则),对付美蒋玩弄"假和平、真内战"的反革命两手,使其真内战的阴谋暴露在全国人民面前,由此掀起了国统区民众反战民主运动的高涨。在这种情况下,经美国政府派遣的总统特使马歇尔的"调处",国共双方于1946年1月5日达成了《关于停止国内军事冲突的协议》。1月10日,张群、周恩来代表国共双方共同签署了《关于停止国内冲突的命令和声明》。这一停战协议的签订,推迟了全面内战的爆发时间,是中国共产党坚持和平民主团结方针的胜利。

三、国民党撕毁政协协议与全面内战爆发

1946年1月10日,就在国共双方下达停战令的同一天,政治协商会议在重庆开幕。参加此次政协的38名代表分别代表了当时中国社会的三种政治力量,即国民党、共产党和以民盟为代表的中间势力。会议的议题包括改组国民政府、施政纲领、军队、国民大会、宪法草案等5个方面,在对主要议题进行的尖锐而激烈的斗争中,以民盟为代表的中间势力与共产党有许多共同的利益和相同的观点,两方面力量密切合作,相互配合,为此次政协最终成果的取得发挥了决定性作用。会议于1月31日闭幕,就上述5个方面分别达成了5项议案,统称为"政协协议",而迫于形势和各方面压力,国民党最终还是在这个有利于和平、民主和保护人民权利的协议上签了字。

由于蒋介石继续坚持"假和平、真内战",政协协议的签订并没有给中国带来和平、民主和团结。他一方面主持政协会议,许诺"确保"人民享有自由、民主等各项权利;另一方面继续部署全面内战的军事行动,并指使国民党特务制造破坏政协协议、践踏民主的事端,打砸北平军事调处执行部、封闭中共在北平主办的《解放报》、捣毁中共在重庆主办的《新华日报》营业部和民主同盟机关报《民主报》营业部,甚至在政协闭幕不到10天,就制造了打伤李公朴、郭沫若、马寅初、沈钧儒及群众60余人的重庆校场口血案。1946年,东北苏联红军撤离之后,国民党军队相继接收了沈阳、辽阳、抚顺、铁岭等重要城市;3月30日,国民党军队向营口、鞍山、本溪等地大举进攻,又以7个师的兵力进攻四平。到5月份,国民党军相继侵占了长春、吉林等城市,控制了松花江以南广大地区,全国形成了"关内小打,关外大打"危险局面。

在1946年3月的国民党六届二中全会上,蒋介石公开反对政协协议,并鼓动了87%的与会人员签名同意全面推翻政协协议的《对政治协商会议之决议案》。决议案对政治协商会议上通过的5个议案均提出了相反意见,对改组政

府、军队国家化等问题,进行了有利于国民党的狡辩和修改。3 月 24 日至 4 月 2 日,在国民党包办召开的国民参政会四届二次会议上,蒋介石做长篇报告将国民党六届二中全会的决议公开化,彻底撕毁了政协协议。

1946 年 6 月,国民党政府不顾共产党、各民主党派和全国人民要求和平、民主、团结的呼吁,在完成了各项战争准备之后发起了全面内战。为了制造借口,蒋介石向共产党提出了五项无理要求,即共产党领导的军队从陇海路以南的一切地区、胶济路全线、承德和承德以南的地区、东北的大部分地区,以及 1946 年 6 月 7 日以后解放军在山东、山西从伪军手里收复的地区撤出,并声称只有中共满足这些要求,他才会考虑停战问题。中国共产党坚决拒绝了这些无理要求,并于 6 月 21 日派出政协代表团针锋相对地提出了 4 项建议,即长期停战,恢复交通,整军复员,重开政协,要求在此基础上继续谈判。国民党政府拒绝了中共的这些要求,并在美国政府的支持下,撕毁了"停战协定"和"政协决议",公然于 6 月底下令向中原解放区大举进攻,全面内战正式爆发。

第二节　国共两党关于战后建国的政治主张

无论内战的结果如何,都有一个建国的问题,而不同的建国主张直接决定了内战双方的人心向背。围绕着建国问题,各党派和各种政治力量都提出了代表本阶级利益的政治主张,但由于国民党和共产党的实力最为雄厚,它们关于建国的政治主张不仅是决定性的,而且举世瞩目。

一、国民党坚持内战独裁的建国主张

1. "和平建国"时期的内战独裁主张

国民党把抗战胜利到 1946 年 7 月称为"和平建国"时期,蒋介石以"和平建国"为旗号,继续鼓吹"国家统一"的论调,其实质是为了稳固和重建国民党的独裁统治。

中共七大开幕之后,国民党于 1945 年 5 月 5 日至 21 日在重庆召开了第六次全国代表大会,这是当时中国两种命运和两个前途斗争的一种表现。国民党六大通过了《农民政策纲领》、《工业建国纲领实施原则》、《农业政策纲领》、《劳工政策纲领》等重要文件,表达了建国主张的两个主要内容:一方面是要坚持政治上的法西斯独裁,抵制共产党提出的联合政府的建国主张;二是要从经济上壮大大地主大资产阶级的统治基础,维护封建土地制度,增强官僚资本的经济实力。国民党政府以"战时环境"为借口,拒绝给予人民民主宪政的权利,六大通

过的《对于政治报告之决议案》在论及民权时说："人民四权训练，尤未能依据遗教切实推行。此固受战时环境之影响……人民犹未能具备民权主义宪政之条件。"①《土地政策纲领》规定："一切山、林、川、泽、矿产、水力等天然富源，应立即宣布完全归公。其规模较大者，归中央政府经营；其规模较次者，归地方自治团体经营。""经战争破坏之都市，政府应予收复后，立即颁布复兴计划。其中心市街或码头、车站、公园等附近地带，应归政府全部征收，分别整理。""凡新建之都市，应于兴建计划未颁布之前，先行规定地价，以收归公共经营为原则。"②无论"归公"、"归政府经营"，还是由"政府全部征收"、"公共经营"，都是国民党过去既定方针的延续，实质上都是将战后的这些土地和资源，全部由封建地主、买办和资本家的国家垄断。

1945年9月3日，蒋介石在《庆祝抗战胜利对全国同胞广播词》中明确提出，要"巩固国家统一的基础"，"建立三民主义新中国"。蒋介石在论及民主宪政时说，"当此长期抗战胜利结束的时期，正是建国大业开始的机会，政府施政的方针，必将本于大公，出于至诚；只要是在革命建国的最高原则三民主义不至动摇，和中华民国国民政府的法统不致紊乱的前提下，一切问题，无不可以推诚相与。"蒋介石的这些话清楚表明，"三民主义"已经成了他维护大地主大资产阶级统治的招牌，而所有的建国方针和举措，都要以不动摇和不扰乱国民党的法统为前提。因此，为"维护主权的独立，完成建国的大计"，必须实施国民党一统军政的"国家统一"。"国家的统一，是近代立国绝对必须的要素"，"我们要完成国家的统一，唯一的前提，是要我全国军队国家化"，国内不应存在任何私人的军队和某一党派的军队。③ 蒋介石的目的不仅要使全国所有军队的统领权都集中到他一人之手，尤其是要共产党把军队交给"国家"，以实现"军令政令之统一"。

1946年元旦，蒋介石发表《告全国军民同胞书》，进一步将其"和平建国"方针具体化。第一，当前的主要任务是"和平奋斗救中国"，"完成三民主义新中国的建设"。为此，"要完成复员计划，解除民众痛苦"，"使人民安居乐业"，尽快实现"民主宪政"，"还政于民，造成全民的政治"等。此外，他还强调要有"和平与安定的环境"，要"造成整个国家和平安定的环境"，要"人人明礼义，知廉耻"。第二，继续强调"国家统一"的重要性，认为"唯有统一的国家，才能真正收获胜利的成果；唯有统一的国家，才能顺利推行宪政，保障民主制度，发扬民意，集中民力，完成建国的大计；也唯有统一的国家，才能顺利推行各种经济的建设。"他

---

① 荣孟源主编：《中国国民党历次代表大会及中央全会资料》（下），光明日报出版社1985年版，第915页。

② 荣孟源主编：《中国国民党历次代表大会及中央全会资料》（下），光明日报出版社1985年版，第925～926页。

③ 彭明主编：《中国现代史资料选辑》第6册补编，中国人民大学出版社1993年版，第44～46页。

要求“军令政令必须统一，军队必须一律归还国家统辖，任何割据地盘，破坏交通，阻碍复员的军事行动，必须绝对避免，则是解决目前争纷不安的唯一先决条件”。第三，军队必须国家化，其他党派不允许有军队，“参加政府的各党派不能拥有其自主的军队来做政争的工具”，“在一个政府之下，如存在着两种性质不同，命令各别的军队，则政府必不能稳定”。第四，中华民国宪法不能变更，政府基础不容动摇。① 蒋介石的这个演说实质上仍是要剥夺其他党派拥有军队的权利，坚持其内战独裁的方针，而军队的“国家化”就是国民党化。

2. 政治协商会议期间的内战独裁主张

根据重庆谈判和《双十协定》的精神，1946 年 1 月 10 日，政治协商会议在重庆召开。蒋介石在会议的开幕词中大谈民主和宪政，但仍坚持内战独裁的政治主张，并就“国家根本”提出三点意见。一是要各位与会者真诚坦白，树立民主的楷模。要以这次会议为“民主精神的试验”。二是要大公无私，顾全国家的利益。三是要高瞻远瞩，正视国家的前途。② 他以“国家根本”为由，对民众真正的民主权利设置了各种条件和限制。于是，国民党代表反对在施政问题上制定共同纲领；以军队国家化为由，要共产党先交出军权；提出限制其他党派参加国民大会的四项条件；在宪法草案问题上坚持国民党既定的法统和法律。经过共产党和民主党派代表的据理力争，国民党的这些反民主方案基本上被否定。

3. 伪宪法的内战独裁主张

1946 年 11 月 15 日，国民党政府在南京召开“国民大会”，并于 12 月 25 日通过了《中华民国宪法》。“宪法”共分 14 章 175 条，模仿欧美资产阶级宪法的主要条文和表述方式，摆出用法律来保障自由、平等的样子。但是，这个大会和宪法都是国民党一党包办和操纵的，没有任何代表性和合法性，而空洞的概念和缺乏内容的形式，更是为了掩饰它违反人民意愿、保护官僚资本和买办阶级利益的反动实质。

首先，这部宪法确立了蒋介石的个人独裁统治，抛弃了联合政府责任内阁制的原则，恢复了“五五宪草”的总统独裁制。其实，它本来就是由蒋介石擅自授权王宠惠、雷震等人，在“五五宪草”的基础上加以修正，再由其亲自删改而成。宪法规定，行政院长的任命须经立法院同意，行政院对立法院负责，但又规定立法委员的选举由“法律定之”，违背了立法委员“由选民直接选举”的政协宪法草案修改原则。宪法还规定，行政院仍受总统指挥。在国民党既掌握行政院，又占据绝大多数立法委员席位的情况下，立法院不会对行政院起制约作用。宪法第四章还规定，总统有权召集国民大会、统帅全国陆海空军、对外宣战和缔约媾和、

① 宋春：《中国国民党史》，吉林文史出版社 1990 年版，第 566 页。

② 彭明主编：《中国现代史资料选辑》第 6 册补编，中国人民大学出版社 1993 年版，第 35～37 页。

宣布戒严、任免一切文武官员、否决立法院的决议、提名五院正副院长及解决五院之间的纠纷等，实际上是将立法、行政、司法等大权都集于蒋介石一身。其次，这部宪法剥夺了人民的基本权利。“宪法”中虽然也有一些保障人民权利的基本条文，如规定人民有居住、通信、集会、结社、言论、出版等权利，并规定“中华民国人民无分男女、宗教、种族、阶级、党派，在法律上一律平等”，“人民有选举、罢免、创制及复决之权”，等等，但又以否定的形式为随意限制人民自由提供了空间，即第23条所说的，人民的自由权利“除为防止妨碍他人自由，避免紧急危难，维持社会秩序，或增进公共利益所必要者外，不得以法律限制之”。最后，这部宪法还维持了官僚资本与帝国主义相勾结的统治秩序，因为它明文规定，对国民党政府与美帝国主义签订的一系列不平等的卖国条约和协定，“宪法”都表示“遵守条约”。

二、共产党和平建国的政治主张

当中国人民面临着两条道路、两种前途和命运的时刻，为争取光明的前途，避免内战的爆发，共产党未雨绸缪，先后提出了一系列和平建国的政治主张。

1. 中共七大与联合政府主张的提出

1945年4月23日至6月11日，中共在延安召开中共七大，毛泽东作了《论联合政府》的政治报告，不过早在七大前，共产党及其领导人就多次阐述过关于联合政府的思想。1940年1月9日，毛泽东在陕甘宁边区文化协会第一次代表大会上，作了题为《新民主主义的政治与新民主主义的文化》的演讲，对于中国未来的政治发展目标，提出了建立“无产阶级领导下的一切反帝反封建的人们联合专政的民主共和国”的主张。他还专门强调，这个共和国的国体是“各革命阶级联合专政”，政体是“民主集中制”①。此外，在“皖南事变”后以及1944年9月，共产党及其领导人又进一步提出了“取消一党专政、成立联合政府”的主张。在《论联合政府》中，毛泽东代表中国共产党，将上述主张进一步系统化，主要围绕着如下两个问题来展开：一是中国要建立一个什么性质的国家政权；二是中国怎样来建立这样性质的国家政权。

关于第一个问题，毛泽东说：“毫无疑义，中国急需把各党各派和无党无派的代表人物团结在一起，成立民主的临时的联合政府……然后，需要在广泛的民主基础之上，召开国民代表大会，成立包括更广大范围的各党各派和无党无派代表人物在内的同样是联合性质的民主的正式的政府，领导解放后的全国人民，将中国建设成为一个独立、自由、民主、统一和富强的新国家。一句话，走团结和民

① 《毛泽东选集》第2卷，人民出版社1991年版，第675、677页。

主的路线，打败侵略者，建设新中国。”①这段话主要强调了两方面意思：一是指出了抗战胜利后中国要建立的国家政权的性质，是各阶级阶层联合性质的民主政府；二是联合性质政府的建立要分两个步骤，即先成立一个临时的民主联合政府，然后再在此基础上成立正式的民主联合政府。报告明确指出，建立这种民主的联合政府，是中国人民的基本要求。

关于如何建立这种民主的联合政府，毛泽东先分析了国内国际形势，然后阐述了共产党纲领和政策。他指出，“希特勒被消灭以后，打败日本侵略者就为时不远了。”但由于法西斯残余势力、反民主势力和一切帝国主义势力的存在，国际范围内的斗争将会继续存在，而“反法西斯的第二次世界大战的胜利，给这个战后人民斗争的胜利开辟了道路”。“在中国人民面前，不但存在着强大的民族敌人，而且存在着强大的实际上帮助民族敌人的国内反动势力”②。但国内也存在着有利的因素，这就是强大的解放区的存在和日益高涨的全国性的民主运动的发展，长期的抗日战争也增进了中国人民的觉悟和团结。在对国共两党两条抗战路线、国统区和解放区两个战场进行对比分析后，毛泽东指出：“国际国内形势的主要方面，是有利于我们和全国人民的。”当下的任务是要“使中国人民少受痛苦，使新中国早日诞生”。报告还详细阐述了中国共产党关于建立民主联合政府的纲领和政策。毛泽东指出，国民党实行的是大地主大资产阶级专政的、封建的、法西斯的、反人民的国家制度，十八年的实践证明这种制度已完全破产；纯粹民族资产阶级的旧式民主专政的国家，也由于中国民族资产阶级的软弱和无产阶级的强大而不可行；立刻实行社会主义的国家制度，将因中国的社会经济条件不具备而不可行。毛泽东提出的中国共产党人的纲领，就是“建立一个以全国绝对大多数人民为基础而在工人阶级领导之下的统一战线的民主联盟的国家制度，我们把这样的国家制度称之为新民主主义的国家制度”③。对于这个奋斗目标，毛泽东还提出了共产党的具体纲领，主要包括如下几个重要问题。第一，彻底消灭日本侵略者，不许中途妥协；第二，废止国民党一党专政，建立民主的联合政府；第三，争取人民的自由；第四，实现人民的民主统一；第五，人民的军队；第六，实行土地改革，解放农民；第七，工业问题；第八，文化、教育、知识分子问题；第九，少数民族问题；第十，外交问题。报告还对国统区、沦陷区和解放区的不同任务进行了具体论述。这些具体纲领和论述，鲜明阐述了中国共产党人抗战胜利后的建国主张。

2. 政治协商会议上中共提出《和平建国纲领草案》的主张

---

① 《毛泽东选集》第3卷，人民出版社1991年版，第1029～1030页。

② 《毛泽东选集》第3卷，人民出版社1991年版，第1032页。

③ 《毛泽东选集》第3卷，人民出版社1991年版，第1056页。

1946年1月，国共两党根据《双十协定》的商定在重庆召开了政治协商会议，中共代表团提出了《和平建国纲领草案》供会议讨论。这个草案共分为总则、人民权利、中央机构、国民大会、地方自治、军事改革、复员善后、财政经济改革、文化教育改革、国际和平及保侨10个组成部分，系统地阐述了共产党和平建国的政治主张，而核心就是要废止国民党一党专政，建立一个由各党派和各界民主人士参加的、能够保障人民权利的真正民主的联合政府。

总则分为3条："（甲）确认国内各民主党派，应实行长期合作，坚决避免内战，国内任何政治的、民族的纠纷，均应以政治方法寻求解决。（乙）以和平民主团结统一为基础，在蒋主席领导下，迅速结束训政，实施宪政，彻底实行三民主义，建设独立自由和富强的新中国。（丙）蒋主席所倡导之政治民主化，军队国家化及党派平等合法，为达到和平建国必由之途径。"在这3条总的原则之下，后9个部分是对每个方面的具体问题进行的倡议。人民权利一章共分为7条，主要提出了保障人民享有思想、信仰、言论、出版、集会、结社、通讯等自由权利。为了确保人民的这些权利，应废止或修改侵犯人民权利的法令，解散特务机构，释放政治犯等。中央机构一章分为5条，主要提出了结束训政筹备宪政的组织主张，包括"立即扩大现有的国民政府的基础，改组为能够容纳全国各抗日民主党派及无党无派人士参加的、举国一致的、临时的、联合的国民政府"，"政府所发布的一切命令，应经由会议通过及主管机关签署"，"改组后的政府施政方针，应以本纲领为根据"等。国民大会一章分为2条，主要提出改组后的国民政府应与政治协商会议一起，制定民主宪法草案及选举法、组织法等具体法律，并根据这些法律选举国民大会，成立正式的民主联合政府。地方自主一章分为5条，主要强调废除国民党保甲制度，实行自下而上的普选，成立地方民选政府，承认各民族的平等及自主权等。军事改革一章分为7条，主要提出了改组军事委员会，承认一切抗日军队为国军，使军队国家化，"彻底纠正军队属于任何个人或派系之现象"等主张。复员善后一章分为5条，主要强调了"保证退伍官兵得到职业，妥善照顾残废军人及抗战军人家属与遗族之生活"，救济难民，修复交通运输，停止兵役差役等。财政经济改革一章分为4条，提出了确定预算决算制度，平衡收支，改革税制，收缩通货，稳定币制，定期召开全国经济会议，严禁官吏从事投机垄断、逃税走私等活动，实行农业改革，辅助农民组织，推行全国减租，严禁高利贷，垦荒、建设水利、发展合作事业，改善工人生活，救济失业工人等主张。文化教育改革一章分为6条，提出了废除党化教育、保障教学自由，大学教授治校，消灭文盲，救济贫苦学生与失学青年等主张。国际和平及保侨一章分为4条，提出维持国际和平及安全，彻底肃清法西斯军国主义及其残余，发展中外经济文化合作，严惩日本战犯和保护华侨利益等主张。①

在当时情况下，共产党的《纲领草案》仍然维持“蒋主席领导”，无产阶级政党只是参加国家的领导，没有要求无产阶级对整个国家的领导权。这种表述，对于显示共产党和平建国的诚意、争取更多的民主党派和中间势力对中国共产党的支持，具有重要的战略性意义。经过激烈的争论，会议最后通过了经多方商定的《和平建国纲领》，共产党关于废除国民党一党专政、建立真正民主的联合政府的主张在纲领中得到了体现。但是，《和平建国纲领》的通过并没有消除战争的阴云，几个月后蒋介石发动了全面内战，使共产党和平建国的政治主张不能实现。

第三节　民主党派的中间路线及其破产

抗战胜利后，各民主党派和一些无党派民主人士纷纷重整或新建组织，积极建言献策，提出代表他们阶级或阶层利益的政治主张，最终形成了一条在政治、经济、文教、外交等方面有理论、有策略、比较系统和比较完整的中间路线。

一、中国民主同盟的建国纲领

中国民主同盟（简称民盟）在各民主党派中的势力和影响最大，在坚持中间路线的立场上也最具代表性。日本投降前夕的1945年8月12日，中国民主同盟主席张澜在对抗战胜利后的工作发表谈话时说，“我们感到中国今天更迫切需要统一、团结、民主。必如此，则能使全国人一德一心，和衷共济，以尽其最大的最善的努力，也才能担负起一切建国工作……要求统一，必须团结，要求团结必须民主，这是真理。”他还强调民主不能只是形式上的，而应该是真正的民主。针对当时国共两党军队在各地存在的摩擦，他指出，“我们认为只有停止内战，立刻团结，才能统一建国，保持胜利成果。”②张澜在谈话中呼吁全国人民行动起来，监督政府和国共两党，使中国朝着统一、民主、和平、建国的道路行进。

1945年8月15日，在日本政府正式投降当日，中国民主同盟发表了《在抗战胜利声中的紧急呼吁》，充分表达了民盟对抗战胜利后国内政治的基本看法，其核心则是代表中国民族资产阶级意愿的“民主统一，和平建国”主张。“毫无

① 《中共中央文件选集》第16册，中共中央党校出版社1992年版，第39～46页。

② 中国民主同盟中央文史资料委员会：《中国民主同盟历史文献（1941—1949）》，文史资料出版社1983年版，第58～59页。

问题，我们坚决的要求民主，一切反民主的都是我们所不赞成的。毫无问题，我们要求一个完整的国家，凡一切可以制造分裂或引起内战的姿态或措施，也是我们要坚决地排除的。我们现在的口号是民主统一，和平建国。”对于如何实现“民主统一，和平建国”，《呼吁》提出了10项主张。一是要求国民政府积极筹备有各方面代表共同参加的国民大会；二是要求政府保障人民的一切基本自由和权利，党派活动合法化；三是要求释放一切政治犯和思想犯；四是要求召集各党派和无党派民主人士共同参与的政治会议，成立举国一致的民主政府；五是成立全国性的裁军委员会，使军队国家化；六是成立收复地带的人事调整委员会，避免党派冲突，主张省以下实行地方自治；七是发展战后经济；八是救济人民生活；九是停止兵役，废除战时制定的相关负担；十是邀请各党派领袖参加对日战后和谈，优待抗属。

10月1日至12日，民盟临时全国代表大会（即民盟一大）在重庆召开，大会通过了《政治报告》、《中国民主同盟纲领》、《大会宣言》等重要文件。这些文件反复强调的一个核心主张，就是“要把中国造成一个十足道地自由独立的民主国家”。这些文件代表了当时中国民族资产阶级的利益要求，也充分表达了民盟要在中国实行资产阶级民主共和国的愿望。

第一，《政治报告》认为，世界范围内法西斯势力被打败，是民主主义的胜利。“今后的世界，不容许非民主国家存在，更不容许反民主国家存在”，认为民主建国，将是一种“世界潮流”。这种世界潮流，也决定了中国“非成立一个民主国家不可”。中国只有自身和平民主了，才能担当起参加领导世界民主的重任。中国通过长期抗战，已成为一个独立国家，但经济上仍然贫困，工农业发展落后，一党独裁的状况依旧存在，影响国家统一和爆发内战的因素仍然存在。在这种国际国内形势下，民盟认为自身的责任应该是“实现中国的民主，把中国造成一个十足道地的民主国家。”①

第二，报告认为，民主不仅仅是一种政治制度，在现代社会民主还“是人类生活的一种方式，是人类做人的一种道理。这种道理认定人是目的，社会一切政治经济的组织，只是人类达到做人目的的工具，人是一切组织一切制度的主人”。根据这个道理，许多做人的必要条件便神圣不可侵犯，如人身保障、思想、言论、出版、集会等方面的自由权利；要承认人的尊严与价值是平等的，人人做人的机会应该平等；人人能够达到做人的目的，人人能够得到最大的发展，人人可以做自己的主人；人民是国家的主人，人民组织国家的唯一目的，只在谋全体人

① 参见中国民主同盟中央文史资料委员会：《中国民主同盟历史文献（1941—1949）》，文史资料出版社1983年版，第66～74页。

民的福利；任何个人或少数人独裁，都违背了民主精神。① 对于当时中国需要什么样的民主，报告认为中国不能全盘照抄英美或苏联式的民主，“要依靠英、美、苏的经验，树立适合中国国情的民主制度”，“要平心静气地取其所长，弃其所短，以创造一种中国的民主。在这种中国的民主上，我们却要严格的考验，它是假的民主或是真的民主。考验的唯一尺度是：人民是否有机会做人，人人是否自己的主人，人民是否国家的主人”。报告还认为，要“拿苏联的经济民主来充实英美的政治民主，拿各种民主生活中最优良的传统及其可能发展的趋势，来创造一种中国型的民主，这就是中国目前需要的一种民主制度”②。

第三，《中国民主同盟纲领》对政治、经济、军事、外交、教育、社会、妇女等方面一一作了阐述。政治上，民盟主张“主权永远属于人民全体”，“国家应实行宪政”，保障人民身体、思想、言论、出版、集会等各个方面的自由权利，要实行地方自治，政体实行内阁制，国家最高领导人由人民直接选举，司法绝对独立，国内各民族一律平等，建立健全文官制度等；经济上，平均财富，消灭贫富阶级，发展生产力，提高人民生活水平，保障人民生存权、劳动权和休息权，保障私有财产，实行累进税制等；军事上，军队国家化，实行征兵制和义务兵役制，军人不得干政，提高军人待遇等；外交上，保障国家领土主权，各国和平相处，提倡国民外交及国际文化合作等；教育上，培养独立人格，保障学术研究自由，教育平等，消除文盲，设立职业学校和注重大学教育等；社会方面，推广公共事业，厉行劳工福利，保障人民生活安全等；妇女方面，保障妇女在各方面的平等权利，增强妇女经济上之独立自由机会。

二、其他民主党派的政治主张

和民盟一样，中国民主建国会、中国民主促进会、九三学社、中国致公党、三民主义同志联合会、中国国民党革命委员会、中国国民党民主促进会、台湾民主自治同盟等民主党派也都提出了自己的政治主张。

中国民主建国会（简称民建）成立于1945年12月16日，由中华职业教育社和迁川工厂联合会联合而成，主要领导人有黄炎培、施复亮、章乃器等。《民主建国会成立宣言》指出，抗战胜利后，“世界需要和平，国家需要民主统一，人生需要自由康乐”，而要实现这些理想，就必须依靠中国平民的力量，“由和平统一

① 中国民主同盟中央文史资料委员会：《中国民主同盟历史文献（1941—1949）》，文史资料出版社1983年版，第75页。

② 中国民主同盟中央文史资料委员会：《中国民主同盟历史文献（1941—1949）》，文史资料出版社1983年版，第76～77页。

进一步建设一个现代化的国家,需要平民的努力是更大了”。为了调动平民的力量建设和平统一的现代化国家,民建提出了内政外交等5个方面的具体主张。在外交方面,要披肝沥胆,向全世界表示爱好和平的赤诚,同时反求诸己,自强不息;在国内政治方面,主张和平统一,民主集中,国家应充分尊重人民身体、信仰、思想等方面的自由权利;在经济上,主张有民主的经济建设计划,与在计划指导之下的充分企业自由;社会方面,要求政府须有全部就业计划,并负责求其实现,充实职工福利,开展社会救济等;在教育文化方面,主张以国家力量推行义务教育,培养独立人格,启发民主精神,尊重教学自由等。①

在成立大会上,民主建国会还通过了一个政纲。这个《政纲》共分总纲、政治、经济、社会、教育文化5个部分。总纲把“民有、民治、民享”作为建国的“最高理想”。抗战胜利后,“必须于和平中完成建设,以恢复元气,增进国力,于统一中实行自治,以安定秩序,发挥民力。而和平与统一,均须于民主政治中求之”。其他4个部分从政治、经济、社会、文教等方面,对总纲的建国原则进行具体阐述,最终目标就是在和平统一条件下,建立一个真正民主的国家。②

中国民主促进会(简称民进)成立于1945年12月30日,由文教、卫生、出版等方面的爱国人士组成,主要领导人包括马叙伦、王绍鏊、林汉达、许广平等。1946年1月4日,民进发表了《对于时局的宣言》,对当时国内局势,首先强调要“谨防战争的遗烬死灰复燃”,“完成统一自主强盛的现代化国家建设,走上民主的大道,中国便可以成为一个真正有力的和平堡垒”。《宣言》强调,“自由自主的人民才能创造自由自主的国家”,“中国人民已经觉悟,保障中国前途的唯一途径,是消灭国外国内一切束缚他们自由自主的势力,亦唯有顺着中国人民自己的愿望,中国方可由衰败转为兴盛,软弱变为强有力”。《宣言》还提出了“内战的因素须用和平方法来消灭”,以及“人民有言论、出版、集会、结社等起码的基本权利和集中力量争取民主”等政治观点。为了实现这些理想,《宣言》提出了8项主张。(1)自主自动地改革政权实现民主;(2)国民党立即无条件地还政于民;(3)立即无条件停止内战,全国军队,各驻现地,听候调整;(4)要求友邦从速撤退驻华各军,完成日本投降事件,由中国政府自行担任;(5)重新制定宪法草案,交付正式最高权力机构,决定公布;(6)宣布前国民大会代表之选举无效,制定普选方法,限期完成正式最高权力机构的选举;(7)战时机构即行核实裁并;(8)制定适应时代的建国大纲,交付政府制定政策方案。③ 这个《宣言》是民进在民主革命时期的纲领性文件,民进成员为实现上述政治主张,促成国内和平

① 高军等编:《中国现代政治思想史资料选辑》(下),四川人民出版社1986年版,第649~651页。

② 高军等编:《中国现代政治思想史资料选辑》(下),四川人民出版社1986年版,第653~661页。

③ 高军等编:《中国现代政治思想史资料选辑》(下),四川人民出版社1986年版,第662~665页。

和争取民主,进行了顽强的斗争。

九三学社于1946年5月4日在重庆成立,主要领导人有褚辅成、许德珩、税西恒等。在《成立宣言》中,九三学社强调了3点:一是认为"中国今日,舍和平团结,实无救济之策,而和平团结之能实现与否,端赖民主宪政之实施";二是要"联合国内外民主力量,争取人民基本自由之保障,实属刻不容缓";三是在外交方面,"自应本独立自主的精神,谋平衡的发展"。《宣言》强调要"为民主与科学之实现而努力,始终不懈"。为此,九三学社提出了8项基本主张:一是促进民主政治之实现,争取人民之基本自由;二是从政治的民主化,谋军队的国家化,反对属于党派或私人的武力,根绝内战;三是肃清贪污,反对官僚政治;四是从速完成国家工业化,农业现代化,改善农民生活及农村佃租关系;五是建立以民生为主的经济制度,反对官僚买办资本及一切为私人或派系谋利益的经济关系;六是学术思想之绝对自由,奖励科学研究,拒绝党化教育及思想统治;七是积极地普及国民教育,扫除文盲,提高人民文化水准,反对迷信与复古运动;八是加强同盟国家之团结与合作,促进世界和平。同时,九三学社还发表了3点对时局的主张:(1)要求国共两党军队,立即在东北、中原及中国任何一隅,无条件停止内战;(2)无条件实行停战协定、政协协议、整军方案,为促进中国和平民主的唯一有效途径;(3)请美国彻底实行调人责任,对两党争执,予以仲裁,立即实行全面停战。①

中国致公党在抗战胜利后,于1946年元旦在国外发表宣言,呼吁国共两党停止内战,各党各派团结一致,共同建设民主和平统一的国家。1947年5月3日,中国致公党召开全国第三次代表大会,对其政纲进行了修正,系统阐述了抗战胜利后中国致公党在各方面的政治主张。修正的《政纲》共分为总纲、政治、经济、财政金融、军队、外交、教育文化、社会救济、侨务等9个部分。总纲阐述了致公党的核心观点,认为"国家主权要属于中华民国全体人民,任何个人,任何党派所不得而私;故本党一向反对个人独裁一党专政,而主张民主政治","为求真正民主之政治实现,应彻底实行直接平等的普选,中央与地方采均权制,并彻底实行地方自治,建立各级议会行使民权"。总纲还强调:"抗战既获得胜利,国家必须和平,完成建设,以恢复元气,增进国力,是为人民大众之所共同要求……故本党强调当前国是为和平第一,民主第一。"②围绕"反对一党专政和和平民主建国"的主题,政治上《政纲》要求在全民普选政府建立之前,"应融合各党各派建立举国一致的联合政府",切实保障人民身体、行动、居住、思想、言论、结社、出版等方面的自由权利,国内各党派一律平等,政体采取民主集中制,推行普选

① 高军等编:《中国现代政治思想史资料选辑》(下),四川人民出版社1986年版,第697~700页。

② 高军等编:《中国现代政治思想史资料选辑》(下),四川人民出版社1986年版,第688~689页。

制度，组织国民大会，制定宪法，中央政府实行责任内阁，地方政府实行自治，推行文官制度等；经济上，谋发展之平衡，强调经济民主，主张“国营事业国家化，私人企业社会化”，保护关税，土地方面逐步实现“耕者有其田”，提高农民生活；财政金融方面，主张中央与地方财政分离，改革税制等；军队上，强调军队国家化，实行征兵制与义务兵役制等；外交上，公开外交，取消不平等条约，以平等互惠为原则；文教方面，发展民主教育，普及义务教育，保障学术自由，保障新闻、出版等文化事业的自由；社会救济方面，保障人民的生活权和工作权，实行失业救济和社会保险制度，改善劳动条件，保障女工权利等；侨务方面，强调实行护侨政策，奖励人才回国等。① 致公党的政纲，充分反映了广大爱国华侨对建立独立、和平、民主新中国的愿望，也表露了要求在中国发展民族资本主义和振兴中华的利益诉求。

解放战争前期，其他民主党派如第三党、三民主义同志联合会、中国国民党革命委员会等，也都围绕着把中国建成一个什么样国家的问题，代表着民族资产阶级、上层小资产阶级、国民党内民主派和反蒋派等社会群体，提出了各自的政治主张。在当时条件下，它们的总目标基本相同或相近，这就是要在中国建立一个资产阶级的民主共和国。为此，他们奔走呼号，以期在中国实现真正的民主政治。

三、中间路线的破产

就政治思想来讲，中共新民主主义革命的社会主义方向当然不可能停留在资产阶级的民主政制，但是实际情况是，由于国民党坚持内战的独裁的方针，各民主党派在中国建立资产阶级民主共和国的中间路线就没有实现的可能。

1946 年 5 月 22 日，民盟领导人张东荪以《一个中间性的政治路线》为题，在天津青年会演讲。他指出：“所谓中间性有两重意义，第一是就思想的本质而言，从全世界来分别的，第二是就党派的分野而言，只限于中国目前的实况……前者是说在所谓资本主义与共产主义之间我们想求一个折中方案……后者是指中国国民党与中国共产党之间应有一个第三者的政治势力而言，这个第三者在其主张上与政治路线上必须是恰好在他们二者的中间。”②张东荪具体而详细地解释了“中间性”的概念含义，就是“中国必须于内政上建立一个资本主义与共产主义中间的政治制度”，实际上就是调和以美国为代表的资本主义和以苏联为代表的社会主义。至于实施中间路线的具体内容，就是“采取民主主义而不

① 高军等编：《中国现代政治思想史资料选辑》（下），四川人民出版社 1986 年版，第 689～696 页。

② 蔡尚思：《中国现代思想史资料简编》第 5 卷，浙江人民出版社 1983 年版，第 202 页。

要资本主义，同时采取社会主义而不要无产专政的革命，我们要自由而不要放任；要合作而不要斗争，不要放任故不要资本金垄断，不要斗争故不要阶级斗争。”“国民党虽然没有明明白白主张资本主义，但现在的官僚资本的实况却是国民党一手造成的，这是谁亦不能否认的。至于共产党用斗争的方法来平分土地，当然不能不说是过左的举动。我们既不赞成官僚资本，亦不赞成这种报复性的土地政策，我们主张应当有一个全国适用的土地改革办法，使耕者有其田之理想由平和方法得以实现。我们同时主张根本铲除官僚资本，务使工商业依国家所定的全盘计划得由个人努力发展之。这便是中间性的政治路线。”①张东荪的中间路线并没能如其所愿，既没有在国际上调和美苏，也不能在国内融洽国共。

内战全面爆发后，另一个热衷于中间路线的代表性人物，是民建的领导人施复亮，他在《时与文》、《文汇报》等报刊上连续发表了《中间派的政治路线》、《中间派在政治上的地位和作用》、《再论中间派的政治路线》、《中间路线与挽救危局》等文章，阐述了自己的政治主张。施复亮认为，政协通过的路线本质上就是中间派的政治路线。“中国中间阶层的历史任务，是要建设一种新资本主义的经济和新民主主义的政治，而其斗争的方法和态度又是和平的、渐进的，在本质上而其是改良的。”在和平大门已经关闭，内战已经打响的情况下，施复亮除强调要团结一切反战力量恢复和平外，还提出了 3 点主张：一是认为中间派要建设的新民主主义的政治，在形式上是英美式的民主政治，不许少数特权阶级独占；二是认为中间派所要建设的新资本主义经济，主要是利用资本主义生产方式的各种优点来促进整个国民经济的迅速工业化，革除资本主义生产方式的弊端，实施进步的土地改革；三是在阶级关系上，主张跟工人贫农合作，共同反抗官僚买办资本家和大地主的压迫。②

就在中间派为其资产阶级民主共和国的方案奔走呼号，努力联合各方力量壮大其中间阵营时，国民党已开始了对他们的血腥镇压。1947 年 10 月 21 日，国民党《中央日报》刊出南京卫戍司令部和南京市市长的布告，要“共产党工作人员及关系人不论过去或现在概须办理登记手续”，如不照办，“一经查觉，立予逮捕法办”。在国共已开战的状况下，布告所说的“关系人”明显是针对民盟等中间势力的。10 月 28 日，国民党政府内政部又公开宣布，因民盟“勾结共匪，参加叛乱”，“为非法团体”。美国驻华大使司徒雷登也对罗隆基施加压力，“劝告”罗隆基等人“光荣解散”民盟总部。11 月 6 日，民盟主席张澜发表解散民盟的署名公告。至此，以民盟为代表的中间势力被压到了绝境，而在抗战胜利后喧嚣一时的中间路线也宣告破产。

---

① 蔡尚思：《中国现代思想史资料简编》第 5 卷，浙江人民出版社 1983 年版，第 204、206 页。

② 蔡尚思：《中国现代思想史资料简编》第 5 卷，浙江人民出版社 1983 年版，第 306 页。

随着解放战争的胜利开展，到1947年年底，蒋介石政府不仅在军事上转攻为守，而且在政治上也陷入全民的包围之中。在这种情况下，中间势力主张走资本主义道路、建立资产阶级共和国的主张迅速走向两极分化。其中一极是放弃资产阶级共和国的方案，转向共产党的革命道路；另一极则是投靠到国民党政府的怀抱，如青年党、社会党及其领导人物曾琦、李璜等人。解放战争后期，在中国共产党人民民主统一战线的旗帜下，许多民主党派和无党派民主人士又重新聚结起来，在共产党的领导下开展了反对美蒋的活动。1948年5月，各民主党派联名通电，响应中国共产党的号召，表示为打倒国民党政府，建立新中国，成立民主联合政府而奋斗；1949年1月22日，各民主党派又联合声明接受中国共产党的领导。随着新中国的成立，中间路线彻底破产，历史再次证明，资产阶级共和国的方案在中国是行不通的。

第四节　中国共产党关于人民民主专政的政治理论

随着内战的全面爆发，以及国民党对中间势力的镇压和迫害，到底要把中国建设成一个什么样国家的问题，也就一直没能得到解决。由于蒋介石政府坚持内战独裁的方针，共产党最终提出了打倒蒋介石，推翻国民党反动统治和建立新中国的号召。在这种政治实践中，共产党以其更为详细具体的建国理论丰富和发展了新民主主义革命的政治思想。1949年6月30日，毛泽东在纪念中国共产党成立28周年时，发表了《论人民民主专政》，系统论述了新中国的建国纲领、基本政策、指导思想和历史依据，为新中国的建立指明了方向。

一、人民民主专政政治理论提出的背景

1947年下半年，随着人民解放军转入到战略进攻阶段，国民党军队在战场上节节败退。到1948年上半年，在东北、华北、华东等地区的内线战场上，人民解放军均已处于主动反攻的有利形势；在西北战场上，人民解放军也转入到外线作战阶段。从整个战争形势看，国民党军队开始陷入被动挨打境地。1948年7月以后，国民党军队“分区防御”计划完全破产。1948年秋季，军事斗争的形势越来越朝着有利于人民解放军方向发展，敌强我弱力量悬殊的情况得到很大改观。随着国民党政治上日益腐败，以及中间阶层和广大民众的日益觉醒，国统区反独裁和要求推翻国民党统治的呼声也日益强烈。国民党一些地方实力派开始同中国共产党联系，准备投向中国共产党。此外，国民党统治集团内部斗争和相互倾轧更加激烈，反蒋倒蒋活动暗流涌动。副总统李宗仁竭力争取美国政府支

持，企图逼迫蒋介石下野取而代之。经济上，随着战争的败退和军费开支的加大，国民政府财政赤字高达4 345 656亿元法币。高额财政赤字又迫使国民政府滥发货币，通货膨胀也就更为严重。物价飞涨，人民生活没有任何保障，国统区老百姓怨声载道。

为了彻底摧毁国民党政权，做好迎接全面胜利的准备，1948年9月8日至13日，中共中央在西柏坡召开了政治局扩大会议（通称“九月会议”）。会议首先听取并讨论了毛泽东的报告，讨论通过了《中共中央关于召开党的各级代表大会和代表会议的决议》、《中共中央关于中央局、分局、军区、军委分会及前委向中央请示报告制度的决议》。毛泽东的报告包括对国际形势的估计、党的战略方针和战略任务、财政经济统一问题、发扬党内民主等内容，尤其强调了建立人民民主专政国家政权的问题。1948年12月30日，毛泽东为新华社撰写了题为《将革命进行到底》的新年献词，在回答如何将革命进行到底的问题时，毛泽东再次阐述了人民民主专政的思想。他指出：“如果要使革命进行到底，那就是用革命的方法，坚决彻底干净全部地消灭一切反动势力，不动摇地坚持打倒帝国主义，打倒封建主义，打倒官僚资本主义，在全国范围内推翻国民党的反动统治，在全国范围内建立无产阶级领导的以工农联盟为主体的人民民主专政的共和国。”①

根据九月会议和中央军委的部署，辽沈、淮海和平津三大战役很快打响，并以摧枯拉朽之势，荡涤着国民党的残余。1949年4月，人民解放军横渡长江，占领了南京，推翻了国民党的反动统治，解放战争即将在全国大陆取得完全胜利。在这种背景下，毛泽东发表了著名文章《论人民民主专政》。

二、人民民主专政政治理论的主要内容

《论人民民主专政》从政治、思想、理论等方面，系统地阐述了中国共产党关于人民民主专政的政治理论，以及在建立新中国问题上的基本立场和观点，有力批驳了国内外阶级敌人咒骂中国共产党即将实行“独裁”和“极权主义”的谬论，统一了全党的思想认识，提高了全国人民对建立新中国的认知和热情。

第一，关于国家权力、阶级和政党最终走向消亡的必然性。文章开篇，毛泽东就指出，政党“像一个人一样，有他的幼年、青年、壮年和老年……人到老年就要死亡，党也是这样。阶级消灭了，作为阶级斗争的工具的一切东西，政党和国家机器，将因其丧失作用，没有需要，逐步地衰亡下去，完结自己的历史使命，而

① 《毛泽东选集》第4卷，人民出版社1991年版，第1375页。

走到更高级的人类社会”①。毛泽东特别指出，无产阶级政党不会像资产阶级政党那样，怕说阶级的消灭，国家权力的消灭和政党的消灭，无产阶级政党恰恰是要为着促使这些东西的消灭而创设条件，而努力奋斗的。毛泽东认为，中国共产党的领导和人民专政的国家权力，就是这样的条件，“不承认这一条真理，就不是共产主义者”，“资产阶级所以不欢迎这一条真理，是因为他们不愿意被人们推翻”②。换句话说，中国共产党在取得革命胜利、夺取政权之后，实行人民民主专政，并不是要贪得这些权力，而是要为国家权力、阶级、政党等的最终消灭创造条件。正是由于对此真理的认识和把握，中国共产党才能够顺应历史潮流，建立人民民主专政的新中国。

第二，马克思列宁主义的指导思想和工人阶级的领导权，是近代中国社会的必然选择，资产阶级共和国的方案在中国行不通。毛泽东总结了自 1840 年鸦片战争以来，先进的中国人向西方国家寻求真理的历史经验，而只有俄国十月革命爆发后，“中国人从思想到生活，才出现了一个崭新的时期。中国人找到了马克思列宁主义这个放之四海而皆准的普遍真理，中国的面前就起了变化”。“十月革命一声炮响，给我们送来了马克思列宁主义。”“走俄国人的路——这就是结论”。中国人选择的这条道路，是先进的中国人长期探索的结果，也是近代中国社会发展的历史必然。同时，中国人选择的这条道路，使西方资产阶级的文明、资产阶级的民主主义和资产阶级共和国的方案，统统在中国人民心目中破产了。毛泽东认为，近代中国社会发展的这种历史逻辑，使得“资产阶级的民主主义让位给工人阶级领导的人民民主主义，资产阶级共和国让位给人民共和国。这样就造成了一种可能性：经过人民共和国到达社会主义和共产主义，到达阶级的消灭和世界的大同”③。在这里，毛泽东描绘了中国政治发展的前景，这就是经过人民共和国来实现社会主义和共产主义。

对于一些民族资产阶级的代表人物幻想在中国建立资产阶级共和国的言论，毛泽东指出：“资产阶级的共和国，外国有过的，中国不能有，因为中国是受帝国主义压迫的国家。唯一的路是经过工人阶级领导的人民共和国。”④对于如何在中国最终实现人民共和国的方案，毛泽东结合中国共产党 28 年的斗争历程指出：“到现在为止，中国人民已经取得的主要的和基本的经验，就是这两件事：（一）在国内，唤起民众。这就是团结工人阶级、农民阶级、城市小资产阶级和民族资产阶级，在工人阶级领导之下，结成国内的统一战线，并由此发展到建立工

---

① 《毛泽东选集》第 4 卷，人民出版社 1991 年版，第 1468 页。

② 《毛泽东选集》第 4 卷，人民出版社 1991 年版，第 1468～1469 页。

③ 《毛泽东选集》第 4 卷，人民出版社 1991 年版，第 1470～1471 页。

④ 《毛泽东选集》第 4 卷，人民出版社 1991 年版，第 1471 页。

人阶级领导的以工农联盟为基础的人民民主专政的国家;(二)在国外,联合世界上以平等待我的民族和各国人民,共同奋斗。这就是联合苏联,联合各人民民主国家,联合其他各国的无产阶级和广大人民,结成国际的统一战线。"①这既是在总结经验,同时也是新中国内政外交的基本政策依据。

第三,人民民主专政理论的核心,是对人民实行民主和对反动派实行专政相结合。"人民是什么?在中国,在现阶段,是工人阶级,农民阶级,城市小资产阶级和民族资产阶级。这些阶级在工人阶级和共产党的领导之下,团结起来,组成自己的国家,选举自己的政府,向着帝国主义的走狗即地主阶级和官僚资产阶级以及代表这些阶级的国民党反动派及其帮凶们实行专政,实行独裁,压迫这些人,只许他们规规矩矩,不许他们乱说乱动。如要乱说乱动,立即取缔,予以制裁。"所谓"人民民主专政",则是指"对于人民内部,则实行民主制度,人民有言论集会结社等项的自由权。选举权,只给人民,不给反动派。这两方面,对人民内部的民主方面和对反动派的专政方面,互相结合起来,就是人民民主专政"②。

人民民主的具体实施方式,主要是说服、教育和思想改造。毛泽东指出:"人民的国家是保护人民的。……用民主的方法,教育自己和改造自己,使自己脱离内外反动派的影响,改造自己从旧社会得来的坏习惯和坏思想,不使自己走入反动派指引的错误路上去,并继续前进,向着社会主义社会和共产主义社会前进。"国家暴力机器对人民与对反动派存在着质的差别。"人民犯了法,也要受处罚,也要坐班房,也有死刑,但这是若干个别的情形,和对于反动阶级当作一个阶级的专政来说,有原则的区别。"对反动派实行专政的具体方式,主要是独裁、压迫,也不放弃改造,但这种改造与对人民的改造存在原则区别。为什么对反动派要实行独裁、压迫,不能实施"仁政",因为"不这样,革命就要失败,人民就要遭殃,国家就要灭亡"。为了防止这种情况的出现,毛泽东指出:"我们现在的任务是要强化人民的国家机器,这主要地是指人民的军队、人民的警察和人民的法庭,借以巩固国防和保护人民利益。以此作为条件,使中国有可能在工人阶级和共产党的领导之下稳步地由农业国进到工业国,由新民主主义社会进到社会主义社会和共产主义社会,消灭阶级和实现大同。"③人民对自己手中暴力机器的建设不能忽视,对反动派的改造也不应放弃。毛泽东指出:"对于反动阶级和反动派的人们,在他们的政权被推翻以后,只要他们不造反,不破坏,不捣乱,也给土地,给工作,让他们活下去,让他们在劳动中改造自己,成为新人。他们如果不愿意劳动,人民的国家就要强迫他们劳动。也对他们做宣传教育工作,并且做得

① 《毛泽东选集》第4卷,人民出版社1991年版,第1472页。

② 《毛泽东选集》第4卷,人民出版社1991年版,第1475页。

③ 《毛泽东选集》第4卷,人民出版社1991年版,第1475~1476页。

很用心,很充分,像我们对俘虏军官们已经做过的那样。这也可以说是'施仁政'吧,但这是我们对于原来是敌对阶级的人们所强迫地施行的,和我们对于革命人民内部的自我教育工作,不能相提并论。"毛泽东还认为,如果对反动阶级的改造工作做好了,"中国的主要的剥削阶级——地主阶级和官僚资产阶级即垄断资产阶级,就最后地消灭了"①。

第四,关于人民民主专政国家内部各阶级的地位。就工农两个阶级而言,毛泽东指出:"人民民主专政的基础是工人阶级、农民阶级和城市小资产阶级的联盟,而主要是工人和农民的联盟,因为这两个阶级占了中国人口的百分之八十到九十。推翻帝国主义和国民党反动派,主要是这两个阶级的力量。由新民主主义到社会主义,主要依靠这两个阶级的联盟。"这两个阶级的地位并不是完全平等的,工人阶级处于领导地位,农民阶级是联盟者。"人民民主专政需要工人阶级的领导。因为只有工人阶级最有远见,大公无私,最富于革命的彻底性。整个革命历史证明,没有工人阶级的领导,革命就要失败,有了工人阶级的领导,革命就胜利了。在帝国主义时代,任何国家的任何别的阶级,都不能领导任何真正的革命达到胜利。中国的小资产阶级和民族资产阶级曾经多次领导过革命,都失败了,就是明证。"至于民族资产阶级和小资产阶级,毛泽东认为:"民族资产阶级不能充当革命的领导者,也不应当在国家政权中占主要的地位。民族资产阶级之所以不能充当革命的领导者和所以不应当在国家政权中占主要地位,是因为民族资产阶级的社会经济地位规定了他们的软弱性,他们缺乏远见,缺乏足够的勇气,并且有不少人害怕民众。"正是因为他们不敢发动民众,"在帝国主义时代,小资产阶级和民族资产阶级不可能领导任何真正的革命到胜利"②。民族资产阶级和小资产阶级在国家政权中不占主要地位,但并不是说新中国就可以像对待大地主大资产阶级和官僚买办资产阶级一样,立刻将它们消灭。毛泽东认为,现阶段民族资产阶级还有很大的重要性,帝国主义这个敌人还很凶恶,无产阶级还没有足以强大到可以单独应对这些敌人的地步,而且中国的现代工业在整个国民经济体系中的比重还很小,需要民族资产阶级参与发展经济。

第五,关于新中国的对外政策和基本方针。新中国外交的基本方针,毛泽东认为应该是"一边倒"。"一边倒,是孙中山的四十年经验和共产党的二十八年经验教给我们的,深知欲达到胜利和巩固胜利,必须一边倒。积四十年和二十八年的经验,中国人不是倒向帝国主义一边,就是倒向社会主义一边,绝无例外。骑墙是不行的,第三条道路是没有的。我们反对倒向帝国主义一边的蒋介石反动派,我们也反对第三条道路的幻想。"在这一总的外交方针下,新中国的具体

① 《毛泽东选集》第4卷,人民出版社1991年版,第1476～1477页。

② 《毛泽东选集》第4卷,人民出版社1991年版,第1478～1480页。

外交政策并不排斥与国际社会交往，可以同国际社会做生意，对那种认为中国革命"不要国际社会援助也可以胜利"的错误想法，毛泽东也进行了批驳。他指出："在帝国主义存在的时代，任何国家的真正的人民革命，如果没有国际革命力量在各种不同方式上的援助，要取得自己的胜利是不可能的。胜利了，要巩固，也是不可能的。"对于有人提出"我们需要英美政府的援助"的观点，毛泽东认为"在现时，这也是幼稚的想法"。毛泽东强调指出："我们在国际上是属于以苏联为首的反帝国主义战线一方面的，真正的友谊的援助只能向这一方面去找，而不能向帝国主义战线一方面去找。"①毛泽东的上述些观点和论述，为新中国的外交方针和具体政策定下了基调。

第六，毛泽东重申："总结我们的经验，集中到一点，就是工人阶级（经过共产党）领导的以工农联盟为基础的人民民主专政。这个专政必须和国际革命力量团结一致。这就是我们的公式，这就是我们的主要经验，这就是我们的主要纲领。"②

三、人民民主专政政治理论的意义及影响

在新中国成立前夕，对于新中国究竟是一个什么性质的国家，各阶级在这个国家中处于什么地位，这个国家的对内、对外政策如何，这个国家发展前途怎样等问题，毛泽东代表中国共产党一一作了解答。这些问题的最终答案，就是建立工人阶级领导的以工农联盟为基础的人民民主专政的国家政权。人民民主专政是新民主主义社会向社会主义社会转变的一种政治条件和政治制度，它是无产阶级专政在中国的表现形态。同时它也是指导无产阶级执掌政权的一个政治理论体系，为新中国的发展指明了方向，具有重大的意义和深远的影响。

第一，人民民主专政的政治理论，为新中国的成立及其内外政策指明了发展方向。毛泽东在《论人民民主专政》中所阐述的新中国的基本政治制度和一些建国原则，很快被《中国人民政治协商会议共同纲领》（简称《共同纲领》）以法律的形式确定下来。1949 年 9 月 29 日，新政协会议通过了具有临时宪法作用的《共同纲领》，对新中国的国体、政体等基本政治制度、人民的基本权利、外交方针政策等方面的规定，都是在人民民主专政的政治理论指导下进行的。

关于国体、政体和基本政治制度，《共同纲领》序言指出："中国人民由被压迫的地位变成为新社会新国家的主人，而以人民民主专政的共和国代替那封建买办法西斯专政的国民党反动统治。中国人民民主专政是中国工人阶级、农民

① 《毛泽东选集》第 4 卷，人民出版社 1991 年版，第 1475 页。

② 《毛泽东选集》第 4 卷，人民出版社 1991 年版，第 1480 页。

阶级、小资产阶级、民族资产阶级及其他爱国民主分子的人民民主统一战线的政权，而以工农联盟为基础，以工人阶级为领导。”关于新中国的国体，总纲中规定：“中华人民共和国为新民主主义即人民民主主义的国家，实行工人阶级领导的，以工农联盟为基础的、团结各民主阶级和国内各民族的人民民主专政，反对帝国主义、封建主义和官僚资本主义，为中国的独立、民主、和平、统一和富强而奋斗。”关于新中国的政体，《共同纲领》规定：“中华人民共和国的国家政权属于人民。人民行使国家政权的机关为各级人民代表大会和各级人民政府……国家最高政权机关为全国人民代表大会。”①对于新中国国家机构的组织原则，《共同纲领》规定：“各级政权机关一律实行民主集中制。其主要原则为：人民代表大会向人民负责并报告工作。人民政府委员会向人民代表大会负责并报告工作。在人民代表大会和人民政府委员会内，实行少数服从多数的制度。各下级人民政府均由上级人民政府加委并服从上级人民政府。全国各地方人民政府均服从中央人民政府。”②

关于人民的权利和义务，《共同纲领》的规定，中华人民共和国人民有选举权和被选举权，有思想、言论、出版、集会、结社、示威游行等自由权利。男女平等，各民族一律平等。人民和人民团体有权向人民监察机关或人民司法机关控告任何国家机关和任何公务人员的违法失职行为。中华人民共和国国民均有保卫祖国、遵守法律、遵守劳动纪律、爱护公共财产、应征公役兵役和缴纳赋税的义务。

关于外交政策，《共同纲领》规定：“中华人民共和国外交政策的原则，为保障本国独立、自由和领土主权的完整，拥护国际的持久和平和各国人民间的友好合作，反对帝国主义的侵略政策和战争政策。”国际社会与新中国建立外交关系的前提是，必须与国民党反动派断绝外交关系。基本外交原则是“平等、互利及互相尊重领土主权”。

关于军事制度、经济政策、文化教育政策、民族政策等，《共同纲领》也进行了具体规定。这些规定，基本上是在中国共产党人民民主专政政治理论指导下，对相应制度和政策的法律化体现。

第二，人民民主专政的政治理论，是对马克思列宁主义政权理论和国家学说的继承和创新。毛泽东对人民民主专政的论述，是新中国政权建设的指导思想，继承和发展了马克思列宁主义的政权理论和国家学说。人民民主专政是无产阶级专政在中国的具体表现形式，它是中国共产党连接最低纲领和最高纲领的桥梁和纽带，是新民主主义向社会主义转变的先决政治条件。根据中国共产党最

---

① 《建国以来重要文献选编》第1册，中央文献出版社1992年版，第2～4页。

② 《建国以来重要文献选编》第1册，中央文献出版社1992年版，第5页。

低纲领的要求，首先要领导中国人民完成新民主主义革命的任务，推翻帝国主义、封建主义和官僚资本主义在中国的统治，实现国家的统一和对外的独立。新民主主义革命的胜利，并不能表明中国共产党的历史使命就此终结，中国共产党还有其最高纲领，这就是适时地领导中国向社会主义和共产主义的转变，而人民民主专政，则为这种转变创造了条件。从性质上看，人民民主专政首先是新民主主义的，由于工人阶级掌握了政权，它向社会主义和共产主义转变时，就完全可以在和平条件下实现，根本不需要再来一次推翻旧政权的暴力革命。当转变的时机成熟后，这种以工人阶级为领导、以工农联盟为基础的人民政权，不可能自己起来推翻自己的政权。这是以毛泽东为代表的中国共产党人，对马克思列宁主义无产阶级专政学说的继承和创新。

第三，人民民主专政的政治理论，为统一全国人民的思想、争取解放战争的最后胜利奠定了理论基础。在解放战争胜利前夕，摆在中国人民面前的紧迫任务，就是彻底摧毁帝国主义、封建主义和官僚资本主义在中国的反动统治，成立人民当家做主的新中国。但是，即将成立的新中国是什么样的国家性质，国体政体如何，各阶级在这个新中国的地位怎样，这个国家采取什么样的内外政策？对于所有这些问题，不同阶级的代表人物都有自己不同的主张。一些国内外的阶级敌人更是诬蔑说，中国共产党要“独裁”，要实行“极权主义”，新中国外交要“一边倒”，对帝国主义“太刺激了”，“不要国际援助也可以胜利”，“我们需要英美政府的援助”，等等。面对这些纷繁复杂的观点，以毛泽东为代表的中国共产党人为了阐明自己的观点，阐述自己在建立新中国问题上的原则立场和内外政策，以《论人民民主专政》的精彩篇章，有力地回击了国内外敌人的诬蔑和攻击，批判和澄清了各种错误的思想，在即将取得彻底胜利的关键时刻，为统一全党和全国人民的思想认识提供了方向上的指引，为争取解放战争的最后胜利提出了智力支持。

思考题

1. 解放战争时期国共两党的建国主张各有哪些主要内容？有何本质区别？
2. 简述解放战争时期中间路线的形成过程及其主要内容。
3. 结合解放战争时期国内外形势分析论述中间路线破产的必然性。
4. 中国共产党人民民主专政政治理论的主要内容有哪些？为什么说它是对马克思列宁主义的继承和创新？

12

第十二章

中国共产党的新民主主义理论与社会主义思想

就政治思想来讲，新民主主义理论是中共对马克思主义和列宁主义社会主义革命及其国家理论的重大创新和发展，主要由新民主主义革命理论和新民主主义社会理论两大部分组成的。学者一般认为，新民主主义社会大体经历了酝酿（1921至1939年）、形成（1939至1948年）、发展（1948至1952年）和过渡（1952至1953年）几个阶段。新民主主义理论是在抗战特殊背景下形成的。从实际情况看，新民主主义社会并不是一个独立的社会形态，而是具有过渡性质的社会，即属于社会主义体系、并要逐步过渡到社会主义社会。但是，这种过渡性质和形态都是革命实践的自觉创造，因此，新民主主义是中国由半殖民地半封建社会走向社会主义社会这一历史进程中不可或缺的中介和桥梁。①

第一节　新民主主义理论的形成和发展

一、新民主主义理论的形成

新民主主义革命理论体系的形成是个长期的过程。在党的创立时期和国民

① 参见王顺生主编：《毛泽东思想概论》，高等教育出版社2003年版，第81～82页。

革命时期，中国共产党人已经对近代中国民族民主革命的基本问题做了初步探索，形成了新民主主义革命的基本思想。中国共产党第二次全国代表大会初步分析了中国半殖民地半封建社会的性质和现阶段中国民主革命的性质，提出了党的最高纲领和最低纲领，初步解决了中国革命必须分两步走的问题。特别是制定了反帝反封建的民主革命纲领，在中国革命史上第一次明确了革命的对象，并初步解决了革命的动力问题。但是，“二大”没有明确指出无产阶级在民主革命中的领导地位问题，没有提出武装夺取政权和彻底的土地革命纲领。此后，陈独秀发表了一系列关于中国革命性质和前途的文章，阐述了他对中国革命和社会各阶级的观点，指出中国革命是世界革命的重要部分。但是，他认为民主革命阶段的胜利只能由资产阶级来领导完成，工人阶级应该服从和让位于资产阶级的领导。这种思想割断了民主革命和社会主义革命的联系，致使中国革命的实践遭受了致命打击。瞿秋白和邓中夏则认为“中国客观的政治经济状况及其国际地位，实在要求资产阶级式的革命；同时此种绝对资产阶级性的所谓‘民族民权革命’却非借重国际的及国内的无产阶级不可。独有无产阶级能为直接行动，能彻底革命，扫除中国资本主义的两大障碍，就是以劳工阶级的方法行国民革命。劳工阶级在国民革命的过程中因此日益取得重要的地位以至于领导权”①。“工人群众不论在民主革命或社会革命中都占有主力军地位”，“不论现在或将来，总当推工人群众居首位”②。瞿秋白和邓中夏的论述，已经接近于明确提出无产阶级领导权的思想。

1925 年，中国共产党第四次全国代表大会明确提出了无产阶级领导权和农民同盟军问题。按照大会的纲领，党的工作迅速与群众运动相结合，产生了席卷全国的“五卅”反帝运动，并随着工人罢工和国民会议运动的高潮，在全国范围内掀起了轰轰烈烈的大革命。1925 年 10 月，中共中央第二次扩大执行委员会议以文件的形式，总结了“五卅”运动的经验，进一步肯定了无产阶级在民主革命中的领导地位，指出“此次反帝国主义的斗争里，工人阶级在民族解放的革命运动中的领袖地位才真明显地表现出来”，“证明中国无产阶级是解放全民族的先锋队和主力军”；对民族资产阶级的两面性认识进一步深化，指出了民族资产阶级在革命运动中的严重妥协倾向；制定了“耕地农有”的原则，主张“没收大地主军阀官僚庙宇的田地交给农民”；提出了“力争革命民众政权的实现”的口号。③ 如果说，这次会议为新民主主义革命基本思想的形成奠定了基础，④与此

---

① 《瞿秋白选集》，人民出版社 1985 年版，第 85 页。

② 中共中央党史研究室编：《中共党史参考资料》（二），人民出版社 1979 年版，第 64 页。

③ 郑德荣主编：《中国革命史教科书》，高等教育出版社 1991 年版，第 254 页。

④ 俞祖华、王国洪主编：《中国现代政治思想史》，山东大学出版社 1999 年版，第 315 页。

同时，毛泽东在1925年发表的《中国社会各阶级的分析》则标志着新民主主义革命基本思想的初步形成。

在土地革命战争时期，以毛泽东为主要代表的中国共产党人又以“农村包围城市、武装夺取政权”的革命道路理论，充实和丰富了新民主主义革命理论。1927年中国大革命失败以后，中国革命进入了低潮时期。以毛泽东为代表的中国共产党人走出一条新的革命道路，提出了中国革命的独立理论，这一理论的提出不仅解决了在一个半殖民地半封建社会性质的东方大国里无产阶级政党怎样进行革命、夺取政权的问题，同时也丰富了马克思主义关于国家与革命的理论。南昌起义打响了武装反对国民党的第一枪，揭开了党的工作重点转移的序幕，从实践方面已开始探索武装斗争、土地革命和建立革命根据地三者如何结合的重大问题。随后，党的“八七”会议明确了武装夺取政权的革命方向。

二、新民主主义革命理论体系的完整提出

抗日战争时期，党在系统总结建党以来经验教训的基础上，从多方面对新民主主义革命理论进行了系统和完整的阐述。毛泽东自1939年10月至1941年1月，先后发表了《〈共产党人〉发刊词》、《中国革命与中国共产党》和《新民主主义论》等著作，在系统总结中国革命历史经验的基础上，建立了中国共产党关于新民主主义革命的完整理论体系。

之所以能够在抗战时期确立起完整的新民主主义革命理论体系，有以下的原因。第一，从遵义会议到“七大”，中国共产党已经日益成熟，不仅确立了毛泽东在全党的领袖地位，而且全党对马克思主义理论和中国革命的实践有了完整的统一理解，进一步学会了用历史唯物主义观点分析中国革命的问题。第二，在民族抗战和抗日根据地建设中，党积累了丰富的实践经验，对中国国情的了解进一步深化，为认识的升华提供了重要依据。第三，面对蒋介石所谓一个主义、一个政党、一个领袖的主张和民族资产阶级力图重建政党使中国走资本主义道路的要求，以及共产党内的“左”右倾机会主义，中国向何处去的问题再次严重而显著地提了出来，因此也就更加增强了系统阐明新民主主义革命理论的必要性和迫切性。①

1939年10月，毛泽东在《中国革命与中国共产党》一文中首次明确提出了“新民主主义革命”这个科学的概念，从理论和实践的结合上对新民主主义革命的基本问题做了全面而深刻的论述，并把新民主主义革命概括为“无产阶级领导之下的人民大众的反帝反封建的革命”。

---

① 关海庭主编:《中国近现代政治发展史稿》，北京大学出版社2000年版，第225~226页。

三、新民主主义革命理论的进一步发展

抗战胜利到解放战争时期，新民主主义革命理论又有了进一步的发展。

1. 关于联合政府的纲领和主张

关于联合政府的纲领和主张集中体现于毛泽东的《论联合政府》、《目前形势和我们的任务》等政治报告中，提出了民主革命进行到底的基本要求是建立联合政府，并阐释了关于联合政府的一般纲领和具体纲领，对新民主主义革命理论中的政治、经济、文化三大纲领，做了进一步的说明。

毛泽东指出："我们主张在彻底地打败日本侵略者之后，建立一个以全国绝对大多数人民为基础而在工人阶级领导之下的统一战线的民主联盟的国家制度，我们把这样的国家制度称之为新民主主义的国家制度。"①这里的人民范畴包括工人阶级、农民阶级、小资产阶级和民族资产阶级，虽然各个阶级之间的矛盾还是存在的，各个阶级之间还有不同的利益诉求，但是，"这种矛盾和这种不同的要求，可以获得调节。在这种调节下，这些阶级可以共同完成新民主主义国家的政治、经济和文化的各项建设。"②如何处理各个阶级之间的政治关系，毛泽东指出"我们的答复是：几个民主阶级联盟的新民主主义国家，和无产阶级专政的社会主义国家，是有原则上的不同的。毫无疑义，我们这个新民主主义制度是在无产阶级的领导之下，在共产党的领导之下建立起来的，但是中国在整个新民主主义制度期间，不可能、因此就不应该是一个阶级专政和一党独占政府机构的制度。只要共产党以外的其他任何政党，任何社会集团或个人，对于共产党是采取合作的而不是采取敌对的态度，我们是没有理由不和他们合作的……中国现阶段的历史将形成中国现阶段的制度，在一个长时期中，将产生一个对于我们是完全必要和完全合理同时又区别于俄国制度的特殊形态，即几个民主阶级联盟的新民主主义的国家形态和政权形态。"③

1947 年 12 月，毛泽东在《目前形势和我们的任务》中明确提出了新民主主义的三大经济纲领，即"没收封建阶级的土地归农民所有，没收蒋介石、宋子文、孔祥熙、陈立夫为首的垄断资本归新民主主义的国家所有，保护民族工商业。"④农民问题是中国革命的基本问题，也是无产阶级实现领导权的中心问题。广大农民为了生存，首先需要获得土地，因此，发动贫苦农民进行土地改革，消灭封建

① 《毛泽东选集》第 3 卷，人民出版社 1991 年版，第 1056 页。

② 《毛泽东选集》第 3 卷，人民出版社 1991 年版，第 1056 页。

③ 《毛泽东选集》第 3 卷，人民出版社 1991 年版，第 1061 ~ 1062 页。

④ 《毛泽东选集》第 4 卷，人民出版社 1991 年版，第 1253 页。

剥削的土地制度，实现“耕者有其田”，是新民主主义革命的重要任务之一。1946年5月4日，中共中央发出了《关于清算减租及土地问题的指示》，标志着中国共产党的土地政策由抗战时期的减租减息转变为没收地主土地。1947年全国土地会议制定了《中国土地法大纲》，这是中国共产党历史上比较完备的新民主主义土地纲领，明确提出“废除封建性及半封建性剥削的土地制度，实行耕者有其田的土地制度。”1948年，毛泽东在晋绥干部会议上总结提出了新民主主义革命总路线和总政策的同时，还提出了党在新民主主义革命时期土地改革的总路线和总政策，即“依靠贫农，团结中农，有步骤地、有分别地消灭封建剥削制度，发展农业生产。”①没收官僚垄断资本归新民主主义国家所有，这是新民主主义经济纲领中的又一项重要内容。没收官僚资本包括两重含义：一方面，官僚资本是封建的、买办的国家垄断资本主义，反对官僚资本就是反对买办资本，具有新民主主义革命的性质；另一方面，反对官僚资本就是反对大资产阶级，又带有社会主义革命的性质。在新民主主义条件下保护民族工商业，发展资本主义是新民主主义经济纲领中极具特色的一项内容。毛泽东指出“在现阶段上，中国的经济，必须是由国家经营、私人经营和合作社经营三者组成的”②。“有些人不了解共产党人为什么不但不怕资本主义，反而在一定的条件下提倡它的发展。我们的回答是这样简单：拿资本主义的某种发展去代替外国帝国主义和本国封建主义的压迫，不但是一个进步，而且是一个不可避免的过程。它不但有利于资产阶级，同时也有利于无产阶级，或者说更有利于无产阶级。现在的中国是多了一个外国的帝国主义和一个本国的封建主义，而不是多了一个本国的资本主义，相反地，我们的资本主义是太少了。”③“在中国的条件下，在新民主主义的国家制度下，除了国家自己的经济、劳动人民的个体经济和合作社经济之外，一定要让私人资本主义经济在不能操纵国民生计的范围内获得发展的便利，才能有益于社会的向前发展。”④新民主主义经济建设的方针即新民主主义的经济政策，主要是公私兼顾、劳资两利、城乡互助、内外交流，又称“四面八方”政策。

关于文化纲领，毛泽东指出新民主主义的文化是民族的、科学的、大众的文化。新民主主义文化的指导思想是无产阶级思想即共产主义思想，这是新民主主义文化区别于旧民主主义文化的根本标志。新民主主义文化是民族的文化，强调的是文化应具有中华民族的内涵和形式，反对奴化思想，坚持整个民族的独立和尊严。新民主主义文化应该是吸收外国进步文化作为自己文化食粮的原

① 《毛泽东选集》第4卷，人民出版社1991年版，第1317页。
② 《毛泽东选集》第3卷，人民出版社1991年版，第1058~1059页。
③ 《毛泽东选集》第3卷，人民出版社1991年版，第1060页。
④ 《毛泽东选集》第3卷，人民出版社1991年版，第1060~1061页。

料，采取取其精华、去其糟粕的态度批判性地吸收和利用。新民主主义文化又是科学的文化，这种文化反对一切封建思想和迷信思想，主张实事求是、客观真理和理论与实践的统一。无产阶级的思想要和进步性的资产阶级唯物论者和自然科学家建立反帝反封建反迷信的统一战线，科学理性地对待中国古代文化，引导人民群众和青年学生向前看而不是向后看。新民主主义的文化重点强调了知识分子在新民主主义革命中的作用，"为着扫除民族压迫和封建压迫，为着建立新民主主义的国家，需要大批的人民的教育家和教师，人民的科学家、工程师、技师、医生、新闻工作者、著作家、文学家、艺术家和普通文化工作者……一切知识分子，只要是在为人民服务的工作中著有成绩的，应受到尊重，把他们看作国家和社会的宝贵的财富。"①

新民主主义的政治、经济、文化纲领是新民主主义革命总路线的具体化，是新民主主义理论体系的重要组成部分。新民主主义革命的基本纲领是新式的、特殊的，新民主主义的基本纲领起到引导中国革命经新民主主义最终走向社会主义的作用。

2. 从"和平建国"的设想到"打倒蒋介石独裁政府"的纲领

抗战胜利以后，为建设新中国而奋斗集中体现了中国人民的根本利益。中国人民在经历了长期的战争之后，有着和平建国的强烈要求，中国共产党充分考虑人民群众这一愿望，也希望通过和平的途径对中国进行政治社会的改革，逐步向新中国这个目标迈进。由于人民力量的强大，加上其他条件，中国共产党估计，造成国共两党（加上民主同盟等）合作、实现和平发展新阶段的可能性是存在的，党应当努力争取中国出现这种局面。还在 1945 年 5 月中共召开"七大"时，毛泽东就提出，对蒋介石拟采取"洗脸"政策而不是"杀头"政策。8 月 24 日，毛泽东根据时局变化进一步指出，抗战结束，即是和平建设阶段的开始。据此，中央考虑同国民党进行谈判，避免内战，实现和平建国。8 月 25 日，中共中央在对时局的宣言中明确提出"和平、民主、团结"的口号。8 月 28 日，毛泽东、周恩来、王若飞等飞抵重庆与蒋介石谈判。经过 43 天的谈判，终于在 10 月 10 日达成协议，国共谈判代表共同签署了《政府与中共代表会谈纪要》，史称《双十协定》。《纪要》确认了和平建国的基本方针，同意"长期合作，坚决避免内战"。1946 年 1 月，中国共产党又派代表团赴重庆出席政治协商会议，在会上提出了《和平建国纲领方案》。这是抗战胜利以后中国共产党提出的一个较完备的"和平建国"设想，并在总则中作了相应的三条表述。（一）确认了国内各民主党派应该实行长期合作，坚决避免内战，任何纠纷均以政治方法寻求解决。（二）以和平、民主、团结、统一为基础，在蒋主席领导下，迅速结束训政，实施宪政，彻底

① 《毛泽东选集》第 3 卷，人民出版社 1991 年版，第 1082 页。

实行三民主义，建设独立自由和富强的新中国。（三）以政治民主化、军队国家化、以及党派的平等合法，作为为达到和平建国的必由途径。在此基础上，《纲领方案》还提出了有关政治、经济、文化等方面的改革纲领。这个纲领草案的基本内容与毛泽东在《论联合政府》中阐述的一般纲领和具体纲领是一致的，体现了中国共产党对抗日战争胜利后的建国主张和设想，表明了中国共产党为实现国内和平、民主、团结所作的真诚努力以及为实现新民主主义而进行长期奋斗的思想准备。

随着全面内战的爆发，中共中央在 1947 年 12 月举行会议，毛泽东作了《目前形势和我们的任务》的报告。报告根据国内形势的变化、特别是人民解放军已转入全国规模的进攻这一历史转折点，深刻阐明了中国共产党关于“打倒蒋介石独裁政府”的纲领和基本政策。

在“和平建国”的设想到“打倒蒋介石独裁政府”的纲领这一发展过程中，中国共产党坚持新民主主义革命的总方向、总目标始终没有改变，并根据实际情况适时提出相应的行动口号。这一过程表明，中国共产党能够根据迅速发展的革命实践，及时调整和制定重要的策略口号和行动纲领。

3．新民主主义革命总路线的完整表述

抗战胜利以后，国内阶级矛盾上升为主要矛盾，正确认识蒋介石政权的性质成为党必须解决的迫切问题。毛泽东提出“官僚资本”和“官僚资产阶级”的新概念，明确了官僚资本主义的性质在于买办性、封建性和垄断性。因此，反对官僚资本主义也是中国共产党领导的新民主主义革命的基本内容之一。1948 年 4 月，毛泽东《在晋绥干部会议上的讲话》明确把官僚资本主义同帝国主义和封建主义一起列为中国革命的对象，提出了夺取新民主主义革命最后胜利的方针和革命胜利后国内外的基本政策。新民主主义革命总路线可以概括为“无产阶级领导的，人民大众的，反对帝国主义、封建主义和官僚资本主义的革命，这就是中国的新民主主义的革命，这就是中国共产党在当前历史阶段的总路线和总政策。”①新民主主义革命总路线的完整制定，为中国革命的胜利提供了基本保证，也标志着中国新民主主义革命理论的完整建构及其指导作用的确立。这一总路线丰富和发展了马克思主义、列宁主义关于资产阶级民主革命的学说，尤其是无产阶级在这一革命中的领导作用及其社会主义前途等理论。中国共产党领导的新民主主义革命的主要目的，是取消帝国主义在中国的特权，消灭地主阶级和官僚资产阶级的剥削和压迫，改变买办的和封建的生产关系，并改变建立在这种经济基础之上的腐朽的上层建筑，确立人民民主专政为核心的新的政治上层建筑，从根本上解放被束缚的生产力。

---

① 《毛泽东选集》第 4 卷，人民出版社 1991 年版，第 1316 ~ 1317 页。

第二节　新民主主义关于国家与革命的政治思想

一、关于中国社会的性质

“认清中国社会的性质，就是说，认清中国的国情，乃是认清一切革命问题的基本的根据。”①面对同样的社会，不同的阶级、阶层或个人会做出不尽相同的判断，关于中国社会究竟是何种性质的社会，在党内党外都曾有过长期的争论。在大革命失败后的特定历史条件下，“中国革命是资产阶级革命呢？还是资产阶级性的民权革命呢？或已转变到无产阶级社会主义革命呢？”②等问题，历史地提上了人们的议事日程，而中共中央和共产国际与托陈取消派之间在这些问题上有着严重的分歧，并展开了激烈的争论。

在《中国革命和中国共产党》一文中，毛泽东首先对中国过去封建社会的状况作了说明，随后指出，自从1840年的鸦片战争以后，中国一步一步地变成了一个半殖民地半封建的社会，而自从1931年九一八事变日本帝国主义侵略中国以后，中国又变成了一个殖民地、半殖民地和半封建的社会。③ 在稍后撰写的《新民主主义论》中，他又论证说，现在的中国，在日本占领区，是殖民地社会，在国民党统治区，基本上也还是一个半殖民地社会；而不论在日本占领区和国民党统治区，都是封建半封建制度占优势的社会。这就是现时中国社会的性质，这就是现时中国的国情。④ 在这些论述中，毛泽东不仅以准确的语言对中国社会的性质做出了判断，同时还揭示了导致中国社会由完全的封建社会一步一步地向殖民地、半殖民地和半封建社会演变的原因，即：“由于外国资本主义的侵入，这个社会的内部才发生了重大的变化”；对于“帝国主义列强侵略中国”后到底给中国社会带来了什么样的影响，毛泽东依据大量的事实指出，它们“在一方面促使中国封建社会解体，促使中国发生了资本主义因素，把一个封建社会变成了一个半封建的社会；但是在另一方面，它们又残酷地统治了中国，把一个独立的中国变成了一个半殖民地和殖民地的中国”⑤。殖民地、半殖民地、半封建的社会性质决定了近代中国社会的主要矛盾必定是“帝国主义和中华民族的矛盾，封建

① 《毛泽东选集》第2卷，人民出版社1991年版，第633页。
② 《蔡和森文集》，人民出版社1980年版，第783页。
③ 《毛泽东选集》第2卷，人民出版社1991年版，第626页。
④ 《毛泽东选集》第2卷，人民出版社1991年版，第664～665页。
⑤ 《毛泽东选集》第2卷，人民出版社1991年版，第626、630页。

主义和人民大众的矛盾"，"而帝国主义和中华民族的矛盾，乃是各种矛盾中的最主要的矛盾"。因此，中国革命的任务"毫无疑义，主要地就是打击这两个敌人，就是对外推翻帝国主义压迫的民族革命和对内推翻封建地主压迫的民主革命，而最主要的任务是推翻帝国主义的民族革命"。由于"中国革命的敌人是异常强大的"、"敌人对于中国革命的镇压是异常残酷的"，所以，"中国革命的长期性和残酷性就发生了"，"中国革命的主要方法，中国革命的主要形式，不能是和平的，而必须是武装的，也就决定了"，"革命的根据地问题也就发生了"。因此，这种革命要求无产阶级"必须在各种不同的情形下团结一切可能的革命的阶级和阶层，组织革命的统一战线"①。

二、中国共产党在新民主主义革命历史阶段的总路线

中国共产党关于新民主主义革命的总路线和总政策指出，"新民主主义的革命，不是任何别的革命，它只能是和必须是无产阶级领导的，人民大众的，反对帝国主义、封建主义和官僚资本主义的革命。"②这条总路线正确地解决了新民主主义革命的性质、前途、对象、任务、动力、领导权等一系列基本问题。

1. 新民主主义革命的性质和前途

革命的性质是由革命的主要任务和主要动力决定的。中国的新民主主义革命是新式的、特殊的资产阶级民主革命。这场革命发生在全新的国际环境下，"因为第一次帝国主义世界大战和第一次胜利的社会主义十月革命，改变了整个世界历史的方向，划分了整个世界历史的时代"。"在这种时代，任何殖民地半殖民地国家，如果发生了反对帝国主义，即反对国际资产阶级、反对国际资本主义的革命，它就不再是属于旧的世界资产阶级民主主义革命的范畴，而属于新的范畴了；它就不再是旧的资产阶级和资本主义的世界革命的一部分，而是新的世界革命的一部分，即无产阶级社会主义世界革命的一部分了。这种革命的殖民地半殖民地，已经不能当作世界资本主义反革命战线的同盟军，而改变为世界社会主义革命战线的同盟军了。"③

一方面，新民主主义革命是无产阶级领导的，并以马克思主义为指导思想；另一方面，它有着彻底的反帝反封建的革命纲领和广泛的群众基础。因此，革命就有了新的前途，即走一条新式的民主主义革命的道路，在无产阶级领导下建立人民民主专政的国家，经过新民主主义革命进而达到社会主义。毛泽东指出，新

① 《毛泽东选集》第2卷，人民出版社1991年版，第631～645页。

② 《毛泽东选集》第4卷，人民出版社1991年版，第1313页。

③ 《毛泽东选集》第2卷，人民出版社1991年版，第667～668页。

民主主义革命是新式的、特殊的资产阶级革命，它作为中国共产党领导的中国革命，必须分“两步走”。第一步是民主主义，第二步是社会主义。这是中国共产党人领导中国革命的基本战略思想，而中国革命之所以要分“两步走”，主要在于中国是一个半殖民地半封建的社会。社会主义革命需要一定的经济社会条件，而这些条件就需要由新民主主义来提供，也就是说，没有一个由共产党领导的新式的资产阶级性质的民主革命是不可能在半殖民地半封建的废墟上建立起社会主义的。社会主义革命只有在新民主主义充分发展的基础上才能进行，也只有到那时，才能提出消灭资本主义剥削制度和改造小生产者私有制度的社会主义革命的任务。严格区分新民主主义革命和社会主义革命的不同性质，并不是要割裂这两个革命之间的关系。毛泽东把民主主义革命和社会主义革命比喻为文章的上篇和下篇的关系，只有做好上篇，下篇才能做好。新民主主义革命是社会主义革命的必要准备，社会主义革命是新民主主义革命的必然趋势。新民主主义革命一方面客观上为本国资本主义的发展扫清了道路，另外一方面又为社会主义创造了条件和前提，所以它的发展趋势是社会主义而不是资本主义。只有认清了民主主义革命和社会主义革命的区别和联系，才能正确领导中国的革命。

2. 新民主主义革命的对象

分清敌友，是中国革命的首要问题。鸦片战争以来，中国人民从未间断过反侵略和反封建的斗争。这些斗争不能取胜的根本原因是缺乏科学理论的指导，没有认清革命的对象，也没有广泛发动民众的力量。经过农民阶级、资产阶级革命派和工人阶级的不懈探索，终于明确了中国革命的对象是帝国主义、封建主义和官僚资本主义。第一，帝国主义是近代中国民族民主革命的首要对象。帝国主义直接阻碍了中国的经济发展和政治进步。帝国主义列强侵入中国的目的，绝不是把封建的中国变成资本主义的中国，而是要把中国变成它们的半殖民地和殖民地。帝国主义勾结中国的封建反动势力，共同压迫中国人民，正是由于帝国主义的支持，中国的反动势力才得以苟延残喘。因此，帝国主义的侵略严重束缚了中国社会生产力的发展，成为中国经济和社会进步的最大障碍。在这种情况下，中国人民必然把斗争的矛头首先指向帝国主义，争取民族独立，完成民族革命的任务。中国人民反对帝国主义也是为了扫除中国封建制度的靠山，完成民主革命的任务。帝国主义及其在中国的全部财政军事的势力，是一种保存、支持、栽培封建势力及其全部官僚军阀上层建筑的力量。帝国主义以封建军阀为前驱，封建军阀以帝国主义为后盾，不仅军阀与帝国主义相勾结，一些反动的政治派别也纷纷充当帝国主义的代言人。因此，在中国的政治舞台，反动军阀和反动政客在幕前表演，帝国主义则在幕后操纵。在这种情况下，中国人民只有进行反对帝国主义的斗争，才能最终摆脱封建制度的束缚。反对帝国主义侵略，废除帝国主义在华特权，争取中华民族的真正独立，是贯穿整个新民主主义革命时期的一项总任务。这个原则立场始终是坚定不移的。不过，由于各个阶段的形势和主要的斗争对象不同，在主要反对哪一个帝国主义方面也有着轻重缓急的区别。① 第二，封建主义是近代中国民族民主革命的又一个主要对象。封建剥削制度是帝国主义统治中国的主要支柱和中国封建军阀实行专制统治的社会基础。封建主义的统治也是经济现代化和政治民主化的主要障碍，是中华民族前进道路上的拦路虎。反对封建主义，从根本上说就是在经济上消灭以地主土地占有制为主要特征的封建剥削制度；在政治上推翻帝国主义在中国的代理人和作为地主买办势力集中代表的封建军阀的专制统治；解放被束缚的生产力，为中国的经济现代化和政治民主化开辟道路。② 近代中国帝国主义和封建主义相互勾结，始终是压迫中国人民的两大势力，反对帝国主义必须要和反对封建主义结合起来，因此近代中国的革命既是民族革命又是民主革命，两者之间既有区别又有联系。第三，官僚资本主义是中国新民主主义革命的对象。近代中国资产阶级中的官僚资产阶级（又称大资产阶级和买办阶级）具有买办性、封建性和垄断性的特点。官僚资本主义是垄断资本和反动国家政权结合在一起的国家垄断资本主义，同帝国主义和封建主义紧密结合在一起，成为反动政权的经济基础，对内压迫工人、农民、城市小资产阶级、民族资产阶级，依赖帝国主义勾结本国封建力量，严重阻碍了社会的进步。所以，没收官僚资本，消灭官僚资产阶级，成为新民主主义革命的基本内容之一。

3. 新民主主义革命的领导力量

新民主主义革命和旧民主主义革命的最根本区别是革命的领导权掌握在资产阶级手中还是无产阶级手中。毛泽东在《论人民民主专政》中明确指出中国近代旧民主主义革命的失败表明农民阶级、城市小资产阶级特别是民族资产阶级不能领导中国民主革命取得彻底胜利。中国革命客观上要求新的领导阶级，走新的道路。中国无产阶级因为其自身的优点和特点顺应了时代的要求，成为中国革命的领导阶级。“由于无产阶级的领导，根本地改变了革命的面貌，引出了阶级关系的新调度，农民革命的大发动，反帝国主义和反封建主义的革命彻底性，由民主革命转变到社会主义革命的可能性，等等。所有这些，都是在资产阶级领导革命时期不可能出现的。”③首先，无产阶级对中国革命的领导是通过自己的政党——共产党来实现的。“既要革命，就要有一个革命党。没有一个革命的党，没有一个按照马克思列宁主义的革命理论和革命风格建立起来的革命

① 王顺生主编：《毛泽东思想概论》，高等教育出版社 2003 年版，第 35 页。

② 王顺生主编：《毛泽东思想概论》，高等教育出版社 2003 年版，第 36 页。

③ 《毛泽东选集》第 1 卷，人民出版社 1991 年版，第 315 页。

党，就不可能领导工人阶级和广大人民群众战胜帝国主义及其走狗。”①其次，无产阶级在与资产阶级的统一战线中，必须坚持领导权，实行独立自主和又团结又斗争的方针。再次，武装革命是保证无产阶级领导权的坚强支柱。中国革命的主要斗争形式是战争，主要的组织形式是军队。无产阶级要保持自己在民主革命中的领导权就必须建立起强大的革命武装。第四，加强无产阶级政党建设，是实现无产阶级领导权的根本政治保证。

4. 新民主主义革命的动力

新民主主义革命的动力包括工人阶级、农民阶级、城市小资产阶级和民族资产阶级。农民阶级是无产阶级最可靠的同盟军，是中国革命的主力军，对于农民阶级的领导是中国革命进程中无产阶级领导权的中心问题。无产阶级领导下的工农联盟是中国革命胜利的基本保障。小资产阶级是中国革命的基本动力，但是他们中的有些人容易受资产阶级的影响，因此，必须在他们中进行革命的宣传工作和组织工作。民族资产阶级是一个具有两面性的阶级，既有革命的要求又有动摇性，这就决定了无产阶级及其政党在民主革命中对于民族资产阶级政策的两面性，即实行又团结又斗争的政策。

三、由新民主主义革命向社会主义转变的思想

中国的民主革命胜利以后，实现革命转变的问题被提上政治的议事日程。1950年6月，毛泽东在政协一届二次会议的闭幕词中指出，在我国实现私营工业国有化和农业社会化，还有很长的路要走，需要经过很多年的经济建设和文化建设的积累，“在国家经济事业和文化事业大为兴盛了以后”才可以进行。在中共七届三中全会上，毛泽东严厉批评了企图提早消灭资本主义实行社会主义的主张，指出“这种思想是错误的，是不适合我们国家的情况的。”刘少奇在1951年5月的宣传工作会议上也说“在三年准备（还有十六个月）之后，我们来一个十年经济计划。到十年以后，新中国的面貌就要改变，那时我们不但有强大的农业，而且我们有自己强大的工业，使中国变成一个富足的国家。到那时，我们的国家才可以考虑到社会主义去的问题。”“现在有人就讲社会主义，我说：这是讲早了，至少是早讲了十多年。”②由此可见，在新中国成立初期，中国共产党是坚持通过新民主主义建设逐步由新民主主义转变为社会主义的思想的。这一思想要求坚持长期性和稳妥性的原则，并将新民主主义的建设期设置在15年左右的时间，在建设取得成就后，“从容地妥善地走进社会主义的新时期”。

① 《毛泽东选集》第4卷，人民出版社1991年版，第1357页。

② 《农业集体化文件汇编》（上），中共中央党校出版社1981年版，第31页。

中国共产党提出的由新民主主义社会逐步过渡到社会主义社会的思想，是与马克思主义关于在生产力高度发达基础上建立社会主义的理论相符合的。从人类社会发展的历程来看，资本主义生产方式的发展阶段是可以超越的，但是生产力高度发展的商品经济发展阶段不能超越，社会主义只有具备坚实的物质基础和条件，才有可能最终取代资本主义，巩固自身的发展。在中国，革命恰恰是在经济文化十分落后的情况下取得胜利的，因此，必须先发展新民主主义，通过发展新民主主义促进生产力的高度发展，为社会主义革命和社会主义建设创造条件。

然而，随着国内外形势的发展和变化，特别是在苏联等社会主义国家所取得的令人瞩目的建设成就的鼓舞和影响下，毛泽东和中共中央提出了过渡时期的总路线，加快了由新民主主义向社会主义的转变。1953 年 12 月，经毛泽东修改审定的中共中央宣传部关于过渡时期总路线的学习宣传提纲，对于过渡时期总路线作了完整准确的表述，即"从中华人民共和国成立，到社会主义改造基本完成，这是一个过渡时期。党在这个过渡时期的总路线和总任务，是要在一个相当长的时期内，逐步实现国家的社会主义工业化，并逐步实现国家对农业、对手工业和对资本主义工商业的社会主义改造。这条总路线是照耀我们各项工作的灯塔，各项工作离开它，就要犯右倾或'左'倾的错误。"①这条路线体现了变革生产关系同解放和发展生产力的辩证统一关系，在时间的安排和步骤上强调的是有计划、有步骤地、由低级到高级稳步地向社会主义过渡。过渡时期总路线的提出既有其历史必然性，也存在某些难以避免的历史局限性，但是总的来说，总路线关于社会主义过渡是一个"相当长的时期"的提法是既积极又审慎的，在推动中国由落后的农业国转变为先进的工业国，由新民主主义社会转向社会主义社会的伟大历史进程中发挥了积极作用。

随着过渡时期总路线的提出以及大规模工业化建设的进行，中国开创了一条有自己特点的社会主义改造道路，大体上实现了个体农业、个体手工业和资本主义工商业的社会主义改造。由于对个体农业改造过程中坚持党的领导，正确掌握了农村的阶级政策，充分调动农民走社会主义道路的积极性，在中国这样一个农业大国，短短几年时间里，全国亿万农民走上了互助合作的道路。与苏联剥夺和消灭富农的做法不同，中共中央的政策是"依靠贫农(包括新中农)，巩固地团结中农，限制并逐步改造富农"，要求接受富农加入农业生产合作社，在劳动中改造他们，而不是强制剥夺富农的财产。把农业社会主义改造与资本主义工商业社会主义改造结合起来，把农业社会主义改造与发展农业生产结合起来，相互影响、相互促进、相得益彰。在改造过程中坚持遵循自愿互利、典型示范和国

① 《毛泽东文集》第 6 卷，人民出版社 1999 年版，第 316 页。

家帮助的原则，创造了从互助组到初级合作社、再到高级合作社的逐步过渡形式。到1956年年底，原定计划15年完成的任务，只用4年就基本完成了。对手工业的改造形式采取从手工业供销小组到手工业供销合作社、再到手工业生产合作社逐步推进的步骤和方式，坚持说服教育、典型示范和国家援助的办法，不断提高手工业劳动者的社会主义觉悟，逐步引导他们在资源互助的基础上联合起来。到1956年年底，全国建立了10万多个手工业者生产合作社（组），参加人数占手工业者总数的91.7%。

四、关于新民主主义国家

所谓新民主主义国家，是指新中国成立到1956年社会主义三大改造完成这段时间的国体，而相关政治思想的集中阐述，可以毛泽东对于新民主主义革命的论述、特别是专著《论人民民主专政》为代表。1949年3月，毛泽东在党的七届二中全会报告中，提出了夺取新民主主义革命最后胜利的方针及革命胜利后的国际国内基本政策。毛泽东特别强调，"党的工作重心由乡村转移到了城市"，今后军队将先占领城市，后占领乡村。这是中国共产党根据革命形势、敌我力量对比的变化情况，为夺取新民主主义革命最后胜利所作的战略转变。毛泽东指出，夺取全国胜利后，在政治上要强化人民的国家政权，加强人民民主专政，建立广泛的统一战线；在经济上新民主主义社会将会有五种经济形态，即社会主义性质的国营经济、半社会主义性质的合作社经济、私人资本主义经济、个体经济、国家和私人合作的国家资本主义经济；在对外政策上，要适当有步骤地、彻底地摧毁帝国主义在中国的控制权。

1949年6月，毛泽东发表了《论人民民主专政》的重要文章，阐述了建立人民民主专政的必然性、各个阶级在人民民主专政中的作用和地位等重大问题的基本思路，解决了怎样巩固新民主主义革命胜利和发展的议题。这些思想是对新民主主义革命理论进一步的发展和巩固。新民主主义国家实行的是工人阶级领导的，以工农联盟为基础的，各革命阶级联合专政的人民民主专政。以工人阶级为领导和以工农联盟为基础，是新民主主义社会政治方面的社会主义因素，从而在政治上保障了新民主主义社会向社会主义社会的转变。同时，在新民主主义条件下，民族资产阶级作为一个阶级还存在，民族资产阶级及其代表人物，同工人阶级及其他劳动人民一样，参加国家的管理。

人民民主专政是中国革命的主要经验和主要纲领。人民民主专政的理论是以毛泽东为主要代表的中国共产党人把马克思主义关于建立无产阶级专政的国家政权的理论与中国的实际情况相结合的产物。这一思想提出了一种新型的专政形式，既继承了马克思主义关于无产阶级专政的学说，又体现了中国的特色。

在无产阶级专政条件下，资产阶级不属于人民的范畴，是专政的对象，而在人民民主专政条件下，中国的民族资产阶级属于人民的范畴，不是专政的对象。事实上，到1956年，在社会主义改造基本完成、社会主义制度完全确立、资产阶级和资本主义剥削制度已经不复存在的条件下，我国的人民民主专政与无产阶级专政的性质是相同的。新民主主义社会既然具有过渡性质，资本主义因素和社会主义因素就会在长时期内既共存又不断冲突和较量。在这段时期，中国面临复杂的矛盾和斗争，既有民主革命时期遗留的中华民族与帝国主义的矛盾、农民阶级与封建地主阶级的矛盾这两对旧矛盾，又有工人阶级和资产阶级的矛盾等新矛盾，并且随着土地改革工作的完成，资产阶级与工人阶级之间的矛盾逐渐成为新民主主义社会的主要矛盾。因此，尽快恢复和发展国民经济，使中国由一个落后的农业国迅速转变为先进的工业国，就成了党和国家一切工作的中心任务。

第三节　毛泽东的新民主主义政治理论

一、民族民主革命统一战线策略

统一战线，是无产阶级及其政党为了反对当前的主要敌人，逐步实现自己的历史使命，同一切可以联合的阶级、阶层、政党或集团在一定目标下结成的广泛的政治联盟。统一战线是无产阶级政党的基本策略，是马克思主义关于无产阶级革命学说的一个重要组成部分。无产阶级只有解放全人类，才能最后解放自己。无产阶级及其政党为达到此目的，必须制定争取同盟军的战略和策略，必须搞好无产阶级自身的团结和统一，必须解决好同盟军问题。毛泽东在领导中国革命的实践中，从中国的国情出发，把马克思主义统一战线理论和中国的实际相结合，创造性地提出了一整套统一战线的理论、方针和政策，逐步形成了具有中国特色的统一战线的策略思想。①

中国共产党以马克思主义的历史唯物主义和辩证唯物主义为指导，在实践中逐步建立了自己的民族民主革命统一战线理论。这一理论在毛泽东思想中得到了完整的阐述，其主要内容包括以下一些方面。第一，为党的总路线总任务服务的统一战线宗旨。第二，两个联盟组成的统一战线。无产阶级和农民、城市小资产阶级的联盟为“第一个联盟”，是统一战线的基础、主体和依靠力量；无产阶级同资产阶级及其他非劳动者的联盟，称为“第二个联盟”。第三，对资产阶级

① 王顺生主编：《毛泽东思想概论》，高等教育出版社2003年版，第63～64页。

又联合又斗争的策略。第四，坚持无产阶级和共产党对统一战线的领导权的原则。

二、以农村包围城市的武装斗争夺取政权

武装斗争在中国革命中有着极端的重要性。马克思列宁主义认为，革命的中心任务和最高形式是武装夺取政权，是战争解决问题。1926 年，斯大林在论述中国革命的前途时曾指出，在中国，是武装的革命反对武装的反革命。这是中国革命的特点之一，也是中国革命的优点之一。① 经过多次革命的挫折和失败，中国共产党逐步认识到武装斗争的重要性，并不断总结经验教训，经过艰难曲折的探索，终于对中国革命应该走一条什么样的道路、武装斗争的重心在哪里等重大问题做出了正确的认识和合理的说明。

中国社会的特点决定了中国的斗争方式，就是一开始就必须进行武装斗争。因此，既不能只依靠合法斗争，也无法用少数几次起义赢得胜利。"在中国，离开了武装斗争，就没有无产阶级的地位，就没有人民的地位，就没有共产党的地位，就没有革命的胜利。"②中国反动统治阶级的强大及其残暴性决定了中国进行武装斗争的必然性和长期性，而中国革命任务的长期性和复杂性决定了党的主要任务是联合和争取尽可能多的同盟军，在与国内外武装的反革命势力进行斗争的过程中，逐步改变敌强我弱的力量对比。武装斗争的长期性和残酷性决定了党必须建立农村根据地，在农村积聚力量，以农村包围城市，武装夺取政权。在此意义上讲，中国革命的武装斗争实际上是共产党领导的农民革命战争。同时，中国农民进行的武装起义和斗争在中国延续了两千多年，为中国农民反抗封建专制的政治统治和经济剥削积累了宝贵的经验。

正是沿着毛泽东开创的以农村包围城市、武装夺取政权的道路，经过土地革命战争、抗日战争和解放战争，中国人民终于夺取了新民主主义革命的辉煌胜利。

三、无产阶级的政党建设

马克思主义认为，无产阶级只有在共产党的领导下才能实现自己的历史使命。1948 年，毛泽东在总结世界人民和中国人民革命斗争历史经验时指出："既要革命，就要有一个革命党。没有一个革命的党，没有一个按照马克思列宁主义

① 王顺生主编：《毛泽东思想概论》，高等教育出版社 2003 年版，第 55 页。

② 《毛泽东选集》第 2 卷，人民出版社 1991 年版，第 610 页。

的革命理论和革命风格建立起来的革命党，就不可能领导工人阶级和广大人民群众战胜帝国主义及其走狗。”①近代中国的民族民主革命在一个很长的时期里之所以没有成功，根本原因就是那时还没有一个“按照马克思列宁主义的革命理论和革命风格建立起来的革命党”的领导。1921 年 7 月，中国共产党诞生，从此，中国革命的面目就焕然一新了，中国革命进入了共产党领导的新民主主义革命历史阶段。②

在半殖民地半封建社会，无产阶级政党建设有其自身的特点。首先，中国共产党建设的一个突出特点，就是把党的思想建设放在首位，端正党的思想路线，对党员进行无产阶级世界观和革命理想教育，坚持开展批评和自我批评，进行积极的思想斗争，以无产阶级思想改造和克服各种非无产阶级思想，特别是小资产阶级思想。整风运动是党的思想建设的有效形式，其方针是“惩前毖后，治病救人”，以“团结—批评—团结”作为解决党内矛盾的方法。其次，在加强党的思想建设的同时，必须加强党的组织建设。加强组织建设的目的是加强党的团结，党的团结是保证党的组织统一和战斗力的重要方面。组织建设厉行民主集中制原则，严格执行少数服从多数的组织原则，这是保障民主集中制贯彻执行的组织措施。组织建设在依靠干部的同时，坚持党管干部的原则。第三，密切联系党的政治路线建设党。党的政治路线是党的纲领在一定历史时期的具体体现，是完成党在一定历史阶段的政治任务的总政策。第四，加强党的作风建设。“以马克思列宁主义的理论思想武装起来的中国共产党，在中国人民中产生了新的工作作风，这主要的就是理论和实践相结合的作风，和人民群众紧密地联系在一起的作风以及自我批评的作风。”③

中国共产党关于党的建设的思想，既是对科学社会主义关于党的建设理论的丰富和发展，更是结合中国革命实践的重大理论创新。

四、各革命阶级的联合政权

政权问题是一切革命的根本问题。中国共产党人建立的国家政权是工人阶级领导的、以工农联盟为基础的人民民主专政的国家政权。毛泽东关于人民民主专政的理论有一个逐步形成和完善的过程，以下一些方面既体现了这一理论的主要思想，也反映了这一思想的发展脉络。第一，无产阶级、小资产阶级及中产阶级左翼的联合统治；第二，革命民众合作统治；工农民主专政；第三，几个革

① 《毛泽东选集》第 4 卷，人民出版社 1991 年版，第 1357 页。

② 王顺生主编：《毛泽东思想概论》，高等教育出版社 2003 年版，第 69 页。

③ 《毛泽东选集》第 3 卷，人民出版社 1991 年版，第 1093 ~ 1094 页。

命阶级联合的民主专政;第四,无产阶级领导的以工农联盟为基础的人民民主专政。

第四节　新中国成立前中国共产党人的社会主义政治思想

一、李大钊的社会主义思想

李大钊毕生为之奋斗的理想是求得民族解放和人民解放,他指出,“近世之文明,解放之文明也。近世国民之运动,解放之运动也”。李大钊关于社会主义的著名论作有:《庶民的胜利》、《布尔什维主义的胜利》、《我的马克思主义观》、《社会主义与社会运动》、《社会主义下的经济组织》、《社会主义下之实业》等。概括起来,李大钊的主要观点包括如下一些方面。

1. 社会主义是人类共同觉悟的新精神

李大钊在早期接触到社会主义,是把它当做一种新思潮和新精神的,这主要是在第一次世界大战结束和十月革命胜利后萌生的看法。李大钊对布尔什维主义特别重视,将其看作是革命的社会主义。在他看来,社会主义是为多数人谋福利的,是一种“群众的运动”,是庶民的运动,社会主义是一种新的社会制度,未来的世界是劳工的世界。社会主义是一种新精神,倡导劳动、人道、平等互助、自由和民主,社会主义是“合于人道的生产者合理的组织的协力互助”①。社会主义是世界性的事业,“联合世界的无产庶民,拿他们最大、最强的抵抗力,创造一自由乡土,先造欧洲联邦民主国,做世界联邦的基础。”②

2. 社会主义是能够拯救中国的一种运动和制度

李大钊把社会主义当做拯救中国的一种运动、方略、道路来研究,在研究中国注意结合中国的具体情况。在与胡适的论战中,李大钊指出理论上的社会主义与实践中的社会主义具有一致性,即“他的理想尽量应用于环绕着他的实境”。理论和主义是以解决实际问题为存在价值的;社会主义理论应“拿来作为工具,用以为实际的运动”服务。李大钊还批评了“振兴实业而必适用资本主

---

① 《李大钊文集》上卷,人民出版社 1984 年版,第 600 页。

② 《李大钊文集》上卷,人民出版社 1984 年版,第 600 页。

义”的观点，认为“用资本主义发展实业，还不如用社会主义为宜”①。

3. 社会主义是建立于唯物史观和剩余价值基础之上的科学理论

在《我的马克思主义观》和《社会主义与社会运动》两篇文章中，李大钊的社会主义理论达到了一个新的高度，从历史唯物论和剩余价值的角度，对社会主义进行了阐述，体现了对社会主义思想认识的深化。他将马克思主义分为历史唯物论、经济论和社会主义论三部分，认为社会主义理论是直接建构在唯物史观和对现在资本主义经济结构的分析基础上的。其唯物史观有两个要点，一是社会生产关系的总和构成了社会经济的构造，“精神上的构造，都是随着经济的构造而变化”，生产力是经济构造变动的最高动因；其二，生产力决定社会组织的变动。阶级斗争学说就是在这两点的基础上建立起来的。

同时，李大钊还论述了社会主义与道德的关系。经济基础之上的客观社会矛盾是社会主义的根据，一定社会的经济状况要求一定的道德，社会主义必然会发展出与资本主义不同的道德观，“再造出一种更好的道德”。社会主义要求物质和道德的共同进步。

4. 社会主义社会的构想

社会主义的实现在李大钊看来必须经过三个阶段，即夺取政权，生产及交换机关的社会化，生产分配及一般执行事务的组织。社会主义制度一旦建立以后，“此时所需要解决的，不是政治问题，乃是经济问题”②。这是李大钊社会主义理论中的重要思想之一。李大钊认为企业应该由国家统一组织，管理过程中强调专家的作用，工人要和“好意的前资产阶级”合作。社会主义制度是为解决资本主义所面临的难题而出现的制度，在生产组织方面要优于资本主义，体现了历史的进步性。社会主义要求生产更发达更进步，竞争则是社会主义运作的内在要求，是社会进步的动力。李大钊认为“政府有一种权力，使之伸张，以保障每人享受极大量的平等、自由。”③同时，他认为要在社会主义中强化政府的作用。

李大钊还强调在学习和宣传社会主义的过程中，要注意区分伪社会主义，把握社会主义的真谛。他结合中国的基本国情，预见性地意识到农民问题对中国革命的重要性，并对农民问题和土地问题对中国革命的重要性做了初步的研究。

二、陈独秀的社会主义思想

陈独秀是中国共产党的创始人和早期的主要领导人之一，也是新文化运动

① 《李大钊文集》上卷，人民出版社 1984 年版，第 445 页。
② 《李大钊文集》下卷，人民出版社 1984 年版，第 613 页。
③ 《李大钊文集》下卷，人民出版社 1984 年版，第 374 页。

的旗手之一。陈独秀的社会主义思想形成于20世纪二三十年代，这时，世界社会主义运动刚刚进入建立国家政权的实践，中国共产党人对社会主义的探索也才刚刚开始。因此，陈独秀是在中国新、旧民主革命交替时期，尚没有更多实践的条件下对社会主义进行认识和探索的，他的社会主义思想在中国社会主义思想发展史上也还处于萌芽阶段。但是，他对中国有关社会主义问题的认识，为后来中国共产党人对社会主义的探索起到了先导的作用。陈独秀的社会主义思想主要记录于以下一些著作，包括《二十世俄罗斯的革命》、《谈政治》、《劳动神圣与罢工》、《马克思主义学说》等。

1. 批驳伪社会主义思想，指出中国的社会主义方向

陈独秀对当时传入中国的无政府主义、共产主义、国家社会主义、工团主义、基尔特社会主义等五派学说做了辨析，指出中国只能采取俄国共产党的社会主义。针对张东荪、梁启超等人提出的错误观点，比如中国资本主义制度不发达所以还不能讲社会主义，要先实行资本主义，将来再搞社会主义，陈独秀一一做出批驳。他指出，现在“有许多事都渐渐逃不了国际化，经济制度更是显著；各国资本制度都要崩溃，中国哪能够拿国民性和特别国情等理由来单独保存它”①。相反，社会主义代替资本主义是必然的历史趋势。

2. 反对资产阶级民主，主张无产阶级专政

陈独秀的民主思想大致可以分为以下几个阶段。新文化运动初期，主张以自由、人权为核心的资产阶级民主；新文化运动中期，高举阶级斗争和无产阶级专政的旗帜，主张无产阶级专政；晚年又以资产阶级民主思想为基础，形成了特色鲜明的大众民主思想。在经过五四运动后，陈独秀的思想发生了变化，逐渐成为坚持社会主义和无产阶级专政的马克思主义者，主张在经济上彻底否定资本主义制度，中国未来的发展方向是社会主义；在政治上反对资产阶级民族，主张无产阶级专政。陈独秀著文揭示了资产阶级民主的虚伪本质，论证了十月革命后社会主义政治取代资产阶级专政的必然性和合理性。陈独秀还指出“由封建而社会主义，中间还必须经过共和时代”，“西欧共和政治经过长久岁月……现在的东方各国却和他们的情形不同，所以俄罗斯共和推翻了封建半年便被社会主义代替了，封建和社会主义之间不必经过长久的岁月，这是一个很明显的例”②。陈独秀主张立即在中国进行十月革命式的社会主义革命。后来，在列宁的帮助下，1922年中共“二大”，纠正了直接进行无产阶级革命的纲领，决定中国革命分两步走，先进行反帝反封建的民主革命，再进行社会主义革命。

3. 对中国社会各阶级的分析

① 《陈独秀文章选编》中册，三联书店1984年版，第92页。

② 《陈独秀文章选编》中册，三联书店1984年版，第33页。

在共产国际的影响下，陈独秀的立场发生了变化，由重视工人阶级转变为重视资产阶级，错误地认为资产阶级是中国资产阶级民主革命的社会基础，提出了“二次革命论”。他认为中国需要先进行一场资产阶级民主革命，由资产阶级做资产阶级民主革命的领导，无产阶级应主动服从资产阶级的统帅和指挥，在国民革命成功后，由资产阶级掌握政权；等民主革命成功后再由无产阶级统帅它的大军进行另外一场革命，取得政权。他说：“我们不是乌托邦的社会主义者，决不能幻想不经过资本主义，而可以由半封建的社会一跳便到社会主义社会。”①“二次革命论”割裂了民主革命和社会主义革命的联系，夸大了资产阶级在民主革命中的作用，对国民大革命后期右倾机会主义错误的产生有着重要的影响。

4. 取消主义的政治主张

在国民大革命失败以后，陈独秀对中国革命的观点与当时的党中央和共产国际存在着根本分歧，矛盾发展到无法调和的程度，最终被开除出党。他逐渐接受了托洛茨基主义的观点，提出了一整套取消主义的政治主张，认为国民大革命时期“使中共加入国民党，根本已毁坏其独立性便不能执行其独立政策。中共要执行国际这机会主义政策，则步步投降资产阶级，毁灭中共组织上政治上的独立，乃必然的逻辑”②。陈独秀认为大革命失败以后，资产阶级民主革命的任务已经完成，资产阶级成了现在革命主要的甚至是唯一的对象。下一场社会主义革命遥遥无期，因为目前中国“资产阶级政权相当稳定”，中国革命的前途黯淡，民众只有依靠民主的组织运动去完成对抗军阀独裁的斗争，利用议会等合法的斗争手段取代军事暴动夺取政权。这些观点实际是取消革命的主张。陈独秀还否定红军存在的必要性和可能性，否定了中国农村包围城市的革命道路，与他亲自创建的革命政党愈行愈远。

三、瞿秋白的社会主义思想

瞿秋白是中国共产党早期的重要领导人，无产阶级革命家、政治家、理论宣传家和文学家。其社会主义思想主要有以下的内容。

1. 将理论的指导作用应用于实践

瞿秋白研究社会主义最大的特点，是把社会主义放到具体的社会实际中，将其作为生动的运动进行探讨，使社会主义和共产主义由理论研究转为社会实践。1923 年，他提出“革命的理论永远不能和革命的实践相离”、“应用马克思主义于

① 《陈独秀文章选编》下册，三联书店 1984 年版，第 264 页。

② 陈独秀等：《我们的政治意见书》（1929 年 12 月 15 日），中共湖北省委办公室翻印，1972 年。

中国国情的工作，断不可一日或缓”①。他运用马克思主义理论，系统研究了中国革命一系列重要问题，使全党对社会主义有了更进一步的认识。

2. 中国革命是世界社会主义革命的一部分

瞿秋白认为，五四运动是中国革命新时期的起点，“是分划中国之政治经济思想等为前后两时期的运动”，从此中国革命便是“世界的社会主义革命的一部分”②。他认为社会主义是自由的世界，正义的世界，真美的世界。中国无产阶级的最高目的必然是社会主义，现阶段中国的无产阶级应积极参加资产阶级民主革命，因为资产阶级性的革命须由无产阶级领导方能胜利，“要工人阶级能争得革命的领袖权，必须工人阶级的政党主观上有正确的战术”③，“与资产阶级争领导权是可能而必要的”④。

3. 农民阶级、武装斗争和土地问题在中国革命中的重要性

瞿秋白明确提出，中国革命“不得农民参加革命不能成功”⑤。后来，他多次强调，“中国国民革命意义，是在解放农民”⑥，“中国革命中无产阶级之主要的联盟者是农民，无产阶级的领导革命，必须是取得对于农民群众的领导权，这就是说必须有明确的土地革命的党纲”⑦。瞿秋白非常重视武装斗争的领导权，认为无产阶级应当成为武装斗争的领导者，通过土地革命不断壮大革命的武装力量。在民主革命的联合战线、坚持党的集体领导、民主集中制等方面，瞿秋白也提出了一些科学的见解。

但是，瞿秋白提出的“一次革命论”是关于中国革命和社会主义的错误认识，混淆了民主革命与社会主义革命的界限，主张毕其功于一役。这些观点反映了时代条件的限制和经验的缺乏，既是党内革命急躁病的体现，也与当时共产国际的错误指导有关。

四、李立三的社会主义思想

李立三认为，中国在大革命失败以后，“革命斗争的主要任务，是推翻帝国主义的统治，是消灭封建势力的土地革命，所以无疑义是民主革命的性质”⑧。

---

① 《瞿秋白选集》，人民出版社 1985 年版，第 310、311 页。

② 《瞿秋白文集·政治理论编》第 3 卷，人民出版社 1989 年版，第 464 页。

③ 《瞿秋白选集》，人民出版社 1985 年版，第 323 页。

④ 《瞿秋白选集》，人民出版社 1985 年版，第 402 页。

⑤ 《瞿秋白选集》，人民出版社 1985 年版，第 342 页。

⑥ 《瞿秋白选集》，人民出版社 1985 年版，第 306 页。

⑦ 《瞿秋白选集》，人民出版社 1985 年版，第 406 页。

⑧ 李立三：《新的革命高潮前面的诸问题》，《布尔什维克》第 3 卷，1930 年第 4、5 期。

但是,民主革命在反帝反封建的,同时也必须反对资产阶级。李立三虽然承认民主革命和社会主义革命任务的不同,但他不主张分阶段完成,而是主张"一次完成",从而混淆了民主革命与社会主义革命的界限。他认为中国革命将会在这最后的决战中取得完全胜利。在对革命形势错误估计的情况下,李立三强调进攻路线,要求在国统区组织工人罢工,组织工人、农民、士兵的暴动,在革命根据地组织红军向大城市进攻。这种冒险主义的错误给中国革命事业造成了严重的危害。"立三路线"的形成虽然有其个人因素,同时也反映了当时共产国际对中国革命的错误指导。

在新中国成立前后李立三对社会主义事业的建设进行了深入思考,提出了很多重要的思想,对工人运动理论也进行了认真探索。他提出,要承认并正确处理工会和国家、企业、行政在根本利益一致基础上的内部矛盾。新中国的成立标志着工人阶级的政治地位发生了根本的变化,公营企业"是工人阶级自己的企业,是社会主义性质的企业,这里没有阶级对抗,没有剥削存在"①。在国营工厂中阶级矛盾和剥削关系被消灭以后,又出现了新的矛盾和关系,就是国营工厂管理机关与工人群众之间的矛盾,国营工人内部的公私矛盾,以及由这种矛盾和关系产生出来的各种问题。但是,这些都还是工人阶级内的矛盾,是可以调和的,可以通过公私兼顾的协调办法来求得解决。工会在新时期的作用是把握公私利益的一致性,提高工人觉悟,搞好生产,关心和代表工人的日常利益,维护好职工的利益,这是工会存在的客观基础。李立三主张必须紧密依靠工人阶级,发挥工人阶级在社会主义建设事业中的主力军作用。他还强调要处理好工会和党组织之间的关系,党要求工会成为党与工人群众之间联系的桥梁和纽带,成为人民政权的重要社会支柱,成为共产主义学校,就必须尊重工会组织的独立性和民主制度。党对工会的领导是"依靠党员执行党的正确政策和对群众的说服教育,依靠党员的模范作用、核心作用来实现的","通过党在工会中的党组织和党员来领导工会,使党的意见变成群众的意见"②,而不能通过下命令的方式。李立三理论研究的着眼点和工作探索的务实性,对我国工会理论的建设起了很好的促进作用。

五、王明的社会主义思想

王明一开始积极鼓吹"立三路线",后又以反对立三路线为名号,把"左"倾冒险主义推向极端,在批判李立三"左"倾错误的同时,形成了比"立三路线"更

---

① 《李立三百年诞辰纪念集》,中共党史出版社 1999 年版。

② 《李立三赖若愚论工会》,档案出版社 1987 年版。

“左”的“王明路线”。他鼓吹工人进行城市武装暴动,夸大中国资产阶级民主革命中的社会主义成分,把反对资产阶级作为民主革命的主要任务,把反对资产阶级的社会主义革命任务包括在资产阶级民主革命中,超越了资产阶级民主革命的内容和范围,超越了历史发展的现状,混淆了民主革命和社会主义革命的界限。王明还把富农当成民主革命的对象,夸大了资本主义经济在中国社会经济中的比重,认为中国是半殖民地国家,而抹杀了中国社会的半封建性质。他认为“中国现在革命阶段的革命主要动力是:工人阶级、雇农和贫农,中农是巩固的同盟者,加上城乡的广大的半无产阶级成分和小资产阶级的下层”①,没有真正全面了解中国革命的动力。王明主张走“城市中心论”的革命道路,排斥毛泽东等人正在开拓的农村包围城市的革命道路,强调“只有中国工农兵群众继续广州暴动的精神,以武装暴动的手段,根本推翻帝国主义在华的统治,打倒帝国主义指挥下的买办地主资产阶级联盟的国民党政权,建立工农兵代表苏维埃政府,是唯一正确的手段”②。王明急于实现由民主革命向社会主义革命的转变,是急躁冒进的革命转变论者。他认为,在民主革命的过程中,应该在一个或者几个大城市取得胜利后,立即完成向社会主义革命的转变。他还批评毛泽东等人建立农村根据地的做法,认为搞土地革命是“右倾”,有可能使“革命转变的前途沦于幻想”,认为中国革命在一省和数省的胜利,就是革命转变的开始。这样王明陷入了“左”倾冒险的革命超越论,而后来在抗日战争时期,抗日民族统一战线形成后又走向右倾投降主义,提出“一切经过统一战线”,给党的事业造成了新的危害。

思考题

1. 如何理解农民土地问题是中国革命的基本问题?在新民主主义革命时期,中国共产党是如何解决农民土地问题的?对当今农村经济的改革有哪些启示?

2. 新民主主义条件下,为什么要保护和发展资本主义经济?这个问题对认识当代中国的基本经济制度有什么意义?

3. 怎样理解中国共产党领导的新民主主义革命和社会主义改造都是为了解放和发展生产力?

4. 为什么说新民主主义社会是一个过渡性质的社会形态?

---

① 《王明言论选辑》,人民出版社1982年版,第130页。

② 《王明言论选辑》,人民出版社1982年版,第51页。

参考书目与文献

参考书目与文献的选择主要有两个考虑，一是本书对相关研究成果的借鉴和史料的依据参照，二是为学生进一步阅读提供的书目。由此，以下所列大致可分为四类，即中国近现代政治思想史、相关的政治和历史研究、中共党史、较为集中的史料或原著专辑，书中引述的原著一般不重复列入。

1. 林茂生等：《中国现代政治思想史》，黑龙江人民出版社 1984 年版。

2. 王金铻等：《中国现代政治思想史》，吉林大学出版社 1991 年版。

3. 俞祖华、赵慧峰主编：《中国现代政治思想史》，山东大学出版社 2009 年版。

4. 萧公权：《中国政治思想史》，新星出版社 2005 年版。

5. 曹德本主编：《中国政治思想史》，高等教育出版社 2004 年版。

6. 陈旭麓主编：《五四以来政派及其思想》，上海人民出版社 1987 年版。

7. 李泽厚：《中国近代思想史论》，三联书店 2009 年版。

8. 李泽厚：《中国现代思想史论》，三联书店 2009 年版。

9. 高瑞泉主编：《中国近代社会思潮》，华东师范大学出版社 1996 年版。

10. 彭明、程歗：《近代中国的思想历程》，中国人民大学出版社 1999 年版。

11. 熊月之：《中国近代民主思想史》，上海社会科学院出版社 2002 年版。

12. 郑大华：《民国思想史论》，社会科学文献出版社 2006 年版。

13. 李剑农：《中国近百年政治史》，复旦大学出版社 2002 年版。

14. 李剑农：《戊戌以后中国三十年政治史》，中华书局 1965 年版。

15. 徐矛：《中华民国政治制度史》，上海人民出版社 1992 年版。

16. 张鸣：《中国政治制度史导论》，中国人民大学出版社 2004 年版。

17. 韦庆远、柏桦编著：《中国政治制度史》，中国人民大学出版社 2005 年版。

18. 王向民：《民国政治与民国政治学》，上海人民出版社 2008 年版。

19. 杨幼炯：《中国政党史》，上海书店出版社 1984 年版。

20. 李金河：《中国政党政治研究（1905—1949）》，中央编译出版社 2007 年版。

21. 熊月之：《西学东渐与晚清社会》，上海人民出版社 1994 年版。

22. 陈旭麓：《近代中国社会的新陈代谢》，上海人民出版社 1992 年版。

23. [美]费正清等:《外国学者论鸦片战争与林则徐》(上下),福建省历史学会福州分会编,福建人民出版社1991年版。

24. [美]本杰明·史华兹:《寻求富强:严复与西学》,叶凤美译,江苏人民出版社1996年版。

25. [美]J.B.格里德:《胡适与中国的文艺复兴——中国革命中的自由主义(1917—1937)》,鲁齐译,江苏人民出版社1989年版。

26. 胡春惠:《民初的地方主义与联省自治》,中国社会科学出版社2001年版。

27. 王先明:《中国近代社会文化史续论》,南开大学出版社2005年版。

28. 徐善广、柳剑平:《中国无政府主义史》,湖南人民出版社1984年版。

29. [美]费正清:《剑桥中华民国史》,杨品泉、张言等译,中国社会科学出版社1994年版。

30. 蒋廷黻:《中国近代史》,上海古籍出版社1999年版。

31. 张岱年主编:《中国文化概论》,北京师范大学出版社1994年版。

32. 黄仁宇:《中国大历史》,三联书店1991年版。

33. 龚书铎主编:《中国近代文化概论》,中华书局1997年版。

34. 冯友兰:《中国哲学史简编》,北京大学出版社1996年版。

35. [美]G.S.艾利托:《最后的儒家》王宗昱、冀建中译,江苏人民出版社1996年版。

36. [美]罗斯·特里尔:《毛泽东传》,胡为雄、郑玉臣译,中国人民大学出版社2006年版。

37. [美]约翰·布赖尔·斯塔尔:《毛泽东的政治哲学》,曹志为、王晴波译,中国人民大学出版社2006年版。

38. [美]莫里斯·迈斯纳:《马克思主义、毛泽东主义与乌托邦主义》,张宁、陈铭康译,中国人民大学出版社2005年版。

39. [美]迈克尔·罗斯金等:《政治科学》(第6版),林震等译,华夏出版社2001年版。

40. [美]劳伦斯·迈耶等:《比较政治学》(第2版),罗飞等译,华夏出版社2001年版。

41. 俞可平主编:《政治学教程》,高等教育出版社2010年版。

42. [美]罗伯特·达尔:《现代政治分析》,王沪宁、陈锋译,上海译文出版社1987年版。

43. [美]罗纳德·H.奇尔科特:《比较政治学理论》,高铦、潘世强译,社会科学文献出版社2001年版。

44. [美]S.N.艾森斯塔特:《现代化:抗拒与变迁》,张旅平等译,中国人民大学出版社 1988 年版。

45. [美]塞缪尔·亨廷顿等:《现代化理论与历史经验的再探讨》,罗荣渠主编,上海译文出版社 1992 年版。

46. [美]西里尔·E. 布莱克编:《比较现代化》,杨豫、陈祖洲译,上海译文出版社 1996 年版。

47. [美]吉尔伯特·罗兹曼主编:《中国的现代化》,"比较现代化"课题组译,江苏人民出版社 1988 年版。

48. 周忠德、严炬新编译:《现代化问题探索》,知识出版社 1983 年版。

49. 孙津:《中国现代化对西方的影响》,河北人民出版社 1999 年版。

50. [德]沃尔夫冈·查普夫著:《现代化与社会转型》(第二版),陈黎、陆宏成译,社会科学文献出版社 2000 年版。

51. 伊拉卡托斯:《科学研究纲领方法论》,兰征译,上海译文出版社 1999 年版。

52. [波]耶日·托波尔斯基:《历史学方法论》,张家哲等译,华夏出版社 1990 年版。

53. [美]G. 伊格尔斯:《二十世纪的历史学》,何兆武译,辽宁教育出版社 2003 年版。

54. [美]弗兰克·梯利:《西方哲学史》(上下卷),葛力译,商务印书馆 1995 年版。

55. [英]彼得·斯特克、大卫·韦戈尔:《政治思想导读》,舒小昀、李霞、赵勇译,江苏人民出版社 2005 年版。

56. [美]伊曼纽尔·沃勒斯坦:《所知世界的终结》,冯炳昆译,社会科学文献出版社 2002 年版。

57.《毛泽东选集》第 1–4 卷,人民出版社 1991 年版。

58. 薄一波:《若干重大决策与事件的回顾》(上卷),中共中央党校出版社 1991 年版。

59. 薄一波:《若干重大决策与事件的回顾》(下卷),中共中央党校出版社 1993 年版。

60. 胡绳主编:《中国共产党的七十年》,中共党史出版社 1991 年版。

61. 张静如主编:《中国共产党思想史》,青岛出版社 1991 年版。

62. 丁守和、殷叙彝:《从五四启蒙运动到马克思主义的传播》,三联书店 1979 年版。

63. 郭德宏主编:《中国马克思主义发展史》,中共中央党校出版社 2001 年版。

64. 唐宝林主编:《马克思主义在中国100年》,安徽人民出版社1997年版。
65. 王继平:《中国社会主义思想发展史纲》,广西人民出版社1991年版。
66. 庄福龄主编:《马克思主义中国化研究》,人民出版社2008年版。
67. 田克勤:《马克思主义中国化的理论轨迹》,中共党史出版社2006年版。
68. 湖北省社会科学联合会编:《马克思主义与中国革命》,湖北人民出版社1984年版。
69. 张静如主编:《毛泽东思想概论》,高等教育出版社1993年版。
70. 高军等编:《中国现代政治思想史资料选辑》上册,四川人民出版社1983年版。
71. 高军等编:《中国现代政治思想史资料选辑》下册,四川人民出版社1986年版。
72. 罗荣渠主编:《从西化到现代化》,北京大学出版社1990年版。
73.《中国近代史资料丛刊》(一至六卷),上海人民出版社1959年版。
74.《六大以前》,人民出版社1980年版。
75.《中国国民党历次代表大会及中央全会资料》(上集),光明日报出版社1985年版。
76. 忻剑飞、方松华编:《中国现代哲学原著选》,复旦大学出版社1989年版。

后　　记

承蒙著名学者俞可平教授的信任和提议，应高等教育出版社之约，由我邀请全国部分高校对本专业和领域多有研究的中青年教授学者9人与我合作编写本教材。作为主编，我先拟定了本书的写作思路和大纲，听取本系列教材的总主编俞可平教授的意见，修改后与各位合作编写人讨论，确定了写作的具体内容、章节和分工。各章节完成后，由我修改和统稿，并根据俞可平等专家的审稿意见又三易其稿。

对于俞可平等专家学者及诸位合作编写人的指教、合作、支持，我在此对他们表示衷心的感谢！感谢高等教育出版社和为此书出版付出辛劳的编辑们！编写中参考了大量相关研究的著述，感谢这些作者！

本书仍有需要改进的地方，如有错误之处也由我负责，并欢迎各位方家和广大读者提出宝贵的批评和意见。

以下是合作编写的具体分工，按章节顺序排列。

导论	孙　津（北京师范大学）
第一章、第二章	张师伟（西北政法大学）
第三章、第五章	佟德志、张国栋（天津师范大学）
第四章	颜德如、王　光（吉林大学）
第六章、第七章	王盛开（武汉理工大学）
第八章、第九章	马振清（北京师范大学）
第十章、第十一章	王冠中（首都师范大学）
第十二章	王　敏（山东大学）

孙津

2011年6月于北京

教学支持说明

建设立体化精品教材,向高校师生提供系列化教学解决方案和教学资源,是高等教育出版社(集团)"服务教育"的重要方式。为支持相应课程的教学,我们向采用本书作为教材的教师免费提供配套数字化资源。

为保证该数字化资源仅为教师获得,烦请教师到如下网址注册下载或发邮件与我们联系。

下载网址:

http://la.hep.com.cn

我们的联系方式:

地址:北京市朝阳区惠新东街4号富盛大厦1座21层　高等教育出版社(集团)高等教育文科出版事业部(邮编:100029)

E-mail:wk_fuwu@pub.hep.cn　　传真:010-58581414

郑重声明